अभिनव भारत -
संकल्पना एवं स्वरूप

विचारों, शोधपत्रों एवं सारांशों का सङ्कलन

समन्वय, संयोजन एवं सम्पादन :

नरपतसिंह शेखावत

चेतन प्रकाश सेन **वासुदेव प्रजापति**

महेन्द्र कुमार दवे **नन्दकिशोर सोनी**

प्रकाशन एवं आयोजन

राजस्थान संस्कृत अकादमी, जयपुर

विद्वत् परिशद विद्याभारती, जोधपुर

SCIENTIFIC
PUBLISHERS

प्रकाशक
राजस्थान संस्कृत अकादमी, जयपुर
विद्वत परिषद् विद्या भारती, जोधपुर
'श्रुतम्', केशव परिसर, कमला नेहरू नगर, जोधपुर
दूरभाषः 0291–2757941 | email: vbssjod@gmail.com

मुद्रक

साईन्टिफिक पब्लिशर्स (इण्डिया)
5-ए, न्यू पाली रोड, पो. बा. नं. 91
जोधपुर-342 001 (राज.)
टेलिफोन : 0291-2433323
E-mail: info@scientificpub.com
Website : http://www.scientificpub.com

Cite this book as-
Shekhawat, N.S., Sen, C.S., Prajapati, V., Dave, M.K. and N.K.Soni (editors)
Proc. International Seminar on Abhinav Bharat-concept & form-2018
Published by Rajasthan Sanskrit Academy, Jaipur, and
Vidavat Parishad-Vidhyabharati, Jodhpur
Printed by scientific Publishers, Jodhpur, India

ISBN: 978-93-88449-69-4
eISBN: 978-93-88449-71-7

सहयोग राशि : ₹ 300 मात्र

भारत में मुद्रित

राजस्थान संस्कृत अकादमी

के सहयोग से

सन् 2018 को
जोधपुर में आयोजित अन्तराष्ट्रीय सङ्गोष्ठी
में
प्रस्तुत आलेखों का
सम्पादित सङ्कलन

सम्पादकीय

विश्व पटल के दार्शनिकों, विचारकों, लेखकों, वैज्ञानिकों, धर्मशास्त्रियों एवं धर्मगुरुओं द्वारा भारत के प्रति व्यक्त विचार सुनकर व पढ़कर आनन्ददायक अनुभूति होती है। वर्तमान में भी विश्व में भारतीय संस्कृति एवं वैज्ञानिक प्रतिभाओं का सम्मान है। हमारे धर्म ग्रन्थों में निहित आध्यात्मिक विचारों, वैज्ञानिक सोच, प्रकृतिज्ञान, पर्यावरण अनुभूति एवं वैज्ञानिक सोच का उल्लेख Schroedinger के "What is Life" जैसे ग्रन्थों मे मिलता है। परमाणु वैज्ञानिक J. R. Oppenheimer की अभिव्यक्ति में मिलता है। Alex von Tunzelmann की Indian Summer (2007) के पार्ट I के प्रथम अध्याय में महाराणा प्रताप के भारत की सुखदायक झलक मिलती है। आधुनिक लेखक L. Friedman के The World is Flat में भारत के बारे में दी गयी टिप्पणियां प्रेरणा देती है कि हमें अपने देश पर गर्व होना चाहिए। हमें स्वाभिमानी भारतीय होना चाहिए।

Dr. D. Sarewitz, Arizona State University अमेरिका ने 23 अगस्त 2012 Nature, पत्रिका (Vol. 488, Page 431,) में The Higgs boson (God Particle) एवं हिंदु Cosmology एवं Angkor Wat (Combodia) के हिन्दु मंदिर के बारे में लिखते हुए व्यक्त किया है

"I am an atheist, and I fully recognize science's indispensable role in advancing human prospects in ways both abstract and tangible. Yet, whereas the Higgs discovery gives me no access to insight about the mystery of existence, a walk through the magnificent temples of Angkor offers a glimpse of the unknowable and the inexplicable beyond the world of our experience."

भारत के कृषि वैज्ञानिक डॉ. एम. एस. स्वामीनाथन के सम्मान में येरूशलम विश्वविद्यालय, इज्राईल के उपकुलपति ने उद्बोधन में कहा ''प्रोफेसर स्वामीनाथन उस राष्ट्र से आते हैं जहां पर 2000 वर्षों के अन्तराल में यहूदियों (Jews) के साथ कभी भी अत्याचार नहीं हुआ। चीन के विद्वान एवं राजदूत Hu Shih ने एक बार कहां ''India Conquered and Dominated China for 20 Centuries without even having send a single soldier across the Border'' परमपिता ने भारत को प्राकृतिक संसाधनों एवं जैवविविधताओं का कोष प्रदान किया। प्रखर रूसी वैज्ञानिक एन. आई. वेविलोव के Centers of Origin (Centers of Diversity) प्रस्ताव में अखण्ड भारत की जैवविविधता झलकती हैं। पर्यावरणविज्ञ ई.ओ. विल्सन के Half-Earth ग्रंथ (2016) के पेज 133 पर जैव मण्डल पर The Best Places in the Biosphere में The Western Ghats of India, Bhutan, Myanmar अंकित हैं।

पवित्र हिमालय पर्वतमाला धरा का तीसरा ध्रुव (Third Pole) एवं विश्व में शुद्ध जल की मीनार (Fresh water tower of the world) है। यह जीवन दायिनी सिंधु, जमुना, गंगा, बह्मपुत्र एवं मेकांग आदि कई नदियों का उद्‌गम स्थल है। हिमालय के हिमनद (Glaciers) एक ओर आश्चर्यकारी जैव-विविधता का श्रोत है। जीवाणु वैज्ञानिक E. H. Hankin ने 1896 में Jumna et du Gange (यमुना एवं गंगा) के पवित्र जलों में जीवाणुमारक क्षमता (L'action bactericide) की खोज की जो हैजाकारक (Microbe du cholera) एवं अन्य व्याधिकारक जीवाणु-प्रजातियों को समाप्त करती हैं। अब हम जानते हैं कि इन स्वशुद्धिकारक जल धाराओं में जीवाणु भक्षक विषाणु (Bacteriophages) उपस्थित रहते हैं। यह जानकारी बेक्टिरियोंफाज की खोज के 20 वर्ष पूर्व आयी। चिकित्सा विज्ञान में Phage therapy आधुनिकतम विचार है। मानव-, प्राणी - एवं वृक्ष-कल्याणार्थ आयुर्वेद पवित्र वेदों में वर्णित है (Nature, 8 September, 2016 Page 552, Volume 538).

भारत के नालंदा, तक्षशिला एवं विक्रमशिला जैसे ज्ञान एवं विद्या के केन्द्रों का उल्लेख सर्वविदित हैं। इन विश्वविद्यालयों में अनेक विषयों पर शौध एवं ज्ञानार्जन होता था। विद्यार्थी-शिक्षको का अनुपात अति उत्तम था। देश-विदेश के नागरिक ज्ञानार्जन के लिए आते थे। अठारवी सदी से वर्तमान तक भारतीयों एवं भारतीय मूल के साधकों, वैज्ञानिकों एवं विद्ववानों ने मानविकी, वाणिज्य-व्यवस्था एवं प्रबन्धन, विज्ञान-तकनीकी के अन्यान्य क्षैत्रों में महत्वपूर्ण योगदान दिया है। बायोटेक्नोलॉजी, नैनोटेक्नोलॉजी, ब्लोकचेन टेक्नोलॉजी जैसे क्षैत्रों में शौध से लेकर शक्तिशाली अतिविवादित, चमत्कारी, जीन-(अभेद), जीनोम-संपादन (Gene-, Genome-editing) जैसे क्षैत्रों में जहां एक-एक दिवस की

प्रगति आँकी जा रही (सुरक्षा की दृष्टि से) व गुप्तचर/सतर्कता एजेंसियों द्वारा निगरानी की जा रही है। भारतीय वैज्ञानिक अपने-अपने स्थानों पर इन क्षेत्रों में भी अग्रणी हैं। यही नहीं, J.B.S. Haldane जैसे प्रखर मानवतावादी वैज्ञानिक भारतीय नागरिक एवं शाकाहारी बने। शाकाहार भूमण्लीय तापन को कम करने वाला कारक है। मांसाहार पर्यावरण के लिए हानिकारक है। डॉ. हालडेन ने ब्रिटिश नागरिकता का त्याग किया। नोबेल विजेता पीटर मेडावर ने अपने शब्दों में डॉ. हालडेन को "मेरी जानकारी में समय का परम चतुर पुरूष" बताया। और 1961 में डॉ. हालडेन ने भारत को "The closest approximation of the free word" स्वीकार किया।

विश्व के समस्त राष्ट्रों, धर्मों एवं व्यवस्थाओं में हमारी मातृभूमि की सहिष्णु छवि (Soft Image) बारम्बार मिलती है। यह सच है कि हमारे राष्ट्र-जीवन में भी थोड़ा सा समय ऐसा आया जब हमारी संस्कृति, समाज एवं व्यवस्थाएँ छिन्न-भिन्न हुई उसका नकारात्मक स्वरूप सबके सामने आया। उसके भी अनेक कारण रहे, यथा- आतताइयों के भीषण व बर्बर आक्रमण। प्राकृतिक परिवर्तनों एवं विपदाओं तथा राष्ट्रजीवन की ऐतिहासिक भूलों ने हमारे देश को विचलित एवं विपन्न अवश्य बनाया परन्तु समूल नष्ट नहीं किया। 17वीं एवं 18वीं शदी में भारत से लूटकर East India Company के Elihu Yale (येल) ने द्रव्य एवं धन प्रदान कर विश्वविख्यात येल विश्वविद्यालय (Yale Univerity) स्थापित कर अपना नाम महान दाताओं में लिखवाया। विश्व आज भी हमारी चिरंजीविता का लोहा इन शब्दों में मानता है-

यूनान, मिस्र, रोमां सब मिट गये जहाँ से,
कुछ बात है कि हस्ती मिटती नहीं हमारी।।

हमारी हस्ती इसलिए नहीं मिटती कि हमारी आध्यात्मिक संस्कृति, हमारे जीवन मूल्य और हमारा प्रकृति प्रेम सब में उस परमपिता परमात्मा का वास मानता है, 'कण-कण में भगवान' की मान्यता रखकर सबके प्रति सहिष्णुता का समरसता का व्यवहार करता है।

अभिनव भारत मे हमारे अतित एवं वर्तमान पर विचार होना चाहिये। हमारे संसाधनों एवं क्षमताओं का विश्लेषण हर स्तर पर होना भी आवश्यक हैं।

संघ विचारों से पोषित विद्वत परिषद के सदस्यों ने 2018 में महत्त्वपूर्ण निर्णय लेकर "अभिनव भारत संकल्पना एवं स्वरूप (Abhinav Bharat Concept & Form) पर एक अन्तरराष्ट्रीय संगोष्ठी (International Seminar) 4-5 अगस्त 2018 को आयोजित करने का संकल्प लिया।

आनन्द का विषय यह रहा कि वैज्ञानिकों, विचारकों, साधकों, संतो, व्यवस्थापकों, निर्देशकों, एवं शोधछात्रों ने इस संगोष्ठी में उत्साह जनक भागीदारी की। प्रस्तुत ग्रन्थ में मनीषियों, वैज्ञानिकों, शोधकत्ताओं के आलेख संकलित किये गये है। सम्पादकसमूह उनके प्रति हार्दिक आभार प्रकट करना कर्तव्य मानता है।

राजस्थान संस्कृत अकादमी की अध्यक्षा डाक्टर जया दवे एवं अकादमी के सदस्यों के सौजन्य से संस्कृत, हिन्दी एवं अंग्रेजी भाषाओं में संगोष्ठी के विभिन्न उपविषयों-अभिनव भारत एवं शिक्षा, धर्म संस्कृति, सामाजिक व्यवस्था, राष्ट्रीय सुरक्षा, कृषि, वाणिज्य-उद्योग, विज्ञान-तकनीक, प्राकृतिक संसाधन, पर्यावरण उपविषयों पर अपने आलेख प्रस्तुत किये। ग्रंथ के वर्तमान स्वरूप को लाने में संस्कृत की प्रोफेसर सरोज कौशल, डॉ. यादरामजी मीणा, शोध-छात्रा जीनतजहाँ पठान, डॉ. दिव्या राठौड़, IIT जोधपुर के निर्देशक डॉ. सी. वी. आर. मूर्ति, AFRI के निदेशक डॉ. इन्द्रदेव आर्य, Defence lab के निदेशक डॉ. सम्पतराज वडेरा, जोधपुर कृषि विश्वविद्यालय के उपकुलपति डॉ. बलराजसिंह, विज्ञान संकाय की अधिष्ठाता, जयनारायण व्यास विश्वविद्यालय की प्रोफेसर संगीता कुम्भट एवं सीमा सुरक्षा बल के DIG श्री रवि गांधी के हम हृदय से आभारी हैं।

किसी भी संगोष्ठी की सफलता में कार्यालयीन कार्यकर्ताओं की भूमिका अति महत्त्वपूर्ण होती है। श्री अनिलजी राखेचा, श्री सवाईचन्दजी टाक, सम्पतलालजी, एवं लोकेश मीणा विद्याभारती जोधपुर प्रान्त के सहयोग का हम सम्मान करते हुए उनके प्रति अपना आभार प्रकट करते हैं।

हम साईटिफिक पब्लिशर जोधपुर के श्री पवनकुमार शर्मा, तनय शर्मा एवं जावेद अली शेख के आभारी हैं, जिन्होंने ग्रन्थ के प्रकाशन में अथक परिश्रम कर इसे आपके हाथों तक पहुँचाने में हमें समर्थ बनाया हैं।

एक बार पुनः प्रत्यक्ष-अप्रत्यक्ष सहयोग करने वालें सभी महानुभावों का हार्दिक आभार।

नरपतसिंह शेखावत
संयोजक अन्तराष्ट्रीय संगोष्ठी

सत्यमेव जयते

वसुंधरा राजे
मुख्यमंत्री राजस्थान सरकार

संदेश

यह हर्ष का विषय है कि राजस्थान संस्कृत अकादमी जयपुर एवं विद्या भारती, जोधपुर के संयुक्त तत्त्वावधान में 'अभिनव भारत-संकल्पना एवं स्वरूप' विषय पर आयोजित संगोष्ठी के शोध पत्रों की स्मारिका का प्रकाशन किया जा रहा है।

विद्या भारती राजस्थान ऐसी संगोष्ठियों के माध्यम से देश में भारतीय संस्कृति, धर्म और आध्यात्मिकता के साथ ही सामाजिक और धार्मिक समरसता बढ़ाने का कार्य भी कर रही है। राष्ट्र गौरव और भारतीय संस्कारों के प्रति चेतना जगाकर ही हम आदर्श समाज का निर्माण कर सकते हैं। आज के युग में इसकी विशेष आवश्यकता है।

आशा है कि स्मारिका में प्रकाशित होने वाले शोध पत्र शोधार्थियों को एक मंच प्रदान करेगी तथा इसके माध्यम से रचनात्मक विचार ज्यादा से ज्यादा लोगों तक पहुचेंगे।

मै स्मारिका के सफल प्रकाशन की कामना करती हूँ।

वसुन्धरा राजे

(वसुन्धरा राजे)

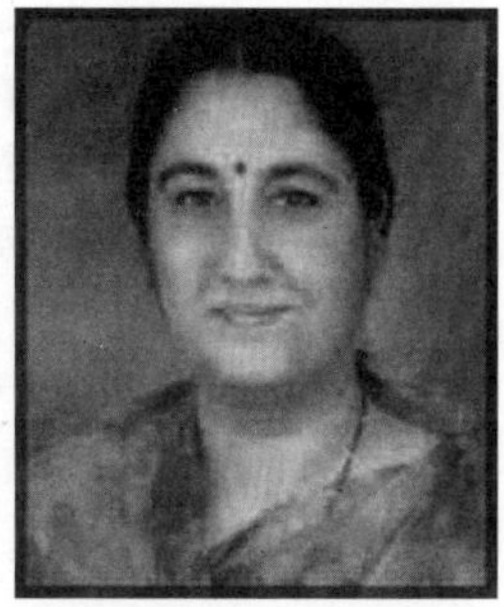

संस्कार से संस्कृति की ओर

नवीनता का संचरण प्रतिक्षण जहाँ है, वही अभिनव है। जो विश्व के भरण-पोषण की क्षमता रखता है वह भारत है। अभिनव भारत यानि अपने मूल स्वरूप के साथ विज्ञान को आत्मसात् करता विचारक भारत, अपनी नैतिक प्रतिष्ठा के साथ दम भरता भारत, चरित्र बल से स्वाभिमानी होता भारत। भारत सदैव सम्पन्न है, दैवीय शक्तियों से अलंकृत है, महापुरूषों से विभूषित है, वैदिक वाङ्मय से सुसज्जित है, संस्कारों से इसकी विराट संस्कृति सम्पूर्ण मानवता को आह्लादित करती है। हमारे यहाँ प्राणी से प्राणी को जोड़ने वाली महत्त्वपूर्ण कड़ी या ''साँकल'' है, संस्कार। जीवन में जीवत्व का जब अभिसंधान होता है तभी से उसके विकास की क्रमिक प्रक्रिया मनीषियों द्वारा सोची जाती है। उसी क्रमिक प्रक्रिया को 16 संस्कारों के रूप में अभिव्यक्त किया जाता है।

प्रत्येक कार्य का कोई कारण भी होता है और लक्ष्य भी। संस्कार संस्कृति को सुगठित रखने का कार्य करते हैं। लक्ष्य है पुरुषार्थ चतुष्टय की सिद्धि। भारतीय संस्कृति के चार स्तम्भ हैं- धर्म, अर्थ, काम, मोक्ष। धर्म का अर्थ हुआ धारण करने की क्षमता, जड़-चेतन में स्थित नैसर्गिक गुण को ही धर्म कहते हैं। जैसे पानी का धर्म है शीतलता, अग्नि का धर्म है तेज, वैसे मानव का धर्म है सत्य। सत्य को सहजता से स्वीकार करना ही मानवीयता है। इसी सत्य की नींव पर आधारित है हमारी विहंगम वर्ण व्यवस्था। जिसके द्वारा व्यक्ति स्वयं अर्थ सम्पन्न बनता है और समाज को भी पुष्ट करता है। धर्मयुक्त विद्या से उपार्जित वित्त को ही अर्थ कहते हैं। मन की पवित्रता एवं कार्य के प्रति पूर्ण समर्पण से जो धन कमाया जाता है वह कभी गलत कार्यों में व्यय नहीं होता है। उस धन से पोषित परिवार सुखी रहता है और वहाँ संस्कार हीनता होती ही नहीं है।

ऐसे सम्पन्न जीवन को जीते हुए व्यक्ति के चिन्तन में श्रेष्ठ मनोरथ आते हैं तब वह कामना पूर्ति के लिए विविध प्रयत्न करता है जिसमें गृहस्थ सुख, राष्ट्रचिन्तन, सामाजिक हित इत्यादि-इत्यादि श्रेष्ठ तत्त्व आते हैं। धर्म से आरम्भ होने वाली जीवन शैली में ''काम'' विकार नहीं है वह दिव्यता का बोधक है। वहीं यदि स्वतंत्र रूप से कामना चिन्तन में भी आती है तो व्यभिचाररूपी पुत्र को साथ लाती है। तभी कहा गया है श्रेष्ठ काम से मोक्ष का मार्ग स्वत: प्रशस्त होता है। धर्म-अर्थ और काम तक मानवीय प्रयत्न है, आगे का मार्ग परमात्मा का अनुग्रह दिखाता है।

प्रश्न ये है कि क्या ये मार्ग बिना प्रकाश के दिखेगा ? हाँ, इस प्रकाश को उत्पन्न करने की क्षमता भारत के कण-कण में है जिसका निरूपण वेदों ने, उपनिषदों ने, पुराणों ने, एवं स्मृति ग्रन्थों ने किया है इन मौलिक ग्रन्थों के बोध हेतु संस्कृत भाषा का ज्ञान आवश्यक है। आवश्यकता इस ज्ञान को तथा सनातन सोच को परिष्कृत करने की है। संस्कृत का विषयेण अध्ययन हो इससे ज्यादा जरूरत है भाषागत अध्ययन की। वो भी श्रेष्ठग्रन्थों के माध्यम से। इन ग्रन्थों का अध्ययन करने से भाषा का ज्ञान तो होगा ही साथ में हम अपने ऋषियों के विचारों से भी अवगत होंगे।

तभी हम स्वाभिमान से जीना सीखेंगे। हमें भारतीय होने पर गर्व महसूस होगा। स्व संस्कृति से स्नेह ही परकीयों के मोह को समाप्त करेगा, भाषा, भूषा, भोजन, भवन एवं भजन ये तत्त्व जब अपने होंगे तो भारत में पुण्य प्रसून खिलेगा, उस प्रसून की सुगन्ध से सुवासित हो सम्पूर्ण विश्व भ्रमर बन भारतमाता के चरणों में ही अपना स्थान खोजेगा।
आईये! हम मिलकर एक बार इच्छा तो करें, संकल्प लें, प्रयत्न करें, तब समन्वित रूप प्रकट होगा तो जगदीश्वर अभिनव भारत की इस वृहद् संकल्पना को स्वयं साकार करेंगे।

"उपैतु मां देवसख कीर्तिश्च मणिना सह प्रादुर्भूतोऽस्मि राष्ट्रेऽस्मिन कीर्तिमृद्धिं ददातु मे।"

(डॉ. जया दवे)

डॉ. जया दवे
अध्यक्ष (राज्यमंत्री)
राजस्थान संस्कृत अकादमी, जयपुर

||ॐ||

अभिनव भारत : संकल्पना एवं स्वरूप
संगोष्ठी की प्रस्तावना

वासुदेव प्रजापति
सह संयोजक, संगोष्ठी

भारत का वैभवशाली अतीत :- हमारा देश सृष्टि का आदि देश है, यह सृष्टि के आरम्भकाल से ही ज्ञान की साधना में रत रहा है। इसीलिए इसका नाम भारत है। यहाँ के ऋषि-मुनियों ने अन्तिम सत्य की खोज की और पाया कि इस सम्पूर्ण ब्रह्माण्ड में एक चिरन्तन सत्ता 'आत्मा' है, वह सबमें व्याप्त है। यह भौतिक जगत् उस आत्मतत्त्व की अभिव्यक्ति मात्र है। आधुनिक विज्ञान भी इसी सत्य के निकट पहुँच रहा है। अध्यात्म के साथ-साथ भारत ने समाज जीवन के प्रत्येक क्षेत्र में ऊँचाइयों को छुआ है।

अपने श्रेष्ठतम तत्त्वज्ञान और उसके प्रकाश में विकसित हुई संस्कृति के कारण ही भारत प्राचीन काल में 'विश्वगुरू' की भूमिका निभाने में सक्षम रहा। विगत कुछ शताब्दियों के बाह्य आक्रमणों के कारण विश्व को मार्गदर्शन देने की भारत की क्षमता समाप्त हुई है। विशेष रूप से अंग्रेजों के आक्रमण ने इस क्षमता को नष्ट किया है।

रोग का सही निदान :- जिस प्रकार एक सफल चिकित्सक पहले रोग की सही पहचान करता है, फिर उसके आधार पर उपचार करता है। ठीक उसी प्रकार अभिनव भारत के निर्माण की बात करने से पूर्व हमारे लिए यह जानना नितान्त आवश्यक है कि अंग्रेजों ने हमारी विश्व को मार्गदर्शन देने की क्षमता को कैसे समाप्त किया ?

अंग्रेज हमारे देश में आये तो लूट के लिए थे, परन्तु उन्होंने लूट को व्यापार का जामा पहना दिया। जब व्यापार करने में बाधाएँ आने लगी तो उन्होंने राज्य हथियाने शुरू किये, और एक दिन देश के शासक बन गये। उनका दूसरा उद्देश्य था, ईसाईकरण का। ईसाई मिशनरियों ने वनवासी, गिरिवासी और निर्धन भोली भाली प्रजा को सेवा के बहाने धर्मान्तरित करना प्रारम्भ किया। और उनका तीसरा उद्देश्य था भारत का अंग्रेजीकरण करना। अंग्रेजीकरण के लिए उन्होंने अंग्रेजी शिक्षा को माध्यम बनाया। इसमें वे यशस्वी भी हुए।

अंगेजी शिक्षा प्रारम्भ करने से पूर्व ही उनके ध्यान में यह बात आ गई थी कि अगर वैदिक साहित्य का अध्ययन -अध्यापन इसी तरह चलता रहा तो बाइबिल में बताया गया सृष्टि निर्माण का समय जो 4004 ई.पूर्व बताया है वह गलत सिद्ध हो जायेगा, क्योंकि हिन्दू धर्म ग्रन्थ सृष्टि निर्माण का समय - **'एक वृन्दः सप्तनवतिकोटीः नवविंशति लक्षः नव चत्वारिंशत सहस्र विंशत्यशततमे सृष्टि संवत्सरे'** बताते हैं। अर्थात् सृष्टि की उत्पत्ति 1,97,29,49,120 वर्ष पूर्व हुई थी। इसी प्रकार बाइबिल में व्यक्त विचार ही सर्वश्रेष्ठ विचार है। यह मान्यता भी निर्मूल सिद्ध होने वाली थी। इसीलिए उन्होंने ऐसे लोगों की एक फोज खड़ी की जो भारतीय साहित्य और इतिहास की प्राचीनता, श्रेष्ठता व गहनता का विरोध करने लगीं। यूरोपीय लेखकों ने तीन प्रकार के कार्यों से भारतीय साहित्य, इतिहास व संस्कृति को नष्ट करने का प्रयत्न किया -

1. संस्कृत ग्रन्थों का अनुवाद कर उनके अर्थों को विकृत करना। इसके आधार स्तम्भ बने, मेक्समूलर।
2. भारतीय इतिहास की प्राचीनता को नकार कर, आधुनिक इतिहास के नाम पर भारतीय इतिहास को विकृत करना। इसका आधार बना जेम्स मिल।
3. उपर्युक्त दोनों कार्यों को शिक्षा में जोड़कर समूची पीढ़ी को भारतीयता से काटने की व्यवस्था अंग्रेजी शिक्षा के द्वारा की गई ओर यह कार्य किया, मैकाले ने।

मेक्समूलर, मिल व मैकाले तीनों ही भारत विरोधी थे। मेक्समूलर जर्मनी का रहने वाला 28 वर्षीय पी. एच.डी. धारी नवयुवक था। मैकाले ने इसे वेदों का विकृत अनुवाद करने में लगाया। मेक्समूलर ने अपनी पत्नी को पत्र में स्पष्ट लिखा कि मैं हिन्दुओं के धर्मग्रन्थ वेदों को उखाड़ फेंकने के कार्य में लगा हूँ और साथ में यह सिद्ध कर रहा हूँ कि 'बाईबिल श्रेष्ठ है और वेद निष्कृष्ट हैं। भारतीय इतिहास को विकृत करने का कार्य किया, जेम्स मिल ने। मिल ने 'ब्रिटिश भारत का इतिहास' नामक ग्रन्थ लिखा। भारत आने वाले प्रत्येक अंग्रेज के लिए इस ग्रन्थ को पढ़ना अनिवार्य था। आपको यह जानकर आश्चर्य होगा कि मिल स्वयं कभी भी भारत नहीं आया, इंग्लैण्ड में भी किसी भारतीय से नहीं मिला, उसने कभी कोई भारतीय ग्रन्थ नहीं पढ़ा और वह किसी भारतीय भाषा से परिचित भी नहीं था। ऐसे व्यक्ति ने भारत और यहाँ की संस्कृति का इतिहास लिखा। अब आप ही अनुमान लगा लें कि वह कितना

प्रामाणिक होगा? और तीसरा, अंग्रेजी शिक्षा लागू करने वाला था मैकाले स्वयं। मैकाले तो दिलो-दिमाग से भारत विरोधी था। वह भारतीयों से घृणा करता था। उसका मानना था कि इंग्लैण्ड की प्राथमिक शाला की लाइब्रेरी में रखी दो पुस्तकें भी भारत के सम्पूर्ण साहित्य से अधिक मूल्यवान हैं। ऐसा व्यक्ति 1834 ई. में देश का शिक्षा प्रमुख बनकर भारत आया, और 1835 में उसने अंग्रेजी शिक्षा प्रारम्भ की। उसका उद्‌देश्य था कि भारत में एक ऐसी पीढ़ी तैयार की जाय जो –'Indian in blood and colour, but English in tests, in opinion, in morals and intelect.' अर्थात् रंग और रूप में भारतीय परन्तु अभिरूचि, धारणा, नैतिक आदर्श तथा वैचारिकता में पूरी तरह अंग्रेज बन जाय। मैकाले इसमें सफल हुआ। भारत का अंग्रेजी पढ़ा लिखा व्यक्ति पूरी तरह अंग्रेज बन गया। हमारे प्रथम प्रधानमंत्री श्री जवाहरलाल नेहरू उसके पक्के उदाहरण हैं। उन्होंने अमेरिका के राजदूत जॉन गेलब्रेथ से एक बार कहा था – ''मैं भारत पर शासन करने वाला अन्तिम अंग्रेज हूँ।'' अर्थात् नेहरूजी स्वयं को पक्का अंग्रेज मानते थे।

मंत्र विप्लव :- अंग्रेजों ने इस तरह भारतीयों की बुद्धि को भ्रष्ट कर दिया। वैचारिक स्पष्टता के स्थान पर वैचारिक भ्रष्टता अधिक खतरनाक होती है। यही बात महात्मा विदुर धृतराष्ट्र को इस उदाहरण से समझाते हैं – **'एकं विष रसोहन्ति, शस्त्रेणैकैव हन्यते'** हे राजन ! अगर विष की एक बून्द किसी को दी जाय, तो जिसे दी गई है वह एक ही व्यक्ति मरेगा। अगर धनुष से एक तीर छोड़ा गया तो वह तीर जिसे लगेगा वहीं एक व्यक्ति मरेगा, किन्तु जब मंत्र विप्लव होता है, बुद्धि भ्रमित कर दी जाती है तो सम्पूर्ण राज्य का, राष्ट्र का सत्यानाश हो जाता है – **'राजानम् हन्ति मंत्र विप्लवः'**। अर्थात् मंत्र विप्लव होने से समूचा राष्ट्र ही बदल जाता है। अंग्रेजों ने भारत में मंत्र विप्लव किया। हम कौन हैं किनकी सन्तान हैं, हमारा इतिहास क्या है ? यह सबकुछ भूले गये, सम्पूर्ण राष्ट्र आत्मविस्मृत हो कर हीनताबोध से ग्रस्त हो गया। यही हमारी बीमारी का मूल है, इसे दूर करना है। इसे दूर किये बिना हम अभिनव भारत का निर्माण नहीं कर पायेंगे। जिस शिक्षा रूपी शस्त्र को माध्यम बनाकर अंग्रेजों ने हमारा बुद्धि विभ्रम किया, वैचारिक भ्रष्टता निर्माण की, हमें भारतीय शिक्षा को माध्यम बनाकर फिर से भारत में भारतीयता लानी होगी।

हमें अपने राष्ट्र पर गर्व :- आत्मविस्मृत होने के बाद भी हमें अपने राष्ट्रपर गर्व है। गर्व इसलिए है कि राष्ट्र के साथ हमारा नाता मात्र भू भाग का नहीं है, हमारा नाता तो माता और पुत्र का है। भारत हमारी माँ है, हम उसके पुत्र हैं। पुत्र होने के नाते उसकी रक्षा करना ओर सेवा करना हमारा कर्तव्य है। राष्ट्र कवि मैथिलीशरणगुप्त भी इन पंक्तियों में यही भाव भरते हैं :-

जिसको न निज देश और निज जाति का अभिमान है।
वह नर नहीं, नर पशु निरा और मृतक समान है ।।

माता की सेवा करने का एक रूप यह भी है कि हम माता के गत वैभव को पुनः प्राप्त करवाये। अपने देश भारत को अभिनव भारत बनायें। यही इस गोष्ठी का हेतु भी है।

हमारे समक्ष चुनौतियाँ :- जब हम अभिनव भारत के निर्माण की ओर अग्रसर होंगे तो अनेक चुनौतियाँ हमारे समक्ष मुहँ फैलाये खड़ी होंगी, उनमें ये प्रमुख हैं –

पश्चिम की भौतिकवादी जीवन दृष्टि – इस दृष्टि के कारण व्यक्ति केवल भौतिक संसाधनों में सुख ढूँढ़ता है, जो उसे कभी नहीं मिलता।

मनुष्य केन्द्री रचना – पश्चिम यह मानता है कि सृष्टि रचना के समय भगवान ने सबसे अन्त में मनुष्य को बनाया और उसे अपने पास बुलाकर कहा तुम मेरे श्रेष्ठ सृजन हो। मैं तुम पर प्रसन्न हूँ। यह सारी सृष्टि तुम्हारे लिए है, तुम उसका यथेष्ठ उपभोग करो। तबसे पश्चिमी विचारधारा वाला मनुष्य सृष्टि का उपभोग कर रहा है, वह स्वयं को सृष्टि का मालिक मानता है। उसी में से अनेक संकट खड़े हुए हैं।

स्त्री के प्रति देखने का दृष्टिकोण – 20 वीं शताब्दी के प्रारम्भ के वर्षों तक यूरोप में ऐसा माना जाता था कि स्त्री में आत्मा नहीं है, स्त्री एक पदार्थ है और अन्य पदार्थों की भाँति वह भी पुरुष के लिए भोग्या है।

अर्थपराणयण जीवन रचना – पश्चिम के व्यक्ति को अनगिनत कामनाओं की पूर्ति के लिए असंख्य पदार्थ चाहिए। इन पदार्थों को प्राप्त करने हेतु अर्थ चाहिए। अतः कामना पूर्ति और अर्थ प्राप्ति जीवन के केन्द्र बन जाते हैं। भारत के व्यक्ति ने जब से पश्चिम की भौतिकवादी दृष्टि अपनाली है, तबसे उसका व्यवहार भी ऐसा ही हो गया है। अतः अभिनव भारत में इन सभी चुनौतियों का हल निकालना होगा।

राष्ट्र के समक्ष विवादित प्रश्न :- आज हमारा राष्ट्र अनेक ज्वलन्त प्रश्नों से जूझ रहा है, उनमें प्रमुख प्रश्न ये हैं –

राष्ट्र और राष्ट्रीयता का प्रश्न :- पश्चिम की और हमारी राष्ट्र की अवधारणा में मूलभूत अन्तर है। पश्चिमी जगत् में स्टेट अर्थात् नेशन का जन्म, ''सामाजिक समझौता का सिद्धान्त (Social Contract Theory) के आधार पर

हुआ है, जबकि भारत में राष्ट्र निर्माण का आधार चिरन्तर सत्य की खोज है। अथर्ववेद का श्लोक कहता है -

''भद्रं इच्छन्त ऋषयः स्वर्विदः,
तपो दीक्षां उपसेदुः अग्रे।
ततो राष्ट्रं बलं ओजश्च जातम्,
तस्मै देवा उपसन्नमन्तु।।''

(आत्मज्ञानी ऋषियों ने जगत् का कल्याण करने की इच्छा से, सृष्टि के आरम्भ में जो दीक्षा लेकर तप किया, उससे राष्ट्र का निर्माण हुआ तथा राष्ट्र का बल और ओज भी प्रकट हुआ। इसलिए सब लोग इस राष्ट्र के समक्ष नतमस्तक होकर इसकी सेवा करें।)

पश्चिम के षड्यंत्र में फँसकर अनेक भारतीय भी भारत को सनातन राष्ट्र न मानकर उपमहाद्वीप मानते हैं, और इसकी एकता व अखण्डता पर मूलाघात करते हैं।

राष्ट्रीयता का प्रश्न तो इससे भी अधिक संवेदनशील है। विश्व में शायद ही कोई ऐसा देश होगा, जहाँ राष्ट्रीयता पर विवाद हो। राष्ट्रीयता की सरलतम परिभाषा यही है कि जो इस देश को अपनी माँ मानता हो और भारतमाता की जय बोलता हो, वह भारतीय है, राष्ट्रीय है। परन्तु देश में एक ऐसा वर्ग भी है, जो भारत को माँ नहीं मानता, भारतमाता की जय नहीं बोलता अपितु अपना मालिकाना हक जमाता है। मैंने एक टी.वी. चैनल पर वर्ग विशेष के व्यक्ति को कहते हुए सुना। ''हम इस देश के वफादार नहीं हैं, वफादार तो कुत्ता होता है। हम कुत्ते नहीं हैं, हम तो इस देश के मालिक हैं, मालिक''। राष्ट्रीयता के समान ही राष्ट्रभाषा, राष्ट्रगीत व राष्ट्रध्वज के विषय भी उलझा रखे हैं। हमें अभिनव भारत में इन्हें भी सुलझाना होगा।

धर्म का विषय भी उतना ही विकट है। हम धर्म को पूजा पद्धति व कर्मकाण्ड से जोड़कर पंथ या सम्प्रदाय के अर्थ में प्रयुक्त करते हैं, और धर्म का नाम लेते ही साम्प्रदायिकता का शोर मचाना शुरू कर देते हैं। इसलिए अभिनव भारत में धर्म का स्थान क्या होगा ? धर्म निरपेक्षता किस अर्थ में होगी ? जैसे प्रश्नों पर भी यह सदन सम्यक् विचार करेगा।

अभिनव शब्द में तात्पर्य :- यहाँ एक बिन्दु की ओर ध्यान आकृष्ट करना चाहूँगा। गोष्ठी के विषय में जो 'अभिनव' शब्द आया है, उसका हम केवल शाब्दिक अर्थ न लें। भाव को पकड़ें, 'विशेष' के अर्थ में लें, हम जैसा भारत चाहते हैं, वैसा भारत। नया भारत नहीं। क्योंकि भारत तो चिरपुरातन राष्ट्र है। हम इस राष्ट्र का पुनः उत्थान कर रहे हैं। अभिनव भारत के निर्माण का यही भाव है।

राष्ट्र की सत्ताएँ :- किसी भी राष्ट्र में चार प्रमुख सत्ताएँ होती हैं। राज्य सत्ता, अर्थ सत्ता, शिक्षा सत्ता एवं धर्म सत्ता। पश्चिम की अर्थ प्रधान जीवन रचना के कारण आज सबसे पहले व सबसे प्रमुख स्थान अर्थ सत्ता का है, अर्थ सत्ता के बल से राज्य सत्ता चलती है, राज्य के नियन्त्रण में शिक्षा चलती है और आज की व्यवस्था में धर्म को कोई स्थान नहीं हैं। जबकि भारत में धर्म सत्ता सबसे ऊपर थी, शिक्षा धर्म सिखाती थी इसलिए उसका दूसरा स्थान था। शिक्षा के मार्गदर्शन में राज्य चलता था और राज्य के नियन्त्रण में अर्थव्यवहार चलता था। अभिनव भारत में किस सत्ता का कौनसा स्थान रहना चाहिए, इस पर भी सार्थक चर्चा अपेक्षित है।

युगानुकूल पुनर्रचना :- हमारे देश में नव निर्माण की एक निश्चित व्यवस्था है। सर्वोपरि स्थान तत्त्व का है। क्योंकि तत्त्व सनातन है, कभी बदलता नहीं। प्रत्येक युग में सत्य, सत्य ही रहता है, अंतिम विजय सत्य की ही होती है। तत्त्व के अनुसार व्यवहार होता है, व्यवहार को सुगम बनाने के लिए व्यवस्था की जाती है, व्यवस्था के लिए रचना बनती है और रचनानुसार निर्माण होता है। तत्त्व तो प्रत्येक युग में वही रहता है, हमें तो युग के अनुसार व्यवहार, व्यवस्था, रचना और निर्माण ही बदलने होते हैं। यहाँ एक बात और ध्यान रखने की है। युगानुकूल व्यवहार व व्यवस्था देशानुकूल बनाकर अपनानी चाहिए अगर देशानुकूल नहीं हो सकती तो त्याग देनी चाहिए। अतः अनेक बार हमें युगानुकूल बनना पड़ता है तो अनेक बार हमें युग को देशानुकूल बनाना पड़ता है।

भारत की वैश्विक भूमिका :- भारत ने कभी अपना विचार नहीं किया, सदैव जड़-चेतन का विचार किया है। भारत का विचार ही विश्वकल्याण का विचार है। भारत ने सम्पूर्ण वसुधा को अपना परिवार माना है। इसलिए विश्व के संदर्भ में भारत की एक विशेष भूमिका है। महर्षि अरविन्द ने कहा है कि - 'प्रत्येक चतुर्युगी में परमात्मा किसी एक देश को निमित्त बनाकर अपनी योजना साकार करवाता है। मैं यह पूर्ण विश्वास से कहता हूँ कि कम से कम इस चतुर्युगी में वह देश और कोई नहीं भारत ही है।'' हम सभी चाहेंगे कि हमारा अभिनव भारत अपनी इस विशेष भूमिका को निभाने में समर्थ हो। अभिनव भारत विश्व को नेतृत्व प्रदान करते हुए वर्तमान विश्व को अज्ञान, भुखमरी, कट्टरता, जिहादी आतंकवाद जैसे वैश्विक संकटों से मुक्ति दिलाकर मानव मात्र के जीवन को सुखी व समृद्ध बनायें।

उपसंहार :- गोष्ठी का विषय फलक अति व्यापक है। इसलिए दो दिन की गोष्ठी का आयोजन किया गया है। इन दो दिनों में 8 समयावधि में कुल 12 सत्रों की रचना की गई है। उद्घाटन एवं समापन को छोड़कर शेष बचे हुए आठ तकनीकी सत्रों में गोष्ठी के आठों उप विषय-अभिनव भारत एवं शिक्षा, अभिनव भारत एवं धर्म संस्कृति, अभिनव भारत एवं कृषि, अभिनव भारत एवं एवं विज्ञान व तकनीक, अभिनव भारत एवं वाणिज्य एवं उद्योग, अभिनव भारत एवं प्राकृतिक संसाधन एवं पर्यावरण, अभिनव भारत एवं सामाजिक व्यवस्था, अभिनव भारत एवं सुरक्षा चलेंगे। दूसरे दिन मध्याह्न भोजनोपरान्त पत्र वाचन के समानान्तर सत्र रहेंगे।

मैं परमपितापरमात्मा से प्रार्थना करता हूँ कि वे हमें सार्थक चर्चा करने हेतु सद्बुद्धि दें और इस गोष्ठी को उत्तरोत्तर आगे बढ़ाते हुए पूर्णता प्रदान करें।

इति शुभम्

हमारी उन्नत ज्ञान परम्परा से अनुप्राणित हो शिक्षा

भगवती प्रकाश शर्मा
कुलपति, पेसेफिक विश्वविद्यालय, उदयपुर

प्राचीन भारतीय वाङ्‌मय में उपलब्ध आधुनिक विज्ञान, प्रौद्योगिकी, सामाजिक विज्ञान व मानविकी आदि के ज्ञान की सामयिक सन्दर्भों में व्याख्या, निर्वचन व उसके क्रमबद्ध संकलन और इनका हमारी शिक्षा में समावेश आवश्यक है। चारों वेद, षड वेदांग, पुराण, उपपुराण, उपनिषद, षट् दर्शन, आरण्यक, धर्मशास्त्र, संहिताओं, सूत्र ग्रन्थों, इतिवृत्तों (यथा वाल्मीकि रामायण, महाभारत आदि), एवं संस्कृत साहित्य के अन्य प्रकाशित ग्रन्थों के अतिरिक्त विविध अभिलेखागारों में संगृहीत 1.2 करोड़ अपठित पाण्डुलिपियों में अथाह ज्ञान संगृहीत है। हमारे इस प्राचीन वाङ्मय की सार्थकता व महत्ता को स्पष्ट करने हेतु यहाँ पर कुछ सरल व सुलभ उदाहरणों को उद्धृत किया जा रहा है -

यजुर्वेद में हृदयाग्र में विद्युत स्पन्दन का उल्लेख : आधुनिक चिकित्सा शास्त्र के अनुसार हृदय के स्पन्दनों की गति (नाड़ी की गति) 72 प्रति मिनट से न्यून हो कर 30-45 प्रति मिनट हो जाने पर एक सिल्वर आयन बैटरी उसके सीने में त्वचा के नीचे लगाकर उससे, एक इलेक्ट्राड जोड़ कर हृदय के आवरण (पेरिकार्डियम) के अन्दर, हृदय के अग्र भाग में स्थापित कर उस इलेक्ट्राड में बैटरी से इतनी विद्युत आपूर्त्ति समायोजित कर दी जाती है कि हृदय (नाड़ी) की गति पूर्ववत् 70 प्रति मिनट हो जाये। यजुर्वेद में हृदय के अग्रभाग में विद्युत को धारण करने की कामना की गयी है। मंत्र में प्रयुक्त शब्द 'अशनि' वैदिक शब्द कोष निघण्टु के अनुसार विद्युत का पर्याय है।

सुश्रुत द्वारा उन्नत शल्य चिकित्सा का विवेचन : सुश्रुत द्वारा 4000 वर्ष पूर्व रचित, संहिता ग्रन्थ में 300 से अधिक शल्य प्रक्रियाओं, 120 से अधिक शल्य चिकित्सा यंत्रों, विविध प्रकार की शल्य चिकित्सा का वर्गीकरण व कई अध्यायों में उसके प्रशिक्षण का सटीक विवरण दिया गया है। सुश्रुत को यह सम्पूर्ण ज्ञान धन्वन्तरि व अन्य उनके पूर्ववर्ती आचार्यों से परम्परागत प्राप्त हुआ है।

ऋग्वेद में प्रकाश की गति की गणना : ऋग्वेद से उद्भूत मंत्र, जिसे आठवीं सदी में आचार्य शंकर ने व 15वीं सदी में सायणाचार्य ने उद्धृत किया है, उस में प्रकाश को एक निमेष (0.216 सेकण्ड) के आधे भाग अर्थात् 0.108 सेकण्ड में 2202 योजन गमन करने वाला बतलाया है, जिससे प्रकाश की गति 1,86,300 मील प्रति सैकण्ड निकलती है। यह 1676 में रीमर द्वारा की गयी गणना से बहुत पहले से सूत्रबद्ध ही थी।

न्यूटन से कई शताब्दी पूर्व गुरूत्वाकर्षण के सिद्धान्त व गति के सिद्धान्तों का प्रतिपादन : न्यूटन द्वारा गुरूत्वाकर्षण के सिद्धान्त के प्रतिपादन के पूर्व वराहमिहिर (505-587) व ब्रह्मगुप्त (598-670 ई.) ने ब्राह्मस्फुट सिद्धान्त में एवं भास्कराचार्य (1114-1185 ई.) ने सिद्धान्त शिरोमणि व लीलावती नामक ग्रन्थ में व उनके द्वारा पुनः सम्पादित और भी प्राचीन ग्रंथ सूर्य सिद्धान्त में इसका वर्णन किया है। मूल सूर्य सिद्धान्त का उद्गम (1000 ई.पू.) से पहले का माना गया है। सूर्य सिद्धान्त में भास्कराचार्य द्वारा ''गुरूत्वाकर्षण शक्ति ''शब्द युग्म के प्रयोग के साथ कर उसे समझाया गया है।

इसी प्रकार वाल्मीकि रामायण के सुन्दरकाण्ड में हनुमान जी द्वारा लंका गमन हेतु सुदीर्घ छलांग लगाते समय, उन्होंने विचार किया कि वे जितने वेग-पूर्वक छलांग लगाएंगे, उसकी प्रतिक्रिया में उतने ही प्रबल वेग से उस स्थान की धरती पीछे को धसकेगी, और इसलिए उन्होंने एक ऊँचे पर्वत पर चढ़कर छलांग लगाने का निर्णय लिया। वाल्मीकि जी रामायण में लिखते हैं कि उनके छलांग के वेग की प्रतिक्रियावश वह पर्वत विदीर्ण हो गया व धरती के समतल हो गया। यह न्यूटन के ''गति के तीसरे सिद्धान्त'' 'क्रिया के समानुपात में (उसकी विलोम) दिशा में प्रतिक्रिया होती है'' का उदाहरण है। ऐसे अनगिनत प्रत्यक्ष व परोक्ष ज्ञान विज्ञान के उद्धरण रामायण व अन्य ग्रन्थों में है।

वाल्मीकि रामायण की प्रागैतिहासिकता : वाल्मीकि रामायण का काल त्रेता युग में था। इसका आरम्भ 21,25,120 वर्ष एवं समाप्ति 8,69,120 वर्ष पूर्व मानी गई है। इसमें उस युग में पाये जाने वाले 4 दाँत वाले हाथियों का जो वर्णन आता है, वे आधुनिक आनुवांशिकीय अनुसंधानों के अनुसार 4 करोड़ वर्षों से पृथ्वी पर पाये जाते रहे हैं, और 10 लाख वर्ष पूर्व पूरी तरह विलुप्त हो गये। आज उनके 10 लाख वर्षों से पुराने जीवाश्म अर्थात् अस्थि अवशेष या फॉसिल्स ही पाये जाते हैं। नासा व अन्य वैज्ञानिकों द्वारा भी रामसेतु को 17.5 लाख वर्ष पुरातन व

मानव निर्मित बतलाया जा रहा है। अतएव इतिहास में ऐसे सभी स्रोतों का समावेश भी आवश्यक है। रामायणकालीन यह दस लाख वर्ष से भी पुरातन हमारी सभ्यता तब कितनी उन्नत थी जहाँ सड़कों पर भी बर्फ से शीतल किये हुये जल के छिड़काव (हिमशीतेन वारिणः) की परम्परा रही है। अर्थात् तब बर्फ का महानुमाप उत्पादन होता था व बर्फ से शीतलीकृत जल के छिड़काव की परम्परा आज भी नहीं है, वह उस काल में थी।

भू-चुम्बकत्व का उत्तर दिशा में सिर रखने पर प्रभाव : न्यूरोफिजीशियन्स का कथन है कि पृथ्वी के भू-चुम्बकत्व (geo-magnetism) के कारण, नित्य उत्तर दिशा में सिर रख कर सोने से मस्तिष्क की कार्य प्रणाली पर प्रतिकूल प्रभाव होता है। मस्तिष्क के ई.ई.जी अर्थात् EEG (एनसिफेलो इलेक्ट्रा ग्राफ) के अंकनों के आधार पर यह निष्कर्ष निकाला गया है। विज्ञान ने अब उत्तर दिशा में सिर रख कर सोने के परिणाम का पता लगाया है। हमारे पुराणों व वास्तु ग्रन्थों में चारों दिशाओं में सिर रखने के परिणामों का विवेचन करते हुए भूल कर भी उत्तर में सिर नहीं करने का निर्देश किया है। विश्वकर्मा प्रकाश के अनुसार पूर्व में सिर रखने से विद्याध्ययन में रूचि बढ़ती है। दक्षिण में धनार्जन की ओर रूचि बढ़ती है। पश्चिम में सिर रखने से चिंता में वृद्धि होती है व उत्तर में आयुक्षीण होती है। भूलकर भी उत्तर में सिर नहीं रखना चाहिए।

योग की वैज्ञानिकता पर अनुसंधान : विविध योग क्रियाओं यथा आसन, प्राणायाम, मुद्राओं, बन्ध आदि के शरीर व स्वास्थ्य पर होने वाले परिणामों पर भारत के बाहर विश्व के सौ से अधिक विश्वविद्यालयों में वृहद् स्तर पर सुदीर्घ अनुसंधान हो रहे हैं। नोबल पुरस्कार विजेता एलिजाबेथ ब्लैकबर्न ने तो पाया कि केवल 90 दिन तक, प्रतिदिन 12 मिनट गहरे श्वसन के अभ्यास से तनावजन्य वृद्धावस्था से सुरक्षा प्रदानकर्त्ता टेलोमरेज के आकार में 43 प्रतिशत की अभिवृद्धि हो गयी।

ऋग्वेद में आधुनिक व्यावसायिक प्रबन्ध के सूत्र : ऋग्वेद में आज के कम्पनियों के पॉर्टफोलियों प्रबन्ध जैसे प्रबन्ध के अनेक श्लोक हैं, जिनमें विश्व में अनेक स्थानों पर इष्ट साधन करने वाली पूंजी (इष्टका) से दैनिक दोनों समय धेनु को दुहने की भांति लाभार्जन आदि का विवेचन है यथाः

इमा मे ऽ अग्न इष्टका धेनवः सन्त्वेका च दशं च दशं च शतं च शतं च।।1।।
सहस्त्रैं च सहस्त्रैं चायुतं चायुतं च नियुतैं च नियुतैं च ।।2।।
अर्बुदं च न्यर्बुदं च समुद्रश्च मध्यं चान्तश्च परार्धश्च ।
एता में अग्न इष्टका धेनवः सन्त्वमुत्रामुष्मिँल्लोके ।।3।।

उपर्युक्त श्लोकों के अनुसार एक से अधिक स्थानों पर निवेशित पूंजी से संचालित व्यवसाय से उसी प्रकार अनवरत, नियमित लाभ होवे, जैसे गौ प्रतिदिन नियमित दोनों समय दूध देती है। वह लाभ उत्तरोत्तर बढ़कर दस गुना, सौ गुना ..... अरब, खरब, नील, पद्म व शंख गुना होवे। यह मंत्र उन्नत व्यवसाय का द्योतक होने के साथ - साथ हजारों वर्ष पूर्व हमारे यहाँ दाशमिक प्रणाली के उपयोग की भी जानकारी कराता है। यहाँ पर, जिस प्रकार सतत व निर्बाध लाभ देने वाले पूंजी को धेनु कहा है, उसी प्रकार अमेरिकी बास्टन कन्सल्टेंसी ग्रुप पोर्टफोलियो प्रबन्ध में कम्पनियों का वर्गीकरण - केश काऊ, स्टार, डॉग आदि नामों का प्रयोग करता है।

वैदिक काल में अर्थव्यवस्था इतनी उन्नत थी कि तब केवल धन सम्पदा के विविध प्रकारों व उनके लिये आज से अधिक पर्याय थे। धेनु, इष्टका, ब्रह्म, वेद, वृद्धि, वित्त, बंधु, द्युम्न, वसु, भोग, श्रव, गयः, क्षत्र, मीढु, मेधा, श्वात्र, वैध या लब्धव्य, रेक्ण, द्रविण, राधः, रयि, वरिवः, वृत, वृत्र आदि इनमें से दो की यहाँ व्याख्या की जा रही है -

धेनु : व्यवसाय में सहज व स्थिर लाभार्जन कराने वाला धन, द्रव्य एवं व्यवहार्य धन ये सब 'धेनु' संज्ञक है। अतः जिस मूलभूत पूंजी से अर्जन होता है वह धेनु संज्ञक है। आज भी हम शेअर बाजार में तेजड़िया को बुल (Bull) अर्थात् बैल या साण्ड व मन्दाड़िया को बीअर अर्थात् भालू (Bear) कहते हैं।

इष्टका : व्यवसाय में निवेशित मूल पूंजी का नाम 'इष्टका' (Capital Employed) है। अपने व्यापारिक इष्ट साधन के लिए इसका प्रयोग होता है। जैसा कि- 'इमा मे अग्न इष्टका धेनवः' (यजुर्वेद।17 2) में दोनों शब्दों का प्रयोग हुआ है।

ऋग्वेद में सौ चप्पुओं वाले जलयानों (शतरित्र) से सामुद्रिक व्यापार के वर्णन प्राचीन काल में भारत में एक उन्नत अर्थव्यवस्था का संकेत करते हैं। इस प्रकार अनेक सहस्राब्दियों पूर्व हमारे यहाँ उन्नत आर्थिक व व्यावसायिक प्रबन्ध विकसित था।

वैदिक काल की उन्नत शासन व्यवस्था, लोकतंत्र व चुनाव आदि : वैदिक काल में आज की भाँति चुनाव एवं चुने हुये राष्ट्राधिपति को पदमुक्त किये जाने के भी पर्याप्त सन्दर्भ हैं। ऋग्वेद के मंत्र क्रमांक 10-173-1 के अनुसार वैदिक युग में भी देश में राष्ट्र के अधिपति के चुनाव होते रहे हैं। इसी मंत्र में इस चुने हुए राष्ट्राधिपति से शासन में स्थायित्व के साथ जनप्रिय बने रहने की अपेक्षा भी की गई

है । यथा - 'आत्वा हर्षिमंतरेधि ध्रुव स्तिष्ठा विचाचलिः विशरत्वा सर्वा वांछतु मात्वधं राष्ट्रमदि भ्रशत्। 'ऋक 10-174-1। भावार्थ - हे राष्ट्र के अधिपति! मैं तुझे चुन कर लाया हूँ। तू सभा के अन्दर आ, स्थिरता रख, चंचल मत बन, घबरा मत, तुझे सब प्रजा चाहे। तेरे द्वारा राज्य पतित नहीं होवें। उक्त मंत्र से यह भी विदित होता है कि राष्ट्राधिपति को संसद जैसी किसी सभा में भी आना पड़ता था। शायद स्थानीय स्वशासन हेतु भी कोई (नगरों / ग्रामों या प्रांतो की) पंचायतें हुआ करती थी। इनसे भी उस चुने हुए राष्ट्राधिपति का अनुमोदन आवश्यक था, ऐसा प्रतीत होता है और ये पंचायतें शायद राष्ट्राधिपति को हटाने में भी सक्षम थीं। इसके अतिरिक्त राष्ट्राधिपति का चुनाव तो प्रत्यक्ष प्रणाली से होता रहा होगा। ऐसा अथर्ववेद में मंत्र क्रमांक 3-4-2 के इन शब्दों की 'देश में बसने वाली प्रजाएं तुझे चुनें।' से प्रतीत होता है। लेकिन, ये ग्राम/नगर/प्रादेशिक पंचायतें विद्वत् परिषदों के रूप में भी होती रही होंगी। ऐसा इस मंत्र के शब्दार्थ से प्रतीत होता है। यथा -

भावार्थ - देश में बसने वाली प्रजाएं शासन के लिए तुझको राष्ट्रपति या प्रतिनिधि चुने। ये विद्वानों की बनी हुई उत्तम मार्गदर्शक, दिव्य पंचदेवी (पंचायतें) तेरा वरण करें अर्थात् अनुमोदन करें। तत्पश्चात् तूं उग्र तेजस्वी व प्रभावशाली दण्ड को न्याय बल के साथ सम्भाल और हमको जीवनोपयोगी धनों एवं अधिकारों का न्यायपूर्वक समान रूप से विभाजन कर।

राष्ट्र का नेतृत्व कैसा हो ? इसका भी निरूपण अथर्ववेद में किया गया है यथा-

'स्वस्तिदा विशान्पति बृत्रंहा बिमृधो वशी। वर्षेन्द्रः पुर एतु नः सोमपा अभयंकरः।' अथर्ववेद 1-21-1: । इसका अर्थ है (प्रजा का या हमारा) कल्याण करने वाले हिंसा या आतंक का निरोध कर सके ऐसा बलवान सोमपा (अर्थात् ब्रह्मज्ञानी, ऐश्वर्ययुक्त, न्यायप्रिय, यज्ञकर्ता, क्षत्र तेज सम्पन्न व प्राण बल का पान करने वाला) शत्रुओं को नष्ट कर प्रजा को अभय प्रदान करने वाला हमारा नेता बने। **'यौनः पूषन्नथो वृको दुःशेव आदि देशाति। अपस्मतं पथो जहि।** ऋग्वेद । 1-42-2 । भावार्थ - हे पूशन! प्रभो, यदि पापी व दुखदायी हम पर शासन करें, तो उसे हमारे पथ से दूर कर कांटे की भांति उखाड़ कर फेंक दे। इसी प्रकार ऋग्वेद के मंत्र 1-42-3 में परिपंथी, चोर व कुटिल जनों को दूर करने का आग्रह है। इससे यह स्पष्ट होता है कि आज से सहस्राब्दियों पूर्व भी हमारे देश में आज से भी उन्नत लोकतंत्र सुस्थापित था। बौद्ध साहित्य में 2600 वर्ष पूर्व के जिन अनेक गणराज्यों का विस्तृत वर्णन व तैत्तिरीयोपनिषद में जिन शासन पद्धतियों का विवेचन आता है, वह हमारे देश में अति प्राचीन काल में आज से बेहतर उत्तरदायी सुशासन, लोकतंत्र व गणराज्यों के प्रमाण हैं।

बुद्धिमत्ता पूर्ण प्ररचना सिद्धान्त (इण्टैलिजेण्ट डिजाइन थ्योरी) : वैज्ञानिकों का एक वर्ग ब्रह्माण्ड व सभी जीव प्रजातियों को एक बुद्धिमत्तापूर्ण रचना मानता है कि इस अति विशाल व व्यवस्थित रूप से संचालित ब्रह्माण्ड एवं प्रत्येक जीव प्रजाति की रचना बेतरतीब तत्वों के संयोजन से नहीं हो कर अत्यंत बुद्धिमत्तापूर्वक की गयी रचनायें हैं। इन वैज्ञानिकों का प्रथम तर्क है कि ब्रह्माण्ड में अनवरत भ्रमणशील अरबों आकाश गंगायें, प्रत्येक आकाश गंगा में व्यवस्थित रूप से अपनी धुरी पर भ्रमणरत व अपनी-अपनी कक्षा में भ्रमणरत अरबों ग्रहनक्षत्र और उनके भी अपने-अपने सौर मण्डल या नक्षत्र मण्डल सुव्यवस्था के साथ संचालित हो रहे हैं। वह सभी बुद्धिमतापूर्ण की गयी योजना से ही संभव है। इसी प्रकार सभी जीव प्रजातियों के विकास में भी एक सप्रयोजन बुद्धिमत्तापूर्ण योजना ही अन्तर्निहित प्रतीत होती है। DNA से जीवन निर्माण का जो डिजीटल कोड है वह अनियोजित नहीं, सप्रयोजन नियोजित सिद्ध होता है। सम्पूर्ण ब्रह्माण्ड के क्रिया-कलापों में और सभी जीव प्रजातियों के जीवन चक्र में एक प्रकार की परिपूर्णता युक्त जटिलता सामने आती है। इन जटिलताओं के अत्यंत स्वल्प अंश को भी निकाल देने पर संपूर्ण तंत्र ढह जाता है। इसे 'Irreducible complexity' का सिद्धांत कहा जाता है। इसी प्रकार ब्रह्माण्ड व सभी जीव प्रजातियों में पाई जाने वाली सारी जटिलताएँ सोद्देश्य या सप्रयोजन हैं। इनमें सारी जटिलताएं निर्देशित हैं, संयोगजन्य नहीं। इस प्रकार की अलघुकरणीय जटिलताओं (जिन्हें कम नहीं किया जा सके, ऐसी जटिलतायें) और सप्रयोजन या निर्देशित जटिलताओं के पीछे बुद्धिमत्तापूर्ण रचना का होना स्वाभाविक है। इस पूरे विषय पर अनेक ग्रंथ रचे गए हैं जो उद्विकास (evolution) के स्थान पर नियोजित सृजन के सिद्धांत का प्रतिपादन करते हैं। इसे इन दिनों 'Creationism in place of evolution' कहा जा रहा है। पाठक इस विषय में लेखक के 'Intelligent Design theory' पर प्रकाशित लेखों का अध्ययन भी कर सकते हैं। हमारे पुराणों के प्रतिपाद्य 5 विषयों में से ''सर्ग'' अर्थात् ''सृष्टि रचना'' के खण्ड में बुद्धिमत्तापूर्ण प्ररचना सिद्धांत (Intelligent Design Theory) में अत्यंत साम्य दिखलाई देता है।

बहुसंख्यक पुरातात्विक व अन्य अनुसन्धान : हमारे गौरव का प्रतिपादन करने वालों का हमारे पाठ्यक्रमों में समावेश ही नहीं है जो किया जाना चाहिये। अनेक पुरातात्विक अनुसंधान भी इस दृष्टि से पठनीय हैं।

तमिलनाडु में कोडूमनाल में उत्खनन में एक प्राचीन 2800 वर्ष पुरानी औद्योगिक नगरी मिली है। वहाँ पर ऐसे Vitrified Crucibles मिले हैं, जिनका उपयोग इस्पात (Steel) बनाने में होता था। वहाँ अत्यन्त उन्नत व स्वल्प कार्बनयुक्त इस्पात (Low Carbon Steel) का उत्पादन होता था। आज चाहे सब कहते हैं कि, विट्रीफाईड टाईल्स का विकास यूरोप में हुआ है। लेकिन, कोडूमनाल में 2800 साल पुराने विट्रीफाइड क्रुसिबल्स ;Vitrified Crucibles) मिलने से भारत में विट्रीफिकेशन प्रक्रिया की प्राचीनता सिद्ध होती हैं। उड़ीसा की भट्टियों में तैयार इस्पात (जंग न लगने वाला) 2000 वर्ष पूर्व भारत की स्टील उत्पादन प्रौद्योगिकी की कहानी कह रहा है। अशोक की लाट कहलाने वाला गरूड़ स्तम्भ-महरौली, दिल्ली में इसका प्रमाण है। कोडूमनाल में 2500 वर्ष पुराना वस्त्र उद्योग, रत्न संवर्द्धन व इस्पात उद्योग हमारे प्राचीन गौरव का प्रमाण हैं। कोडूमनाल में पुरानी सभ्यताओं यथा मिश्र (अरब देश), रोम (इटली) और थाईलैण्ड (दक्षिण-पूर्व एशिया) के सिक्के निकले हैं। ये सिद्ध करते हैं कि, भारत प्राचीन समय से ही समृद्ध एवं दूर देशों से विश्व-व्यापार में व प्रौद्योगिकी विकास में भी अग्रणी रहा है।

कोडूमनाल में मिले अनेक उत्तर भारत के नामपट्टों व अभिलेखों से लगता है कि 2500 वर्ष पूर्व देश में आर्य और द्रविड़ जैसा कोई विभाजन एवं उनमें किसी प्रकार का वैमनस्य नहीं था और इससे आर्यों का बाहर से आगमन व द्रविड़ों पर आक्रमण की कल्पना भी निराधार हो जाती है। कोडूमनाल के उत्खननों में पद्मासन की अवस्था में बैठे नर कंकाल भी मिले हैं, जो वहाँ 2500 वर्ष पूर्व योग की परम्परा का प्रमाण देते हैं। हाल में किये वंशाणु साम्य अर्थात् जीन पूल के अध्ययनों में उत्तर व दक्षिण भारत के लोगों में नस्ल भिन्नता के भी कोई प्रणाम सामने नहीं आते हैं। आर्यों के भारत के बाहर से आने व द्रविड़ों पर आक्रमण और उनके बीच परस्पर अलगाव का मिथक कोडूमनाल में उत्तर व दक्षिण भारत में पारस्परिक लेन-देन के प्रमाणों से भी निर्मूल हो जाता है।

वस्तुतः सिन्धु घाटी सभ्यता का आर्यों का भारत में आगमन पर नष्ट किये जाने के जो मिथ्या विवेचन हैं, वे भी नवीन खोजों के बाद निर्मूल हो गये हैं। उपग्रह के चित्रों व नये पुरातात्विक उत्खननों से निर्विवाद रूप से यह सिद्ध हो गया है कि वह सभ्यता 300 वर्षों के जलवायु प्रकोप के कारण समाप्त हुई है। वहाँ पर जो मिट्टी की अनेक परतें जमा हुई हैं, वे वातावरण में परिवर्तन व जल प्लावन का परिणाम है। वहाँ के भूगर्भिक अनुसंधान यह भी बतलाते हैं कि 4200 से 4000 वर्ष पूर्व मानसून की बरसात का विलोपन भी जन विस्थापन का कारण बताया जा रहा है। सभी ताजा अनुसंधानों से यह निर्विवाद रूप से सिद्ध हो गया है कि वहाँ से कोई आक्रमण जनित विस्थापन नहीं हुआ, जैसा आर्यों के बाहर से आगमन की बात करने वाले इतिहासकार कहते आये हैं। विश्व के अति प्राचीन विश्वविद्यालयों में गिने जाने वाले 1575 में स्थापित लीडेन विश्वविद्यालय में तमिल के चोलराज राजेन्द्र की राज्याज्ञा की एक हजार वर्ष प्राचीन 30 किलो वजन के जो ताम्रपत्र हैं, वे संस्कृत में विष्णु स्तुति से प्रारम्भ होते है और उसमें बाद के वर्णन तमिल भाषा में हैं। इससे यह मिथक भी ध्वस्त हो जाता है। 2014 में चोलराज के राज्यारोहण की सहस्राब्दी में इनका प्रदर्शन किया गया था। स्मरण रहे चोलराज राजेन्द्र ने एक हजार वर्ष पूर्व अपने राज्य का विस्तार बंगाल में गंगा तट से सम्पूर्ण श्रीलंका व म्याँमार सहित सम्पूर्ण दक्षिण पूर्व एशिया तक किया था।

सोलहवीं सदी तक विश्व का सबसे सम्पन्न देश : इस बात की पुष्टि हाल ही में यूरोप से प्रकाशित विश्व के सहस्राब्दीगत आर्थिक इतिहास ग्रन्थ (World Economic History - A Millennium Perspective) में भी कही गयी है। औद्योगिक देशों के संगठन OECD, जिसमें अमेरिका जापान व यूरोप आदि सदस्य हैं, उन के आग्रह पर ब्रिटिश आर्थिक इतिहासकार 'एंगस मेडिसन' ने हाल ही में विश्व का 2000 वर्ष का इतिहास लिखा है। उसमें उसने लिखा है शून्य A.D से लेकर 1000 A.D तक भारत का सकल घरेलू उत्पाद अर्थात् GDP विश्व में सर्वोच्च 33 प्रतिशत था, अर्थात् पूरे विश्व का तृतीयांश उत्पादन भारत में ही होता था। यहाँ तक कि मुगलकालीन अत्याचारों, जजिया आदि के बाद भी 1700 A.D तक भी यह 24 प्रतिशत रहा है। यही आज घटकर लगभग 3 प्रतिशत रह गया है।

समावेशी विकास का अर्थशास्त्र : प्राचीन भारतीय वाङ्मय में विकास की अवधारणा मानव मात्र के योगक्षेम व पूर्ण रोजगार पर आधारित रही है। इसलिये कौटिल्य अर्थशास्त्र में चाणक्य ने मानव मात्र के योगक्षेम पर बल देते हुए लिखा है कि, मनुष्यों को आजीविका प्रदान कर उनके सुख-चैन की व्यवस्था करने का शास्त्र अर्थशास्त्र है। **यथा मुनुष्याणां वृत्तिरर्थः। मनुष्यवती भूमिरित्यर्थः तस्य पृथिव्याये लाभ पालनोपाय शास्त्रमर्थशास्त्रमिति।** अर्थात्

सम्पूर्ण भूमण्डल पर आवासित मानव मात्र के लिये लाभपूर्ण आजीविका से उसके योगक्षेम को सुनिश्चित कर, सबके लिये स्थाई सुखचैन की व्यवस्था का शास्त्र ही अर्थशास्त्र है। ऋग्वेद में परिवार की उत्पादकीय सम्पत्ति को 'पूंजी' कहते हुये इस बात पर सर्वाधिक बल दिया गया है कि परिवार की यह उत्पादकीय सम्पत्ति अर्थात् पूंजी, जो उसके योगक्षेम का अवलम्बन है, कभी भी पृथक नहीं की जाये। अर्थात् 'विकेन्द्रित उत्पादन' को आर्थिक रचना-योजना का आधार माना है। दूसरी ओर आधुनिक अर्थशास्त्र पूंजी की मानवीय सन्दर्भ से विरहित समष्टिगत परिभाषा देता है- 'Produced means of Production is Capital' और आज तो देश का विकास विदेशी पूंजी निवेश-केन्द्रित ही बना दिया गया है। रोजगार व मानव का योगक्षेम लगभग गौण ही है। इसलिये, आज हम रोजगार विहीन आर्थिक वृद्धि (Jobless Growth) के दौर में चले गये हैं। हमारे आर्थिक चिन्तन की सर्वसमावेशी विकास की अवधारणा व विकेन्द्रित उत्पादन व नियोजन का सिद्धान्त इस पर बल देता रहा है कि प्रत्येक व्यक्ति व परिवार का योगक्षेम ही विकास व आर्थिक वृद्धि का आधार होना चाहिये। योगक्षेम शब्द में 'योग' से आशय है 'अप्राप्त की प्राप्ति' (अर्थात् जो अबतक प्राप्त नहीं हुआ है उसकी प्राप्ति) एवं 'क्षेम' का अर्थ है, 'जो प्राप्त हो गया, उसकी सुरक्षा'।

वर्तमान शिक्षा में समावेश आवश्यक

इन उदाहरणों से यह स्पष्ट हो जाता है कि हमारे प्राचीन वाङ्मय में विविध प्रकार का सामयिक महत्त्व का प्रचुर ज्ञान संगृहीत है। आज के प्रत्येक विषय यथा भौतिकी, रसायन विज्ञान, जीव विज्ञान, क्वाण्टम सिद्धान्त, इतिहास, भूविज्ञान, अर्थशास्त्र, राजनीति शास्त्र, समाज शास्त्र, प्रबन्ध, वाणिज्य आदि सभी विषयों पर कई खण्डों में स्वतंत्र ग्रन्थों का लेखन किया जा सकता है। अतएव हमारे प्राचीन वाङ्मय के विधिवत् अध्ययन, अनुसन्धान, लेखन व इनका शिक्षण आज की महती आवश्यकता है। हमारे इतिहास के पुनर्लेखन से लेकर भाषा विज्ञान से क्वांटम मेकेनिक्स पर्यन्त सारे विषयों से सम्बन्धित ज्ञान के संकलन के प्रयास वृहद् स्तर पर आवश्यक हैं।

अभिनव भारत की संकल्पना और शिक्षा

अवनीश भटनागर
राष्ट्रीय मंत्री, विद्याभारती

इस दो दिन की गोष्ठी में हम कल से अभिनव भारत की संकल्पना पर विचार कर रहे हैं। यहाँ विराजमान सभी महानुभाव प्रत्यक्ष अथवा परोक्षरूप से शिक्षा से जुड़े हुए हैं। शिक्षा एक ऐसा पक्ष है, जिससे किसी भी राष्ट्र की प्रगति या अवनति जुड़ी हुई है। राष्ट्र के सर्वांगीण विकास में शिक्षा महात्त्वपूर्ण भूमिका निभाती है। पिछ्ली दो शताब्दियों से शिक्षा के सम्मुख आने वाली घटनाएँ, चुनौतियाँ आज भी अनसुलझी हुई हैं। भारत की स्वतन्त्रता के इकहत्तर बर्षो के बाद भी शिक्षा की स्थिति एवं शिक्षा के स्वरूप की विवेचना एवं व्याख्या करनी पड़ रही है, इसका अर्थ यही है कि शिक्षा के क्षेत्र में हम अबतक असफल रहे हैं।

तीन प्रश्नों की विवेचना :-

आज सामान्य व्यक्ति भी यह कहता है कि हमारे देश में शिक्षा की स्थिति अच्छी नहीं है। यहाँ मैं एक पुस्तक का सन्दर्भ दे रहा हूँ। सन् 2012-13 में यह पुस्तक ''भारत में राष्ट्रीय शिक्षा आन्दोलन का इतिहास'' प्रकाशित हुई। इसके लेखक हैं, डॉ. देवेन्द्र स्वरूपजी। दिल्ली विश्वविद्यालय में इतिहास विभाग के प्राध्यापक थे, अब सेवा निवृत्त हो गये हैं। अनेक लोग इन्हें 'पांचजन्य' नामक पत्रिका के सम्पादक के रूप में जानते हैं। डॉ. देवेन्द्र स्वरूप जी इस पुस्तक की प्रस्तावना में देश के शिक्षाविदों एवं पाठकों के सम्मुख तीन प्रश्न उठाते हैं। इन तीनों प्रश्नों में पहले कथन है और कथन के साथ प्रश्न है। उन का पहला कथन है- सब कोई यही कहता है कि देश की शिक्षा की स्थिति अनुकूल नही है, इसमें बदलाव आना चाहिए। कौन कहता है? राजनीतिज्ञ कहते हैं, प्रशासनिक अधिकारी कहते हैं, कुलपति कहते हैं, प्राध्यापक कहते हैं। समाज का उद्योगपति व व्यवसायी वर्ग का व्यक्ति भी कहता है, समाज का प्रत्येक वर्ग कहता है कि भारत की शिक्षा में बदलाव आना चाहिए। शिक्षा में बदलाव आना चाहिए, यह कहते तो सब हैं किन्तु प्रयास कौन करता है?

आज की परिस्थितियों से सीधा जुड़ा हुआ और अत्यन्त प्रासंगिक प्रश्न देवेन्द्र स्वरूपजी खड़ा करते हैं कि यदि केवल शिक्षानीति में बदलाव कर दिया जाय, परन्तु राजनीति, अर्थनीति और समाजनीति ऐसी ही चलती रहे जैसी आज चल रही है, तो क्या शिक्षानीति का परिवर्तन प्रभावी होगा? क्या वह समाज को आगे तक ले जा पायेगा अथवा क्या समाज की दिशा बदल पायेगा? आगे वह इसके ठीक विपरीत प्रश्न खड़ा करते हैं कि मानों आपने राजनीति, अर्थनीति व समाजनीति में परिवर्तन कर दिया परन्तु शिक्षानीति को छूआ भी नहीं, तो क्या यह परिवर्तन टिकाऊ होगा? यह उनका दूसरा प्रश्न है। अर्थात् वे यह कहना चाहते हैं कि केवल शिक्षानीति में परिवर्तन लाने से राष्ट्र या समाज का सर्वतोन्मुखी विकास तब तक सम्भव नहीं है, जब तक शिक्षानीति, राजनीति, अर्थनीति एवं समाजनीति में भी एक साथ परिवर्तन न किया जाय।

अगला व तीसरा महत्त्वपूर्ण प्रश्न वे यह उठाते हैं कि शिक्षानीति में परिवर्तन करे कौन? हम सभी लोकतंत्र में रहने के कारण इस बात के अभ्यासी हो गये हैं कि पार्लियामेंट करेगी, सरकार करेगी। हम यह मान कर चलते हैं कि हर बात सरकार के हाथों में अर्थात् सत्ता के हाथों में केन्द्रित है। अतः सभी काम सरकार को ही करने चाहिए।

सरकारी तंत्र का हाल :-

सरकार के काम के साथ एक बड़ी समस्या यह है कि सरकार प्रत्येक काम में अपना मैकेनिजम अर्थात् अपना एक तंत्र खड़ा करने का प्रयास करती है। उस तन्त्र को उस मैकेनिजम को परिपूर्ण बनाने में अधिक ऊर्जा, अधिक धन व्यय होता है, परन्तु उसका प्रभाव व परिणाम उतने नहीं होते, जितने होने चाहिए। जैसे हमें सुबह जल्दी कहीं जाना होता है तो हम पहले अलार्म घड़ी में और आजकल मोबाईल में अलार्म लगाते हैं। सुबह जब अलार्म बजता है तो सबसे पहले हम अलार्म को बन्द करते हैं, करवट लेते हैं और सो जाते हैं। मोबाईल या घड़ी में अलार्म बजना मैकेनिजम है और उसे बन्द कर सो जाना एन्टीमैकेनिजम है। प्रत्येक मैकेनिजम से एक एन्टीमैकेनिजम स्वतः ही जन्म लेता है। इस प्रकार हम इस मैकेनिजम से बन्ध जाते हैं इसे मैं इस उदाहरण से समझाता हूँ। एक स्थान पर दो मजदूर सरकारी काम कर रहे थे। क्या कर रहे थे? एक मजदूर गड्ढा खोद रहा था और दूसरा उस गड्ढे में मिट्टी भर रहा था। फिर थोड़ी दूरी पर लगभग 10 फिट दूर जाकर पहला मजदूर गड्ढा खोदता है और दूसरा उसमें मिट्टी भरता है। एक

दुकानदार अपनी दुकान पर बैठा-बैठा यह सब देखता है। उससे रहा नहीं गया, उसने उस मजदूर से पूछा, यह क्या कर रहे हो? तो वह बोला वृक्षारोपण कर रहे हैं। वृक्षारोपण कर रहे हो तो वृक्ष कहाँ हैं? उसने बताया कि हम तीन लोगों की गेंग है। मेरा काम गड्ढा खोदना है और इसका काम मिट्टी भरने का है और तीसरे का काम पौधा लगाना है। तीसरा आज छुट्टी पर है, इसलिए आया नहीं। हम दोनों आये हैं, इसलिए हम दोनों अपनी ड्यूटि पूरी कर रहे हैं। यह सरकार का मैकेनिजम है, इस मैकेनिजम को पूरा करने के लिए हम बन्ध जाते हैं। बिना विवेक के जब मैकेनिजम को पूरा किया जाता है तो परिणाम क्या होता है? यह हम सब जानते हैं। देवेन्द्र स्वरूपजी कहते हैं कि संसद या सरकार परिवर्तन करे, इससे बेहतर होगा कि शिक्षा को जानने वाले विद्वान संसद में बैठे लोगों के मानस में परिवर्तन करें। वास्तव में आज की शिक्षा व्यवस्था के सामने यह सबसे बड़ी चुनौती है। यह चुनौती केवल शिक्षाविदों का विषय न होकर सम्पूर्ण समाज का विषय बनना चाहिए।

मेरा प्रिय प्रसंग :-

प्रसंग महाभारत का है, आप सभी जानते हैं, मैं उसी प्रसंग को आज की शिक्षा व्यवस्था से जोड़कर आज की भाषा में आपको बताता हूँ। भीष्म पितामह ने एक इंस्टिट्युशन खोला। उसकी विशेषता थी सेंट परसेंट मेनेजमेंट कोटा, आउट साइड एडमिशन बिल्कुल नहीं। धृतराष्ट्र के सौ लड़कों को तथा पाण्डु के पाँच पुत्रों को ही एडमिशन दिया जाना तय था। भीष्य पितामह ने उस इंस्टिट्यूट के लिए एक डायरेक्टर साहब को नियुक्त किया। डायरेटक्र साहब ने कहा कि मेरा भी एक पुत्र है, उसे मैं कहाँ भेजूँगा। स्पेशल परमिशन देकर उसको भी एडमिशन दे दिया गया। बस! एक सौ छः अब आगे एडमिशन नहीं हो सकता।

अब इंस्टिट्युशन शुरू हुआ, डायरेक्टर बड़े दक्ष, बड़े नामी इसलिए समाज में एक अच्छा सन्देश गया। एक दिन ट्राइबल इलाके का एक नवयुवक खोजते-खोजते उस इंस्टिट्युशन में आया और डायरेक्टर साहब से कहा, मुझे भी एडमिशन चाहिए। डायरेक्टर साहब ने रूल्स बताये, हमारे यहाँ 100 प्रतिशत मेनेजमेन्ट कोटा है, आउट साइड्स नॉट अलाउड। बस 106 एडमिशन होने थे सो हो गये, अब कोई चांस नहीं। उस नवयुवक ने फिर कहा, चेयरमेन से रिक्वेस्ट कर दीजिए, बड़ी दूर से उम्मीद लेकर आया हूँ, सीखने का पक्का निश्चय करके आया हूँ अगर एडमिशन हो जाये तो अच्छा रहेगा। डायरेक्टर साहब ने कहा, हमारे चेयरमेन साहब बड़े स्ट्रीक्ट हैं, बाहर का कोई एडमिशन, किसी भी हालत में परमिशन नहीं देंगे। बिचारा वह नवयुवक लौट गया। परन्तु निराश होकर नहीं गया, दृढ निश्चयी जो था। आप सबने यह कथा सुनी हुई है, इसलिए व्याख्या नहीं कर रहा हूँ। मेरे मन में उनके प्रति तनिक भी अश्रद्धा का भाव नहीं है, मैं तो बस! आज के सन्दर्भ में उनके पक्ष-विपक्ष पर टिप्पणी कर रहा हूँ।

अब कथा आगे बढ़ती है, कुछ दिनों बाद उन 106 विद्यार्थियों के साथ डायरेक्टर साहब पिकनिक पर जंगल में गये, उनके साथ एक पालतु कुत्ता भी था। कुत्ता उनसे आगे-आगे भाग रहा था। एक स्थान पर किसी अन्य को देखकर वह जोर-जोर से भौंकने लगा। थोड़ी देर में उसका भौंकना बन्द हो गया। लौटकर जब वह उन सबके पास आया तो सब उसे देखकर आश्चर्यचकित थे। आश्चर्य इस बात का था कि कुत्ते का मुँह पूरा बाणों से भरा हुआ था, किन्तु इस तरह से बाण भरे थे कि खून की एक भी बून्द नहीं निकली थी। ऐसा अद्भुत सरसंधान कि बाणों से मुँह भर गया और भौंकना बन्द हो गया, परन्तु रक्त बिल्कुल नहीं निकला। ऐसे व्यक्ति को, ऐसे श्रेष्ठ धनुर्धर को वे सभी ढूँढ़ने हेतु कुत्ते के पीछे-पीछे गये। कुत्ता एक स्थान पर रुका, एक युवक ने आकर डायरेक्टर साहब को प्रणाम किया। डायरेक्टर साहब ने उसे पहचाना नहीं अतः पूछा, कौन हो वत्स? इस प्रकार की सरसंधान की विद्या किससे सीखी? गुरुजी आपका ही स्टुडेन्ट हूँ, और आपसे ही यह विद्या सीखी है। अरे! मुझ से कब सीखी? मैंने तो इन 106 स्टुडेंट के अलावा न तो किसी को एडमिशन दिया और न किसी को सिखाया, फिर तुम्हें मैंने कब सिखाया? तब वह युवक बताने लगा, सामने चबुतरे पर मैंने आपकी प्रतिमा स्थापित कर रखी है। मैं गुरु प्रतिमा के सम्मुख ध्यान लगाकर बैठता था, जब आप इन राजकुमारों को शिक्षा दिया करते थे, तब मैं उसे ध्यानावस्था में देख लेता था और उसी का तन्मय होकर कठोर अभ्यास करता था। परिणाम स्वरूप मैं यह विद्या सीख गया हूँ। आज की भाषा में गुरुजी जो कुछ अपलोड करते थे, उसी को वह डाउनलोड कर लेता था। इस तरह उसने गुरुजी की साइट हैक करली थी।

इसके बाद आगे की कथा जो इस कथा का एक्स्ट्रीम है, वह यह कि डायरेक्टर ने उससे पूछा, तुम कैसे स्टुडेन्ट हो? कभी क्लासरूम में आये नहीं, कभी लेबोरेट्री में दिखे नहीं, प्लेग्राउण्ड में भी आये नहीं और न कभी केन्टिन में दिखाई दिये, कहाँ गये थे? कैसे स्टुडेन्ट हो? मैं तो डिस्टेन्स लर्निंग वाला स्टुडेन्ट था, ऑनलाइन कोर्स था मेरा, नोन एटेन्डिंग कोर्स होने के कारण मैं आपको कभी दिखा नहीं। मैं यहीं से सारा काम करता था। गुरुजी ने कहा,

तुम्हारे सारे पेमेन्ट्स जैसे- तुम्हारी ट्यूशन फीस, एक्जाम फीस आदि जो -जो भी कुछ होता है, सब क्लियर हो गया या नहीं? गुरुजी मुझ से तो कभी माँगा ही नहीं गया और मैं दुबारा कभी इंस्टिट्यूट में आया ही नहीं। फिर तो डिग्री मिलने में बहुत तकलीफ होगी, इसलिए पहले ड्यूज क्लियर करो। फिर हम सब जानते हैं कि उस ड्यूज के नाम पर उसके शरीर का एक महत्त्वपूर्ण अंग माँग लिया गया जो धनुर्विधा का आधार था। मैं फिर से कह रहा हूँ कि मेरे मन में उन डायरेक्टर साहब के प्रति कोई दुर्भावना नहीं है। केवल एक घटना का आज के परिप्रेक्ष्य में निरूपण मात्र कर रहा हूँ। उनकी अपनी मर्यादाएँ थीं। भारतीय शिक्षा के इतिहास में पहले प्राईवेट ट्यूटर के रूप में उनका नाम दर्ज है। इनसे पहले हमारे यहाँ चाहे राजा का लड़का हो या किसान का, सबको गुरुजी के आश्रम में जाकर ही शिक्षा प्राप्त करनी होती थीं। यह पहले प्राइवेट ट्यूटर थे जो राजदरबार में आकर राज्याश्रित होकर शिक्षा प्रदान करते थे।

स्किल को शिक्षा का अंग नहीं मानना :-

इसका परिणाम क्या हुआ? आज सरकार चर्चा करती है, स्किल डवलपमेंट की। शिक्षा का उद्देश्य व्यक्ति में ज्ञानात्मक, कौशलात्मक और अभिवृत्यात्मक विकास करना है। डवलपमेंट ऑफ नॉलेज, दूसरा परिवर्तन आना चाहिए उस नॉलेज को कैसे ट्रांसलेट इन टू प्रेक्टिस करना अर्थात् उपयोग में लाने की क्षमता, जिसे कौशलात्मक विकास कहा गया। इनके आधार पर उसके जीवन में, सोचने के ढंग में और जीवन दृष्टि में परिवर्तन आना चाहिए। व्यक्ति पहले भी अन्धविश्वासी और बाद में भी अन्धविश्वासी, पहले भी विवेकहीन और बाद में भी, पहले भी विचारवान नहीं और बाद में भी नहीं। ऐसी शिक्षा की उपयोगिता स्वतः समाप्त हो जाती है। महाभारत के इस पुराने प्रसंग को हम भले ही वर्तमान से जोड़ रहे हैं, हमारे लिए विचार की बात यह है कि हमारी शिक्षा व्यवस्था ने पिछले 71 वर्षों में भारतमाता के सारे सपूतों के अंगूठे कटवा लिये। स्किल को शिक्षा का अंग ही नहीं माना गया। साक्षरता और निरक्षरता के सरकारी आँकड़ों के मायाजाल में ज्ञान की विभिन्न विधाओं को हटा दिया गया। हमारे देश में वाचिक परम्पराओं का ज्ञान शिक्षा का एक बड़ा अंग होत था, उसकी चर्चा ही बन्द कर दी गई। जैसे-वक्तृत्व कला, सुनी हुई सौ बातों को याद रखना, शतावधानी बनना आदि को शिक्षा नहीं मानना।

भारत में शिक्षा की जो विशेषताएँ थीं, उनमें शिक्षा राज्य के अधीन नहीं थीं, वह राज्य के अधीन हो गई। जो शिक्षा निःशुल्क थीं, वह शुल्क युक्त हो गई। जीवन में शिक्षा द्वारा जो दृष्टि विकसित की जाती थीं, वह दृष्टि विकसित करने वाली शिक्षा व्यवस्था ही हमने त्याग दी। आज शिक्षा माने एक पाठ्यक्रम, उस पाठ्यक्रम को पूरा करना, उस पर आधारित परीक्षा, परीक्षा में प्राप्त अंक, मार्कशीट और प्रमाणपत्र। उस प्रमाणपत्र के आधार पर नौकरी, यह शिक्षा की सीधी सरल रेखा बन गई है। इसके कारण जीवन में विकास करने वाली शिक्षा का विचार ही हमने त्याग दिया।

पंचकोशात्मक विकास

भारत में शिक्षा जीवन विकास के लिए दी जाती रही है। उपनिषद् में व्यक्ति का व्यक्तित्व पंचकोशात्मक बताया है। ये पाँचकोश हैं- अन्नमय कोश, प्राणमय कोश, मनोमय कोश, विज्ञानमय कोश तथा आनन्दमय कोश। व्यवहार जगत में इन कोशों का विकास करना ही व्यक्तित्व का विकास करना है।

- **शारीरिक विकास :** अन्नमय कोश अर्थात् हमारा यह शरीर, इस शरीर का विकास करना ही शारीरिक विकास है। शरीर का विकास यानि विद्यार्थी को पहलवान बनाना नहीं, दारासिंह बनाना नहीं है। शरीर का विकास करना अर्थात् शारीरिक क्षमताओं का विकास करना। आज शिक्षा की सम्पूर्ण व्यवस्था में शारीरिक शिक्षा का पक्ष समाप्त हो गया है। शारीरिक शिक्षा याने स्पोर्टमेन, अर्थात् खेलकूद की स्पर्धाओं में पदक व शील्ड लाने की जुगाड़ लगाना ही शारीरिक शिक्षा का अंग हो गया है। शारीरिक शिक्षा इन बातों का विकास नहीं, अपितु शरीर में जो जन्मजात क्षमताएँ व सम्भावनाएँ हैं, यथा- बल, लोच, गति, उछाल व तितिक्षा आदि का विकास करना है। यह विकास करना शिक्षा का अंग बनना चाहिए।
- **प्राणिक विकासः** प्राणमय कोश अर्थात् प्राणशक्ति। प्राणशक्ति के विकास के बारे में हमारी शिक्षा व्यवस्था में कोई विचार नहीं होता। बाबा रामदेव की कृपा से थोड़ा योग का प्रचार हो गया और थोड़ा आसन से आगे प्राणायाम तक हमने योग को मान लिया। शेष छः अंगों के बारे में शायद नाम भी न सुने हों। मैं प्रायः कहता हूँ कि श्रीमद्भगवद् गीता के सारे अध्यायों का नाम किसी न किसी योग पर आधारित है। पहला ही अध्याय अर्जुन विषाद योग है। इसमें युद्ध होने वाला है, शंख ध्वनि हो चुकी है, अर्जुन श्रीकृष्ण से कहते हैं कि दोनों सेनाओं के बीच में रथ को ले चलो और खड़ा कर दो। श्रीकृष्ण रथ ले जाते हैं और भीष्म पितामह के

रथ के सामने खड़ा कर देते हैं। अर्जुन उन सबको देखकर कहता है, अरे! ये तो पितामह हैं, द्रोणाचार्य और कृपाचार्य तो गुरुजी हैं, ये शल्य मामा हैं। अन्य सबमें कोई भाई है, भतीजा है, ताऊ हैं, सबके सब रिश्तेदार हैं। अगर इन्हें मारकर युद्ध जीतना है और राज्य प्राप्त करना है तो मैं नहीं करूँगा। रथ को वापस ले चलो कृष्ण। आज की भाषा में कहा जाय तो अर्जुन को नर्व ब्रेकडाउन हो गया। उस समय कृष्ण ने अर्जुन को यह नहीं कहा कि ऐसा करो अर्जुन तुम्हारा युद्ध करने का मूड नहीं बन रहा, तुम तो रथ के पीछे जाओ और हलासन करलो, दो मिनट शिरशासन करलो, सर्वांगासन करलो और साथ में जरा अनुलोम-विलोम करो, भस्त्रिका या भ्रामरी प्राणायाम करलो तो तुम्हारा मूड बन जायेगा, ऐसा नहीं कहा। अर्जुन को विषाद हो गया, विषाद यानि वही नर्वशनेस, वह विषाद दूर करने के लिए अर्जुन का विषाद ही योग है। वहाँ तो आसन-प्राणायाम की बात नहीं की, फिर यह कैसा योग है? बाबा रामदेव की कृपा से योगसूत्र के प्रणेता ऋषि पंतजलि को कहा जाता है। एक और शब्द है योगेश्वर, योगेश्वर शब्द पंतजलि के लिए नहीं है, भगवान कृष्ण के लिए है। आपने दुनियाँ भर में श्रीकृष्ण के अनेक चित्र देखे होंगे। किसी चित्र में माखन चुराते हुए, किसी में गाय चराते हुए, किसी में गाय की पूजा करते हुए, किसी में रास रचाते हुए, नृत्य करते हुए, यहाँ तक की अर्जुन का रथ चलाते हुए के चित्र तो देखे होंगे, परन्तु कभी उन्हें हलासन करते हुए या सर्वांगासन करते हुए अथवा अनुलोम-विलोम करते हुए श्रीकृष्ण का चित्र कभी नहीं देखा होगा, फिर भी हम उन्हें योगेश्वर कहते हैं। किस बात के लिए योगेश्वर कहते हैं, योग तो कभी करते नहीं। इसका अर्थ यह है कि योग शिक्षा का विषय था। हमने उसको केवल शारीरिक स्वास्थ्य के साथ सीमित कर दिया। इस योग का हमने अलग विचार कर लिया, वास्तव में यह शिक्षा का अंग होना चाहिए। शिक्षा ही योगाधारित होनी चाहिए।

बालक में प्राणिक विकास होना चाहिए। जब प्राणशक्ति का विकास होगा, तभी शरीर काम करेगा। एल.ई.डी. में से प्रकाश आना, ए.सी. में से ठण्डी हवा आना, माइक में से आवाज आना तभी तक चलता है, जब तक बिजली है। जैसे ही विद्युत परिपथ भंग होगा, करण्ट आना बन्द होगा त्यों ही ये सारे उपकरण काम करना बन्द कर देंगे। अर्थात् बिजली यह प्राणशक्ति है। शरीर भी प्राणशक्ति से चलता है, हमने उस प्राणशक्ति को केवल आसन प्राणायाम नही माना। यह प्राणशक्ति तो शरीर की जीवनी शक्ति है, इस जीवनी शक्ति के विकास के लिए शिक्षा होनी चाहिए।

हम सब बड़े प्रसन्न हैं कि विश्व के इतने देशों ने 21 जून को योग दिवस के रूप में स्वीकार कर लिया है। हमारी सरकार, हमारे प्रधानमंत्री और हमारे देश को इसका श्रेय मिला है, इसलिए हम सबके लिए यह आनन्द की बात है। हम भारतीय इसलिए प्रसन्न नहीं हैं कि योग जैसी भारतीय विद्या की सम्पूर्ण विश्व में स्थापना हो गई, अपितु इसलिए प्रसन्न हैं कि हमारे पतंजलि अमेरिका की परीक्षा में पास हो गये। शिक्षा का यह स्वरूप जो हमारे अन्दर गौरव का भाव जगाने वाला होना चाहिए।

- **मानसिक विकासः** शरीर सबल हो, प्राणशक्ति प्रबल हो, मन एकाग्र हो, अनासक्त हो और शान्त हो, यह विकास की पहली शर्त है। प्राणशक्ति को भी प्रभावित करने वाली मन की शक्ति है। मन के लिए कहा है, **"मन एवं मनुष्याणां कारणं बन्धमोक्षयो"** मन मनुष्य को बन्धन में डालता है तो वही मन उसे मोक्ष भी दिलवाता है। ऐसे मन की शक्ति को बढ़ाना, यह शिक्षा का अंग होना चाहिए था। शिक्षा क्षेत्र में हमने मन की शिक्षा का विचार ही नहीं किया। मनोमय कोश के विकास का विचार शिक्षा से ही बाहर कर दिया गया। मन के लिए मैंने जैसा कहा कि मन शान्त होना चाहिए, मन एकाग्र होना चाहिए और अनासक्त होना चाहिए, परन्तु मन का स्वभाव तो बड़ा चंचल है, मन कभी भी कहीं भी चला जाता है।

महाभारत में यक्ष प्रश्न का प्रसंग आता है। उसमें एक प्रश्न है, यक्ष ने युधिष्ठिर से पूछा, वायु से भी तीव्र गति किसकी है? युधिष्ठिर ने उत्तर दिया मन की गति। हम इस सभागार में बैठे हैं और अभिनव भारत जैसे महत्त्वपूर्ण विषय पर चर्चा कर रहे हैं, लेकिन हम में से अनेक बन्धु यहाँ बैठे-बैठे अपने किसी मित्र से मिल आये होंगे, माताजी का हालचाल पूछ आये होंगे, कुछ बहनों ने आज अचार को धूप दिखाई होगी या नहीं, यह चिन्ता करली होगी। यहाँ बैठे-बैठे अनेक चीजें हमारे मन में चलने लगती है, हमारा मन कहाँ-कहाँ चक्कर लगाकर आ जाता है, इसका हमें ही पता नहीं लगता। इस मन की शक्ति को केन्द्रित करना, इसे एकाग्र करना शिक्षा है। स्वामी विवेकानन्दजी कहते हैं कि मुझे यदि एक और जन्म मिला तो मैं अपनी सारी

शक्ति मन को एकाग्र करने में लगाऊँगा। शिक्षा के द्वारा मन को साधने का प्रयास होना चाहिए। आज हमारे देश के किसी भी विद्यालय या महाविद्यालय में मन की शक्ति के विकास की शिक्षा देने का कोई भी प्रावधान नहीं है। फिर शिक्षा में होता क्या है? रट लर्निंग होता है, छोटी कक्षा है, मैं ब्लेकबोर्ड पर लिखता हूँ और बच्चों को उसे उतार लेने को कहता हूँ। थोड़ी बड़ी कक्षा है तो मैं कहता हूँ कि मैं डिक्टेड कर देता हूँ, तुम सब लिख लो। और बड़ी कक्षा है तो कहता हूँ कि पेज न. 43 खोल लो, नीचे से दूसरा पेराग्राफ प्रश्न 3 का उत्तर है, यहाँ से वहाँ तक मार्क करलो और कॉपी में लिखलेना और उसे रट लेना, परीक्षा में यह प्रश्न आये तो उत्तर लिख देना। इसके आधार पर छात्र पास या फेल होते हैं। यह है, आज की शिक्षा का स्वरूप, जिसे शिक्षाविद् 'गल्प एण्ड वोमेट मैथड' कहते हैं। पूरे वर्ष निगलते जाओ और परीक्षा की कॉपी में वमन अर्थात् उल्टी कर आओ, पास हो जाओगे। हम शिक्षा के माध्यम से व्यक्तित्व के विकास का विचार नहीं करते केवल पास हो जाय, इसी की चिन्ता करते हैं।

- **बौद्धिक विकास :** सामान्यतया मन की चंचलता दूर होकर एकाग्रता होना सरल काम नहीं है। इसके लिए मन के ऊपर बुद्धि का नियंत्रण आवश्यक है, ऐसा अपने मनीषियों ने कहा है। मन पर बुद्धि का नियंत्रण हो, इसको समझाने के लिए कठोपनिषद् में और भगवद् गीता में रथ का रूपक दिया गया है:-

आत्मनँ रथिनं विद्धि शरीरँ रथमेव तु।
बुद्धिं तु सारथिं विद्धि मनः प्रगहमेव च ।।
इन्द्रियाणि हयानाहुर्विषयाँ स्तेषु गोचरान्।
आत्मेन्द्रियमनोयुक्तं भोक्तेत्याहुर्मनीषिणः ।।

हमारा यह शरीर रथ के समान है, इस रथ में दस घोड़े जुते हुए हैं। ये दस घोड़े हमारी इन्द्रियाँ हैं, पाँच कर्मेन्द्रियाँ व पाँच ज्ञानेन्द्रियाँ। ये दसों इन्द्रियाँ घोड़े के स्वभाव वाली हैं। घोड़ा दौड़ता रहता है, जिधर मुँह उठ जाय उधर दौड़ जाता है। तनिक विचार कीजिए किसी रथ में जुते घोड़े दसों दिशाओं में दौड़ने लगें तो रथ का क्या होगा? इन दसों घोड़ों को नियंत्रण में रखने के लिए वल्गाय अर्थात् लगाम की जरूरत पड़ती है, वैसे ही इस शरीर में घोड़ों रूपी इन दसों इन्द्रियों को नियंत्रण में रखने वाला मन लगाम है। मन का नियंत्रण इन इन्द्रियों पर होता है, तभी इन्द्रियाँ ठीक दिशा में कार्य करती हैं। लेकिन लगाम स्वयं कुछ नहीं कर सकती, यह जिसके हाथ में होती है, वह सारथी लगाम खींचता है तब घोड़े चलते हैं या रुकते हैं। मन रूपी लगाम को खींचने वाला सारथी बुद्धि है। मन जब बुद्धि के कहे अनुसार चलता है, तभी वह इन्द्रियों को भी सही दिशा में चला पाता है। सारथी रूपी बुद्धि जब विवेकशील होगी तभी वह निर्णय कर पायेगी कि इस दिशा में जाना चाहिए या नहीं। बालक जीवन पर्यन्त माता-पिता या शिक्षक की अंगुली पकड़कर चलने वाला नहीं है। उसको जीवन में विकास करने के लिए स्वयं निर्णय लेने होंगे, उसके लिए बुद्धि का विवेकी होना आवश्यक है। परन्तु आज की शिक्षा बुद्धिशक्ति का विकास करने वाली नहीं है। हमारा जो समग्र शिक्षा का प्रतिमान है, उसमें बुद्धिशक्ति का विचार है, उसमें कहा गया - शरीर सबल हो, प्राणशक्ति प्रबल हो, मन शान्त, एकाग्र एवं अनासक्त हो और बुद्धि विवेकपूर्ण हो। प्रश्न खड़ा होता है कि इन सबका विनियोग कहाँ हो, सबका उपयोग क्या होना चाहिए?

- **नैतिक एवं आध्यात्मिक विकास :** विकसित शरीर, प्राण, मन और बुद्धि इन सबका उपयोग एक ही काम के लिए होना चाहिए, और वह है, नैतिकता व आध्यात्मिकता का विकास करना। यह विकास करना शिक्षा का अन्तिम लक्ष्य है। आध्यात्मिकता का अर्थ सबको संन्यास लेना चाहिए और हिमालय की शरण में जाना चाहिए, ऐसा नहीं है। सांसारिक जीवन में रहते हुए, जीवन के सभी नियमों का पालन करते हुए अपने जीवन में आत्मतत्त्व को जानना, यह हमारी आध्यात्मिकता की अवधारणा है। ईश्वर का एक चैतन्य अंश जो मेरे अन्दर है, वही अंश आपके अन्दर है, वही अंश पशु-पक्षी में, वृक्ष-वनस्पति में, नदी-पर्वत में तथा ग्रह-नक्षत्र सब में विद्यमान है। यह धारणा ही हमारे देश की, भारतीयता की और हिन्दू की आध्यात्मिकता है। आध्यात्मिकाता की इतनी समझ आ गई तो समाज की सभी विपत्तियों का समाधान इसी में से निकल आयेगा। यदि मैं यह स्वीकार कर लूँ कि मुझमें जैसा ईश्वर का अंश है, वैसा ही आपके अन्दर भी है तो क्या मैं आपको कष्ट पहुँचा सकता हूँ? मुझे लगेगा कि मैं उस परम पिता परमात्मा का अपमान कर रहा हूँ। यह विचार आने पर क्या मैं आपसे धोखा-धड़ी कर सकता हूँ, क्या आपको दुर्वचन कह सकता हूँ, आपका अपमान कर सकता हूँ? नहीं, कदापि नहीं। ईश्वर की उपस्थिति प्रत्येक कण-कण में है। कल ही स्वामीजी ने कहा था - "**ईशावास्यमिदं**

सर्वं यत्किञ्चजगत्यांजगत्'' कण-कण में भगवान की मान्यता का अनुभव करना ही आध्यात्मिकता है। नैतिकता अलग से कोई विषय नहीं है, आध्यात्मिकता ही उसकी आधार भूमि है। व्यक्ति जब नैतिक होगा तभी वह आध्यात्मिक होगा। अध्यात्म के बिना नैतिकता नहीं आ सकती। हम किसी को कानून से नैतिक नहीं बना सकते, अध्यात्म से बना सकते हैं। अतः आध्यात्मिकता, यह मूल विचार है, इस मूल विचार को व्यक्ति के अन्तःकरण में स्थापित करना ही शिक्षा का परम उद्देश्य है।

आध्यात्मिकता के कारण ही संवेदनशीलता जागृत होती है। यह परिवार मेरा, समाज मेरा, राष्ट्र मेरा, मुझे इस राष्ट्र के लिए सब कुछ करना चाहिए, यह विचार स्थापित करने वाली शिक्षा व्यवस्था ही भारत की शिक्षा है। ऋषि-मुनियों द्वारा दी गई शिक्षा पुनः स्थापित होगी, तभी अभिनव भारत की संकल्पना भी साकार हो सकेगी।

- **शिक्षा के समक्ष चुनौती :** आजकल वाट्सएप पर अनेक सन्देश आते हैं। मेरे एक मित्र ने मुझे एक मेसेज भेजा, मैं उसका उल्लेख इस सन्दर्भ में कर रहा हूँ। इस मेसेज में एक-दो सैकण्ड की छोटी-छोटी क्लिपिंग्स हैं। एक 5-6 वर्ष का छोटा बच्चा है, माँ बैठी हुई कुछ काम कर रही है। बच्चा आता है, बड़े लाड़ से माँ के गले में हाथ डालता है और कहता है, 'ममा! आई लव यू'। माँ ने उसके सिर पर हाथ फैरा, गाल थपथपाया और बोली, 'आई लव यू बेटा'। बच्चा चला जाता है और खेलने में लग जाता है।

अगली क्लिपिंग, वही बच्चा, दस वर्ष बाद की बात है। अब वह 15-16 वर्ष का हो गया है, स्कूल जाता है पढ़ाई करता है, इसलिए समय कम है माँ के पास आने का, कभी-कभी माँ के पास आता है। एक दिन वह आया और बोला, 'ममा! आई लव यू'। माँ जानती है कि आज आई लव यू क्यों कर रहा है। माँ बोली, कितने पैसे चाहिए। मॉल जाना है या फिल्म देखने जाना है या और कोई प्रोग्राम है दोस्तों के साथ, कहीं घूमने जाना है क्या? और पैसे दे देती है।

और दस वर्ष निकल जाते हैं, अब वह 25-26 वर्ष का युवा है। पढ़ाई पूरी हो गयी है, नौकरी या धन्धा कर लिया है। इसलिए अब तो माँ के पास आना और भी कम हो गया है। फिर भी एक दिन माँ के पास आकर कहता है, 'ममा! आई लव यू। माँ पूछती है, कौन है, कब मिलवायेगा? तेरे डेडी से बात मैं कर लूँगी, एरेंज करवा दूँगी। और दस वर्ष निकलते हैं, अब वह 36-40 की उम्र का हो गया है। युवा से प्रौढ़ता की ओर बढ़ रहा है। व्यस्तता और बढ़ गई है। बच्चे हैं, उन्हें होमवर्क करवाना है, स्कूल छोड़ना व लाना है, घर की अन्य व्यस्तताएँ हैं। फिर भी एक दिन माँ के पास आता है, वही डायलॉग, 'ममा! आई लव यू'। माँ बोली मैंने तो पहले ही समझाया था, इस लड़की से शादी मत कर। अब की है तो भोग, यह तेरी समस्या है।

और 10-15 वर्ष निकल जाते हैं। वह 5-6 वर्ष का बच्चा अब वृद्ध हो गया है, आयु 55-60 वर्ष के लगभग है, उसकी माँ की आयु भी 75-80 के लगभग हो गई है। उसे अपने बच्चों की शादी की चिन्ता है, फिर भी एक दिन माँ के पास आता है और वही डायलॉग, 'ममा! आई लव यू' माँ बोली चाहे जितना लवयू-लवयू कर मैं किसी भी पेपर पर साइन नहीं करूँगी। वैसे तो यह चुटकला ही है, परन्तु इसमें हँसी के तत्त्व को निकाल दें तो जब वह 5-6 वर्ष का अबोध बालक था तब उसके लिए लव यू माने लव यू, माँ के प्रति प्रेमभाव होने के कारण ही वह आई लव यू कहता है। बड़े होने के बाद तो आई लव यू के माने माई गर्लफ्रेंड, माई फेमिली, माई प्रोपर्टी है। माई, मी, मेरा में पूरा जीवन निकल रहा है। आज की शिक्षा एक सेल्फ सेन्टर्ड अर्थात् आत्मकेन्द्रित पीढ़ी तैयार कर रही है, जिसे अपने परिवार, समाज और देश - दुनियाँ से मानवता से कोई मतलब नहीं है। मैं, मेरे सुख के लिए कुछ भी करने को तैयार हूँ। यह व्यक्तिवादी चिन्तन शिक्षा के सामने बहुत बड़ी चुनौती है। हमें इस चुनौती को स्वीकार कर वर्तमान शिक्षा की दिशा बदलनी है।

- **शिक्षा में विखण्डित नहीं, समग्र दृष्टि हो :** मैं दो शिक्षाविदों के वक्तव्य बतलाता हूँ। एक ही प्रश्न लगभग 30 वर्षों के अन्तर से देश के दो बड़े शिक्षाविदों से पूछा गया था। सन् 1963 की बात है, उदयपुर में डॉ. डी. एस. कोठारी जो उस समय एज्यूकेशन कमिशन के चेयरमेन थे। उनका एक व्याख्यान हुआ, व्याख्यान के पश्चात् प्रश्नोत्तर का कार्यक्रम था। प्रश्नोत्तर में उनसे पूछा गया, डॉ. कोठारी हमारे देश की शिक्षा की मूलभूत समस्या क्या है (वाट इज अवर बेसिक प्रोबलम्स ऑफ एज्यूकेशन इन इंडिया) उन्होंने उत्तर दिया कि भारत के शिक्षाविदों और बुद्धिजीवियों का गुरुत्वकेन्द्र भारत के बाहर यूरोप और अमेरिका हो गया है। वहाँ जो कुछ भी होता

है, उसे यहाँ की शिक्षा का आदर्श मानकर लागू कर देते हैं। यह भी नहीं देखते कि वह हमारे देश के अनुकूल है या प्रतिकूल, हमारी संस्कृति, हमारे रीति-रिवाज, हमारी परम्पराओं के अनुकूल या प्रतिकूल का विचार किये बिना हम उसे एक्सपेरीमेन्ट के तौर पर लागू कर देते हैं और जब दो-चार साल बाद उसके दुष्परिणाम सबके सामने आते हैं, तब हम उसे रिजेक्ट करते हैं। नई पोलिसी के नाम पर फिर हमारा एक शिष्ट मंडल किसी यूरोपियन या अमेरिकी देश की यात्रा पर जाता है। वहाँ से कुछ नई विधाएँ, नई चीजें खोज लाते हैं और फिर अपने देश में लागू करने की कोशिश करते हैं। जो गुरुत्वकेन्द्र आज यूरोप में है, वह जब तक पुनः भारत में नहीं आयेगा तब तक हम कितने भी ऊपर-ऊपर के परिवर्तन करलें अभिनव भारत का विचार कैसे फलदायी होगा। अतः अभिनव भारत में इस गुरुत्वकेन्द्र को भारत में लाना, यह परमाश्वयक कार्य होगा।

ठीक यही प्रश्न सन् 2011 में डॉ. यशपाल से पूछा गया। टी. वी. पर उनका इन्टरव्यू चल रहा था। विनोद दुआ उनका इन्टरव्यू ले रहे थे। 5 सित. 2011 शिक्षक दिवस की रिकोर्डेट बात है। डॉ. यशपाल से पूछा, 'भारत में शिक्षा की मूलभूत समस्या क्या है? डॉ. यशपाल ने शिक्षा की जो आज की स्थिति है, उसकी ठीक-ठीक व्याख्या करते हुए उन्होंने कहा कि यह समस्या केवल अकेले भारत में ही नहीं है बल्कि विकासशील अर्थव्यवस्था वाले सभी देशों में है। समस्या क्या है? इन देशों में एक उच्चाधिकार प्राप्त समिति होती है, जो शिक्षा के निर्माण में पाठ्यचर्या बनाती है। पाठ्यचर्या बनाने वाले कोई ओर, पाठ्यक्रम बनाने वाले कोई ओर। उस पाठ्यक्रम पर पुस्तकें लिखने वाले कोई ओर। पाठ्यपुस्तकें लिखने वाले प्रोफेसनल राइटर्स होते हैं। कोईसा भी विषय हो और पाठ्यक्रम में कैसा भी परिवर्तन हो दो से छः महीने के अन्दर नई पुस्तक आ जाती है। जो पुस्तक लिखते हैं, वे क्लासरूम में पढ़ाने नहीं जाते। जो क्लासरूम में पढ़ाते हैं, वे प्रश्न पत्र नहीं बनाते। प्रश्नपत्र बनाने वाले कोई ओर, कॉपी जाँचने वाले कोई ओर। क्या सोचकर विद्यार्थी ने उत्तर दिया? इसका विचार किये बिना अंक देते हैं और उसे पास या फेल घोषित कर देते हैं। इस व्यवस्था के आधार पर हम शिक्षा में से कुछ भी आउटपुट नहीं निकाल पाते। इसका कारण हमारी विखण्डित दृष्टि है। हमको शिक्षा की व्यवस्था ठीक करने के लिए समग्रता में विचार करने की आवश्यकता है। हमने समग्रता को छोड़कर शिक्षा को मात्र इन तीन सिकंजों- पाठ्यक्रम, टाईमटेबल व परीक्षा में जकड़ रखा है, इसलिए नया कुछ भी नहीं निकाल पा रहे हैं।

- **गुरु के गुरुत्व को जगाना होगा :** शिक्षा के सम्मुख उपस्थित चुनौतियों पर शिक्षाविदों को विचार कर मार्ग निकालना चाहिए। सम्पूर्ण विश्व में आज शिक्षा का केन्द्र कम्प्यूटर व तकनीक बनी हुई है। हमारे यहाँ तो कम्प्यूटर की शुरुआत 1985 के बाद हुई, परन्तु अमेरिका में तो कम्प्यूटर 60-70 वर्ष पहले से चला आ रहा है। इन 70 सालों में आपने यह कभी नहीं सुना होगा कि अमेरिका में कॉलेज और युनिवर्सिटीज बन्द करने पड़े हों, क्योंकि विद्यार्थी कॉलेज आता ही नहीं, घर में ही कम्प्यूटर पर बैठकर अपनी पढ़ाई कर लेता है। ऐसा नहीं हुआ, हजारों वर्षों से स्थापित गुरु-शिष्य परम्परा का आज भी कोई विकल्प नहीं है। आज के तकनीकी युग में भी गुरु का या शिक्षक का महत्त्व समाप्त नहीं हुआ है। परन्तु गुरु का गौरव अवश्य कम हुआ है। हमारे देश की शिक्षा व्यवस्था में जिनको केन्द्र बिन्दु बनाकर भारत विश्व गुरु बना है। आज उस गुरु के गौरव को हमने भुला दिया है। हमने अर्थात् समाज ने भुला दिया है, मात्र इतना ही नहीं तो स्वयं गुरु को गुरु के गौरव का भान नहीं है। यही समस्या की जड़ है। आज के गुरु अथवा शिक्षक को लगता है कि हमसे तो प्रशासनिक अधिकारी, उद्योगपति या व्यवसायी अथवा अन्यान्य क्षेत्रों में गये हुए मेरे सहपाठी जितना कमाते हैं, उतना मैं नहीं कमा पाता हूँ। इस मानसिकता के कारण पिछले 15-20 वर्षों से एक नई स्थिति उत्पन्न हुई है। और वह यह कि आज शिक्षा के क्षेत्र में जाने को कोई तैयार ही नहीं है। मैं डॉक्टर या इंजिनीयर नहीं बन सका, आर. ए. एस. में भी चयन नहीं हुआ। बैंक या पोस्ट ऑफिस में अथवा रेल्वे में भी नम्बर नहीं लगा, अतः अन्तिम मजबूरी मान मास्टर ही बन जाता हूँ। ऐसे थके हुए तन और टूटे हुए मन से लगे हुए शिक्षकों के माध्यम से शिक्षा का उद्धार करने का स्वप्न कभी पूरा नहीं हो सकता। देश के सम्पूर्ण शिक्षक समुदाय को अपने दायित्व को समझने के साथ-साथ उसके प्रतिन्याय करने की नितान्त आवश्यकता है। इसलिए शिक्षक को, गुरु को उसके गुरुत्व को पुनः जाग्रत करने की अनिवार्य आवश्यकता है।

अनुक्रमणिका

अभिनव भारत एवं सामाजिक व्यवस्था

अभिनव भारत एवं कृषि

अभिनव भारत एवं वाणिज्य एवं उद्योग

अभिनव भारत एवं सुरक्षा

अभिनव भारत एवं विज्ञान तकनीक

अभिनव भारत एवं प्राकृतिक संसाधन, पर्यावरण

अभिनव भारत एवं शिक्षा

प्राच्य शिक्षा के परिप्रेक्ष्य में अभिनव भारत की संकल्पना

डॉ. शैलेन्द्र स्वामी
राजकीय आचार्य संस्कृत महाविद्यालय
जोधपुर (राजस्थान)

'शिक्ष्यते विद्योपादीयतेऽनया इति शिक्षा' - इस व्युत्पत्तिलभ्य अर्थ से संसार की किसी भी विद्या का ज्ञान प्राप्त कराने का साधन ही शिक्षा है। विद्या प्राप्त करा देने में ही अविद्या का निराकरण कर देना अन्तर्निहित है। अविद्या से उत्पन्न एवं पतनोन्मुख सभी विघातक प्रवृत्तियों से रक्षा करते हुए विद्या जनित समस्त उर्ध्वगामी प्रवृत्तियों की ओर संचालित कर देने वाला चिरकालिक सत्र ही शिक्षा नाम से व्यवहृत होता है। शिक्षा के द्वारा ही व्यक्ति, समाज या राष्ट्र के आभ्यन्तर विद्यमान सहज मौलिक स्वरूप का प्रस्फुटीकरण सम्भव होता है। जिस प्रकार खान की गहराई से निकला खनिज हीरे का पत्थर भली-भाँति तराशने पर ही प्रकाशोज्ज्वल बहुमूल्य हीरे के रूप में समाप्त होता है। उसी प्रकार जड़ एवं अज्ञानी मानव भी शिक्षा से ही परिष्कृत और सुसंस्कृत होकर सम्माननीय बनता है। संक्षेप में कहें तो शिक्षा से ही मानव में मानवता का आधान होता है।[1]

भले ही मनुष्य रूपवान हो, यौवन से सम्पन्न हो और उच्चकुल में उत्पन्न हुए हो, परन्तु विद्याहीन (शिक्षाहीन) होने पर वैसे ही है, जैसे बिना सुगन्ध के टेसू के फूल :-

रूपयौवनसम्पन्ना विशालकुलसम्भवाः।
विद्याहीना न शोभन्ते निर्गन्धा इव किंशुकाः।।[1]

धन और विद्या अर्जन करने में एक-एक कण तथा एक-एक क्षण न खोने वाला व्यक्ति ही उसे प्राप्त करता है, जो ऐसा नहीं करता, उसे न धन मिलता है और न ही विद्याः-

कणशः क्षणशश्चैव विद्यामर्थमुपार्जयेत्।
किं क्षणस्य कुतो विद्या किं कणस्य कुतो धनम्।।[2]

वेद ज्ञान के अक्षयकोष हैं, जिनमें सभी विषयों का समावेश है। वेद परमात्मा के निःश्वास माने गये हैं - 'यस्य निश्वसितं वेदाः'। ऋग्वेद, यजुर्वेद, सामवेद एवं अथर्ववेद हमारी संस्कृति की अमूल्य धरोहर है। वैदिक मनीषियों ने विश्व में सर्वप्रथम इस देश में हमारी उज्ज्वल संस्कृति का पौधारोपण किया था। गृहत्समद, विश्वामित्र, वामदेव, अत्रि, वशिष्ठ, भारद्वाज और कण्व ऋषि-वंशों ने सद्ज्ञान की धारा को प्रवाहित कर भारत को 'विश्व गुरु' के रूप में प्रतिष्ठित किया है। वैदिक काल के आश्रमों में देश के मेधावी मस्तिष्क जुटे रहते थे - वहीं से सामाजिक, राजनीतिक व धार्मिक जीवन का नियन्त्रण और मार्गदर्शन होता था। इस दृष्टि से वे वर्तमान काल के महाविद्यालयों एवं विश्वविद्यालयों से कहीं अधिक उन्नत थे। अरण्यवासी प्राज्ञ मनीषी अपने शिष्यों की जीवन धारा को सदैव नवीन प्राणशक्ति से ऊर्जित रखते थे। अंभृण ऋषि की पुत्री वाक्, विश्ववारा, इन्द्रसेना, मुद्गलानी, श्रद्धा, लोपामुद्रा, घोषा आदि विदुषियाँ भारतीय नारियों की मनीषा को प्रकट करने में अग्रणी थीं। वैदिक काल में भारत के पारिवारिक, धार्मिक, सामाजिक आदि सभी क्षेत्रों में नारी की प्रतिष्ठा सम्माननीय दृष्टिगोचर होती है। तत्कालीन युग में स्त्री शिक्षा पर भी बल दिया जाता था तथा स्त्रियाँ उच्च स्तरीय शिक्षा प्राप्त करती थीं।

वेद के स्वरूप तथा अर्थ के संरक्षण के लिए वेदांग साहित्य का उदय हुआ। वेदांग सूत्र शैली में लिखे गये हैं। संक्षिप्तीकरण की यह प्रणाली वैज्ञानिक थी। प्रसिद्ध पाश्चात्य विद्वान् प्रो. विण्टरनित्ज ने इसीलिए यह धारणा प्रकट की थी कि सम्पूर्ण विश्व साहित्य में सम्भवतः कोई भी ऐसी रचना नहीं है, जिसे भारतीयों की सूत्र रचना प्रणाली की तुलना में उदाहरण स्वरूप प्रस्तुत किया जा सके।[3] वेदांग छः प्रकार के है :- शिक्षा, कल्प, व्याकरण, निरुक्त, छन्द तथा ज्योतिष।

वेदांग के सन्दर्भ में आचार्य सायण ने शिक्षा का अर्थ दिया है - 'जो स्वर, वर्ण आदि उच्चारण-प्रकार का उपदेश देती है - वह शिक्षा है' - **'वर्णस्वराद्युच्चारणप्रकारो यत्रोपदिश्यते सा शिक्षा।'** वेद पाठ के समय शुद्ध उच्चारण और शुद्ध स्वर प्रक्रिया का होना आवश्यक है। उच्चारण-स्खलित और स्वरभ्रष्ट वेदपाठ न केवल अशुद्ध होता है, बल्कि बहुत बड़ा कुपरिणाम भी हो सकता है। तैतरीय उपनिषद् में शिक्षा के छः अंग बताये हैं - 1. वर्ण (अ से ह तक) 2. स्वर (उदात्त, अनुदात्त व स्वरित) 3. मात्रा (ह्रस्व, दीर्घ व प्लुत) 4. बल (अल्प प्राण, महा प्राण) 5. साम (मधुर वेद पाठ) 6. सन्तान (सन्धि नियमों का ज्ञान)। नारद शिक्षा, याज्ञवल्क्य शिक्षा, व्यास शिक्षा,

माण्डूकी शिक्षा, भारद्वाज शिक्षा, वसिष्ठ शिक्षा, पाराशर शिक्षा, पाणिनीय शिक्षा, शौनक शिक्षा एवं कात्यायन शिक्षा - ये शिक्षा सम्बन्धी ग्रन्थ हैं। इनमें 'पाणिनीय शिक्षा' शिक्षा शास्त्र के क्षेत्र में सभी दृष्टियों से पूर्ण है। इस प्रकार 'शिक्षा' वेदों का महत्त्वपूर्ण अंग है।[4]

प्रातः स्मरणीय ऋषि-मुनियों ने व्यापक चिन्तन कर वेदों, वेदांगों एवं उपनिषदों के माध्यम से भारतीय ज्ञान धारा को प्रवाहित किया है। यास्क मुनि संसार के सर्वप्रथम एवं सबसे महान् शब्द शास्त्री हैं। इन्होंने वेदों को समझाने के लिए 'निरुक्त' जैसे अनमोल ग्रन्थ की रचना की है। 'निरुक्त' में वैदिक शब्दों का अद्वितीय एवं विलक्षण निर्वचन है। उपनिषदों की दार्शनिक चिन्तन धारा को षट् दर्शनकारों ने परिपुष्ट किया है। महर्षि गौतम ने न्याय दर्शन, महर्षि कणाद ने वैशेषिक दर्शन, महर्षि कपिल ने सांख्य दर्शन, महर्षि पातञ्जलि ने योग दर्शन, महर्षि जैमिनि ने मीमांसा दर्शन तथा महर्षि बादरायण ने वेदान्त दर्शन का प्रणयन कर न केवल ज्ञान के विस्तार द्वारा मानव-जिज्ञासा की पूर्ति की बल्कि उसके आत्यंतिक दुःखों की निवृति के लिए सम्यक् विधान का भी संस्थापन कर दिया। वेदान्त दर्शन के उद्भट व्याख्याकार शंकराचार्य, रामानुजाचार्य, मध्वाचार्य एवं वल्लभाचार्य ऋषितुल्य महापुरुष हैं - जिनके ज्ञानालोक में मनुष्य जीवन में उन्नति के पथ पर अग्रसर होने की प्रेरणा पाता है। स्वामी विवेकानन्द का व्यावहारिक वेदान्त दर्शन वर्तमान काल में भी विश्व पटल पर अपनी अमिट छाप छोडता है। **'उत्तिष्ठत, जाग्रत, प्राप्य वरान्निबोधत'** का अमर संदेश युवाओं में आज भी जागृति लाने में सक्षम है।

आयुर्वेद के आचार्य चरक व सुश्रुत, रसायन विज्ञानवेत्ता नागार्जुन, खगोलविद् आर्यभट्ट, वराहमिहिर, ब्रह्मगुप्त, भास्कराचार्य आदि विद्वानों ने भारतीय चिन्तनधारा को समृद्ध किया है। दशमलव प्रणाली का आविष्कारक भारत ही है। कम्प्यूटर मशीनरी भाषा 0 एवं 1 (Binary Number System) समझता है - इसी के आधार पर सम्पूर्ण कार्यकलाप करता है। भारतीय आचार्यों ने दशमलव प्रणाली का प्रणयन नहीं किया होता तो आज कम्प्यूटर एवं मोबाईल यंत्र भी नहीं चल पाते। यह भारतीय उन्मुक्त शिक्षा दर्शन ही था, जो मानव की अन्तर्निहित शक्तियों के सर्वांगीण विकास पर बल देता था।

प्राचीन भारतीय मनीषियों द्वारा प्रतिपादित 'शिक्षा दर्शन' वर्तमान समय में भी उपयोगी है। 'शिक्षा' और 'दर्शन' का घनिष्ठ सम्बन्ध है। 'दर्शन' का व्यावहारिक रूप 'शिक्षा' है और 'शिक्षा' का सैद्धान्तिक रूप 'दर्शन' है। दर्शन और शिक्षा का रूप ऐतिहासिक भी है। इतिहास से यह सिद्ध होता है कि महान् दार्शनिक शिक्षाविज्ञ भी थे और शिक्षाविज्ञ ही अपने युग के महान् दार्शनिक थे। भारत का प्राचीन इतिहास ऐसे अनेक उदाहरणों से परिपूर्ण है। जगद्गुरु वशिष्ठ अपने युग के महान् दार्शनिक ही नही वरन् विख्यात एवं कुशल शिक्षक भी थे। दर्शनवेत्ता और साथ ही कुशल शिक्षाविद् होने के सुन्दर उदाहरण विश्वामित्र, वाल्मीकि तथा जनक हैं।

प्राचीन भारतीय मनीषियों का शिक्षा दर्शन आदर्शवादी था - **'सा विद्या या विमुक्तये'** (अर्थात् विद्या या शिक्षा वह है, जो हमे मुक्त करे) का उद्घोष सर्वत्र व्याप्त था। प्राचीन समय में स्कूलों को 'गुरुकुल' कहा जाता था। वहां गुरु बालकों को ज्ञान व अनुभव से युक्त शिक्षा देते थे। ये ईश्वर-भक्ति, धार्मिकता, आध्यात्मिकता, चरित्र निर्माण, व्यक्तित्व-विकास, संस्कृति, समाज तथा राष्ट्र के विकास के प्रति अभिवृति विकसित करने पर विशेष बल देते थे। प्राचीन समय में केवल उपाधि-वितरण (Awarding of Degrees) जैसी प्रथा नहीं थीं। तक्षशिला, नालन्दा, वल्लभी, विक्रमशिला जैसे विश्व प्रसिद्ध उच्च शिक्षा के महान् केन्द्र थे, जो अनेक सदियों तक छात्रों को शिक्षित करने के साथ-साथ भारतीय संस्कृति के पोषक भी रहे। इन शिक्षा केन्द्रों पर प्रवेश-परीक्षा (Enterance-Test) होती थी। प्रवेश का आधार केवल योग्यता (Merit) ही थी। वर्तमान समय की तरह न तो पेपर आउट होते थे, न ही हड़तालें होती थी। गुरु शिष्य का सम्बन्ध मधुर एवं सद्व्यवहारपूर्ण था।

भारतीय संस्कृति का नक्षत्र शिक्षा के द्वारा आलोकित होता था। भारतीय संस्कृति में तीन ऋणों (देव ऋण, पितृ ऋण, ऋषि-ऋण) को उतारना आवश्यक माना जाता था। यज्ञ करके देव-ऋण, पुत्रोत्पत्ति द्वारा पितृऋण तथा अध्ययन-अध्यापन द्वारा 'ऋषि-ऋण' से उऋण होते थे। मानव-जीवन चार आश्रमों (ब्रह्मचर्य, गृहस्थ, वानप्रस्थ तथा संन्यास) में विभाजित था। प्रथम ब्रह्मचर्याश्रम विद्याभ्यास और ज्ञान प्रगति के लिए ही था। शारीरिक, मानसिक, बौद्धिक और आध्यात्मिक शिक्षा प्राप्ति के अतिरिक्त ब्रह्मचर्याश्रम का कोई अन्य उद्देश्य नहीं था। सुसंस्कृत जीवन हेतु षोडश संस्कारों का प्रावधान था, जिसमें 'उपनयन संस्कार' बालक को अध्ययन हेतु प्रवृत्त करता था। भारतीय मनीषियों ने करणीय चार पुरुषार्थों (धर्म, अर्थ, काम, मोक्ष) में 'मोक्ष' को चरम लक्ष्य माना

था। विद्या के द्वारा ही मोक्ष (अमृतत्व) की सिद्धि हो सकती है - **'विद्ययाऽमृतमश्नुते'**।

छात्र विद्याध्ययन के लिए विद्वान् गुरुओं के पास 'गुरुकुल' में जाते थे। शिष्य गुरु की तन-मन से सेवा करते थे। शिष्य के कर्तव्य थे - भिक्षा मांगना, लकड़ी चुनना, पशु चराना, अध्ययन करना तथा आज्ञा पालन इसी प्रकार गुरु के कर्तव्य थे - अध्यापन, छात्रों के भोजन-वस्त्र आदि की व्यवस्था, चिकित्सा आदि का प्रबन्ध कर छात्रों का कल्याण करना। गुरु शिष्य सम्बन्धों का आधार उनकी योग्यता एवं व्यवहार कुशलता थी। गुरु एक प्रकार से शिष्य के पिता समान थे। गुरु का कर्तव्य था कि वह अपने विद्यार्थी की पूरी देखभाल करे तथा उसे किसी प्रकार के कष्ट से दूर रखे। गुरु सदा अपने छात्र के व्यक्तित्व के सर्वांगीण विकास हेतु तत्पर रहते थे। छात्र भी अपने सद्व्यवहार से गुरु को सन्तुष्ट रखने का प्रयत्न करते थे।

प्राचीनकाल में गुरु-शिष्य सम्बन्ध पिता-पुत्र की तरह ही होता था। जिस तरह पिता ममतापूर्वक पुत्र के व्यक्तित्व के सर्वांगीण विकास के लिए प्रयत्नशील होता है, पुत्र में उत्तम संस्कारों का आधान करता है - उसी प्रकार गुरु भी वात्सल्यपूर्वक शिष्य को संस्कार एवं ज्ञानसम्पन्न बनाकर समाज का उपयोगी एवं सम्मानित सदस्य बनाता है। पुत्र से पिता का वंश चलता है, तद्वत् शिष्य से गुरु का ज्ञानवंश भी प्रसारित होता है। भारत में 'विद्यावंश' की परम्परा अत्यन्त प्राचीन है - **'वंशो द्विधा विद्यया जन्मना च'**। गुरुकुल में शिष्य एक वृहत परिवार का सदस्य होता था और गुरु उसका कुलपति होता था। इस विराट् परिवार के कारण ही व्यक्ति में **'वसुधैव कुटुम्बकम्'** की भावना पुष्ट होती थी।[5] **'ॐ सह नाववतु सह नौ भुनक्तु, सह वीर्यं करवावहै। तेजस्विनावधीतमस्तु मा विद्विषावहै'** का उद्‌घोष होता था।

आज विश्व को कुटुम्ब की जगह 'बाजार' समझने की उपभोक्तावादी दृष्टि विकसित हो रही है - जो अन्ततः घातक ही है। वर्तमान में भारत को शिक्षा के क्षेत्र में बाजारवादी दृष्टि से बचाना आवश्यक है। ऐसे संकटकालीन बाजारवादी समय में गुरुकुल व्यवस्था की प्रासंगिकता बढ़ जाती है। गुरुकुल व्यवस्था की महता सिद्ध करते हुए श्री रवि कुमार लिखते हैं - ''इस सन्दर्भ में यह स्पष्ट करना आवश्यक है कि प्राचीन गुरुकुल व्यवस्था ने बुद्धि को जागृत करने वाले ज्ञान-विज्ञान के तथ्यों से न केवल परिचय कराया, अपितु सारे संसार के उपयोग हेतु उस ज्ञान का आधार दिया। **'आ नो भद्रा क्रतवो यन्तु विश्वतः'** (सद्‌विचारों को सभी दिशाओ से ग्रहण करो), **'सर्वे भवन्तु सुखिनः'** (सभी व्यक्ति सुखी रहें) तथा **'कृण्वंतो विश्वमार्यम्'** (पूरे विश्व को नैतिक मूल्यों द्वारा सुसंस्कृत बनाना) - ये तीन महान् उद्देश्य वैदिक विद्वानों के थे।[6] ऐसे महान् उद्देश्यों पर आधारित प्राचीन गुरुकुल पद्धति को पुनः अंगीकार कर 'अभिनव भारत' के स्वप्न को साकार किया जा सकता है तथा भारत को पुनः 'विश्व गुरु' के सिंहासन पर प्रतिष्ठित किया जा सकता है और अभिनव भारत की संकल्पना साकार हो सकती है।

प्राचीन भारतीय शिक्षा प्रणाली पर टिप्पणी करते हुए शिक्षाविद् श्री लज्जाराम तोमर लिखते हैं :- 'प्राचीन भारतीय शिक्षा के इतिहास के अनुशीलन से यह स्पष्ट है कि प्राचीन भारत में प्रचलित शिक्षण विधियाँ हरबर्ट एवं ब्लूम की प्रणाली से अधिक मनोवैज्ञानिक है एवं वे आज भी सार्थक है। दुर्भाग्य यह है कि हमारे तथाकथित शिक्षाविद् संस्कृत भाषा के अज्ञान के कारण उनसे अनभिज्ञ है। हमारे ऋषियों ने सदैव यही कहा- ''जहां से अच्छा मिले उसे ग्रहण करो'' **(आ नो भद्रा क्रतवो यन्तु विश्वतः)** परन्तु हमारे आजकल के अधिकांश शिक्षाविद् पाश्चात्य जगत में शिक्षा के क्षेत्र में जो कुछ भी अच्छा या बुरा है - उस सबको बिना समीक्षा किए स्वीकार कर रहे है एवं उसकी प्रशंसा करने में गौरव का अनुभव करते हैं। यह उनकी मानसिक दासता का ही परिचायक है।''[7]

भारत में वर्तमान (अंग्रेजी) शिक्षा प्रणाली की नींव तत्कालीन भारत सचिव, लन्दन स्थित लार्ड मैकाले ने सन् 1835 के अपने परिपत्र द्वारा डाली थी, जो परिवर्तित रुप में आज भी देश में चल रही है। इस प्रणाली ने प्राचीन गुरुकुल पद्धति को नष्ट-भ्रष्ट कर दिया। संस्कृत व हिन्दी भाषा की जगह आँग्ल (अंग्रेजी) भाषा को प्रधानता मिलने लगी। अंग्रेजी माध्यम के स्कूल कुकुरमुत्ता की तरह सारे देश में फैलने लगे। शिक्षा का बाजारीकरण हो गया।

भारतीय अंग्रेजी शासन से 15 अगस्त, 1947 को स्वतन्त्र हो गये, किन्तु अंग्रेजी भाषा एवं शिक्षा प्रणाली से अभी तक स्वतन्त्र नहीं हो पाये है। अंग्रेजी मॉडल की जगह भारतीय प्रतिमान (मॉडल) हेतु कुछ महापुरुषों एवं शिक्षाविदों ने प्रयास भी किये। बुनियादी शिक्षा का मॉडल महात्मा गाँधी ने इजाद करने की कोशिश की। महर्षि अरविन्द ने पाण्डिचेरी का मॉडल विकसित करने का प्रयास किया। रवीन्द्रनाथ ठाकुर ने 'शान्ति निकेतन' का एक मॉडल विकसित करने का प्रयत्न किया और जिस समय लोकमान्य तिलक ने चर्तुस्तरीय जो स्वदेशी आन्दोलन चलाया, जिसमें सत्याग्रह और स्वदेशी के मुद्दे थे, उनमें से ही राष्ट्रीय विद्यालय की अवधारणा भी आई। भारत की शिक्षा राष्ट्रीय होनी चाहिए। ऐसे राष्ट्रीय विद्यालय खड़े हुए। आर्य समाज

ने गुरुकुल परम्परा के रूप में विद्यालय चलाये। आजादी से पूर्व ही उत्तर देने के प्रयत्न चल रहे थे, लेकिन शासन व्यवस्था ब्रिटिशों के हाथ में थी, इसलिए लोग मात्र प्रयोग कर सकते थे, पूर्ण परिवर्तन संभव नहीं था। इसलिए आजादी के बाद अंग्रेजी विद्यालय बन्द कर दिये जाते तो शायद ये वैकल्पिक प्रतिमान (Model) चल सकते थे। लेकिन वो हो नहीं पाया और पुराना यह अंग्रेजी चक्र ही चलता रहा और घूम फिर के आज भी हम उसी व्यवस्था (System) में से गुजर रहे हैं और उसके परिणामों को देख रहे हैं। इसका उत्तर देने के नाते, इसको बदलने (Replacement) के नाते एक बहुत बडा सांगठनिक प्रयास हुआ। भारतीय चिन्तन, हिन्दू चिन्तन के आधार पर हमें वैकल्पिक प्रतिमान देना है। इस काम के लिए 'विद्या भारती' बनी है। यह अपनी आधारभूत बात है। ऐसा श्री सुरेश सोनी का मानना है।[8] निस्सन्देह इससे अभिनव भारत का स्वरूप निखरेगा।

शिक्षा का उद्देश्य 'व्यक्तित्व का सर्वांगीण विकास' माना जाता है। पश्चिमी दृष्टि केवल 'पर्सनेलिटी डवलपमेंट' (Personality Development) तक जाती है। बाह्य भौतिक रुप से अच्छा दिखना, अच्छा बोलना आदि किन्तु भारतीय दृष्टि 'नर से नारायण' बनने की है। इसी को स्पष्ट करती हुई विदुषी सुश्री इन्दुमति काटदरे कहती हैं - "भारतीय मनीषियों ने व्यक्तित्व क्या है, इसका विकास कैसे किया जाय ? जैसे प्रश्नों का उत्तर भारतीय तत्त्व ज्ञान के आधार पर भली-भांति दिया है। हमारे शास्त्र कहते हैं - अव्यक्त ब्रह्म ने कामना की **'एकोऽहं बहुस्यामम्'**। परिणाम स्वरूप सृष्टि का निर्माण। इस सृष्टि में ब्रह्म स्वयं अनुस्यूत होकर व्यक्त हुआ और व्यक्ति बना। इस व्यक्ति का व्यक्तित्व पंचकोशीय है, ये पंचकोश - अन्नमय से लेकर आनन्दमय तक क्रमशः शरीर, प्राण, मन, बुद्धि व चित्त का स्वरूप बतलाते हैं। इनका विकास करना ही सही अर्थों में व्यक्तित्व का विकास है। व्यक्तित्व के समग्र विकास में महत्त्वपूर्ण है- समष्टिगत विकास। विकास की यह सप्तपदी यात्रा चलती है। व्यक्ति से परिवार, परिवार से समाज, समाज से राष्ट्र, राष्ट्र से विश्व तथा विश्व से सम्पूर्ण सृष्टि तक एकात्म भाव का विकास करते हुए परमेष्टि में एकाकार होना। इसे ही हमारे महापुरुषों ने 'नर से नारायण' बनना कहा है। यही व्यक्तित्व के समय विकास की भारतीय दृष्टि है।[9] अतः भारतीय शिक्षा का प्रतिमान भारतीय जीवन दृष्टि पर आधारित होना चाहिए। समग्र विकास की संकल्पना को साकार करने हेतु 'छात्र-शिक्षा, आचार्य-शिक्षा, परिवार-शिक्षा, और लोक-शिक्षा' - इन चार आयामों के लिए शिक्षा की योजना करनी होगी। समग्र विकास ही भारतीय प्रतिमान है। यह राष्ट्रीय शिक्षा का प्रतिमान है। इसकी पुनः प्रतिष्ठा हेतु विद्वानों से आह्वान करती हुई बहन इन्दुमति काटदरे लिखती हैं - "विश्व में श्रेष्ठतम और प्राचीनतम भारतीय शिक्षा की व्यवस्था को छोड़कर वर्तमान अभारतीय शिक्षा व्यवस्था में हम इतना दूर निकल चुके है कि इसकी पुनः प्रतिष्ठा हेतु हमें मूलगामी और भागीरथ प्रयास करने होगें। इस दृष्टि से हमें समग्रता में विचार करना पडेगा। अतः अनुसन्धान से लेकर प्रत्यक्ष शिक्षा तक के सभी आयामों का विचार एक साथ करना होगा। यह कार्य महत्त्वपूर्ण हैं।[10]

शिक्षाविद् श्री लज्जाराम तोमर मानते हैं कि हमें भारत के आदर्शों और उन पद्धतियों को अधिक प्रभावशाली और आधुनिकतम परिवेश के अनुरूप जीवित करना होगा, जिनके आधार पर विकसित शिक्षा ही भारतीय शिक्षा होगी। समाज और शिक्षालयों में नैतिक और सांस्कृतिक संस्कारों का वैभव बढ़ने पर ही स्वतन्त्र भारत एक गौरवशाली राष्ट्र बन सकता है। निष्कर्ष रूप में श्री तोमर लिखते है :- "निष्कर्ष यह है कि शिक्षा ज्ञान की साधना है। ज्ञान आत्मा का प्रकाश है। मनुष्य को ज्ञान बाहर से प्राप्त नहीं होता, अपितु आत्मा के अनावरण से ही ज्ञान का प्रकटीकरण होता है। वास्तव में मनुष्य की इस अन्तर्निहित ज्ञान शक्ति को अभिव्यक्त करना ही शिक्षा है। इस ज्ञान की प्राप्ति का एक मात्र मार्ग एकाग्रता है। चित्त की एकाग्रता ही शिक्षा का सार है। चित्त ही शिक्षा का वाहन है। चित्त की एकागत अवस्था में ही आत्मा के प्रकाश से विषय का यथार्थ ज्ञान होता है। भारतीय चिन्तन में चित्तवृत्ति-निरोध को ही शिक्षा का लक्ष्य माना है। चित्त की वृत्तियों का निरोध ही योग है। वास्तव में योग-साधना शिक्षा की प्रणाली है। योग आधारित शिक्षा ही यथार्थ में शिक्षा है।[11]

इस प्रकार प्राच्य शिक्षा के परिप्रेक्ष्य में सम्यक् एवं समग्र चिन्तन करते हुए आधुनिक शैक्षिक वातावरण में सार्थक परिवर्तन अपेक्षित हैं - तभी हम 'अभिनव भारत' की संकल्पना को साकार कर पायेंगे तथा पुनः 'विश्व-गुरु' के स्वरूप को प्राप्त कर सकेगें।

सन्दर्भ ग्रन्थ :-

1. डॉ. प्रीति प्रभा गोयल, भारतीय संस्कृति, राजस्थानी ग्रन्थागार, जोधपुर सन् 2008 ई., पृष्ठ 105
2. पं. द्वारका प्रसाद मिश्र शास्त्री, संस्कृत सुभाषित रत्नाकर, चौखम्भा संस्कृत सीरीज ऑफिस, वाराणसी (उ.प्र.) सन् 2006 ई., पृष्ठ 105
3. डॉ. प्रीति प्रभा गोयल, संस्कृत साहित्य का इतिहास (वैदिक खण्ड) राजस्थानी ग्रन्थागार, जोधपुर, सन् 2004 ई., पृष्ठ 122
4. डॉ. पुष्पा गुप्ता, संस्कृत साहित्य का विशद इतिहास, ईस्टर्न बुक लिंकर्स, दिल्ली, सन् 1994 ई., पृ. 154
5. डॉ. प्रीति प्रभा गोयल, भारतीय संस्कृति, राजस्थानी ग्रन्थागार, जोधपुर, सन् 2008 ई., पृ. 119
6. श्री रवि कुमार, हिन्दु प्रतिभा के दर्शन (Glimpses of Hindu Genius का हिन्दी रुपान्तरण), सुरुचि प्रकाशन, नई दिल्ली, सन् 2010 ई., पृ. 07
7. श्री लज्जाराम तोमर, अभिनव पंचपदी शिक्षण पद्धति, विद्या भारती संस्कृति शिक्षा संस्थान, कुरुक्षेत्र (हरियाणा) सन् 2014 ई., पृ. VII (भूमिका)
8. श्री सुरेश सोनी, शिक्षा का भारतीय प्रतिमान, विद्या भारती अखिल भारतीय शिक्षा संस्थान, नई दिल्ली, सन् 2011, पृ. 18-19
9. सुश्री इन्दुमति काटदरे, आत्म तत्त्व का विस्तार, ''श्रुतम्'' प्रकाशन, जोधपुर, सन् 2008, प्राक्कथन।
10. सुश्री इन्दुमति काटदरे, शिक्षा का समग्र विकास प्रतिमान, पुनरुस्थान प्रकाशन सेवा ट्रस्ट, अहमदाबाद (गुजरात), सन् 2011, पृ. 48
11. श्री लज्जाराम तोमर, शिक्षा के भारतीय मनोवैज्ञानिक आधार (लेख), कल्याण पत्रिका (शिक्षांक) गीता प्रेस, गोरखपुर (उ.प्र.), सन् 1988 ई., पृ. 240

वर्तमान शिक्षा - अपने आप में समस्या

चेतन प्रकाश सेन
पूर्व उपनिदेशक, शिक्षा-विभाग, राजस्थान

पराधीन काल में विदेशी शासकों द्वारा चलाई गई यह शिक्षा केवल उनके हित में थी। स्वतंत्रता प्राप्ति के पश्चात् होना यह चाहिए था कि अन्य समस्याओं की ओर ध्यान देने के साथ-साथ शिक्षा पद्धति सुधार की ओर ध्यान दिया जाता, किंतु ऐसा हुआ नहीं, थोडे बहुत सामाजिक सुधार अवश्य हुए किन्तु उनकी स्थिति फटे कपड़े पर पेबंद की तरह थी, प्रणाली वही रही। विश्वविद्यालय बढ़े, महाविद्यालय बढ़े, माध्यमिक शालाएं बढ़ी परिवर्तन तो कुछ हुआ नहीं जैसी यह प्रणाली थी जैसा इसका उद्देश्य था, परिणाम वैसा ही हुआ इन शिक्षा केन्द्रों से डिग्री धारियों की सेना प्रतिवर्ष निकलने लगी। नौकरी करना हर कोई चाहता है, उसमें न अधिक श्रम करना पड़ता है न जोखिम उठानी पड़ती है, दोष नौकरी चाहने वालो का नहीं इस शिक्षा का है।

शिक्षा का उद्देश्य होना चाहिए स्वावलम्बी, ज्ञानवान , चरित्रवान व्यक्तित्व का धनी बनना तथा देश के लिए उपयोगी नागरिक बनाना।

स्वास्थ्य संबंधी समुचित शिक्षा तथा लोक व्यवहार का ज्ञान नहीं होने से हमारे युवा छात्र प्राकृतिक रूप से रहने की कला में बिना पढ़े लिखे के समकक्ष नहीं ठहरते आज के फैशन परस्ती युग में ब्राण्डेड कपड़े , मोबाइल , गाड़ी का खर्च घर वाले वहन नहीं करने पर बच्चे किस-किस प्रकार के कृत्य करते हैं, प्रतिदिन समाचार पत्रों में आता है तथा नशा तो उसमें एक बड़ा दुर्गुण बढता जा रहा है। नैतिक शिक्षा का समुचित समावेश भी पाठयक्रम में नहीं होता। अनैतिकता से व्यक्ति तथा समाज को क्या नुकसान हो रहा है, प्रतिदिन समाचारों में देख रहे है पढ़े हुए लोग जितने घोटाले कर रहे उससे तो शिक्षा पर एक प्रश्नवाचक चिन्ह लग रहा है।

बालक उस ढाँचे में ढलते जा रहे हैं जिसमें तृष्णा, विलासिता, अहंकार, आलस्य और उच्छृँखलता को ही प्रगति माना जाता है। जो बौद्धिक व प्रतिभाशाली है वो शिक्षा ग्रहण के पश्चात् विदेशी कम्पनियों में सेवा देकर अधिक अर्थोपार्जन कर रहे हैं। यह अधिक पैसा होटल या हास्पीटल में खर्च होता है आज की शिक्षा केवल अर्थ उपार्जन करा सकती है पर वह समाज तथा राष्ट्र की प्रगति में विघ्न रूप ही सिद्ध हो रही है।

हमारी शिक्षा पद्धति कैसी हो -

आजकल के छात्र परीक्षा समाप्त होते ही पुस्तकों से नाता तोड़ लेते हैं और पढ़े हुए विषयों में से तीन चौथाई को कुछ महीनों में भूला देते हैं यह शिक्षा प्रणाली पौराणिक काल में नहीं थी कृष्ण और सुदामा , राजा दुप्रद तथा द्रौणाचार्य का एक साथ मित्र रूप में शिक्षा प्राप्त करना प्राचीन शिक्षा पद्धति का अनुपम उदाहरण था। पर आज धनी वर्ग एवं अधिकारी वर्ग की संतान तो कॉन्वेन्ट स्कूलों में पढ़ती है जो विदेशी संस्कृति पर आधारित है।

हमारे पास के देश भुटान में राजा का लड़का, सभी अधिकारियों के लड़के राजकीय विद्यालयों में पढ़ रहे हैं। हाल के वर्षो में साधन सुविधाएं जुटाकर व शिक्षकों को प्रशिक्षित कर शिक्षा के स्तर में गुणात्मक वृद्धि हुई है। इस छोटे राष्ट्र से भी हम सीख लें।

हमारे प्राचीन साहित्य में चौदह विद्याओं का चौसठ कलाओं का जिक्र कई जगह पाया जाता है। वर्तमान समय की परीक्षाओं और डिग्रियाँ दिए जाने की प्रणाली है। सम्भव है आरम्भ में इसमें कुछ लाभ हुआ हो पर आजकल तो इसका स्वरूप अत्यन्त विकृत तथा भ्रष्ट हो गया है। छल कपट, बेइमानी रिश्वत आदि किसी भी साधन से परीक्षा उत्तीर्ण होने का प्रमाण प्राप्त कर लेना ही इस समय अधिकांश विद्यार्थियों का लक्ष्य दिखलाई पड़ता है।

आधुनिक यंत्रों का प्रयोग इंटरनेट, ब्लूटुथ, मोबाइल इत्यादि से किस प्रकार गिरोह के रूप में नकल करवाकर नौकरी हासिल करने में कितने बड़े-बड़े गिरोह सम्मिलित हो रहे जो अत्यंत चिंता का विषय है, शिक्षा का मूल्य इस कदर घटा है कि चतुर्थ श्रेणी कर्मचारी के पद पर एम.ए. पास छात्र नौकरी करते दिखलाई पड़ते हैं।

सबसे बड़ी त्रुटि वर्तमान शिक्षा प्रणाली में यह है कि यह विद्यार्थियों के चरित्र का निर्माण करने के बजाय उसका नाश कर देती है। विशेष रूप से मोबाइल पर अश्लील साइट को देखकर समाज में बलात्कार का ग्राफ बढ़ा है वो चिंतनीय है। साथ में कम उम्र की बालिकाएँ उनका शिकार हो जाती हैं। यह सभी पाश्चात्य संस्कृति का प्रभाव है जो भारतीय संस्कृति को तहस नहस करने में लगी है, मोबाइल संस्कृति से 10 वर्ष के बच्चों को वो सेक्स ज्ञान दे रही है जो

उसे 25 की उम्र में होना चाहिए फलस्वरूप अपराधों की बाढ़ आ रही है।

शिक्षा की खामिया कैसे दूर हो ?

पढ़ाई समाप्त करते ही लोग पुस्तकों को नमस्कार कर लेते हैं। जो पढ़ाया उसे भी भूल जाते हैं। उतना ही याद रहता है जितना दैनिक जीवन में प्रयुक्त है। सभी जीवनोपयोगी विषयों को पाठ्यक्रमों में सम्मिलित किया गया होता और बहुज्ञ बनने की अपेक्षा वह दृष्टिकोण परिष्कृत करने, व्यवहार कौशल सिखाने का भी प्रबंध रहा होता।

महिलाओं को यह जानकारी नहीं होती कि गरीबी में पोषण युक्त आहार देकर किस प्रकार घर के सदस्यों को निरोग रखा जा सकता है शक्कर, रिफाइण्ड तेल, नमक, मैदा, तली हुई चीजें जो बीमारियों का घर है उसे हम प्रयुक्त कर रहे हैं उसके स्थान पर अकुंरित धान व ताजा-सादा भोजन व भूख से कम खाकर हम स्वस्थ रह सकते हैं।

आजीविका उपार्जन, परिवार व्यवस्था, पारस्परिक व्यवहार, विवाह शादी आदि सभी कार्य हम सब अपने बलबूते या पारिवारिक सहयोग से सम्पन्न करते हैं, सरकार इन सभी कामों में कहाँ सहायता करने आती है। जब बिना सरकारी सहायता के जीवन के अधिकांश कार्य अपने बलबूते पर निपटाते हैं तो सरकार से न बन पड़ने वाले कामों को हम स्वयं करने में क्यों न कटिबद्ध हों।

पुण्य परमार्थ के नाम पर हम ढेरों पैसा और समय लगाते रहते है, फिर सर्वोच्च स्तर के पुण्य कार्य शिक्षा के संवर्धन और उन्नतिकरण में हमारा सहयोग क्यों न हो ? मंदिरों के पैसे का कितना सदुपयोग हो रहा है, तिरूपति बालाजी के मंदिर के पुजारी की पुत्रियों की शादी में 10-15 किलो सोने के जेवर दिये जाते हैं। यह धन देश के दुर्गम क्षैत्रों में शिक्षा के लिए खर्च हो तो कितनी पुत्रियों का जीवन सुधर जाये।

शिक्षा सार्थक और समग्र कैसे बने ?

विद्यालयों में पाठ्यक्रम तो जैसे-तैसे पूरा हो जाता है किन्तु महत्त्वपूर्ण कमी यह रह जाती है कि मानवी गरिमा के प्रति, व्यक्तिगत सुसंस्कारिता के प्रति, सामाजिक सुरक्षा के प्रति जो दायित्व है उनके संबंध में ऐसा कुछ समझने-पढ़ने को नहीं मिलता जो व्यक्ति के विकास एवं उलझनों के समाधान में काम आ सके। स्वास्थ्य संरक्षण, मानसिक संतुलन, पारिवारिक तालमेल, आर्थिक व्यवस्था, सम्पर्क क्षेत्र का सौमनस्य, पारस्परिक व्यवहार, शिष्टाचार जैसे अनेक विषय हैं जिससे आए दिन निपटना पड़ता है। इस हेतु प्रतिदिन आधा घण्टा सत्साहित्य का अध्ययन कर चिंतन - मनन किया जाय तो काफी समस्याओं का समाधान हो सकता है, अन्यथा सामंजस्य के अभाव में बेटियाँ, पुरूष, अधिकारी एवं कर्मचारी आत्महत्या कर रहे हैं।

स्वास्थ्य में रूचि बढ़ने से व्यक्ति के गुण, कर्म व स्वभाव में परिवर्तन आयेगा तो वह निश्चित ही समाज व राष्ट्र के लिए उपयोगी होगा। इसके अभाव में निजी चिंतं चरित्र और व्यवहार का सज्जनोचित स्तर तक विकसित करना इतना अधिक आवश्यक है कि उसकी उपेक्षा करने से प्रगति पथ पूरी तरह से रुक जाता है। लोक व्यवहार शिष्टाचार भी इसमे कम महत्वपूर्ण नहीं है।

अनौपचारिक शिक्षा-व्यवस्था

डॉ. बनवारीलाल नाटिया
क्षेत्रीय प्रभारी
विद्वत्-परिषद, विद्या भारती राजस्थान, जयपुर

भारत में शिक्षा व्यवस्था सहज थी, किसी प्रकार के सरकारी तंत्र औपचारिक व्यवस्थाओं से मुक्त, समाज द्वारा पोषित आचार्यों द्वारा संचालित व सामाजिक परिवेश में होती थी। लगभग 200 वर्ष पूर्व का आकलन भारत में ही नहीं अपितु संपूर्ण विश्व में परिवर्तन का समय रहा। इस काल में हमारे चिन्तन व रचना में परिवर्तन हुआ। व्यवहार के जितने भी पक्ष होते हैं-उन सभी में परिवर्तन हुआ। इन वर्षो में एक पूर्ण रूप से अभारतीय प्रतिमान को हमारे ऊपर थोपनें का प्रयास हुआ व शिक्षा में परिवर्तन के कारण यह प्रयास सफल भी हुआ। अग्रेंजों द्वारा लादे गए शिक्षा के इस अभारतीय ढाँचे को स्वतंत्रता के बाद भी हमने अनिवार्य व आधुनिक समझकर अपनाए रखा।

ब्रिटिश शिक्षा: पद्धति की व्यवस्थाएँ हमारे ऊपर लागू कर दी गई। शिक्षा-व्यवस्था चलाने के लिए शासन की मान्यता, पाठ्यक्रम-निर्माण, मूल्यांकन आधारित व्यवस्था सरकार ने अपने हाथ में ली व शिक्षक को सरकारी कर्मचारी बनाकर संपूर्ण शिक्षा पर प्रशासन का नियंत्रण कर लिया गया। डिग्रियों, सर्टिफिकेट्स, स्कूल-शिक्षा, विश्वविद्यालय -शिक्षा आदि तंत्र लगाकर शिक्षा पर पूरी तरह औपचारिक बल दिया, शिक्षा के इस वृत्त के बाहर के कार्य को शिक्षा की परिधि से बाहर कर दिया, इस प्रकार अनौपचारिक शिक्षा को जो बालक के विकास के लिए अधिक महत्त्वपूर्ण है, शिक्षातंत्र से ही बाहर कर दिया तथा हमें स्मरण में भी नहीं है कि भारत में केवल 150 वर्ष पूर्व तक कोई शिक्षाविभाग नहीं था। उस समय शिक्षाविभाग की आवश्यकता नहीं थी। आज जो शिक्षा के सम्बन्ध में कानून बना लिया जो विभिन्न प्रकार के भिन्न वर्षो की व्यवस्थाएं हैं। पाठ्यक्रम-निर्माण, पुस्तक-निर्माण, परीक्षा, प्रवेश, अनुदान आदि के सरकारी तंत्र को सर्वदा अपनाया है। उस समय इन पर नियंत्रण शासन का न होकर शिक्षकों का, शिक्षकों पर नियंत्रण समाज का रहता था। इस प्रकार शिक्षा के इस तंत्र के बाहर भी कोई शिक्षा है या हो सकती है, इसे भुला दिया गया। शिक्षा व्यवस्था पूरी तरह औपचारिक हो गई इस तंत्र से बाहर चाहे कोई व्यक्ति कितना ही विद्वान हो, ज्ञानवान हो उसे शिक्षित नहीं कहा जायेगा।

अनौपचारिक शिक्षा : इस तंत्र से बाहर जो शिक्षा मिलती है उसे अनौपचारिक शिक्षा कहा जाता है। इस अनौपचारिक शिक्षा का समाज व राष्ट्रजीवन में बहुत महत्त्व है क्योंकि शिक्षा व्यक्तिगत न होकर राष्ट्रीय होती है। समाज के बिना उसका जीवन असंगत है। भारत के विचार की आत्मा अध्यात्म है व भारतीय चिन्तन आत्मनिष्ठ है। शिक्षा के माध्यम से इस विचार को एक पीढी से दूसरी पीढी तक पहुँचाया है, जो अनौपचारिक शिक्षा द्वारा आज भी कुछ सीमा तक किया जा रहा है। औपचारिक शिक्षा द्वारा यह संभव नहीं है। गर्भावस्था और शिक्षाव्यवस्था में व्यक्ति का चित्त सक्रिय रहता है। वह सहजता से संस्कार ग्रहण करता है। ये संस्कार अत्यंत गहरे होते हैं। गर्भावस्था में बालक पूर्णरूप से माता के माध्यम से संस्कार ग्रहण करता है। शिक्षा की इस अवस्था में कर्मेन्द्रियाँ व ज्ञानेन्द्रियाँ स्वयं कार्यरत होती हैं। अतः उनकी क्रियाओं और संवेदन, स्नेह के माध्यम से चित्त पर संस्कार होते हैं। इस अवस्था में वह माता के व्यवहार व संस्कार से अधिक सीखता है। माँ भी उसमें संस्कार समाहित कर देती है, जो जीवन-भर उसमें बने रहते हैं।

परिवार में शिक्षा : बाल अवस्था व तरूण अवस्था में अधिकतर शिक्षा परिवार के द्वारा होती है। जरा-सा विचार करने पर ध्यान में आता है कि व्यक्ति विकास की हो या राष्ट्रनिर्माण की, चरित्र-निर्माण की हो या कौशल-विकास की, अर्थार्जन के लायक बनाने की हो या व्यवहारज्ञान की, अधिकांश शिक्षा-परिवार में होती है। चरित्र-निर्माण की शिक्षा तो गर्भावस्था में और शिशु-अवस्था में होती है। सभी प्रकार की शिक्षा को देने वाले होते हैं माता-पिता, हमारे शास्त्र, हमारी परम्परा, हमारा अनुभव और हमारी सामान्य बुद्धि कहती है कि माता बालक की प्रथम गुरु है, दूसरा क्रम पिता का है। शिक्षक का क्रम तीसरा होता है। अधिकांश शिक्षा घर में शिशु अवस्था में मिलने वाले संस्कारों के माध्यम से ही होती है। परिवार का एक और भी बड़ा महत्त्वपूर्ण योगदान होता है। वंश-परम्परा के माध्यम से और भी अनेक प्रकार की परम्परायें बनाए रखने का कार्य भी परिवार में ही होता है। अतः परिवार संस्कृति रक्षा का ही नहीं, अपितुः संस्कृति के संवर्धन का भी बहुत बड़ा केन्द्र है। परिवार-व्यवस्था विश्व के समाज-जीवन को दी हुई भारत की अनुपम देन है। जीवन का समग्रता में आकलन करनेवाली बुद्धि की यह देन है। माता-पिता का स्थान शिक्षक नहीं ले सकता और घर का स्थान विद्यालय नहीं ले सकता। आज परिवार-व्यवस्था शिथिल हो गई है और परिवार में मिलने वाली शिक्षा भी प्रभावी नहीं रही है। इस

स्थिति में हमें परिवार-व्यवस्था को सुदृढ बनाने की व्यवस्था शिक्षा के माध्यम से करनी होगी। परिवार भारतीय समाज-रचना की मूल इकाई है। इसलिए परिवार के सुदृढीकरण से राष्ट्र जीवन भी सुव्यवस्थित होगा।

अनौपचारिक लोकशिक्षा : चरित्र-निर्माण की शिक्षा, परिवार सुदृढीकरण की शिक्षा, मन को संयम में रखने की शिक्षा, शरीर को स्वस्थ और बलवान बनाने की शिक्षा का परीक्षा में उत्तीर्ण होने, अच्छे अंक मिलने और अर्थार्जन के अच्छे अवसर मिलने से कोई सम्बन्ध नहीं होता। फिर भी यह अनिवार्य है। अतः इन सभी बातों का शिक्षा में समावेश करना, इन बातों की परीक्षा नहीं होना, इनसे अर्थार्जन नहीं होना, फिर भी इनको विकास मे मुख्य लक्षण मानना व्यक्ति और समाज को सुसंस्कृत बनाने की दिशा में महत्त्वपूर्ण कदम होगा।

आज इसे अनौपचारिक शिक्षा कहा जाता है। करियर बनाने की दौड़ में इसकी कोई गणना नहीं है। इसे अधिक महत्त्वपूर्ण मानकर, अधिक अर्थपूर्ण बनाकर हमारे सर्व प्रकार के संसाधनों का विनियोग इसमें करने की आवश्यकता है। सूत्र यह है कि शिक्षा का सम्बन्ध अर्थार्जन से नहीं अपितु ज्ञानार्जन से जोड़ने के विविध तरीके हमें अपनाने चाहियें। ऐसी शिक्षा देने में माता-पिता सक्षम हों इस दृष्टि से माता-पिता की शिक्षा शुरू करनी चाहिए। परिवार शिक्षा को महत्त्व प्रदान करना चाहिये। हर बालक को अच्छा पुत्र अच्छा पुरुष, अच्छा पति, अच्छा गृहस्थ और अच्छा पिता तथा हर बालिका को अच्छी बेटी, अच्छी स्त्री, अच्छी पत्नी, अच्छी गृहिणी और अच्छी माता बनना सिखाने हेतु विद्यालय होने चाहिये।

अनौपचारिक लोक शिक्षा समाज के सामान्य ज्ञान की प्रतिष्ठा : शिक्षा को ठीक पटरी पर लाने हेतु एक और बात विचारणीय है। हमारी वर्तमान औपचारिक शिक्षा-व्यवस्था के बाहर भी ज्ञान का समृद्ध भण्डार है। सामान्य जन के पास परम्परागत ज्ञान सुरक्षित है। गाँवों में वनवासी क्षेत्र में, स्थापत्य शिल्प, तकनीकी, कला, कारीगरी, वनस्पति, प्राणी-औषधि, उपचार मंत्र-चिकित्सा आदि अनेक प्रकार की विद्याओं के जानकार लोग हैं। इन्हें कदाचित लिखना-पढ़ना नहीं आता होगा। कदाचित् बहुत कम आता होगा, परन्तु इन व्यावहारिक कौशलों के साथ-साथ प्रकृति-प्रेम, प्रामाणिकता, विद्या का सम्मान जैसे सद्‌गुण विपुल मात्रा में होते हैं। हमें इन विद्याओं को स्वीकार करना चाहिये, उनका समर्थन करना चाहिये। साथ ही परम्परागत ज्ञान को शास्त्रीय आधार देने हेतु अनुसन्धान की योजना भी बनानी चाहिये। लोक-शिक्षा और शास्त्रीय शिक्षा का समन्वय करना चाहिये।

सारांश में अनौपचारिक शिक्षा को भी बालक के समग्र विकास के लिए शिक्षा व्यवस्था में सम्मिलित करना होगा।

भारत में शिक्षा का पुनरूत्थान

डॉ. ईश्वरचन्द्र शर्मा
सहायक आचार्य (राजनीति विज्ञान)
राजकीय महाविद्यालय, रोहट (पाली)
Email :– icsharma10971@gmail.com

बात की शुरूआत स्वयं द्वारा लिखी कविता की कुछ पंक्तियों से करता हूँ :-

एक समय था जब दुनिया में,
विश्वगुरु हम कहलाते।
ज्ञान पिपासु भारत भू पर,
ज्ञानार्जन को आते।
समृद्ध था साहित्य हमारा,
विज्ञान कला में माहिर थे।
भारत की शिक्षा के चर्चे,
सारे जग में जाहिर थे।
जड़ से जुड़ी हुई शिक्षा थी,
संस्कार की पोषक थी।
उन बातों का था विरोध,
जो मानवता की शोषक थी।
लेकिन धीरे - धीरे हमने,
अपने आपको भूला दिया।

'मैकाले' की मीठी गोली ने,
हमें नींद में सुला दिया।
शिक्षा में पश्चिम के मानक को,
हमने स्वीकार किया।
अपनों से हम दूर गये,
और गैरों को ही प्यार दिया।
इस कारण शिक्षा का स्तर,
नीचे गिरता चला गया।
पश्चिमी सोचों के हाथों में,
देश हमारा छला गया।
आओ सोचें कैसे फिर से,
शिक्षा का 'उत्थान' करें।
जड़ से जुड़े हुए रहकर,
नित नूतनता का आह्वान करें।

विश्वगुरु भारत की 'शिक्षा' का परचम सम्पूर्ण विश्व में फहराता था। यहाँ की गुरुकुल शिक्षा प्रणाली ने दुनिया को कई विद्वान मनीषी, कलाकार, योद्धा, साहित्यकार और वैज्ञानिक प्रदान किए है। कालान्तर में शिक्षा पर पश्चिमी प्रभाव और भारतीयता से भटकाव ने शिक्षा की गुणवत्ता को कम किया है।

अभिनव भारत में शिक्षा के पुनरूत्थान हेतु इसके विभिन्न आयामों में भारतीयतानुरूप परिवर्तन अपेक्षित है। पाठ्यक्रम, अध्यापन शैक्षिक प्रबन्धन, प्रशासन और मूल्यांकन शिक्षा के इन सभी पक्षों में बदलाव आवश्यक हैं। पाठ्यक्रम में जहाँ भारतीय मूल्यपरक विषयवस्तुओं का समावेश किया जाना चाहिए वहीं अध्यापन प्रभावशाली बन सके ऐसे प्रयास जरूरी हैं। इस हेतु नवीनतम तकनीकों के उपयोग के साथ शिक्षण को केवल औपचारिक नहीं बनाकर प्रायोगिक तथा व्यावहारिक बनाया जाना आवश्यक है। शैक्षिक प्रशासन और प्रबन्धन शिक्षाविदों के हाथों में होने से भी अभिनव भारत में शिक्षा को सुदृढ़ता प्रदान की जा सकती है। विद्यार्थियों का समग्र एवं सतत् मूल्यांकन, निष्पक्ष मूल्यांकन तथा विषयानुरूप मूल्यांकन भी शिक्षा को मजबूती प्रदान कर सकता है। कुल मिलाकर कहा जा सकता है कि अभिनव भारत की शिक्षा हमारी जड़ों से जुड़ी हुई हो और आधुनिकता का समावेश भी उसमें होना आवश्यक है।

शिक्षा संस्कृति की धात्री है, क्योंकि शिक्षा के माध्यम से ही संस्कृति के अणु राष्ट्रीय जीवन में प्रवेश करते है। ईस्ट इण्डिया कम्पनी एक व्यापारिक संस्था थी, अतः प्रारम्भ में उसने शिक्षा या संस्कृति के प्रसार की ओर विशेष ध्यान नहीं दिया। किन्तु जब वह एक विस्तृत भू-भाग पर शासन करने

लगी, तब इसका ध्यान शिक्षा की ओर गया। 1813 ई. में जब कम्पनी के चार्टर का नवीनीकरण किया गया तब इंग्लैण्ड की सरकार ने दो महत्त्वपूर्ण निर्णय लिये। प्रथम तो यह कि मिशनरी भारत में जाकर धर्म प्रचार कर सकते हैं तथा दूसरा यह कि प्रतिवर्ष एक लाख रूपया ब्रिटिश भारत के लोगों की शिक्षा के लिए निश्चित किया जाए। इस प्रकार पहली बार कम्पनी ने शिक्षा के प्रति अपना दायित्व स्वीकार किया। 1823 ई. में गर्वनर जनरल लार्ड एमहर्स्ट ने इस विषय पर सुझाव देने के लिए एक समिति नियुक्त की। शिक्षा समिति में मतभेद उत्पन्न हो गए। 1835 ई. में लार्ड विलियम बैंटिक ने लार्ड मेकाले को इस शिक्षा समिति का अध्यक्ष नियुक्त किया, जिसने फरवरी 1835 ई. में भारतीय शिक्षा प्रणाली पर अपना एक ऐतिहासिक लेख प्रकाशित किया, जिसमें पाश्चात्य शिक्षा प्रणाली पर जोर दिया गया। मेकाले ने कहा कि भारत में पाश्चात्य शिक्षा का प्रसार होना चाहिए, क्योंकि **''हमें एक ऐसा वर्ग तैयार करने का प्रयत्न करना चाहिए, जो हमारे और शासितों के बीच वार्तालाप का माध्यम बन सके, जो रक्त और रंग से तो भारतीय हो लेकिन बुद्धि और विचारों से भारतीय न हो।''** बैंटिक, मेकाले के विचारों से सहमत था। अतः 7 मार्च 1835 को बैंटिक ने अपनी कौंसिल में प्रस्ताव पारित कर आदेश प्रसारित किया कि भारत में अंग्रेजी भाषा का प्रसार किया जाएगा। बैंटिक के इस निर्णय से भारत में अग्रेजी शिक्षा का प्रसार प्रारम्भ हो गया। 1835 ई. में कलकत्ता में मेडिकल कॉलेज की नींव रखी गई। तत्पश्चात ब्रिटिश अधिकारियों और ईसाई मिशनरीज के प्रयत्नों से भारत में पाश्चात्य शिक्षा का विकास हुआ। पाश्चात्य-शिक्षा प्राप्त लोगों ने प्राचीन भारतीय आदर्शों को नष्ट कर दिया, जिसमें भारतीय सामाजिक जीवन के मूल्य ही नष्ट हो गए।''[1] स्वतन्त्रता के पश्चात् भी हम राजनीतिक रूप से भले स्वतन्त्र हो गए किन्तु शिक्षा पर पाश्चात्य प्रभाव की पकड़ से स्वतन्त्र नहीं हो सके। महात्मा गाँधी के शब्दों में - ''हम राजनीतिक दृष्टि से तो स्वतन्त्र हो गये, परन्तु पश्चिम के सूक्ष्म प्रभाव से मुक्त नही हुए हैं।''[2] वर्तमान शिक्षा व्यवस्था से व्यथित होकर पं. हजारी प्रसाद द्विवेदी ने कहा है कि **''वह शिक्षा, शिक्षा नहीं है जो संवेदन शून्य तथा निष्क्रिय बना दे। वह क्या है - मैं नहीं जानता। कदाचित कोल्हू है जो शिक्षित के दिमाग और हृदय को पेर कर रसशून्य, संवेदन शून्य और खाली बना दे। ऐसी शिक्षा नीति से हमें उबरना होगा''**[3] शिक्षा की स्वायतत्ता से ही हम ऐसी शिक्षा नीति से उबर सकते है। वर्तमान शिक्षा को स्वामी विवेकानन्द ने नकारात्मक बताया ''जहाँ छात्रों में अपनी संस्कृति के बारे में सीखने को कुछ नहीं मिलता, जहाँ उनमें जीवन के वास्तविक मूल्यों का पाठ नहीं पढाया जाता और जहाँ विद्यार्थियों में श्रद्धा का अभाव पनपता है।''[4]

भारतीयता से दूर अंग्रेजी बंधन में बंधी शिक्षा की आलोचना करते हुए विवेकानन्द ने कहा था **''ऐसा प्रशिक्षण जो नकारात्मक पद्धति पर आधारित हो मृत्यु से भी बुरा है। बच्चा स्कूल ले जाया जाता है और पहली बात सीखता है कि उसका पिता मूर्ख है, दूसरी बात सीखता है कि उसका बाबा पागल है, तीसरी कि उसके सभी शिक्षक पाखण्डी है, चौथी कि सभी पवित्र स्थल झूठे है। 16 वर्ष का होते-होते वह छात्र निषेधों का एक समूह, अस्थिहीन और जीवन हीन बन जाता है। यही कारण है कि .... यह शिक्षा एक मौलिक व्यक्ति पैदा नहीं कर सकी है। प्रत्येक व्यक्ति जिसमें मौलिकता है, इस देश में नहीं बल्कि कहीं और पढ़ाया गया है अथवा फिर उसे अन्ध विश्वासों से मुक्त होने के लिए अपने देश के पुरातन शिक्षालयों में जाना पड़ा है।''**[5]

''स्वामी विवेकानन्द ने गुरुकुल पद्धति की शिक्षा को उपयोगी माना जहाँ छात्र शिक्षक के निकटतम सम्पर्क में रह सकें और उनमें पवित्रता, ज्ञान लिप्सा, धैर्य, विनम्रता, विश्वास तथा आदर की भावना पनप सके। शिक्षा में धार्मिक शिक्षा का समर्थन किया जिससे धर्म - सहिष्णुता उत्पन्न हो सके। उन्होंने आधुनिक ज्ञान के लिए अंग्रेजी के अध्ययन का समर्थन किया।''[6]

जब हम 'अभिनव भारत में शिक्षा' पर विचार करते है तो एक ऐसी शिक्षा व्यवस्था की कल्पना की जा सकती है, जो हमारी संस्कृति से जुटी हो, साथ ही नवीनतम तकनीकों एवं तथ्यों से सम्बन्धित हो। इसके लिए हमें वर्तमान समय में प्रचलित शिक्षा व्यवस्था में आमूलचुल बदलाव की आवश्यकता महसूस होती है।

शिक्षा के सभी स्तरों प्राथमिक, माध्यमिक एवं उच्च तथा व्यावसायिक शिक्षा में बदलाव अपेक्षित है। साथ ही शिक्षा के विभिन्न पक्षों जैसे पाठ्यक्रम, शिक्षण, प्रबन्धन एवं प्रशासन, प्रशिक्षण, मूल्यांकन, नियंत्रण प्रणाली में अपेक्षित सुधार की आवश्यकता है।

प्राथमिक स्तर की शिक्षा में बस्तों के बोझ के तले दबते बचपन को बचाने की महती आवश्यकता है। विद्यार्थी अक्षर ज्ञान सीखें, संस्कारित हों, उसकी सोच व समझ विकसित हो सकें ऐसे पाठ्यक्रम का समावेश प्राथमिक स्तर की शिक्षा में होना चाहिए। उसे मातृ भाषा और हिन्दी के साथ-साथ अंग्रेजी का भी ज्ञान करवाया जाना चाहिए, किन्तु सभी कुछ उसकी क्षमताओं के अनुसार, न कि

पश्चिमी नकल के अनुसार। क्योंकि एक बीज में तमाम संभावनाएँ होती है, वृक्ष बनने की किन्तु जब तक वह बीज है, उसके साथ बीज जैसा ही व्यवहार होना चाहिए, अन्यथा वह गल जाएगा। प्राथमिक स्तर के बच्चों को खेल-खेल में शिक्षा और विज्ञान, आओ करके सीखें जैसे तरीकों से शिक्षण करवाया जाए तो शिक्षा की गुणवत्ता में वृद्धि हो सकती है।

गुरुदेव रविन्द्रनाथ टैगोर ने लिखा है- बच्चों के लिए प्रकृति सबसे उत्तम पुस्तक एवं श्रेष्ठ शिक्षक है। सत्यम्, शिवम्, सुन्दरम् एवं आनन्द की शिक्षा प्रकृति के सामीप्य एवं मैत्री से सरलता से सीखी जा सकती है। वे चाहते थे कि व्यक्ति और समाज में अन्तरंग सम्बन्ध एवं संलग्नता हो और विश्व में समरसता हो। उनकी दृष्टि में शिक्षा की गुरुकुल प्रथा ही सर्वोत्तम है।'' टैगोर की मान्यता थी कि एक विद्यालय को प्रयोगशाला होना है, जहां प्रयास एवं प्रयोग करके जीवन को जीने का सर्वोत्तम तरीके का परीक्षण और प्रशिक्षण हो, शिक्षा उपयोगी एवं उद्देश्यनिष्ठ तभी हो सकती है जब यह जीवन को समग्रता में स्वीकारे। उनके शब्दों में **''हम बच्चों के मस्तिष्क में सूचनाएँ उंडेल रहे हैं और जीवन मूल्यों, अनुभव एवं आध्यात्म की अवहेलना करते है।''** रविन्द्र नाथ - टैगोर बच्चों पर थोपे गए अनुशासन की अपेक्षा अन्तःप्रेरित अनुशासन की समर्थक थे। क्योंकि थोपा गया अनुशासन बच्चों की कोमल भावनाओं एवं कल्पनाओं को आघात पहुँचाता है।''[7]

माध्यमिक और उच्च माध्यमिक स्तर पर सैद्धान्तिक शिक्षा के साथ-साथ विद्यार्थी को कौशल विकास का शिक्षण करवाया जाना अभिनव भारत में उचित कहा जा सकता है, जिससे विद्यार्थी शिक्षा के साथ-साथ स्वरोजगार की ओर प्रवृत हो सके।

उच्च शिक्षा में विद्यार्थी को विषय चयन की छूट का होना जरूरी है। वर्तमान में महाविद्यालयों और विश्वविद्यालयों में विषय विशेष में सीमित स्थानों पर ही प्रवेश दिया जाता है, इस कारण कई विद्यार्थियों को मनचाहे विषय आवंटित नहीं होते। महर्षि अरविन्द ने अपनी पुस्तक । System of National Education Page 3 पर विचार व्यक्त करते हुए लिखा है कि -''प्रत्येक विद्यार्थी की शिक्षा में उसकी प्रकृति में जो कुछ सर्वोत्तम, सर्वाधिक शक्तिशाली, सर्वाधिक अंतरंग और जीवनपूर्ण है, अभिव्यक्त होना चाहिए। उनके अनुसार सच्ची शिक्षा अन्तःकरण की विविध शक्तियों - स्मृति (मेमोरी), निर्णय (जजमेंट), कल्पना (इमेजिनेशन), बोध (परसेप्शन), विवेक (रीजनिंग) एवं रचनात्मक शक्ति (क्रिएटिव पावर) आदि को पूर्ण ही नहीं करती अपितु उन्हे प्रशिक्षित भी करती है, जिससे विद्यार्थी नवीन सामग्री मन में ला सके और उसमें जो सामग्री विद्यमान है, उसे कुशलता पूर्वक प्रयोग कर सके।''[8] विद्यार्थियों का कक्षा में जाना और शिक्षकों द्वारा नियमित शिक्षण कार्य करवाया जाना भी अभिनव भारत में शिक्षा के समक्ष एक महत्त्वपूर्ण चुनौती है। अधिकांश विद्यार्थी छात्रवृत्ति या छात्र राजनीति के लिए महाविद्यालयों अथवा विश्वविद्यालयों में प्रवेश लेते है। वे कक्षाओं में जाते ही नहीं। ऐसे में शिक्षण का कार्य उस रूप में नहीं हो पाता जैसा होना चाहिए। शोध कार्य भी मौलिक, व्यवहारिक और समाज की समस्याओं के प्रासंगिक होना आवश्यक है।

व्यावसायिक शिक्षा चाहे वह चिकित्सा से सम्बन्धित हो, चाहे अभियान्त्रिकी से, चाहे शिक्षक प्रशिक्षण से उसका उचित मापदण्डानुसार प्रशिक्षण आवश्यक है। प्रत्येक प्रशिक्षण के लिए नियामक संगठन बने हुए है, जिनके निरीक्षण के समय मापदण्डानुसार व्यवस्थाएँ कर दी जाती है, किन्तु वास्तविकता कुछ और ही होती है। प्रभावी प्रशिक्षण के लिए जरूरी है कि प्रशिक्षु स्वयं प्रशिक्षण प्राप्त करें किन्तु कई प्रशिक्षण संस्थानों में विद्यार्थी सिर्फ प्रवेश लेते है और परीक्षा देते है। बाकी सब कुछ Manage कर लिया जाता है। अभिनव भारत की व्यावसायिक शिक्षा में इस Manage वाली प्रवृत्ति से मुक्ति प्राप्त करना आवश्यक है।

अभिनव भारत में किसी भी स्तर की शिक्षा हो उसका पाठ्यक्रम व्यवहारिक, स्तरानुसार और भारतीयता से ओत-प्रोत होना जरूरी है। हम केवल पश्चिम की नकल कर अपने पाठ्यक्रम का निर्धारण नहीं करे। जयनारायण व्यास विश्वविद्यालय में स्नातक स्तर पर राजनीति विज्ञान विशय में एक प्रश्न पत्र है - 'प्रतिनिधि राजनीतिक चिन्तक।' इस प्रश्न पत्र के पाठ्यक्रम की पाँचों इकाईयों में गाँधीजी को छोड़कर सभी पश्चिमी राजनीतिक चिन्तकों के विचारों का अध्ययन शामिल किया गया है। ऐसा लगता है मानो राजनीतिक चिन्तन का प्रतिनिधित्व तो मात्र पश्चिम के राजनीतिक चिन्तक ही करते है, भारतीय नहीं। अभिनव भारत में ऐसे पाठ्यक्रमों में बदलाव आवश्यक है। मनु, कौटिल्य, शुक्र, स्वामी दयानन्द सरस्वती, विवेकानन्द, राजाराममोहन राय, लोकमान्य बालगंगाधर तिलक, गोपाल कृष्ण गोखले, पण्डित दीनदयाल उपाध्याय आदि कई भारतीय राजनीतिक चिन्तक है जो विश्व में प्रतिनिधि राजनीतिक चिन्तक कहे जा सकते हैं, उनके विचारों को भी शामिल किया जाना चाहिए। पाठ्यक्रम में राजनीतिक

विचारधाराओं के अनुसार बार-बार अनावश्यक बदलाव भी नहीं होना चाहिए।

'शिक्षण' को प्रभावी बनाने के लिए परम्परागत शिक्षण पद्धतियों के साथ-साथ नवीन तकनीकों का उपयोग किया जाना अपेक्षित है। शिक्षा में नवाचार का भी प्रयोग होना चाहिए।

अभिनव भारत में शिक्षा का प्रबंध और प्रशासन केवल प्रशासनिक अधिकारियों के हाथों में नहीं हो अपितु स्वयं शिक्षाविद् शिक्षा प्रबंध और प्रशासन में भागीदार बनने चाहिए। इसके लिए भारतीय शिक्षा सेवा का गठन किया जाना और स्वतंत्र शिक्षा नियामक आयोग का गठन किया जाना चाहिए।

अभिनव भारत कि शिक्षा में मूल्यांकन को भी सटीक, निष्पक्ष और नकल रहित बनाया जाना जरूरी है। वर्तमान समय में हिन्दी भाषा जैसे विषय जिसमें कि भाषा, शैली एवं त्रुटिरहित लेखन के मूल्यांकन का अपना महत्त्व है, का मूल्यांकन भी वस्तुनिष्ठ प्रश्नों के द्वारा किया जाने लगा है, जिसे ठीक नहीं कहा जा सकता। इस हेतु अतिलघुत्तरात्मक, लघुत्तरात्मक एवं निबन्धात्मक प्रश्नों के द्वारा मूल्यांकन किया जाना अपेक्षित है। नकल पर नकैल कसना भी अभिनव भारत में मूल्यांकन के समक्ष एक बहुत बड़ी चुनौती है। परीक्षकों द्वारा निष्पक्ष मूल्यांकन किया जाए इस हेतु ईमानदार एवं निष्पक्ष परीक्षको की नियुक्ति तथा परीक्षकों के नैतिक स्तर को ऊंचा उठाने हेतु प्रशिक्षण की व्यवस्था आवश्यक है।

अभिनव भारत में शिक्षा के अन्तर्गत खेलकूद की गतिविधियों का प्रभावी आयोजन और पुस्तकालय के प्रभावी उपयोग का होना आवश्यक है। इसलिए शिक्षण संस्थाओं में खेल मैदान, शारीरिक शिक्षक एवं पुस्तकालयध्यक्ष का होना जरूरी है।

अभिनव भारत में शिक्षण प्रभावी हो इस हेतु शिक्षको को शिक्षण कार्य से इतर अन्य कार्य नही करवाए जाने चाहिए तथा विद्यालय, महाविद्यालय तथा विश्वविद्यालयों में अशैक्षणिक कर्मचारियों और अधिकारियों की भर्ती की जानी चाहिए।

अभिनव भारत की शिक्षा स्वायत्त एवं जवाबदेह होनी चाहिए। काका कालेलकर ने शिक्षा की आत्मकथा में कहा है:- **''मैं सत्ता की दासी नहीं हूँ। कानून की किंकरी नहीं हूँ। विज्ञान की सखी नहीं हूँ। अर्थशास्त्र की बांदी नहीं हुँ। मैं तो धर्म का पुनरागमन हूँ। मानव शास्त्र और समाज शास्त्र मेरे दो चरण है। कला और कारीगरी मेरे हाथ हैं। विज्ञान मेरा मस्तिष्क है, धर्म मेरा हृदय है। निरीक्षण और तर्क मेरी आँखे हैं। इतिहास मेरे कान हैं, स्वातंत्रीय मेरे श्वास हैं। उत्साह और उद्योग मेरे फेफड़े हैं। धैर्य मेरा व्रत है। श्रद्धा मेरा चेतन्य है। ऐसी मैं जगदम्बा हूँ जगद्धात्री हूँ। मेरा उपासक कभी किसी का मोहताज नहीं रहेगा। उसकी सभी कामनाएँ मेरी कृपा से तृप्त होंगी।''**[9] उनके अनुसार शिक्षा को बन्धन, नियन्त्रण दासता स्वीकार नहीं। शिक्षा स्वायत्त होनी चाहिए, जैसी प्राचीनकाल में थी। किन्तु इसके लिए आवश्यक है:- नागरिकों में नैतिक भाव का विकास, मूल्यों की पूर्नस्थापना, उच्च चरित्र का निर्माण, शिक्षकों में कर्त्तव्यबोध का जागरण, राजनीतिक हस्तक्षेप की समाप्ति, और स्वतन्त्र शिक्षा नियामक आयोग की स्थापना, जो प्रशासनिक अधिकारियों की अफसरशाही से मुक्त हो और जिसका शिक्षाविदों द्वारा संचालन हो। शिक्षा की स्वायत्तता सुनिश्चित हो जाने पर जवाबदेही स्वतः निर्धारित हो जायगी, क्योंकि इस स्थिति में अच्छे-बुरे परिणाम के लिए शिक्षण संस्थाएँ एवं शिक्षक स्वयं जवाबदेह होंगे किसी और पर जिम्मेदारी नहीं डाली जा सकती है।

आज देश में ऐसी शिक्षा की आवश्यकता है जिसके अन्तर्गत ''उच्च शिक्षा में स्वतन्त्र चिन्तन, मुक्त सोच, नवीनतम ज्ञान से परिचित कराया जा सके तथा शोध कार्यो के लिए प्रेरित किया जा सके।''[10] शिक्षा की स्वायत्तता का यह अर्थ कदापि नहीं लिया जा सकता कि शासन शिक्षा की तरफ से पूरी तरह आंखे मूंद ले और शिक्षा को भगवान भरोसे छोड़ दिया जाए। शासन अपनी जवाबदेही से पूरी तरह बच नहीं सकता। यदि समाज में विषमता है, कोई वर्ग शिक्षा से वंचित है तो सरकार का ही दायित्व है कि वह ऐसी व्यवस्था करें जिससे सभी वर्गो को शिक्षा के समान अवसर उपलब्ध हो सकें और वे बिना किसी भेदभाव के अपना सर्वांगिण विकास कर सके। **डॉ. भीमराव अम्बेडकर के अनुसार ''शिक्षा भोजन के समान है, जिसकी आवश्यकता जीवन पर्यन्त रहती है। उनका अभिमत था कि इस सन्दर्भ में उत्तरदायित्व शासन को लेना चाहिए। शिक्षा जगत में शैक्षिक विषमता के विषय पर बाबा साहब का मत था कि शैक्षिक विषमता के मूल में सही अर्थों में सामाजिक व आर्थिक विषमता है। इसके लिए आवास अथवा छात्रावास, अभ्यास गृह, संस्कार केन्द्र, छात्रवृत्ति, आर्थिक सहायता आदि की केन्द्र व राज्य स्तर पर योजना बनकर उचित व प्रेरणादायी सामाजिक वातावरण निर्माण करने की आवश्यकता हैं।''**[11]

शिक्षा में स्वायत्तता की अभीष्टता स्वयं सिद्ध हैं। ज्ञान सृजन, संग्रहण और प्रसार का बंधन मुक्त होना ही मूलतया स्वतन्त्रता की स्थिति और उसकी निरन्तरता की शर्त है।

स्वायत्त ज्ञान विकास का भी हेतु है। ज्ञान के सतत् सृजन तथा आदान - प्रदान से ही समाज आगे बढ़ता है।''[12]

कुल मिलाकर निष्कर्ष तौर पर कहा जा सकता है कि अभिनव भारत में शिक्षा के पुनरुत्थान हेतु इसके विभिन्न आयामों में भारतीयतानुरूप परिवर्तन अपेक्षित है। पाठ्यक्रम, अध्यापन शैक्षिक प्रबन्धन, प्रशासन और मूल्यांकन शिक्षा के इन सभी पक्षों में बदलाव आवश्यक है।

सन्दर्भग्रन्थ सूची:-

1. भारतीय संस्कृति पर पाश्चात्य प्रभाव, भारतीय सभ्यता एवं संस्कृति, डॉ. कालूराम शर्मा, डॉ. प्रकाश व्यास, पंचशील प्रकाशन, जयपुर, पृ. 416-419
2. मेरे सपनो का भारत, गांधीजी, नवजीवन प्रकाशन मंदिर अहमदाबाद, पृ. 203
3. बदलते परिवेश में राष्ट्रीय शिक्षा की परिकल्पना, बजरंग प्रसाद मजेजी, राजस्थान बोर्ड शिक्षण पत्रिका, अप्रेल 15 से सितम्बर 15 पृष्ठ 45
4. आधुनिक भारतीय सामाजिक एवं राजनीतिक चिन्तन, रिसर्च पब्लिकेशन इन सोशल साइन्सेज, जयपुर, 1974-75, पृ. 109 अवस्थी एवं अवस्थी
5. Vivekananda on India and Her Problems, P48
6. भारतीय राजनीतिक विचारक, डॉ. आनन्द प्रकाश अवस्थी, लक्ष्मीनारायण अग्रवाल, प्रकाशन आगरा, पृ. 203
7. गुरुदेव टैगोर का शिक्षा दर्शन, पी. डी. सिह,राजस्थान बोर्ड शिक्षण पत्रिका, अप्रेल 2007 से सितम्बर 2010 पृष्ठ - 43
8. A System of National Education ,महर्षि अरविन्द पृष्ठ 3
9. कैसी हो स्वतन्त्र भारत की शिक्षा व्यवस्था, साक्षात्कार, दीनानाथ बत्रा, शैक्षिक मंथन (मासिक) 1 अगस्त 2011 पृ. 21
10. सर्वांगिण विकास हो शिक्षा का लक्ष्य, सन्तोष पाण्डेय, शैक्षिक मंथन (मासिक) 1 नवम्बर 2016, पृष्ठ 05
11. बाबासाहब का शैक्षिक चिन्तन, प्रो. मधुर मोहन, रंगा, शैक्षिक मंथन (मासिक) 1 नवम्बर 2015, पृ 20
12. द हिन्दु 28 सितम्बर 2014

अभिनव भारत और विद्यालय में मूल्य शिक्षा

श्रीमती (डॉ.) चन्द्रकान्ता शर्मा
श्री (डॉ.) महेश चन्द्र शर्मा
21/327, चोपासनी हाउसिंग बोर्ड, जोधपुर

किसी भी समाज और राष्ट्र की मानव शक्ति ही उसके विकास की मुख्य धरोहर है। विकास की इस कहानी में शिक्षा एक ऐसा पारस पत्थर है जिसको छूते ही व्यक्ति सोने की तरह चमकता है।

समाज और राष्ट्र के विकास के लिए मानव शक्ति का सभ्य, बुद्धिमान, शारीरिक, मानसिक एवं नैतिक रूप से सुदृढ़, अनुशासित, जिज्ञासु और क्रियाशील होना आवश्यक है।

शिक्षा एक ऐसा सशक्त माध्यम हैं जिसके द्वारा ही मानव शक्ति में सभी वांछित गुण प्रस्फुटित और विकसित किये जा सकते है।

आज के इस प्रगतिशील भौतिक वादी युग में शिक्षा ही व्यक्ति को जीविकोपार्जन के लिए समृद्धशाली बनाती है, उसे सामाजिक, सांस्कृतिक और अन्य दायित्व निर्वहन के लिए तैयार करती है।

शिक्षा का उद्देश्य केवल ज्ञान प्राप्ति और कौशल सम्पन्न बनाना ही नहीं है अपितु इसका मूल उद्देश्य व्यक्ति के व्यक्तित्व को संवारना, जीवन को एक सही दिशा प्रदान कराना तथा उसके श्रेष्ठतम अंश का अन्य व्यक्तियों से सम्पर्क कराना है।

शिक्षा व्यक्ति के मस्तिष्क को प्रशिक्षित कर उसको अच्छे तथा बुरे में अन्तर करने योग्य बनाती है। अनैतिक आचरण से दूर करती है तथा मनुष्य में अनुशासन और निष्ठा के द्वारा चरित्र निर्माण का पथ प्रदर्शित करती है।

कहा गया है कि –

विद्या से विनय, विवेक और विश्वास उत्पन्न होता है जिससे जीवन में विजय और यश की प्राप्ति होती है।

शिक्षा की इन विशेषताओं से प्रेरित होकर ही सम्पूर्ण विश्व में सभी राष्ट्रों में शिक्षा के विकास सम्बन्धी कार्यक्रमों को चलाकर शत प्रतिशत साक्षरता के लक्ष्य प्राप्त करने के प्रयास किये जा रहे हैं। इसी कड़ी में केन्द्र सरकार द्वारा छः वर्ष से चौदह वर्ष तक की आयु के सभी बालकों के लिए नि:शुल्क एवं अनिवार्य बाल शिक्षा का अधिकार अधिनियम 2009 लागू किया गया।

इस अधिनियम के लागू होने से देश के सभी बच्चों को शिक्षा का अधिकार मिल गया, किन्तु वर्तमान परिस्थितियों में समाज में फैल रहा सांस्कृतिक प्रदूषण और संस्कारों को रूढ़ियाँ समझने की प्रवृत्ति विद्यार्थियों को अपने जीवन मूल्यों से भटका रही है।

'मूल्य शिक्षा' का अभिप्राय: उन सभी प्रक्रियाओं से है, जो किसी भी व्यक्ति में ऐसे सकारात्मक गुणों अभिरुचियों तथा विशेषताओं का विकास करते हैं, जिनसे कि उसमें समाज में सही ढंग से स्थापित होने की क्षमताएं विकसित हो जाती हैं।

आज इस बढ़ते सूचना एवं संचार क्रांति के युग में 'गुरुदेव रविन्द्र नाथ टैगोर' के ये विचार अत्यंत प्रासंगिक है कि हम बच्चों के मस्तिष्क में सूचनाएं उड़ेल रहे है और जीवन मूल्यों, अनुभवों तथा अध्यात्म की अवहेलना कर रहे है।

किसी भी व्यक्ति के व्यक्तित्व और व्यवहार के लिए पाँच मूलभूत जीवन मूल्य बताए गये हैं –

1. सत्य
2. अहिंसा
3. प्रेम
4. शांति
5. धर्म अथवा सही कार्य

अनेक विद्वानों ने इनको सार्वभौमिक या विश्वव्यापी मूल्य कहा है।

वुड्स ने कहा है कि मूल्य मानव व्यवहार के घटक और निर्धारक तत्त्व हैं। ये आदर्श और ध्येय दोनों का कार्य करते हैं।

कैटल के शब्दों में मूल्यों से हमारा अर्थ होता है- सामाजिक, कलात्मक, नैतिक और अन्य मानक जिनके अनुसार एक व्यक्ति स्वयं चलना चाहेगा और दूसरों को भी चलाना होगा।

जॉन के अनुसार मूल्य आदर्श, विश्वास या मानक है, जिन्हें सम्पूर्ण समाज या समाज का एक बड़ा अंश धारण किए हुए है।

एनसाइक्लोपीडिया ऑफ सोशल सांइसेज के अनुसार मूल्य का अभिप्राय: रुचियाँ, आनन्द, पसंद, उत्तरदायित्व एवं अनेक सामाजिक झुकाव के तरीकों से है।

आज के बदलते परिवेश में विद्यालय स्तर पर विद्याथियों में इन मूल्यों की जितनी आवश्यकता है, उतनी पहले कभी नहीं रही। आज विद्यार्थियों में जीवन मूल्यों के

घटने का मूल कारण इन मूल्यों को विकसित करने के मूल स्रोतों का ही प्रदूषित हो जाना है।

जब समाज और राष्ट्र की बागडोर इस भावी पीढ़ी को सौंपा जाना सुनिश्चित है, तो इस पीढ़ी में घटते जीवन मूल्यों के मूल कारणों पर चिंतन किया जाना आवश्यक है। विद्यार्थियों में इन जीवन मूल्यों के विकास में परिवार और समाज के साथ विद्यालय की भूमिका सबसे महत्त्वपूर्ण है।

परिवार, समाज और विद्यालय तीनों स्थानों के वातावरण में समरसता होने पर ही विद्यार्थियों में जीवन मूल्यों का विकास किया जा सकता है।

कहा जाता है कि मूल्यों को पढ़ाया नहीं जाता है, वे तो विद्यार्थियों द्वारा स्वतः ही पकड़ लिए जाते है। अर्थात् यदि विद्यार्थियों के सामने परिवार, समाज और विद्यालय में उत्तम जीवन मूल्यों की मिशाल होगी, तो वे स्वतः ही उन मूल्यों की ग्रहण कर लेंगे।

प्रोफेसर किरीट जोशी ने अपने लेख 'An outline programme of value oriented education' में लिखा है कि मूल्यों की शिक्षा प्रदान करने का रहस्य यह है कि शिक्षक स्वयं अपने चरित्र के उदाहरण और ज्ञान पर अपनी अधिकार-कुशलता से विद्यार्थियों को प्रभावित करें।

संत विनोबा भावे के अनुसार एक सच्चा शिक्षक शिक्षा देता नहीं है, उसके पास स्वयं शिक्षा प्राप्त हो जाती है। सूर्य प्रकाश देता नहीं है, किन्तु स्वाभाविक रूप से सभी को मिल जाता है।

यदि विद्यालयों में निम्नलिखित प्रयास हों, तो विद्यार्थियों में आवश्यक जीवन मूल्य अवश्य विकसित किये जा सकते है -

1. शिक्षक को मानवीय गुणों का विकास करने के लिए केवल सतही ज्ञान प्रदान करने की अपेक्षा मूल्य आधारित एवं दिशाहीन चिंतन से मुक्त शिक्षा प्रदान करनी चाहिये।
2. विद्यार्थियों में जीवन मूल्यों का विकास करने हेतु शिक्षक का व्यवहार और आचरण भी उसी अनुरूप होना आवश्यक है।
3. विद्यार्थियों में अनुशासन, नियम पालन, कर्तव्य बोध, धैर्य, संयम, आज्ञापालन, ईमानदारी जैसे गुणों के विकास के लिए विद्यालय में आयोजित होने वाली विभिन्न सहपाठयेतर गतिविधियाँ जैसे प्रार्थना सभा कार्यक्रम, खेलकूद, उत्सव एवं जयन्तियां, साहित्यिक एवं सांस्कृतिक गतिविधियाँ, बाल सभा आदि कार्यक्रम अत्यन्त महत्वपूर्ण हैं।
4. विद्यार्थियों में पूर्व विकसित गलत दृष्टिकोणों के बदलाव के प्रयास हेतु अच्छे संस्कार, शिष्टाचार, धन कमाने के लिए साधन और साध्य की पवित्रता एवं अच्छी आदतों के विकास के लिए प्रेरक प्रंसग और वीर गाथाएं सुनानी चाहिए।
5. विद्यार्थियों के अच्छे आचरण एवं व्यवहार के लिए उन्हें पुरस्कृत किया जाना आवश्यक है। पुरस्कृत करने से वातावरण द्वारा प्रोत्साहन मिलने पर जीवन मूल्य आसानी से ग्रहण किए जा सकते है।
6. शिक्षक के साथ ही परिवार और समाज भी विद्यार्थियों में इन मूल्यों को विकसित करने में महत्त्वपूर्ण योगदान रखते है। अतः विद्यालय को इनका पूरा सहयोग लेना आवश्यक है।

अतः यह स्पष्ट है कि भावी पीढ़ी में जीवन मूल्यों के निर्माण एवं सेवा में समर्पण की भावना के विकास हेतु 'मूल्य शिक्षा' का विशेष महत्त्व है।

'मूल्य शिक्षा' विद्यालय स्तर पर विद्यार्थी को दिशाहीन चिंतन से बचाकर चिंतामुक्त करने का सशक्त माध्यम है।

अतः विद्यार्थियों को सामाजिक और राष्ट्रीय गतिविधियों के साथ समाज ही मुख्य धारा में अग्रसर करने के लिए विद्यालय में इसको प्रभावी बनाना आवश्यक है।

अभिनव भारत में शिक्षक शिक्षा

श्रीमती ओम कँवर
पी. एच. डी. (छात्रा)
जयनारायण व्यास वि.वि., जोधपुर।

शिक्षा एक व्यापक प्रक्रिया है जिसे मात्र किसी कौशल या कार्य निष्पादन तक सीमित नहीं किया जा सकता है। यह एक ऐसी प्रक्रिया है जिसमें व्यक्ति में निहित आन्तरिक क्षमताओं का विकास समग्र रूप से करने के साथ ही वैयक्तिक, सामाजिक तथा राष्ट्रीय दृष्टि या सन्दर्भ में उपयोगी तथा संसाधन सम्पन्न व्यक्तित्त्व के निर्माण के लिए प्रयत्न किया जाता है।

मात्र शिक्षा के माध्यम से ही ऐसे व्यक्तित्त्व का निर्माण कर पाना सम्भव है जो वातावरण एवं मूल्यों के संरक्षण के साथ ही अनुकूल परिवेश के निर्माण में भी सहायक सिद्ध हो सकता है। व्यक्ति में मानवता बोध एवं सांस्कृतिक चेतना का उन्मेष शिक्षा के द्वारा ही सम्भव है, प्रशिक्षण या अन्य सम्प्रेषण व्यवहार के माध्यम से नहीं।

अतः इसे व्यापक सन्दर्भ में यह कहा जा सकता है कि शिक्षक शिक्षा वह शैक्षिक आयोजन है जिसमें विभिन्न स्तरीय एवं वर्गीय अध्यापकों को इस तरह से शिक्षित करने के लिए प्रयत्न किया जाता है कि अग्रिम प्रजन्म को ज्ञान एवं मूल्यों के हस्तान्तरण के साथ ही उनके समस्त एवं वहन करने में वे सक्षम हो सकें तथा उनमें तकनीकी कुशलता, वैज्ञानिक चेतना, संसाधन सम्पन्नता तथा नवाचारिकता के साथ सांस्कृतिक उद्दीपना एवं मानवता बोध का समन्वयात्मक विकास करना सम्भव हो सके। शिक्षण को एक उद्यम या प्रोफेशन के रूप में स्वीकार करने के लिए यह जरूरी हो जाता है कि शिक्षक शिक्षा वह आयोजन हो जिसमें इस उद्यमगत नीति बोध एवं संवेगात्मक पक्ष में भी दक्षता प्रदान करने की व्यवस्था हो। इस हेतु सामाजिक, सांस्कृतिक, नैतिक एवं समस्त चारित्रिक मर्यादाओं के साथ ही राष्ट्रीय प्रजातान्त्रिक मूल्यों को विकसित करने के लिए सफल प्रयास करना इस आयोजन का लक्ष्य होगा।

इस प्रकार शिक्षक शिक्षा मात्र एक कार्यक्रम ही नहीं है। बल्कि एक ऐसा मिशन या आयोजन है जिसके माध्यम से राष्ट्रीय सन्दर्भ में आधुनिक एवं परिवर्तित शिक्षकीय भूमिका के निर्वहन के लिए दक्षता तथा कुशलता प्राप्ति हेतु व्यक्तियों को शिक्षित किया जा सके। संक्षेप में यह कहा जा सकता है कि शिक्षक शिक्षा, शिक्षकों के लिए शिक्षा आयोजन है। इस आयोजन के महत्व को निम्नानुसार स्पष्ट किया जा सकता है शिक्षा को चूँकि एक सामाजिक आवश्यकताओं की पूर्ति के माध्यम के साथ ही सामाजिक परिवर्तन का कारक भी माना जाता है, अतः शिक्षक शिक्षा सामाजिक-शैक्षिक मार्गदर्शन सम्बन्धी आवश्यकताओं की पूर्ति के लिए एक सक्षम अभिकरण हैं।

संज्ञानात्मक तथा समाजीकरण सम्बन्धी आवश्यकताओं की पूर्ति के लिए समाज ही शिक्षक को दायित्व प्रदान करता है। इस दायित्व की पूर्ति की गुणवत्ता स्तर शिक्षक वर्ग पर तथा उनकी गुणवत्ता शिक्षक शिक्षा की गुणवत्ता स्तर पर निर्भर करना स्वाभाविक ही है। किसी समाजवादी एवं धर्मनिरपेक्ष समाज के लिए उपयुक्त शिक्षक जिनमें प्रजातान्त्रिक मूल्यों का समुचित विकास हो पाया हो, परिणामस्वरूप शिक्षक शिक्षा कार्यक्रम के माध्यम से ही तैयार कर पाना सम्भव हो सकता है।

आधुनिक शिक्षक शिक्षा कार्यक्रम में पर्याप्त तन्मयता एवं लचीलापन का होना जरूरी माना जाता है, क्योंकि सामाजिक तथा सांस्कृतिक परिदृश्य में आज तेजी से परिवर्तन हो रहा है। अतः एक नवाचारिक प्रणाली के रूप में शिक्षक शिक्षा का महत्त्व आधुनिक युग में अत्यधिक अनिवार्य है जिसके माध्यम से सेवा पूर्व एवं सेबाकालीन दोनों स्तर पर सैद्धान्तिक तथा प्रायोगिक नवाचारिक शैक्षिक परिवर्तनों को स्थापित करना सम्भव हो सके। आज निरन्तर शिक्षा की अपरिहार्यता को जब हम स्वीकार कर चुके है तो अवश्य ही शिक्षक शिक्षा में गतिशीलता को बनाये रखना अपेक्षित हो चुका है। प्राचीन कठोर शिक्षक प्रशिक्षण प्रणाली आधुनिक युगोपयोगी शिक्षक की तैयारी के लिए उपयोगी नहीं रह गई है। आधुनिक शिक्षक शिक्षा कार्यक्रम गत्यात्मक स्वरूप के कारण महत्त्वपूर्ण बन चुका है।

आधुनिक शिक्षक शिक्षा कार्यक्रम की सहायता से चूँकि अन्तः अभिप्रेरणायुक्त शिक्षकों की तैयारी सम्भव है, अतः आधुनिक युग में इसका महत्त्व और भी अधिक बढ़ गया है। शिक्षण उद्यम के क्षेत्र में अभिप्रेरणा तथा बाहरी प्रोत्साहन की कमी को देखते हुए ही मनोवैज्ञानिक दृष्टि से

इस कार्यक्रम के आयोजन को संतृप्त करने के लिए प्रयास अपेक्षित है। प्रायः अभिप्रेरणा की कमी के कारण ही इस व्यवसाय को अन्तिम चयन दिया जाता है सेवापूर्व प्रशिक्षण प्राप्ति के बाद भी लोग शिक्षक बनने की अपेक्षा एक कार्यालय में कर्मचारी बनना आज अधिक पसन्द कर रहे है। कारण है- प्रोन्नति, प्रगति तथा प्रतिभा प्रदर्शन के लिए उपयुक्त अवसर का इस व्यवसाय में सर्वथा अभाव का होना। परिणामस्वरूप उत्तम शैक्षिक प्रतिभायुक्तव्यक्तिप्रायः अध्यापन के क्षेत्र का दूर से ही परित्याग कर देते है।

आधुनिक शिक्षक शिक्षा के अनेकानेक स्तर एवं स्वरूप होने के कारण इसका महत्त्व आज अधिक हो गया है। व्यावसायिक विषय-यथा कला, हस्तकला, गृह विज्ञान, काष्ठकला, संगीत आदि के साथ ही तकनीकी विषय एवं विशिष्ट छात्रों के लिए भी अध्यापकों की तैयारी का माध्यम आधुनिक शिक्षक शिक्षा ही है। इस व्यापकता के कारण शिक्षक शिक्षा का महत्त्व बढ़ गया है। साथ ही प्राथमिक से लेकर उच्च माध्यमिक तथा उच्च शिक्षा के क्षेत्र में भी आज इस शिक्षा का स्थान अत्यन्त महत्त्वपूर्ण ही नहीं वरन् अतिआवश्यक भी होता जा रहा है।

आधुनिक परिपेक्ष्य में शिक्षक शिक्षा के माध्यम से विद्यालयी शिक्षा का सम्बन्धीकरण उच्च शिक्षा के साथ किया जा सकता है। भावी शिक्षकों के समाजीकरण की दिशा में सहयोगी शिक्षण अभ्यास विद्यालयों के शिक्षकों का मार्गदर्शन एवं सहयोग परिणामोन्मुख साबित हो सकता है। इस उद्देश्य की प्राप्ति हेतु शिक्षक शिक्षा संस्थानों को समन्वयक तथा सहसम्बन्ध स्थापक की भूमिका को अपनाने के लिए प्रयास करना होगा। परिणामस्वरूप शिक्षा एवं समाज के मध्य दूरी जो प्रायः चर्चित रूप में स्वीकृत है उसे निश्चित रूप से कम किया जा सकेगा। इस प्रकार हम विभिन्न दृष्टिकोण पर विचार करते हुए आधुनिक शिक्षक शिक्षा को एक महत्त्वपूर्ण आयोजन के रूप में प्रतिष्ठित एवं सुस्थापित कर पायेंगे।

HUMAN RESOURCE MANAGEMENT IN LIBRARIES - AN INDIAN CONTEXT

Dr. Vinita Tak
Assistant Professor,
Commerce Department
Mahalaxmi Girls College, Jodhpur

ABSTRACT India has had a rich literary tradition, with education and research as its pillars. Information has always played an important role in the growth of the human civilization from the primitive days. It also leads to the development of economics, political, social, occupational, cultural, and many other sectors of human society, In the modern age, there are various channel of information, hence, it becomes essential to identify which source of information is authentic and which is inauthentic, for that, the librarian and the library staff plays a dynamic role.

It is often said, " A library is a trinity made up of books, readers, and the staff". Out of these three components, books and staff are important for providing services to the reader, who is the third component of the trinity. An efficient management of libraries is important to achieve the societal and educational goals of a library, In order to provide better services to the users; another factor that needs to be considered is the human resource management.

Keyword: - Human Resources Management, Public library, personnel function in library

INTRODUCTION

Human resources are the most vital resource in any public library as all the other resources can be utilized only by the staff of the library. A major portion of the budget is usually spent on the staff of the library. In order to provide best services, it is essential to have well trained and highly motivated staff to make effective use of the resources of the library and to meet the demands of the community. The operations of a library have to be a team effort which requires close working relationship between all members of library staff. It is thus important that staff carries out the tasks related to their skills and qualifications. It is a wasteful use of this scarce resource if highly qualified library personnel carry out only routine or clerical library functions. Similarly, for the same reason, it is not necessary to have a highly qualified librarian in every kind of public library regardless of size and other activities.

HUMAN RESOURCE MANAGEMENT (HRM)

Human Resource Management (HRM) means employing people, developing their capacities, utilizing, maintaining and compensating their services in tune with the job and organizational requirement. The term human resource management is about people, the foremost asset, in the organization. Without them, none of the activities would exist. Hence it is important that there is a smooth approach to develop the human resources, so that they give their maximum output to the public library to achieve its goals. It is also a planned approach so that the staff employed by the library also meets their own goals.

Activities associated with human resources management include planning, recruitment, selection, orientation, training, appraisal, motivation, remuneration, etc. HRM aims at developing people through work. The human resource function provides significant support and advice to line management. The attraction, preservation and development of high caliber people are a source of competitive advantage for the public libraries and are the responsibilities of HR.

Importance of HRM

Importance of HRM is as below:

- Each and every employee of the public library has to contribute individually and also collectively to the success of the organization. At the low level, they have to contribute to a goal. To make them contribute, the HRM team has to work harder. It is found that the contribution of an employee is low when they do not know what they are doing.
- Lack of knowledge on a particular process or technology, leads to low productivity in the organization. The HR department should identify such employees and train them in the necessary skills. They should also know the individual and group psychology to deal such employees in the organization.
- The HR management team should attract the right talent to the public library, give appropriate compensation, retain them and also develop them to meet the current and future organizational goals. They need to keep track of the skills acquired by the employees during their tenure in the organization and deploy them for the right activities.
- The employees need to be properly trained and motivated by the HRM team. The ethical policies should be communicated to them at the right time and the problems in the organization should be revealed to get the right solution from them. Thus they should make the employees work more efficiently to meet the organization's goal.

Functions of HRM

The functions of HRM are:

- Deciding the staffing needs of an information organization.
- Hiring employees to fill these needs.
- Recruiting and training the best employees.
- Ensuring they are high performers.
- Dealing with performance issues, and ensuring that personnel and management practices conform to various regulations.
- Managing activities that lead to employee benefits and compensation, employee records and personnel policies.
- Ensuring that employees have and are aware of personnel policies which conform to current regulations

Levels of HRM

- Macro Approach - strategic
  - HR Planning
  - Forecasting
  - Identification of gaps between projected manpower and desired manpower
  - Utilization of human resources
- Micro Approach - operational
  - Job analysis
  - Job description
  - Job specification
  - Job evaluation
  - Salary administration
  - Performance appraisal

Aspects of HRM

- Staffing
  - Types and levels
  - Organizational framework
  - Personnel functions – recruitment, hiring, training/induction, staff development, continuing education
- Motivation
- Leading/Leadership
- Communication

HUMAN RESOURCES OF PUBLIC LIBRARIES

The public libraries are established for the members of the community who have varied requirements. The staff of public library should have various skills and qualities that include, interpersonal skills, social awareness, teamwork and leadership and competence in the practices and procedures of the particular library. The qualities and skills required by public library staff are:

- Communication abilities for communication with various members of the society
- Ability to understand the needs of users
- Capability to co-operate with individuals and groups in the community
- Knowledge and understanding of cultural diversity
- Knowledge of the kinds of material required by public libraries and skill to

access it

- An understanding of the principles of public service
- Ability to cooperate with co-workers for providing effective library services
- Organizational skills, with the flexibility to identify and implement changes
- Imagination, vision and openness to new ideas and practices and flexibility to change when new situations emerge
- Knowledge of modern information and communications technologies

Types of Staff

Library staff is an important constituent of the public library. Library staff constitutes an important component of the library trinity. The entire staff structure of the library usually consists of employees in various ranks of employees. The ranking of employees is determined according to the types of work they perform. The staff that serves in public libraries is classified into four categories, which are, professional, semi-professional, non-professional and support staff. Let us know some details of each category of staff. In this regard, recommendations of the National Knowledge Commission for public libraries in India are given in the Appendix.

- **Professional**

Professional category consists of those who are employed on professional job and who possess degree in library and information science as well as in some other discipline. Professionals are employed at higher level and middle level and are responsible for administration and managerial and professional job. In a large public library, the positions such as Librarian, Deputy Librarian, Assistant Librarian, Professional Assistant, etc. are considered professional positions. In a medium sized public library, a Librarian and a Professional Assistant usually are the professional staff. Lastly, in a small public library, a Librarian usually belongs to this category. The professional staff has library qualification. The various jobs performed by a professional include book selection, book order, technical processing of documents, indexing/abstracting, reference service, information services, planning library activities and preparation of library budget.

The professional staff is required to achieve the objective of the library, apply modern techniques and technologies in various library operations and ensure that the public library is involved in library automation, resource sharing and networking activities.

- **Semi-professional**

The semi-professional staff of the library is engaged in performing library routines and techniques under the guidance of the professional staff and have to receive alternatively training in library science. They are with diploma or certificate in library and information science (LIS). Their designation may be library assistant, technical or professional assistant, junior cataloguer or equivalent. They usually perform the routine professional and technical activities. In many public libraries, this category of staff works as support to professional activities under direction of a senior professional.

- **Non-professional**

In most of the libraries, the non-professionals are with the minimum educational background and are adequately experienced in doing a particular job or trade and usually have a non-library degree. Their designation may be accounts assistant, store assistant, reprographic assistant, typist, data entry operators, filing clerk, book arranger, book binder, etc. Also some non-professional (clerical) and unskilled workers are appointed to perform certain library works. They perform activities like shelf management, maintaining files, managing circulation desk, operation of different types of equipment, maintenance of library material, lamination and other conservation processes.

Modern large public libraries also employ specialists to carry out specific functions, for example, computer experts, hardware and software engineers, database managers, administrative, financial, training and marketing staff. This special staff may have qualifications in their area of specialization than in librarianship.

- **Support staff**

Support staff includes helpers, caretakers, housekeeping, cleaners, drivers and security staff. The functions they carry out are very important, as these contribute to the smooth operation of the library functioning. They should be regarded as an integral part of the library's staff.

The quantum of the support staff depends on the total service area of the library, the number of departments and other organized units, the hours of opening, size of library users, amount of circulation and demand for reference services, and the financial support available.

- **Levels of Staff**

Library staff, like any other organization works at three levels of management, viz., top, middle and lower level of management.

- **Top-level**

The top level management determines the objectives, policies and plans of the organization. They mobilize (assemble and bring together) available resources. The top level management does mostly the work of thinking, planning and deciding. Therefore, they are also referred to as the administrators and the brain of the organization. While spending more time in planning and organizing, the top level management has maximum authority and responsibility. Being top or final authority in the organization, this level is directly responsible to the planners, policy makers and the general public. The success or failure of the organization largely depends on their efficiency and decision making as they have more conceptual skills and less technical skills.

- **Middle Level**

Middle level managers give recommendations to the top level management and implement the policies and plans made by the top level management. This level thus co-ordinates the activities of all the departments. As this level has to communicate with the top and the lower level management all the time, its time is usually spent in co-coordinating and communicating. The middle level management has limited authority and responsibility as it is an intermediary between top and lower management. This level requires more managerial and technical skills and less conceptual skills.

- **Lower Level**

Lower level management directs the other staff of the library. They develop morale in the staff and maintain a link between them and the middle level management. The lower level management informs the workers about the decisions which are taken by the management. They also inform the management about the performance, difficulties, feelings, demands, etc., of the staff. They spend more time in directing and controlling as they have limited authority but important responsibility of getting the work done from the workers. They regularly report and are directly responsible to the middle level management. Along with the experience and basic management skills, they also require more technical and communication skills.

SALARY AND BENEFITS

Salary for library staff varies depending on a number of factors including the type of public library (i.e., state, district, city, rural library, etc.), size of library, the location of the library, years of experience, etc. Salary is an amount paid to library staff in return for work for a particular period, usually a month. In most of the libraries, salaries and other benefits are as below:

- Salary
- Base salary plus allowances, total salary, total remuneration
- Salary scales –overlapping and non-overlapping
- Salary structure based on:
  - Length of service
  - Merit
  - Combination of both
- Benefits
  - Employee insurance, retirement benefits, bonus, conveyance allowance, medical benefits, etc.
  - Monetary rewards

PERSONNEL FUNCTION

The personnel function is associated with recruitment and hiring. Recruitment of staff refers to employ new, best and most suitable personnel for desired jobs. This includes:

- Recruitment sources – internal/external
- Inviting applications
- Written tests and interviewing
- Applicants short listed – most suitable candidates selected
- Selection
- Induction
- Training professional staff
- Exit interview

The other details related to recruitment and hiring have been discussed in the paper on 'Management of Library and Information Centers'

- **Discipline and Grievances**

Discipline in the libraries is an effective management tool with which one can achieve a better and more efficient workplace. It applies to staff conduct, whether by act or omission, that interferes with or affects in any way the orderly and efficient operation of the library work. It includes:

- Violation of rules and regulations;
- Unsatisfactory work performance caused by careless or malicious conduct;
- Off-duty behavior that adversely affects work performance or morale; and
- Failure to meet employment requirements because of inability or insufficient training.

In libraries, discipline can be maintained by using several steps or measures when an employee fails to correct a problem after being given reasonable opportunities to do so.

Grievance means any real or imaginary feeling of dissatisfaction and injustice which an employee has about his/her employment relationship. Library staff who wishes to pursue a grievance should initially attempt to informally resolve the grievance with their immediate superior. The library authorities should ensure that all employees are treated fairly. A staff member who believes that s/he has been treated unfairly may write a letter of grievance to the appropriate authority. It is the responsibility of the library authorities to ensure that each grievance is resolved suitably.

- **Staff Development**

Developing the employee can be regarded as investing in a valuable asset. It is not only a source of motivation but also helps the employees to fulfill their potential. Staff development also ensures opportunities, promotion, personal development and continuing professional development programs by training or education or development of the employee. The various staff development programs are:

- Lectures
- Job rotation
- Do-it-yourself activities
- Discussion groups
- Projects
- Demonstration
- Coaching
- Formal training

- Formal study
- Consultancy
- Mentoring
- Supervision
- Technical assistance
- Ad hoc transfers
- Membership of Committees
- Sponsoring for Seminars/conferences
- Publications
- Memberships of professional associations
- Subscription to professional journals

Training

Very similar to development, training enables employees to acquire new skills, keeps the employee up to date with changes in the field, aims to improve efficiency and can be carried out in-house or elsewhere. It is thus a vital aspect in public libraries. The developments in information and communication technology have made the need for regular training even more essential. The importance of resource sharing and networking and access to other information sources should be included in training programs for staff of public libraries.

Ethical standards

Public library staff has a responsibility to maintain high ethical standards in their dealings with the public, other members of staff and external organizations. All members of the public should be dealt with on an equal basis. Every effort must be made to ensure that desired documents are complete and accurate as far as possible. Library staff must not allow their personal attitudes and opinions to determine which members of the public are served and what materials are selected and displayed. The public must have confidence in the impartiality of the library staff if the library is to meet the needs of all members of the community. Library associations in some countries have developed codes of ethics, which can be used as models to introduce similar codes elsewhere.

SUMMARY

The greatest resource for development of any library is the human resource hence no library can develop in isolation of its human resources. Human resource management is that aspect of the management function which is primarily concerned with human relationships within an organization. Its objective is the maintenance of those relationships on a basis which, by consideration of the well-being of the individual, enables all those engaged in the undertaking to make their maximum personal contribution in the effective working of the undertaking.

In this paper, we have covered the importance, functions, levels and types of staff in public libraries. Human resources are acknowledged as the most valuable and important assets in any organization and recognized as valued resources with potential. Of the various components of the library, human resources are recognized as the most vital component. The management of library staff is an important task. Effective library services depend to a large extent on the library staff's level, responsibility and ability to co-operate with library users. All staff should have a clear understanding of the policy of the library service, well-defined duties and responsibilities, properly regulated conditions of employment and salaries that are competitive with other similar jobs.

BIBLIOGRAPHY

1. Aaron, shirely L.,(1992), The role of combined libraries in Florida phase I: Surveying the literature. Tallahassee: Florida State University.
2. Bach, S., (2005), Managing human resources: Personnel management in transition, Black well publishing.
3. Malden, MA. Durey, P., (1976), staff management in university and college libraries, Pergamum press, Oxford.
4. Bloomsbury concise English Dictionary., (2005), A&C Black, London.
5. Bundy, Alan.,(1998), widening client horizons: Joint use public libraries in the 1990s APLIS, 11(1), pp4-16.
6. NISCAIR research journals, (2013), available at: www.niscair.res.in/share (accessed on 06 April 2013)

भारत में शिक्षा का स्वरूप

मनीष शर्मा
शोध छात्र, संस्कृत-विभाग
जयनारायण व्यास, विश्वविद्यालय, जोधपुर

शिक्षा शब्द संस्कृत की शिक्ष् धातु से बना है। शिक्षा का अर्थ सीखने-सिखाने की क्रिया। वस्तुतः देखा जाये तो शिक्षा, समाज की एक पीढ़ी द्वारा अपनी आगन्तुक पीढ़ी को ज्ञान के हस्तान्तरण का प्रयास है। शिक्षा द्वारा बालक समाज के आधारभूत नियमों, व्यवस्थाओं, समाज के प्रतिमानों एवं जीवन मूल्यों को सीखता है। शिक्षा एक आजीवन एवं सतत् चलने वाली प्रक्रिया है जो व्यक्ति की अन्तर्निहित क्षमता एवं उसके व्यक्तित्व का विकास करती है।

एतद्देशप्रसूतस्य सकाशादग्रजन्मनः।
स्वं-स्वं चरित्रं-शिक्षेरन् पृथिव्यां सर्वमानवाः।।

मनुस्मृति के इस श्लोक से भारतीय जनमानस में शिक्षा के प्रति भाव स्पष्ट होता है। प्राचीन भारतीय शिक्षा पद्धति व्यक्ति के सर्वांगीण विकास को समर्पित रही। पुरुषार्थ चतुष्ट्य के द्वारा विधिवत् चारों आश्रमों के लिए शिक्षा का उद्देश्य हमारे शास्त्रों में उपलब्ध है।

आधुनिक समय में जबकि विश्व पटल पर एक अंधी, भावरहित, सम्मानरहित, चिंतनरहित, उद्देश्यविहीन दौड़ दिखलाई देती है, तो शिक्षा तंत्र पर विचार अनिवार्य हो जाता है। चाणक्य ने भी कहा है कि शिक्षक कभी सामान्य नहीं होता, सृष्टि एवं प्रलय उसके हाथों में पलते हैं।

हमें विदित है आज का वातावरण जिसमें नैतिक मूल्यों को ताक पर रखकर विश्व के सभी देश आधुनिकता की भयावह दौड़ में दौड़ रहे हैं। संस्कृति नष्ट हो रही है, पारिवारिक सभ्यता समाप्त हो रही है। हिंसा, अपराध, घरेलू अपराधों में वृद्धि हुई है। इन सबका प्रतिकार केवल शिक्षा के माध्यम से हो सकता है। ज्ञान, विज्ञान, तकनीकी, प्रौद्योगिकी एवं अत्याधुनिक साधन बिना शिक्षा के पंगु हो चुके हैं। इस विकट वातावरण में जब हम भारतीय शिक्षा की ओर देखते हैं तो मन को एक सम्बल मिलता है कि भारतीय शिक्षा पद्धति में व्यक्ति निर्माण द्वारा राष्ट्र निर्माण के भाव को संपोषित किया गया है।

संस्कृत, शारीरिक, नैतिक एवं आध्यात्मिक, संगीत इत्यादि शैक्षिक सम्प्रत्ययों के द्वारा मनुष्य को समाज एवं देश के विकास के लिए तैयार करना ही भारतीय शिक्षा का प्रथम एवं अन्तिम ध्येय रहा है। शिक्षित व्यक्ति समाज के अन्तिम छोर पर बैठे व्यक्ति के लिए बन्धुत्व का भाव रखे, विश्व के प्रत्येक प्राणी के लिए उसके हृदय में संवेदना प्रवाहित होती रहे, यही भारतीय शिक्षा का मूलमंत्र है-

स्वावलम्बिता देशभक्ति और नैतिक जन उत्थान
शिक्षा से हो प्रकट देश में, भारत वन्देगान।।

अभिनव भारत एवं धर्म संस्कृति

समकालीन संस्कृत साहित्य में अभिनव भारत की सङ्कल्पना

डॉ. सरोज कौशल

प्रोफेसर एवं अध्यक्ष,

संस्कृत-विभाग,

जयनारायण व्यास विश्वविद्यालय, जोधपुर।

'अभिनव भारत' एक उदात्त सङ्कल्पना के रूप में प्रतीत होता है। समकालीन संस्कृत साहित्य में राष्ट्र की व्याख्या बहुत सार्थक एवं सारगर्भित रूप में की गई है। जाति, धर्म तथा जाति और धर्म से उत्पन्न भाषा, भक्ति, संस्कृति और सभ्यता इन तत्त्वों से प्राणित मातृभूमि को राष्ट्र के तत्त्वज्ञ लोग 'राष्ट्र' कहते हैं -

जातिर्धर्मो जातिधर्मप्रसूता भाषा भक्तिः सभ्यता संस्कृतिश्च।

एतैस्तत्त्वैः प्राणितां मातृभूमिं राष्ट्रं प्राहुः राष्ट्रतत्त्वार्थविज्ञाः।।[1]

राष्ट्र की यह परिभाषा भिन्नता को राष्ट्र का गौरव मानती है। यह जाति-धर्म तथा भाषा की विभिन्नता हमें संकोच से निकालकर विस्तार की ओर प्रेरित करती है। राष्ट्र सञ्चालन की सभी प्रणालियों में से श्रेष्ठ प्रणाली है - 'लोकतन्त्र'। वस्तुतः लोकतन्त्र, जनता का प्रभुत्व ही है -

राष्ट्रस्य जीयाज्जन एक आत्मा प्रभुत्वसत्ता च जनस्य जीवात्।

अन्यायमुज्जासयितुं च जीयात् क्रान्तिस्फुलिङ्गप्रतिभाविवेकः।।[2]

राष्ट्र की जन रूप आत्मा जीवित रहे। जनता के प्रभुत्व की सत्ता कायम रहे और क्रान्ति के स्फुलिङ्ग की प्रतिभा का विवेक अन्याय को उखाड़ फेंकने के लिए विद्यमान रहे।

चीरहरण महाकाव्य में श्रीपरमानन्द शास्त्री ने श्लेष के माध्यम से राजनीति की वर्तमान विकटता का निर्भीकता से निरूपण किया है -

---

1 मौर्यचन्द्रोदयम्, प्रभुदत्त स्वामी, 15/41

2 जनविजय, परमानन्द शास्त्री, 15/58

अतिकठोरकरैर्हरति प्रजावसनमेव दुरन्तकुशासनम्।

पदसमृद्धिकृते उपदाहरा विदधते कलहं मत सांसदाः।।[3]

दुरन्त कुशासन अत्यन्त कठोर करों-टैक्सों और हाथों से मानों प्रजा का वस्त्र ही हर लेता है और सांसद लोग पद-समृद्धि के लिए रिश्वत लेते हैं और झगड़ते हैं।

समकालीन संस्कृत की कवि-परम्परा ने निरन्तर अधोगमन करने वाली राजनीति का संज्ञान लिया है और लोकतन्त्र के तथाकथित रक्षकों पर भक्षक होने का आरोप तय किया है -

लोकतन्त्रहट्टेऽस्मिन् पण्यं शासनसूत्रकम्।

सः क्रीणति हि राज्यत्वं यो वाणिज्यविधौ क्षमः।।[4]

लोकतन्त्र रूपी बाज़ार में शासनसूत्र क्रययोग्य हो गया है। जो वाणिज्यविधि में कुशल होता है वही राज्य को खरीद लेता है। इस प्रकार के वर्णन हमें 'अभिनव-भारत' के निर्माण में आने वाली बाधाओं और विघ्नों के प्रति सावधान करते हैं। लोकतन्त्र क्या वाणिज्यतन्त्र में परिणत हो गया है? क्या लोक का मत वाणिज्य से अथवा बाज़ार से विस्थापित किया जा चुका है? यह प्रश्न संस्कृत कवि उत्थापित करता है।

शोषकों का आतंक संस्कृत कवि को पीड़ित करता है। महाराजदीन पाण्डेय 'विभाष' ने संस्कृत ग़ज़ल में अपनी चिन्ता को अभिव्यक्त करते हुए कहा -

कुत्र वा पिप्पलो वटश्चेतौ।

सर्वतः शोषकोत्कटः को वा।।[5]

पीपल और बरगद कहाँ चले गये? सब ओर ये शोषक यूकिलिप्टस ही हैं क्या? कवि 'विभाष' ने 'पीपल और बरगद' कहाँ चले गये, इस अंश में लक्षणा के माध्यम से

---

3 चीरहरण, परमानन्द शास्त्री, 11/60

4 संस्कृत वाङ्मय का वृहद् इतिहास, पृ. 217

5 काक्षेण वीक्षितम्, पृ. 32-33

भारत की गौरवपूर्ण परम्परा के ह्रास पर चिन्ता व्यक्त की है। यह अंश बाज़ारवाद पर भी कटाक्ष करता है। बाज़ार की सर्वग्रासी क्षमता ने सभी पदार्थों को पण्यवस्तु में परिणत कर दिया। कवि भयभीत है कि उसके प्रेम को भी कोई गैर न खरीद ले।

विपणीभवन्तमखिलं दृष्ट्वा बिभेति चेतः।

क्रीतो भवेन्न रागो मे केनचित् परेण।।[6]

पुरुषार्थचतुष्टय में से केवल अर्थ की प्रधानता ने समाज, राजनीति तथा राष्ट्र को भ्रष्टाचार के पाश में जकड़ लिया है। यह उपक्रम अभिनव भारत के गौरव की राह में सबसे बड़ा विघ्नोपल है।

प्रो. रामकरण शर्मा ने 'गृह्णै गृह्णै गृह्णै' कविता में पूँजीवाद पर कठोर प्रहार किया है। कवि व्यङ्ग्य करते हुए कहता है कि मुझे न तो मोक्ष चाहिए, न धर्म, न नामादि। केवल धनसञ्चय ही मेरा अभीष्ट है।[7] ये सब उदाहरण व्यतिरेक विधि से राष्ट्र-गौरव के प्रति सावचेत करते हैं।

आचार्य रेवाप्रसाद द्विवेदी ने स्वतन्त्रता के दुरुपयोग पर अनेक प्रश्नचिह्न लगाये हैं। छन्दोरहित कविता के माध्यम से कवि कहते हैं –

अहं स्वतन्त्रः

परस्य कण्ठे करपत्रं चालयितुं

अर्थः सिद्धः न वा मदीयः

परस्य मार्गं रोद्धुं

जननेतृत्वं बोद्धुम्।[8]

मानो आचार्य रेवाप्रसाद जी ने तो आधुनिकता का लक्षण ही प्रस्तुत कर दिया है। वर्तमान काल-खण्ड विकटता का ही समय है। कवि कहता है कि मैं स्वतन्त्र हूँ, दूसरे के

---

6 मौनपेथ., पृ. 22

7 शेमुषी, पृ. 42

8 संस्कृत वाङ्मय का वृहद् इतिहास, पृ. 217

कण्ठ पर कटार चलाने में। मेरा प्रयोजन सिद्ध हो अथवा न हो, दूसरे के मार्ग को अवरुद्ध करने में, मैं स्वतन्त्र हूँ। मनुष्य ने स्वतन्त्रता को स्वच्छन्दता में परिणत कर दिया है। वही राष्ट्र की भास्वरता को दूषित करती है।

श्रीनिवास रथ ने वर्तमान की विषमता का संकेत करते हुए कहा कि यहाँ न तो पराक्रम की स्थापना की जा रही है, न ही योग्यता और सामर्थ्य की समीक्षा की जाती है, जो कुछ भी पौरुषोचित प्रतीत होता है वह वानर को ही प्रदान किया जाता है -

पराक्रमो न काम्यते न केसरी समीक्ष्यते।
यदत्र पौरुषोचितं प्लवङ्गमाय दीयते।।

इस व्यथा से यदि राष्ट्र को मुक्त किया जायेगा तभी भारत 'अभिनव' की अवधारणा को प्राप्त करने में सक्षम हो पायेगा। समकालीन संस्कृत साहित्य के अग्रचेता कवि प्रो. राधावल्लभ त्रिपाठी ने वानर, किन्नर, किङ्कर और मानव के लक्षण प्रस्तुत कर हमें स्वाभिमान की वरणीयता के प्रति अभिप्रेरित किया है -

आज्ञापालनमात्रनष्टविभवाः नो ते वयं किङ्कराः।
ये नृत्यन्ति निरर्थकं तव कृते नो ते वयं किन्नराः।
ये कूर्दन्ति च रञ्जितुं तव मनो न स्मो वयं वानराः,
ये जीवन्ति सदैव मानसहितं राजन्! वयं ते नराः।।[9]

वर्तमान व्यवस्था में आज्ञापालनमात्र करने वाले किङ्कर (सेवक), व्यर्थ में नृत्य करने वाले किन्नर तथा मनोरञ्जनार्थ कूदने वाले वानरों का ही साम्राज्य दृष्टिगोचर होता है। किङ्कर, किन्नर तथा वानरों ने स्वाभिमानी पुरुषों को विस्थापित कर दिया है। यह वर्तमान की विडम्बना अथवा आधुनिकता का शाप उन सभी को व्यथित करता है जो प्रतिभासम्पन्न

---

9 समष्टिः, पृ. 34

तथा स्वाभिमानैकधनसम्पन्न हैं। इसी शृङ्खला में प्रो. अभिराजराजेन्द्र मिश्र ने कविता के केन्द्र में मनुष्यता की स्थापना करते हुए कहा -

स्पृहयामि देवपदाय नो कुप्याम्यसुरतायै न वा।
इच्छाम्युभाभ्यां पृथगहो भासतां मम मनुजता।।

मैं देवपद की स्पृहा नहीं करता और असुरता पर भी क्रोध नहीं करता परन्तु मैं चाहता हूँ कि मेरी मनुजता पृथिवी पर भासित होती रहे। मानवोचित गुणों से सम्पन्न मनुष्यों से यह भारतराष्ट्र गौरवान्वित हो, यही वर्तमान काल की अभिनवता कही जा सकती है।

संस्कृत कविता में क्रान्ति का बीजवपन करने वाले कवि डॉ. हर्षदेव ने छलरहित मनुष्यत्व को देवपद से भी अधिक गौरव प्रदान किया है -

ब्रह्मत्वं परिधाय
किं करिष्यामि?
त्वं गृहाण। मोक्षरूपं विजयम्।
मह्यं देहि
छलरहितं मनुष्यत्वम्।[10]

ब्रह्मत्व प्राप्ति से भी कहीं अधिक छलरहित मनुष्यत्व अपेक्षित है। ऐसे मनुष्य ही राष्ट्र की अस्मिता के मेरुदण्डरूप प्रतीत होते हैं।

समकालीन संस्कृत साहित्य के युवा कवि डॉ. प्रवीण पण्ड्या ने राष्ट्रभक्ति की नूतनशैली से व्याख्या करते हुए 'अधरोत्तमारणि' नामक काव्यसंग्रह में कहा -

अमूर्तं नास्ति राष्ट्रम्।
राष्ट्रभक्तिर्देशसेवा

---

10 बुद्धस्य भिक्षापात्रे, पृ. 87

आह्निकं कर्माऽस्ति नैमित्तिकं न।

अध्यापकस्य मम

पुरतो राष्ट्रं

नित्यमायाति च्छात्रव्यक्तीभूय

तदपाठनं तेभ्यो धनाहरणम्

हन्त! राष्ट्रलुण्ठनं नास्ति।[11]

राष्ट्र अमूर्त इकाई नहीं है। राष्ट्रभक्ति अथवा देशसेवा दैनिक कर्म हैं। मैं अध्यापक हूँ, मेरे समक्ष राष्ट्र, छात्र बनकर नित्य आता है। उन छात्रों को न पढ़ाना, उनसे धनाहरण करना, क्या राष्ट्र को लूटना नहीं है?

यह कर्त्तव्यनिष्ठा ही वस्तुतः राष्ट्रनिष्ठा है। यहाँ कवि ने राष्ट्रनिष्ठा तथा कर्तव्यनिष्ठा को पर्यायरूप में ही निरूपित किया है। इस कर्तव्यनिष्ठा की अभिनव भारत को महती आवश्यकता है।

वर्ग एवं वर्ण के भेदभाव की समाप्ति सर्वाधिक अपेक्षित है। सामाजिक वैमनस्य से मुक्त कर राष्ट्र को ऐसे ब्राह्मणों से सुशोभित किया जाये जो समग्रविश्व के अभ्युदय का स्वप्न देखते हों। प्रो. रामकरण शर्मा ने तो एक नूतन वर्ग की सर्जना की है। वे मनुष्य को जातिवाद तथा प्रान्तवाद के संकुचित घेरों से निकालकर उसे सर्वोदय के विशद भाव में स्थापित करने के पक्षधर हैं -

न त्वं ब्राह्मणवादी न वेदवादी न जातिवादी वा।

नूनमभूस्त्वं ब्राह्मण समग्रविश्वाभ्युदयवादी।।[12]

तुम न तो ब्राह्मणवादी बनो, न वेदवादी बनो, न जातिवादी बनो। परन्तु हे ब्राह्मण! तुम समग्र विश्व के अभ्युदयवादी बनो। आचार्य रामकरण शर्मा जी ने ब्राह्मण का एक नया

---

11 अधरोत्तमारणि।

12 शेमुषी, पृ. 67

लक्षण गढ़ दिया है। यह परम्परा में एक नूतन अवधारणा का सूत्रपात है। जो समग्र विश्व के अभ्युदय का आकांक्षी है, प्रयत्नरत है, वही ब्राह्मण कहलाने योग्य है। राष्ट्र के अभ्युदय हेतु प्रयत्नशील जन ही राष्ट्र के लिए सर्वाधिक अपेक्षित हैं। इसी शृङ्खला में प्रो. अभिराजराजेन्द्र मिश्र ने वर्गभेद पर प्रहार करते हुए कहा -

न यो हिन्दुपक्षे न वा तुर्कपक्षे।
स निश्चप्रचं सत्यवक्ता कबीरा।।[13]

रूढियों पर कबीर के समान प्रहार करते हुए आचार्य मिश्र ने कहा, जो न तो हिन्दुओं के पक्ष में है और न ही यवनों के पक्ष में है। वह निश्चय ही सत्यवक्ता कबीर है। संस्कृत के कवि ने ऐसे कबीरों की स्थापना की है जो वर्गों की तुच्छ राजनीति नहीं करते। अपितु मानवता की विशद अवधारणा का प्रसार करते हैं। यह सङ्कल्पना अभिनव भारत की प्राणस्वरूपा है।

संस्कृत की समकालीन कविता में श्रमनिरत जन को मुख्यधारा में संयोजित करने का महत्त्वपूर्ण उपक्रम किया गया है। संस्कृत कवियों ने श्रमिक, कृषक, धीवर, रिक्शाचालक आदि अनेक हाशिये पर बड़े वर्ग का सञ्ज्ञान लिया है। श्रीधरभास्कर वर्णेकर ने श्रमगीता की रचना की। जनतालहरी, धीवरगीतम्, श्रमशतकम् आदि अनेक रचनायें इस दूसरी परम्परा की पोषक हैं। संस्कृत के युग कवि डॉ. बलराम शुक्ल ने 'त्रिचक्रिकाकाव्यम्' के अन्तर्गत रिक्शाचालक की जीवनकठोरता का अनुभव किया -

सलज्जचित्तोऽस्मपराधबोधतो,
मनुष्यताऽत्रास्ति कथं प्रधर्षिता।
कथं च कश्चित् स्थितिमान् सदासने,
तथापरः कर्षति यन्त्रवद्भुवि।।[14]

---

13 शालभञ्जिका, पृ. 7
14 परीवाहः, पृ. 83

यह युवाकवि की एक रिक्शाचालक के प्रति समानुभूति रेखाङ्करणीय है। संस्कृत कवि असमानता से खिन्न है। श्रमिक वर्ग को मुख्यधारा में संयोजित करना, अभिनव भारत के लिए सर्वथा आवश्यक है। इस श्रमिक वर्ग के प्रति सहृदयता तथा समानुभूति के द्वारा संस्कृत कविता समाज तथा राष्ट्र का मार्गदर्शन करती है।

संस्कृत कविता में 'दूसरी परम्परा' का समानुभूति के स्तर पर अवतरण होना वस्तुतः एक चमत्कार है।

इसी प्रकार अर्थतन्त्र के इस युग में भारतीय चिन्तन की अध्यात्म-परम्परा का पुनरुद्धार हम सभी का कर्तव्य है। अभ्युदय तथा निःश्रेयस् का सामञ्जस्य भारतीय चिन्तन का मेरुदण्ड है। कालूरि हनुमन्तराव ने 'मण्डूकोद्‌घोष' नामक कविता के निष्कर्ष में अध्यात्म की स्थापना करते हुए कहा -

प्रयतिष्ये करिष्यामि वर्धिष्ये इति सर्वदा।
वस्तुचिन्तां समाश्रित्य विस्मरन्त्यात्मचिन्तनम्।।[15]

निरन्तर लौकिक पदार्थों की चिन्ता करता हुआ व्यक्ति आत्मचिन्तन को ही विस्मृत कर देता है। भारतीय चिन्तन का यह गौरव है कि वह जड़मात्र परायण नहीं है। हमारा चिन्तन चैतन्यपरायण है। इस चिन्तन में भारतीय मनीषा को अवसाद के गह्वर में, गिरने से सदा सुरक्षित रखा है। 'जनविजय' महाकाव्य में परमानन्द शास्त्री ने अभिनव भारत की विधि प्रदर्शित करते हुए कहा -

शौर्यं परम्परा श्रेष्ठा तथा कर्तव्यनिष्ठा।
बलिदानबलं यत्र तत्र नास्ति पराजयः।।[16]

जहाँ पर शौर्य, श्रेष्ठ परम्परा, कर्तव्यनिष्ठा तथा बलिदान बल है, वहाँ पराजय कदापि नहीं हो सकती।

---

15 मण्डूकोद्‌घोषः, पृ. 173
16 जनविजयमहाकाव्य, 6/41

समकालीन संस्कृत कवि-परम्परा ने अन्वय तथा व्यतिरेकविधि से राष्ट्रचिन्तन करते हुए क्षुद्रभावनाओं के त्यागपूर्वक 'वसुधैव कुटुम्बकम्' के विशद भाव को स्थापित करने का प्रयास किया है। शिवदत्त शर्मा चतुर्वेदी के 'किन्तुशतकम्' के माध्यम से राष्ट्र के गौरव को धूर्तों से अस्पृष्ट रखने का मन्त्र प्रदान किया है -

धर्मो देशो राष्ट्रमिति शब्दाः प्रोन्नताः किन्तु।
धूर्तमुखैर्निर्गमनादेते सर्वे निरर्थका जाताः।।[17]

धर्म, देश तथा राष्ट्र, ये सभी शब्द उच्चकोटि के हैं परन्तु धूर्तों के मुख से जब इनका उच्चारण किया जाता है तो ये शब्द निरर्थक हो जाते हैं।

शान्तिभिक्षुशास्त्री जी के शब्दों में अभिनव भारत के प्रति हम यही शुभाकांक्षा कर सकते हैं -

एकनीडामिमां भूमिं भावयन् विचरेत् सुधीः।
न च देशविशेषे स्यात् सादरोऽनादरः क्वचित्।।[18]

क्षुद्र भावनाओं से ऊपर उठकर 'यत्र विश्वं भवत्येकनीडम्' इस विशद भावना से प्रत्येक नागरिक राष्ट्र को विशेष रूप से पोषित करे।

– – –

17 किन्तुशतकम्, पृ. 47
18 बुद्धविजयम्, 59/47

वाल्मीकि-रामायण में राष्ट्र की संकल्पना

डॉ. यादराम मीना
आचार्य, संस्कृत-विभाग
जयनारायण व्यास विश्वविद्यालय
जोधपुर (राजस्थान)
मो. नं.- 9414893249
ई-मेल- yadrammeena.jnvu@gmail.com

वेद, सत्य-ज्ञान की अप्रतिम-राशि एवं विश्व के पुस्तकालय में प्राचीनतम ग्रन्थ हैं। इनमें वर्णित सब कुछ जो भूत में वर्णित माना जाता है, वही आज के सन्दर्भ में भी नवीनतम प्रतीत होता है। मानव-जीवन को आदर्श रूप में निर्वाह करने के लिये उनमें समस्त सिद्धान्तों का बीज रूप में समावेश है। समस्त वैदिकवाङ्मय राष्ट्रियभावना और विश्वबन्धुत्व की भावना से आकण्ठ आप्लावित है, जिसका प्रभाव समय-समय पर अखिल भारतीय चिन्तन-पद्धति पर पड़ा तथा जिसके कारण भारत में राष्ट्रीय एकता तथा धर्मनिरपेक्षता की भावना को बहुत बल मिला। इतिहास इस बात का साक्षी है कि जब मानव ने 'सर्वे भवन्तु सुखिनः, सर्वे सन्तु निरामयाः। सर्वे भद्राणि पश्यन्तु, मा कश्चित् दुःख भाग्भवेत्'' की भावना से जितना तादात्म्य स्थापित किया है, वह उतना ही सुखी सुरक्षित तथा चिरायु हुआ है। आज की विषम परिस्थितियों में राष्ट्रियता एवं अखण्डता को भारतीय समाज में जीवित रखने का प्रयास एक ज्वलन्त समस्या है। हमारा राष्ट्र इस समय ऐसी भयावह स्थिति का सामना कर रहा है,जिसका समुचित एवं सार्थक समाधान यदि शीघ्र नहीं हो सका, तो भारतीय समाज को विघटित होने से बचा पाना बहुत ही कठिन हो जायेगा।

राष्ट्रियता एवं अखण्डता किसी भी राष्ट्र का मूलाधार है। इसके बिना राष्ट्र का सर्वाङ्गीण विकास असम्भव है। **वैदिककाल में 'राष्ट्र' शब्द का प्रयोग देश या राज्य के लिये किया जाता था।1** विश्व के प्राचीनतम साहित्यों में राष्ट्र या देश के लिए अनेक सुन्दर उद्गारों की अभिव्यक्ति यत्र-तत्र दृष्टिगोचर होती है। राष्ट्र शब्द एक सुनिर्दिष्ट अर्थ और भावना का प्रतीक है। यजुर्वेद में राष्ट्रकल्याण की अभिव्यक्ति बहुत ही सुन्दर शब्दों में हुई है-

आ ब्रह्मन् ब्राह्मणो ब्रह्मवर्चसी जायतामाराष्ट्रे राजन्यः
शूर इषव्योऽतिव्याधी महाराथो जायताम्।2

अर्थात् हमारे राष्ट्र में क्षत्रिय, वीर, धनुर्धारी, लक्ष्यवेधी और महारथी हों।

अभिवर्धताम् पयसाभिः राष्ट्रेण वर्धताम्।3

अथर्ववेद में भी राष्ट्र के धन-धान्य, दुग्धादि से संवर्धन प्राप्ति की कामना की गई है।

वैदिकवाङ्मय में 'राष्ट्र' शब्द का प्रयोग अनेक बार किया गया है- जैसे राजा, राष्ट्रानाम्, राष्ट्रं गुपितं क्षत्रियस्य आदि। अथर्ववेद के राष्ट्राभिवर्धन सूक्त में राष्ट्र की अभिवृद्धि एवं उन्नति के लिये अनेक मंत्रों का प्रयोग हुआ है। ब्राह्मणग्रन्थों में अपनी शैली में 'राष्ट्र' शब्द की अनेक व्याख्यायें की हैं-

राष्ट्राणि वै विशः- ऐतरेय ब्राह्मण- 8.26
क्षत्रं हि राष्ट्रम्- ऐतरेय ब्राह्मण- 7.22
राष्ट्रमुष्टिः- शतपथब्राह्मण-11.4.3.14, तै.सं. -3.5.7.5
सविता राष्ट्रं राष्ट्रपीतः- शतपथब्राह्मण- 11.4.3.14
राष्ट्रं वा अश्वमेधः- शतपथब्राह्मण- 13.1.6.3, तै.सं. 3.8.5.4
राष्ट्रं वै पर्णः- तै. संहिता- 3.5.7.3
राष्ट्रं हरिणः- शतपथब्राह्मण- 13.2.5.8

तदानुसार राष्ट्र एक जनसमूह है, राष्ट्र शक्ति है, राष्ट्र श्री है, राष्ट्र अश्वमेध है, राष्ट्र हरिण इत्यादि। इनसे एक राष्ट्र में सुरक्षित और समृद्ध जनसमुदाय की प्रतीति होती है।

राष्ट्र का प्राकृतिक स्वरूप भी उतना ही महत्त्वपूर्ण है,जितना सामाजिक। एक राष्ट्र को सुसम्पन्न तथा गौरवपूर्ण होने के लिए प्राकृतिक सम्पदायें भी उतनी ही पूर्णता प्रदान करती हैं, जिससे राष्ट्र के निवासी अपना भरण-पोषण कर सकें तथा अपने राष्ट्र पर बोझ न बन पाएँ। जिस प्रकार हिमालय हमारे राष्ट्र की प्राकृतिक सम्पदा है, जिस पर सैकड़ों ऋषि-मुनि निरन्तर साधना करते रहते हैं और उस पर उगने वाली असंख्य जड़ी-बूटियाँ

भयानक रोगों को दूर करने में सक्षम हैं, जो उत्तर दिशा में हमारे राष्ट्र के मुकुट के समान देदीप्यमान है-

अस्त्युत्तरस्यां दिशि देवातात्मा, हिमालयो नाम नगाधिराजः।
पूर्वापरौ तोयनिधीवगाहृयस्थितः पृथिव्या इव मानदण्डः।4

सागर इव अपार ज्ञान के भण्डार प्राचीनतम वेद आज भी हमारे लिए अर्वाचीन हैं-"Though The VEDAS are the oldest But their message is always earliest."

इस सन्दर्भ में आधुनिक भारतीय संस्कृति के संवाहक तथा विविध ज्ञान के प्रमुखतम ग्रन्थ 'वाल्मीकि-रामायण में राष्ट्र की संकल्पना' विषय को लेकर मेरे मन में विचार आया, क्योंकि सम्पूर्ण लौकिक संस्कृतवाङ्मय पर 'आदिकाव्य' वाल्मीकि-रामायण एवं महाभारत का प्रभाव दृष्टिगोचर होता है। हमारे लौकिक साहित्य पर रामायण या रामकथा का प्रभाव किसी न किसी रूप में अवश्य ही दिखलाई देता है। यह काव्य धर्म, अर्थ, काम एवं मोक्ष चारों पुरुषार्थों का साधक तथा महान् फलदायक है-

धर्मार्थकाममोक्षाणां हेतुभूतं महाफलम्।5

भारतीय संस्कृति के आदिग्रन्थ रामायण के विषय में स्वयं महर्षि वाल्मीकि ने कहा कि जिसका एक-एक अक्षर महापातक का नाश करने वाला है, ऐसे महाकाव्य में राष्ट्र के कल्याण के लिये अनेक सन्दर्भों का वर्णन मिलता है। वाल्मीकि-रामायण में 'राष्ट्र' या जनपद के सन्दर्भ में अनेक उद्धरण मिलते हैं-

कोशल नाम मुदितः स्फीतो जनपदो महान्।
निविष्टः सरयूतीरे प्रभूतधनधान्यवान्।।
अयोध्या नाम नगरी तत्रासील्लोकविश्रुता।
मनुना मानवेन्द्रेण या पुरी निर्मिता स्वयं।।6
तां तु राजा दशरथो महाराष्ट्रविवर्धनः।
पुरीमावासयामास दिवि देवपतिर्यथा।।7

अर्थात् विविध रूपों से अपने राष्ट्र की अभिवृद्धि करने वाला राजा दशरथ ने कुल परम्परागत राजधानी अयोध्या को इस प्रकार सुसमृद्ध तरीके से बसाया, जैसे देवराज इन्द्र ने स्वर्ग में अमरावती को सुनियोजित तरीके से समृद्ध किया।

नासीत्पुरे वा राष्ट्रे वा मृषावादी नरः कश्चित्।8
प्रशान्तं सर्वमेवासीद् राष्ट्रं पुरवरं च तत्।।9

ऐसा प्रतीत होता है कि उस अयोध्या में तथा सम्पूर्ण कोशल राष्ट्र के अमात्यों में एक भी मृषावादी नहीं था। अर्थात् वह पुर या राष्ट्र पूर्णतया शान्त था। ऐसा प्रतीत होता है कि अयोध्या या कोशल राष्ट्र में निवास करने वाले शासकों में प्रारम्भ से ही 'माता भूमिः पुत्रोऽहं पृथिव्याः' की भावना कुल परम्परागत रही होगी, क्योंकि इतिहास इस बात का साक्षी है कि जब मानव ने 'सर्वे भवन्तु सुखिनः, सर्वे सन्तु निरामयाः' की भावना से जितना तादात्म्य स्थापित किया, वह उतना ही सुखी, सुरक्षित तथा चिरायु हुआ है। इस क्रमिक परम्परा में व्यक्ति, समाज, राज्य या राष्ट्र का महत्त्वपूर्ण योगदान रहा है।

वैदिककाल से ही प्रत्येक व्यक्ति अपने राष्ट्र के प्रति कर्तव्यबोध से परिचित था। उस समय मात्र राजा में ही गुणों की अपेक्षा नहीं की गई थी, अपितु नागरिकों या प्रजाजनों के भी राष्ट्र के प्रति दायित्व निश्चित एवं निर्धारित किये गए थे- **''वयम् राष्ट्रे जाग्रयाम् पुरोहिताः स्वाहा।''** अर्थात् हम अपने राष्ट्र के प्रति जागरूक या सजग रहें।

इस बात का अनुमान वाल्मीकि-रामायण में वर्णित राजा के योग्यतम मन्त्रियों या शासकों से लगाया जा सकता है कि प्रजा के कल्याण के लिये राजा दशरथ ने अपने मन्त्रीमण्डल में आठ योग्यतम मन्त्रियों को नियुक्त किया-

धृष्टिर्जयन्तो विजयः सुराष्ट्रो राष्ट्रवर्धनः।
अकोपो धर्मपालश्च सुमन्त्रश्चाष्टमोऽर्थवित्।।10

ऋषियों में श्रेष्ठतम वशिष्ठ और वामदेव दोनों राजा के माननीय ऋत्विज् पुरोहित थे। उनके अतिरिक्त सुयज्ञ, काश्यप, गौतम, दीर्घायु, मार्कण्डेय और विप्रवर कात्यायन भी राजा दशरथ के मन्त्री थे। जहाँ पर ऐसे मन्त्री, अमात्य एवं सचिव होंगे, इस बात का अनुमान राजा दशरथ के शासन एवं राष्ट्रधर्म के विषय में वाल्मीकी-रामायण के बालकाण्ड के छठे सर्ग में विस्तार से बतलाया है-

तस्मिन् पुरवरे हृष्टा धर्मात्मनो बहुश्रुताः।
नरास्तुष्टाः धनैः स्वैः स्वैरलुब्धा सत्यवादिनः।।12

अर्थात् उस उत्तम नगर में निवास करने वाले सभी मनुष्य प्रसन्न, धर्मात्मा, बहुश्रुत, निर्लोभ, सत्यवादी तथा अपने-अपने धन से सन्तुष्ट रहने वाले थे।

कामी वा न कदर्यो वा नृशंसः पुरुषः कश्चित्।
द्रष्टुं शक्यमयोध्यायां नाविद्वान् न च नास्तिकः।
सर्वेनराश्च नार्यश्च धर्मशीलाः सुसंयता।
मुदिताः शीलवृत्ताभ्यां महर्षयः इवामलाः।।13

राष्ट्रधर्म एवं राजा का प्रजा के प्रति क्या उत्तरदायित्व है? इस बात का अनुमान राजा राम की इस उक्ति से लगाया जा सकता है- **''यथा हि कुरुते राजा प्रजास्तमनुसरति।''** आज संस्कारच्युत मन्त्रियों, सचिवों तथा शासनाधिकारियों में सम्भवतः खोजने पर एक भी सुचरित व्यक्तिनहीं मिलेगा, क्योंकि जनता-जनार्दन को दिशा-निर्देश मन्त्रियों एवं

सचिवों के माध्यम से मिलते हैं। वस्तुतः राष्ट्र सद्राष्ट्र रूप शासन-व्यवस्था पर निर्भर रहता है। गुरु वसिष्ठ राम के वनवास जाने की बात कैकेयी की भर्त्सना करते हुए कहते हैं कि-

न हि तद् भविता राष्ट्र रामो यत्र न भूपतिः।
तद् वनं भविताराष्ट्रं रामो यत्र निवत्स्यति।।14

एक राष्ट्र का दूसरे राष्ट्रों से मेल-जोल का सम्बन्ध वाल्मीकि-रामायण में नैमिषारण्य में राजा राम के यज्ञस्थल में सभी राष्ट्रों के सामन्तों एवं राजाओं के जनसमुदाय के एकत्रित होने से राष्ट्रवाद की संकल्पना को प्रमाणित करता है-

तदद्भुतमिवाचिन्त्य निरैक्षन्त समाहिताः।
मानवाः सर्वराष्ट्रेभ्यः पूर्ण कृतयुगे यथा।।15

सम्पूर्ण भूमण्डल पर राजा दशरथ का एकक्षत्र शासन था, परन्तु राष्ट्र कोशल देश तक सीमित था। राजा दशरथ सिकन्दर, महमूद गजनवी आदि की भाँति नृशंस लुटेरे नहीं थे, अपितु सम्पूर्ण भूमण्डल पर सुख-शान्ति की स्थापना के व्रती थे। उन्होंने संसार के कल्याण के लिए देवताओं के पक्ष में देवासुर संग्राम में असुरों का आतंक नष्ट करने के लिये देवराज इन्द्र की समय-समय पर सहायता भी की थी।16 अपने चक्रवर्तित्व के विषय में अपने अधीन आने वाले राष्ट्रों के विषय में महाराज दशरथ स्वयं कैकेयी से कहते हैं-

करिष्यामि तव प्रीतिं सुकृतेनापि ते शपे।
यावदावर्तते चक्रं तावती मे वसुन्धरा।।
द्राविडाः सिन्धुसौवीराः सौराष्ट्रा दक्षिणापथाः।
वङ्गाङ्गमगधा मत्स्याः समृद्धा काशिकोशलाः।।17

राजा दशरथ कैकेयी के क्रोध को शान्त करने के लिए समुद्र पर्यन्त चतुराङ्गिणी पृथ्वी का समग्र अर्पण करने को तत्पर हो जाते हैं-

पृथिव्यां सागरान्तायां यत् किंचिदधिगम्यते।
तत् सर्वं तव दास्यामि मा च त्वं मन्युमाविश।।18

अन्य राष्ट्रों के साथ राजा दशरथ के सौहार्दपूर्ण सम्बन्ध थे। इस बात का ज्ञान इससे चलता है, जब भरत को हनुमान् द्वारा राम-रावण युद्ध का पता चलता है, तो भरत ने श्री राम की सहायता के लिए 103 करद राजाओं को सेना सहित अयोध्या में एकत्रित कर लिया, जिन्हें राजा राम ने अपने राज्याभिषेक के पश्चात् स्नेहपूर्वक स्वयं विदा किया था।19

राजा दशरथ का साम्राज्य दण्डकारण्य, किष्किन्धा आदि तक फैला हुआ था। इस बात का उल्लेख बाली-वध के समय स्वयं श्री राम करते है कि-

इक्ष्वाकूणामियं भूमिः सशैलवनकानना।
मृगपक्षिमनुष्याणां निग्रहानुग्रहेष्वपि।।
तां पालयति धर्मात्मा भरतः सत्यवानृजुः।
धर्मकामार्थतत्त्वज्ञो निग्रहानुग्रहे रतः।।
तस्य धर्मकृतादेशा वयमन्ये च पार्थिवा।
चरामो वसुधां कृत्स्नां धर्मसन्तानमिच्छवः।।19

अर्थात् यह पर्वत, वन काननों से युक्त सम्पूर्ण पृथ्वी इक्ष्वाकुवंशी राजाओं की है, अतः वे यहाँ के पशु-पक्षी और मनुष्यों पर दया करने और उन्हें दण्ड देने के भी अधिकारी हैं। धर्मात्मा भरत इस पृथ्वी का पालन करते हैं। वे सत्यवादी, सरल तथा धर्म, अर्थ और काम तत्त्व को जानने वाले हैं। अतः दुष्टों के निग्रह तथा साधु पुरुषों के प्रति अनुग्रह करने में तत्पर रहते हैं। इसलिये हम धर्म का प्रचार करने के लिए सम्पूर्ण पृथ्वी पर विचरण करते हैं।

रामायण में राष्ट्र-प्रबन्धन- 'प्रकर्षेण बन्ध्यतेऽनेनेति प्रबन्धन' इस निर्वचन से प्रबन्धन का अर्थ होगा- व्यवस्था या अनुशासन।' प्रबन्धन में उच्छृङ्खलता अथवा निरंकुशता को कोई स्थान नहीं है। व्यक्ति, समाज एवं राष्ट्र तभी उत्तरोत्तर प्रगति के पथ पर अग्रसर हो सकते हैं, जब प्रत्येक स्तर पर प्रबन्धन या व्यवस्था को समुचित रूप से स्थापित किया जाये। संस्कृत-वाङ्मय में प्रबन्धन विषयक सन्दर्भ पदे-पदे प्राप्त होते हैं। भारतभूमि के निवासियों में जीवन-प्रबन्धन के विषय में जितना मूल्य-बोध ऋग्वैदिककाल में था, उतना विश्व में तद्विषयक संस्कार भी नहीं था। बर्बर युग में जब युग केवल शस्त्र पर आधारित था, तब भारतवर्ष में 'सर्वजनहिताय सर्वजन सुखाय' जीवन-प्रबन्धन विषयक सिद्धान्त का न केवल प्रयोग किया, अपितु उसे सिद्धान्ततः स्थापित भी किया। वैदिककाल में राष्ट्र प्रबन्धन एवं राजपदारूढ़ व्यक्ति स्वयं घोषणा करता था-

न मे दासो नार्यो महित्वा।
व्रतं भीमाय यद् अहं धरिष्ये।।20

अर्थात् मेरे कानून सबके लिए समान होंगे। उनका पालन आवश्यक रूप से होगा। कोई भी उच्च पदस्थ या पदहीन सामान्य जन उसका उल्लंघन करने पर समान रूप से दण्डनीय होगा।

वाल्मीकि-रामायण में मारीच के अनुसार पृथ्वी पर राजा का अवतरण प्रजा की याचना पर ब्रह्माजी द्वारा इन्द्रादि पंच दिग्पालों के तेज को संयुक्त करने पर हुआ बतलाया गया है-

पंच रूपाणि राजानो धारयन्त्यमितौजसः।
अग्नेरिन्द्रस्य सोमस्य यमस्य वरुणस्य च।।21

वाल्मीकि-रामायण में राष्ट्ररक्षण में संकल्पवान् राजा को चौदह दोषों का सर्वदा परित्याग करना चाहिए। इस विषय में वनवास-प्रस्थान करते समय स्वयं श्रीराम भरत को कहते हैं-

नास्तिक्यमनृतं क्रोधं प्रमादं दीर्घसूत्रताम्।
अदर्शनं ज्ञानवतामालस्यं पंचवृत्तिताम्।।
एकचिन्तनमर्थानामनर्थज्ञैश्च मन्त्रणम्।
निश्चितानामनारम्भं मन्त्रस्यापरिरक्षणम्।।
मङ्गलाद्य प्रयोगं च प्रत्युत्थानं च सर्वतः।
कच्चित् त्वं वर्जस्येतान् राजदोषांश्चतुर्दश।।22

लोकराधना एवं राजधर्म-

महर्षि वाल्मीकि ने रामायण में 'लोकाराधना' को राजा का अर्थात् राजपद पर आसीन मानव का परम शुभ एवं परमनिःश्रेयस् प्रतिपादित किया है। उत्तररामचरित नाटक में भवभूति जैसे महाकवि ने नव-नियुक्त राजा को लोकाराधना के लिये गुरुजन- संदेश प्रेषित करवाना अपरिहार्य माना है-"**जामातृयज्ञेन वयं निरुद्धास्त्वं बाल एवासि नवं च राज्यं।**"23 प्रजानुरंजन में राजा को सावधानीपूर्वक 'स्वकृत-लोकवृत्य' को नियमित एवं निर्देशित धर्मशास्त्रानुसार पालन करना चाहिये और राजा राम 'इत्थमेव आचरणीयम्' के संकल्प से युक्त थे। इसीलिए उन्होंने सीता के जनापवाद के विषय में पुरवासियों एवं जनपद के लोगों से लोकनिन्दा रूपी बात सुनी, तो स्वयं कहते हैं कि जिस प्राणी अर्थात् राजा की अकीर्ति लोक में सभी की चर्चा का विषय बन जाती है, तो ऐसा व्यक्ति या राजा अधम लोक में जब तक पड़ा रहता है, तब तक उसके अपयश की संसार में चर्चा होती रहती है-

अकीर्तिर्यस्य गीयते लोके भूतस्य कस्यचित्।
पतत्येवाधमाँल्लोकान् यावच्छब्दः प्रकीर्त्यते।।24

देवगण भी लोक में अकीर्ति की निन्दा करते हैं और कीर्ति की प्रशंसा। इसलिये श्रेष्ठजनों अर्थात् राजाओं का सारा प्रयोजन उत्तम कीर्ति की स्थापना के लिये होता है-

अकीर्तिनिन्द्यते देवैः कीर्तिर्लोकेषु पूज्यते।
कीर्त्यर्थे तु समारम्भः सर्वेषां सुमहात्मनाम्।।25

एक लोककल्याणकारी एवं प्रजारक्षक राजा का धर्म क्या है? इस बात को स्वयं नवनिर्वाचित राजा पृथु श्रीमद्भागवत् में स्वयं कहते हैं कि-

अहं दण्डधरो राजा प्रजानामिह योजितः।
रक्षिता वृत्तिदः स्वेषु सेतुषु स्थापिता पृथक्।।

अर्थात् इस लोक में मुझे प्रजाजनों का शासन, उनकी रक्षा, उनकी आजीविका का प्रबन्धन तथा उन्हें अलग-अलग अपनी मर्यादा में रखने के लिये राजा बनाया है।

राजा राम मर्यादापुरुषोत्तम होते हुए भी राज्याभिषेक के उपरान्त, जो कि राजपद का उत्तरदायित्व संभाल चुके थे। अतः यह राजा की सहज जिज्ञासा होती थी कि प्रजा उसके विषय में प्रतिदिन क्या सोचती है? और किस प्रकार व्यवहार करती है-

ममाश्रितानि कान्याहुः पौरजनपदः जनाः।
किं च सीतां समाश्रित्य भरतं किं च लक्ष्मणम्।।
किं नु शत्रुघ्नमुद्दिश्य कैकेयीं किं नु मातरम्।
वक्तव्यतां च राजानो वने राज्ये व्रजन्ति च।।26

क्योंकि जो राजा के आचार-विचार से हीन होता है, उसकी चर्चा राज्य तथा वनों (ऋषि-मुनियों के आश्रमों) में भी होती है।

राष्ट्रधर्म एवं पौरुषत्व की प्रधानता-

राजपद पर आरूढ़ व्यक्ति के पौरुषत्व के कारण ही राज्य में सुख एवं शान्ति रह सकती है। जब कैकेयी द्वारा राम को वनवास एवं भरत को राजपद दिया जाता है तो लक्ष्मण कहते हैं कि जो राजा अनीति या कपट से सफलता पाने का प्रयत्न करते हैं, उनको केवल मात्र पौरुषत्व के द्वारा ही दबाया जा सकता। जिनमें पराक्रम नहीं होता, वे ही दैव (भाग्य) पर भरोसा करते हैं और सम्पूर्ण संसार उनकी उपासना करता है-

विक्लवो वीर्यहीनो यः स दैवमनुवर्तते।
वीराः सम्भावितात्मानो न दैवं पर्युपासते।।27

जब श्री राम बाली को छिपकर प्रहार कर मार देते हैं, तब स्वयं बाली कहता है कि पौरुषत्व वह होता है, जब आप सामने आकर युद्ध में मुझे परास्त करते, तब मेरे पौरुषत्व के कारण आप यम देव के दर्शन करते-

दृश्यमानस्तु युध्येथा मया युधि नृपात्मज।
अद्य वैवस्वतं देवं पश्येस्त्वं निहतो मया।।28

रघुवंश में जब महर्षि वसिष्ठ की धेनु नन्दिनी को कल्पित सिंह आक्रान्त करता है, जब स्वयं राजा दिलीप सिंह को राजा अथवा क्षत्रिय के पौरुषत्व या बल के विषय में कहते हैं- "यदि कोई राजा या क्षत्रिय होकर अपने पौरुषत्व से प्रजा का रक्षण नहीं करता, वह लोकनिन्दा का पात्र होता है-

क्षतात् किल त्रायते इत्युदग्रः, क्षत्रस्य शब्दो भुवनेषु रूढः।
राज्येन किं तद्विपरीतवृत्तः, प्राणैरुपक्रोशमलीमसैर्वा।।29

महाभारत में भी पौरुषत्व के अनेक उद्धरण मिलते हैं। द्रोपदी पौरुषत्व को प्रधान बताते हुए युधिष्ठिर से कहती है, मनुष्य अपने सामर्थ्य से जो कुछ प्राप्त करता है, उसे पौरुषत्व कहते हैं। द्रोपदी की बात का समर्थन करते हुए भीम कहता है कि भीख माँगने, कायरता दिखाने अथवा धर्म का

अनुसरण करने से धन अर्थात् राज्य की प्राप्ति नहीं हो सकती-

न चार्थो भैक्ष्यचर्येण नापि क्लैब्येन कर्हिचित्।
वेत्तुं शक्यः सदा राजन् केवलं धर्मबुद्धिना।।30

राष्ट्र-निर्माण में मन्त्रियों की भूमिका-

राष्ट्र-कल्याण के लिए संकल्पवान् राजा के लिए राष्ट्र-प्रबन्धन में मन्त्रियों एवं पुरोहितों की भूमिका सर्वाधिक महत्त्वपूर्ण होती थी। महाभारत के शान्तिपर्व में राजधर्मानुशासन के संदर्भ में किन-किन की सहभागिता होनी चाहिए, प्रत्युत्तर में भीष्म कहते हैं कि राजा को अपने मन्त्रिमण्डल में वेदविद्या में निष्णात, निर्भीक, बाहर-भीतर से शुद्ध एवं स्नातक चार ब्राह्मण, शरीर से बलवान् आठ क्षत्रिय, धन-धान्य से सम्पन्न इक्कीस वैश्य, पवित्र आचरण वाले तीन विनयशील शूद्र और आठ गुणों (सेवा करने में तत्पर, कही बात को ध्यान से सुनना, उसे ठीक-ठीक समझना, याद रखना, किस कार्य का कैसा परिणाम होगा, इस पर तर्क करना, यदि अमुक प्रकार से कार्य सिद्ध न हुआ तो क्या-क्या करना चाहिये?) से युक्त एवं पुराण-विद्या को जानने वाले सूत जाति का पुरुष मन्त्रिमण्डल में सम्मिलित करना चाहिये-

चतुरो ब्रह्मणान् वैद्यान् प्रगल्भान् स्नातकान् शुचीन्।
क्षत्रियांश्च तथा चाष्टौ बलिनः शत्रपाणिनः।।
.... पौराणिकं तथा।31

राजा दशरथ की सभा में भी विशिष्ट गुणों से युक्त आठ मन्त्रियों का उल्लेख मिलता है, जो मन्त्रणा के मूल को जानने वाले और बाहरी चेष्टा देखकर ही मन के भाव को समझने वाले थे, जो सैदव राष्ट्र तथा राजा के प्रिय हित में लगे रहने वाले थे-

धृष्टिर्जयन्तो विजयः सुराष्ट्रो राष्ट्रवर्धनः।
अकोपो धर्मपालश्च सुमन्त्रश्चाष्टमोऽर्थवित्।।32

जिनमें सुमन्त्र अर्थशास्त्र के ज्ञाता भी थे।

एक मन्त्री की महत्ता एवं राजभक्ति का सबसे महत्त्वपूर्ण प्रसंग उस समय का है, जब कैकेयी राम को वनवास और भरत को राजपद माँगती है, तब सुमन्त्र कैकेयी को कहते समझते हुए कहते हैं कि राजा दशरथ तुम्हारे पति, पालक और वरदाता हैं। नारियों के लिए पति की इच्छा का महत्त्व करोड़ों पुत्रों से अधिक होता है-"**भर्तृरिच्छा हि नारीणं पुत्रकोट्या विशिष्यते।**"33 साथ ही अपनी दूरदर्शिता का परिचय देते हुए कहते हैं कि राजपरिवार, बन्धुबान्धव एवं ब्राह्मण भी तुम्हारा त्याग कर देगें, फिर इस राज्य का क्या करोगी-

त्यक्ता या बान्धवैः सर्वैर्ब्राह्मणैः साधुभिः सदा।
का प्रीति राज्यलाभेन तव देवि भविष्यति।।34

सीमान्त-सुरक्षा एवं राष्ट्र धर्म-

सीमान्त-रक्षण राजा का प्रथम कर्त्तव्य था, चाहे वहाँ नगरीय जीवन हो या न हो। वाल्मीकि रामायण का कथा स्रोत इस विषय पर व्यापक प्रकाश डालता है, जो एक सावचेत एवं सक्रिय राजा के कर्त्तव्य की ओर संकेत करता है। इस विषय पर रामायण में छः सर्गों में विस्तार से चर्चा की गई है। राजा राम के राज्याभिषेक के बाद सीमान्त-प्रदेश में प्रवाहित होने वाली यमुना नदी के तटों पर निवास करने वाले ऋषि-मुनियों का समुदाय अपनी आत्म-रक्षा के लिये राम के दरबार में उपस्थित होता है-

प्रीयमाणा नरव्याघ्र यमुनातीरवासिनः।
तस्य तद् वचने श्रुत्वा रामः प्रोवाच धर्मवित्।।35

आगन्तुकों का कारण जाने बिना ही राजा राम सर्वप्रथम उनका सम्मान करते हैं और आगमन के प्रयोजन को पूर्ण करने की प्रतिज्ञा भी करते हैं-

तच्छ्रुत्वा राघवो वाक्यमुवाच स महामुनीन्।
घातयिष्यामि तद् रक्षो व्यपगच्छतु वो भयम्।।36

राष्ट्र-रक्षक राजा राम यमुना नदी से सम्बद्ध सीमाओं को न केवल सुरक्षित करने के उद्देश्य से; अपितु राष्ट्र की सुरक्षा एवं सम्प्रभुता विस्तार की दृष्टि से भी सुरक्षित करना चाहते थे। वे शत्रुघ्न को मथुराधिपति कुम्भीनसी के पुत्र लवणासुर वध के लिए नियुक्त करते हैं और आत्मरक्षार्थ अमोघ अस्त्र भी प्रदान करते हैं-

अयं शरस्त्वमोघस्ते दिव्यः परपुरंजय।
अनेन लवणं सौम्य हन्तासि रघुनन्दनः।।38

जब राम दण्डकारण्य में राज्य-निष्कासन के दिन व्यतीत कर रहे थे, तब सीता निरपराध प्राणियों को न मारने एवं अहिंसा धर्म का पालन करने का अनुरोध करती हैं, तब राम ऋषि-मुनियों की रक्षा के लिए राक्षसों के वध के निमित्त की हुई प्रतिज्ञा के पालन पर दृढ़ रहने की प्रतिज्ञा के विषय में कहते हैं-

अप्यहं जीवितं जह्यां त्वां वा सीते सलक्ष्मणाम्।
न तु प्रतिज्ञा संश्रुत्य ब्राह्मणेभ्यो विशेषतः।।39

इस प्रकार महाकवि वाल्मीकि-रचित रामायण वह प्रथम आर्ष काव्य है, जिसमें भारतीय समाज एवं संस्कृति की आत्मा निवास करती है। वर्तमान समय के संक्रमण काल में प्रत्येक भारतवासी का यह कर्त्तव्य हैं कि वे इस पवित्र कृति के सिद्धान्तों एवं जीवन-मूल्यों को आत्मसात् कर राष्ट्र-निर्माण में अपनी भूमिका का निर्वाहन करें। जिससे

एक सभ्य, सुसंस्कृत, सुदृढ़ राष्ट्र निर्माण की संकल्पना पूरी हो सके।

सन्दर्भ :-

1. ऋग्वेद- 10/273/5, 4/42/1, 5/66/6
2. यजुर्वेद- अध्याय- 28/22
3. अथर्ववेद- अध्याय- 6/78/2
4. कुमारसंभव- कालिदास- 1/1
5. रामायणमहात्म्य- 1/21,
6. वाल्मीकि-रामायण- बालकाण्ड- 5/4-6
7. वाल्मीकि-रामायण- बालकाण्ड- 5/9
8. वाल्मीकि-रामायण- बालकाण्ड- 7/15
9. वाल्मीकि-रामायण- बालकाण्ड- 7/16
10. वाल्मीकि-रामायण- बालकाण्ड- 7/3
11. ऋत्विजौ द्वावभिमतौ तस्यास्तामृषिसत्तमौ।
    वसिष्ठो वामदेवश्च मन्त्रिणश्च तथापरे।।
    सुयज्ञोऽप्यथ जाबालिः काश्यपोऽयथ गौतमः।
    मार्कण्डेयस्तु दीर्घायुस्तथा कात्यायनो द्विजः।।- वा.रा.बा.का- 7/4-5
12. वा.रा. बालकाण्ड- 6/6
13. वा.रा. बालकाण्ड- 6/8-9
14. वा.रा. अयोध्याकाण्ड- 37/29
15. वा.रा. उत्तरकाण्ड-7/12
16. वा.रा. अयोध्याकाण्ड- 11/18,19
17. वा.रा. अयोध्याकाण्ड- 10/36,37
18. वा.रा. अयोध्याकाण्ड- 12/35
19. वा.रा. किष्किन्धाकाण्ड- 18/6,7,9
20. अथर्ववेद 7 5-11-3
21. वा.रा. अरण्यकाण्ड- 40/12
22. वा.रा. अयोध्याकाण्ड- 100/65-67
23. उत्तररामचरित-भवभूति- 1/पृ.-11
24. वा.रा. उत्तरकाण्ड- 45/12
25. वा.रा. उत्तरकाण्ड- 45/13
26. वा.रा. उत्तरकाण्ड- 43/5-6
27. वा.रा. अयोध्याकाण्ड - 23/16-18
28. वा.रा. किष्किन्धाकाण्ड- 17/47
29. रघुवंश महाकाव्य- कालिदास- सर्ग 2/53
30. महाभारत, वनपर्व- 33/48
31. महाभारत, शान्तिपर्व- 85/7-9
32. वा.रा. बालकाण्ड- 7/3
33. वा.रा. अयोध्याकाण्ड- 35/8
34. वा.रा. अयोध्याकाण्ड- 35/12
35. वा.रा. उत्तरकाण्ड- 60/5
36. वा.रा. उत्तरकाण्ड- 62/6
37. वा.रा. उत्तरकाण्ड- 63/19
38. वा.रा. उत्तरकाण्ड-63/19
39. वा.रा. अरण्यकाण्ड- 12/18

अभिनव भारत की धर्ममय संस्कृति

रामदयाल आर्य
शोधार्थी, संस्कृत-विभाग
जयनारायण व्यास विश्वविद्यालय, जोधपुर।
E-mail : ramdayal05467@gmail.com

राष्ट्रकवि मैथिलीशरण गुप्त अभिनव भारतवर्ष के विषय में अपने काव्य में कहते हैं -

यह पुण्यभूमि प्रसिद्ध है इसके निवासी 'आर्य्य' है,
विद्या, कला-कौशल्य सबके जो प्रथम आचार्य्य हैं।
सन्तान उनकी आज यद्यपि हम अधोगति में पड़े,
पर चिह्न उनकी उच्चता के आज भी कुछ हैं खड़े।।1

भारत के गौरव को उत्कृष्ट करने का काम भारतीय संस्कृति ने किया है। संस्कृति का भाव यह है, जिन परिष्कृत भावनाओं और संस्कारों के आधार पर समाज में मनुष्य अपने व्यवहार से इस प्रकार के उदाहरण प्रस्तुत करता है कि जिसमें व्यक्ति का केवल अपना स्वार्थ सिद्ध न होकर मानवमात्र का और यथासम्भव प्राणिमात्र का हित हो उन विचार-परम्पराओं का नाम ही संस्कृति है। 'संस्कृति' जैसा उत्कृष्ट गुण, व्यक्ति में स्वतः उत्पन्न नहीं होते अपितु सुशिक्षित अनुभवी माता, पिता, गुरु और समाज के वयोवृद्ध व्यक्तियों की प्रारम्भ से ही प्राप्त होने वाली सुशिक्षा के परिणामस्वरूप उत्पन्न होते हैं। छोटे बच्चे को कोई भी वस्तु दीजिये, यदि वह उसके हाथों की पकड़ में है तो उसे तुरन्त पकड़कर अपने मुँह की ओर ले जाएगा। कुछ बड़ा होने पर वही बालक जिन्हें अपना समझने लगता है, उन्हें अपने प्रिय वस्तु भी देने लगता है। यही विचार आयु के साथ मस्तिष्क के विकसित होने पर उत्तरोत्तर बढ़ते हैं और इनके आधार पर ही परिवार, वर्ग और समाज के भिन्न-भिन्न व्यक्तियों के साथ व्यवहार के कुछ नियम नियत होते जाते हैं, इन्हें ही एक उन्नत समाज की भाषा में संस्कृति कहा जाता है। हमारी संस्कृति धर्ममयी है। धर्म का हमारे जीवन में विशेष महत्त्व है। 'धर्म' शब्द 'धृ धारणे' धातु से बनता है अर्थात् जिसको धारण किया जाये वह धर्म है। इस सम्पूर्ण संसार में लक्ष्मी, प्राण, यौवन और जीवन सब कुछ नाशवान् है एकमात्र धर्म ही स्थिर रहने वाला है-

चला लक्ष्मीश्चलाः प्राणश्चलं जीवित यौवने।
चलाचले च संसारे धर्म एको हि निश्चलः।।[1]

इस क्षणभंगुर संसार में सब कुछ नाशवान् है, क्योंकि सबका परिवर्तन होता रहता है। लेकिन धर्म का प्रभाव और महत्त्व सबसे अधिक है, उसमें कभी-भी विकार नहीं होता है। इस जन्म के किये गये कर्म आगे भाग्य या प्रारब्ध बनकर जीवन का निर्माण करते हैं, उसी प्रकार पूर्वजन्म के कर्म इस जन्म में भाग्य के रूप में सामने आते हैं। धर्म मरणोपरान्त भी काम आता है। अतः कहा गया है - **'धर्मो मित्रं मृतस्य च'**[2] अर्थात् मृत हुए मनुष्य का मित्र धर्म होता है। इस संसार में मरने के बाद केवल धर्म ही साथ जाता है और सभी जन यहीं रह जाते हैं। संचित किया गया धन भूमि में, पशु गोष्ठ में, पत्नी गृह के द्वार तक और लोग श्मशान तक जाते हैं। जिस शरीर से बहुत-से सांसारिक कार्य किये, वे भी चिता तक रह जाते हैं। परलोक मार्ग में केवल मनुष्य का धर्म अर्थात् शुभाशुभ कर्म ही साथ जाता है। मनुष्य अपने त्रिविध कर्मों के परिणामस्वरूप जन्म-मरण ग्रहण करता रहता है, लेकिन उसका समापन चार पुरुषार्थों में से एक की प्राप्ति से होता है। इस विषय में आचार्य चाणक्य कहते हैं -

धर्मार्थकाममोक्षाणां यस्यैकोऽपि न विद्यते।
जन्मजन्मनि मर्त्येषु मरणं तस्य केवलम्।।[3]

अर्थात् जिस मनुष्य ने अपने जीवन में धर्म, अर्थ, काम और मोक्ष इन चारों पुरुषार्थों में से एक भी नहीं प्राप्त किया है। उसे बार-बार मनुष्य योनि में जन्म लेकर मरने का फल मिलता है।

मनुष्य यदि पुरुषार्थ चतुष्टय को त्यागकर अन्यत्र श्रम करता है तो उसकी क्या गति होती है वह कहते हैं-

---

1 चाणक्यनीतिदर्पण, अ. 5.20

2 चाणक्यनीतिदर्पण, अ. 5.15

3 चाणक्यनीतिदर्पण, अ. 3.20

नाहारं चिन्तयेत् प्राज्ञो धर्ममेकं हि चिन्तयेत्।
आहारो हि मनुष्याणां जन्मना सह जायते।।[4]

भाव यह है कि बुद्धिमान् मनुष्य को अपने आहार के सम्बन्ध में सोच-विचार नहीं करना चाहिए उसे तो केवल धर्म का ही चिन्तन करना चाहिए, क्योंकि मनुष्य का आहार तो उसके जन्म के साथ उत्पन्न हो जाता है। धर्म से हीन मनुष्य पशु के समान है - **'धर्मेण हीना पशुभिः समानाः'**[5]। जिस मनुष्य के जीवन में धर्म, अर्थ, काम और मोक्ष इन चार पुरुषार्थों में से एक भी नहीं है, उसका जन्म ऐसे ही व्यर्थ और निष्फल है जैसे बकरी के गले में लटकने वाले स्तन, जिसमें न तो दूध निकलता है और न गले की शोभा बढ़ाते हैं -

धर्मार्थकाममोक्षाणां यस्यैकोऽपि न विद्यते।
अजागलस्तनस्येव तस्य जन्म निरर्थकम्।।[6]

हमारी संस्कृति त्याग प्रधान है। अपनों के लिए व्यक्ति स्वार्थ की उपेक्षा करके त्याग करने को उद्यत हो जाता है। इस त्याग के परिणामस्वरूप हुई अपनी हानि से और दूसरे के लाभ से उसे दुःख न होकर सुख होता है। इतने उदात्त मानवीय गुणों से रचित कोई भी समाज और राष्ट्र सुसंस्कृत और महान् कहलाता है। समाज और देश की उन्नति और अवनति की दशा को मापने का एक ही मापदण्ड है और वह है संस्कृति। त्याग प्रधान संस्कृति के विषय में वेद कहते हैं -

तेन त्यक्तेन भुञ्जीथा मा गृधः कस्य स्विद्धनम्।।[7]

अर्थात् उस ईश्वर द्वारा प्रदत्त धन का तू त्यागपूर्वक उपभोग कर परन्तु किसी अन्य के धन की अभिलाषा मत कर। धर्म की परिभाषा में कहा गया है -

'यतोऽभ्युदयनिःश्रेयससिद्धिः स धर्मः'[8]

अर्थात् जिसके आचरण करने से संसार में उत्तम सुख और मोक्ष-सुख की प्राप्ति होती है, इसी का नाम धर्म है। धर्म का लक्षण करते हुए मनु महाराज कहते हैं -

धृतिः क्षमा दमोऽस्तेयं शौचमिन्द्रियनिग्रहः।
धीर्विद्या सत्यमक्रोधो दशकं धर्मलक्षणम्।।[9]

धृति-सदा धैर्य रखना, **क्षमा** - जो कि निन्दा-स्तुति, **मान**-अपमान, हानि-लाभ आदि दुःखों में भी सहनशील रहना, दम-मन को सदा धर्म में प्रवृत्त कर अधर्म से रोक देना, **अस्तेय**-चोरी का त्याग, शौच-राग-द्वेष पक्षपात छोड़ के भीतर और जल, मिट्टी आदि से बाहर की पवित्रता रखनी, **इन्द्रियनिग्रह-अधर्माचरणों** से रोक के इन्द्रियों को धर्म ही में सदा लगाना, **धीः**-सत्पुरुषों का संग, योगाभ्यास से बुद्धि बढ़ाना, विद्या-पृथिवी से लेकर परमेश्वर पर्यन्त यथार्थ ज्ञान, **सत्य** - जो पदार्थ जैसा हो उसको वैसा ही समझना, वैसा ही बोलना, वैसा ही करना भी तथा अक्रोध-क्रोधादि दोषों को छोड़कर शान्त्यादि गुणों को ग्रहण करना धर्म के लक्षण हैं।

इस प्रकार धर्म का विचार-विमर्श करने के अनन्तर वर्तमान समय में धर्म की दशा का चित्रण करते हुए कवि का कथन है कि -

बस कागजी घुड़दौड़ में है आज इति-कर्तव्यता,
भीतर मलिनता हो भले ही किन्तु बाहर भव्यता।
धनवान ही धार्मिक बने, यद्यपि अधर्मासक्त हैं,
हैं लाख में दो चार सु-हृदय शेष बगुला भक्त हैं।।[10]

वर्तमान में धर्म का स्वरूप अत्यन्त ही दयनीय है, परन्तु यदि हम अपने जीवन को धार्मिक बनाना चाहते हैं तो अपने कर्तव्य का पालन अच्छी तरह से करें। जैसे - कोई अध्यापक है तो वह छात्रों को ठीक अध्ययन करवायें। यदि डॉक्टर है तो वह मरीज का सही उपचार करें। यही उनका धर्म है। हम जो रामराज्य की कल्पना करते हैं, उसका मूल आधार धर्म ही था, परन्तु यदि हम पुनः रामराज्य लाना चाहते हैं तो हमें धर्म के स्वरूप को अपने जीवन में उतारना होगा। वर्तमान में यदि हम धर्म के स्वरूप की कल्पना करे तो माता-पिता की सेवा, स्वच्छता-दया, परोपकार ये सभी धर्म के ही लक्षण है और यदि इनको जीवन में लक्षित करके चले तो अभिनव भारत की धार्मिक कल्पना साकार हो सकती है। हमारी अवनति का मुख्य कारण यह है कि हम स्वयं तो धर्म का पालन नहीं करना चाहते अपितु दूसरों से करवाना चाहते हैं। जिस दिन स्वयं धर्म का पालन करने लगेंगे। उस समय परिवर्तन अवश्यम्भावी है। इसलिए शास्त्रों में कहा गया है - **धर्मो रक्षति रक्षितः**[11]। अर्थात् धर्म उसी की रक्षा करता है, जो धर्म की रक्षा करता है।

***

[4] चाणक्यनीतिदर्पण, अ. 12.20
[5] चाणक्यनीतिदर्पण, अ. 17.17
[6] चाणक्यनीतिदर्पण, अ. 13.9
[7] यजुर्वेद, 40.1
[8] वैशेषिक दर्शन, 1.1.2
[9] मनुस्मृति, 6.92
[10] भारत–भारती, वर्त्तमान खण्ड, 181
[11] मनुस्मृति, 8.15

भारतीय चिन्तन परम्परा में अभिनव भारत की संकल्पना

डॉ. दीपमाला
सहायक आचार्य,
कॉलेज शिक्षा विभाग, राजस्थान
deepmala_dr@rediffmail.com

भारतीय चिन्तनधारा में अभिनव भारत की स्थापना के सूत्र सर्वत्र विकीर्ण हैं। ऋषियों ने राष्ट्र निर्माण के जो सिद्धान्त स्थापित किये थे वे आज भी उतने ही प्रासंगिक हैं जितने अपने रचनाकाल के समय थे, क्योंकि ऋषियों की दृष्टि सार्वकालिक रहस्यों का उद्घाटन करती है।

किसी भी राष्ट्र के निर्माण में, उन्नति में, सम्प्रभुता की प्रतिष्ठा में सनातन धर्म एकान्ततः अपेक्षित तत्त्व है। किसी भी राष्ट्र की सुदृढ़ स्थापना से पूर्व हमारे समक्ष कुछ प्रश्न उपस्थित होते हैं-

राष्ट्र के स्वरूप के रक्षक कौनसे तत्त्व हैं?
वे कौनसे प्राकृतिक तत्त्व हैं जो राष्ट्र का निर्माण करते हैं?
उनकी प्राप्ति का क्या उपाय है?
इन सभी प्रश्नों का वैज्ञानिक समाधान हमें हमारी परम्पराओं में प्राप्त होता है।

राष्ट्र का स्वरूप एवं उसके रक्षक -

अर्थशक्ति ही किसी भी राष्ट्र का वास्तविक स्वरूप है अर्थात् अर्थ ही राष्ट्र है। जिस राष्ट्र का अर्थबल क्षीण हो जाता है, वह राष्ट्र अर्थाभाव के कारण पराक्रम के साधनों से वंचित होता हुआ परतन्त्र बन जाता है। अतः किसी भी राष्ट्र के लिए अर्थ स्वातन्त्र्य सर्वप्रथम अपेक्षित है।

यह अर्थ बल स्वरूप राष्ट्र कैसे सुरक्षित होगा? इसका समाधान करते हुए श्रुति ने 'ब्रह्म-क्षत्र' नामक द्वन्द्व का उल्लेख किया है। ब्रह्मवीर्य राष्ट्र का ज्ञानबल है, क्षत्र वीर्य राष्ट्र का कर्मबल है। ज्ञान सहकृत कर्म ही अर्थरूप राष्ट्र का स्वरूप रक्षक है। जब राष्ट्र का ज्ञानबल अभिभूत हो जाता है, तो कर्मबल सर्वथा उच्छृङ्खल बन जाता है। ज्ञान वंचित निरंकुश कर्म अर्थरक्षा अर्थात् राष्ट्र रक्षा करने में असमर्थ है। अतः ज्ञानशक्ति रूप ब्रह्मबल तथा क्रियाशक्ति रूप क्षत्रबल इन दो रक्षकों से सुगुप्त रहता हुआ अर्थशक्ति रूप विड्बल (राष्ट्र) बलवान, स्वयम्प्रभु रह सकता है।

ज्ञान शक्ति, क्रियाशक्ति, अर्थशक्ति किसी भी राष्ट्र की प्रधान सम्पत्तियाँ हैं। इन तीनों की पुष्टि एवं समन्वय की कामना ही वैदिक राष्ट्रगीत है जो एक सार्वभौमिक विचारधारा है -

आ ब्रह्मन्! ब्राह्मणो ब्रह्मणो ब्रह्मवर्चसी जायताम्।
आ राष्ट्र राजन्य शूर इषव्योऽतिव्याधी महारथो जायताम्।
दोग्ध्रीधेनुः, वोढानड्वान्, आशुः सप्तिः, पुरन्धिर्योषा जिष्णू रथेष्ठाः
सभयो युवास्य याजमानस्य वीवो जायताम् निकामे निकामे नः पर्जन्यो वर्षतु।
फलवत्यो न औषधयः पञ्चन्ताम् योग-क्षेमो नः कल्पताम्।[1]

ज्ञानबलोपासक ब्रह्मवीर्य वेदगुप्ति द्वारा ब्रह्मवर्चस् को प्राप्त हो। क्रियाबलोपासक क्षत्रवीर्य ज्ञान प्रतिष्ठा में प्रतिष्ठित होता हुआ रथ, अश्व, धनुषादि शस्त्रबल के द्वारा बाह्य आक्रमणादि से राष्ट्र की रक्षा करें। ब्रह्म-क्षत्र बलों से सुगुप्त अतएव गुप्त उपाधि से विभूषित विड्वीर्य प्रधान वैश्यवर्ग कृषि-गोरक्षा-वाणिज्य द्वारा स्वसंचित अर्थ से राष्ट्र निर्माण में सहयोगी बने। कृषिकर्मायुक्ता गायें विपुल दूध देने वाली हों, बैल भारवाही हों, अश्व तीव्रगामी हों, स्त्रियाँ परिवार में सुखी हो, सन्तान जयशील, रथी, वीर तथा सभ्य हो। साथ ही प्रकृति का निरापद रहना भी नितान्त अपेक्षित है। प्राकृत धर्म के अनुष्ठान से प्रकृति अनुकूल रहती है। फलतः समय पर वृष्टि होती है, औषधि वनस्पतियों का परिपाक होता रहता है। इस प्राकृतिक अनुग्रह से बल त्रयी पशुबल आदि साधन पुष्पित पल्लवित बने रहते हैं। इससे राष्ट्र का योग (सम्पद् प्राप्ति) तथा क्षेम (प्राप्त सम्पत्ति का संरक्षण) सम्यग् रूप से होता रहता है। यह अवधेय है कि इसमें धर्म, जाति, भाषा को राष्ट्र विधायक तत्त्वों में स्थान नहीं दिया गया है बल्कि राष्ट्र के आवश्यक तत्त्वों में प्रज्ञावान चिन्तकों, पराक्रमी योद्धाओं, ज्ञानवती स्त्रियों, साहसी एवं संस्कारवान् युवाओं की सहभागिता को विशेष रूप से रेखांकित किया है। साथ ही सर्वाधिक चिन्ता पर्यावरण के प्रति प्रकट की गई है। जिसके ऊपर किसी राष्ट्र की कुशलता निर्भर करती है। किसी भी राष्ट्र की उन्नति के लिए ब्रह्म और क्षत्र दोनों का समन्वय आवश्यक है। सिविल और मिलिट्री के समन्वय से ही राष्ट्र का अभ्युदय है। ज्ञान-कर्म रूप ब्रह्म-क्षत्र बल के समन्वय से ही ईश्वर प्रजापति विश्व साम्राज्य का उपभोक्ता बन रहा

1 यजुः संहिता 22.22

है इसी प्रकृतिसिद्ध विज्ञान का निरूपण करते हुए ऋषि कहते हैं-

ब्रह्मैव मित्रः, क्षत्रं वरुणः। अभिगन्तैव क्षत्र, कर्त्ता क्षत्रियः। ते हैतेऽग्रे ज्ञानेवासतुऽर्ब्रह्म च क्षत्रं च। ततः शशाकैव ब्रह्म मित्र ऋते क्षत्राद्वरुणात् स्थातुम्, न क्षत्रं वरुणः ऋते ब्रह्मणो मित्रात्, न हैवास्मै तत्समानृधे। स क्षत्रं वरुणः क्षत्रमित्रमुपमन्त्रयाञ्चक्रे उप मावर्त्तस्व, संसृजावहै, पुरस्त्वा करवै, त्वत् प्रसूतः कर्म कर वा इति। ....तस्मादु क्षत्रियेण कर्मकरिष्यमाणेनोपसर्त्तव्य एव ब्राह्मणः। स हैवास्मै तद् ब्रह्म प्रसूतं कर्म्मऽर्ध्यते।[2]

वैदिक ऋषि ब्रह्माण्ड संचालन के ईश्वरीय कर्मों का अनुसरण कर लौकिक नियमों का निर्धारण करते थे।[3] ब्रह्म-क्षत्रबल की युति का निर्देश भी प्रकृति सिद्ध विज्ञान का ही प्रकाशन है।

राष्ट्र संरक्षक प्राकृतिक प्राण देवता

किसी भी राष्ट्र का ब्रह्म-क्षत्र बलात्मक मिथुनभाव की निर्बलता का तात्त्विक कारण बतलाती हुई श्रुति कहती है कि जिस राष्ट्र से निम्न प्राकृतिक प्राण देवताओं का विनिर्गम हो जाता है, उस राष्ट्र का ब्रह्मक्षत्रात्मक मिथुन भाव निर्बल बन जाता है -

अग्निः - औषधि
सूर्य - मरीचि
चन्द्रमा - नक्षत्र
वात - आपः
यज्ञ - दक्षिणा
मन - ऋक्साम

ये युग्म ब्रह्म-क्षत्र मिथुन के स्वरूप रक्षक माने गये हैं। अतः ये प्राण देवता ही राष्ट्र स्वरूप को धारण करने वाले माने गये हैं - 'एते देवा राष्ट्रभृतः'।

इनमें से अग्नि, सूर्य, चन्द्रमा, वात, यज्ञ, मन ये ब्रह्मवीर्य के संरक्षक हैं। जो राष्ट्र ब्रह्मक्षत्र वीर्य से वंचित है उसे ब्रह्मक्षत्र वीर्य को पुनर्जीवित करने के लिए इन प्राणात्मक द्वन्द्व देवताओं का समावेश करना आवश्यक हैं। एवं इस उद्देश्य की सिद्धि के लिए 'राष्ट्रभृत्' नामक यज्ञ प्रक्रिया का विधान करते हुए श्रुति में कहा गया है -

'मिथुनानि जुहोति। मिथुनाद्वाऽअधि प्रजातिः। यो वै प्रजायते सराष्ट्रं भवति। अराष्ट्रं वै स भवति, यो न प्रजायते। तद्यन्मिथुनानि राष्ट्रं बिभ्रति, मिथुना ऊएते देवाः। तस्मादेता राष्ट्रभृतः।।2।।'

1 अग्निर्गन्धर्वः, 2 तस्यौषधयोऽप्सरसः। 1 सूर्य्यो गन्धर्वः 2 तस्य मरीचयोऽप्सरसः।। चन्द्रमा गन्धर्वः, तस्य 2 नक्षत्राण्यप्सरसः।। 1 वातो गन्धर्वः तस्य 2 दक्षिणा अप्सरस।। 1 मनो गन्धर्वः, तस्य ऋक सामन्यप्सरसः। आशासते इति नोऽस्वित्थं। स न इदं ब्रह्म क्षत्रं पातु इति। तस्योक्तो बन्धुः।[4]

वैदिक ऋषियों की दृष्टि अलौकिक थी। उन्होंने अपनी इसी दृष्टि से ऋषियों ने प्राकृतिक प्राण देवताओं का अनुशीलन कर एक विशिष्ट 'राष्ट्रभृत्' याग का प्रतिपादन किया है। जो राष्ट्र को धारण करने वाला या उसका भरण पोषण करने वाला है।

धर्मो धारयते प्रजाः -

हमारे देश का आर्थिक विकास हो रहा है यह प्रत्यक्ष है, किन्तु अधर्म के कारण मूल का विनाश हो रहा है। यह मूल का विनाश ही विभिन्न समस्याओं के रूप में अभिव्यक्त हो रहा है। मूल आत्मा है, शरीर, मन और बुद्धि उस मूल के अभिव्यक्त रूप है। मूल की उपेक्षा ही समूल विनाश का कारण है। आत्मीयता, प्रान्तवाद, सम्प्रदायवाद, भ्रष्टाचार और आतंकवाद आदि विघटनकारी तत्त्व उत्पन्न हो रहे हैं। हमारी परम्परा ने इस समस्या का समाधान धर्म के रूप में दिया है।

धर्म ही प्रजा को धारण करता है - धर्मो धारयते प्रजाः। धर्म के सामाजिक रूप पर बल देते हुए यज्ञ, दान और तप का महत्त्व स्वीकार किया है -

यज्ञदान तपः कर्म न त्याज्यमिति कार्यमेव तत्।
यज्ञो दानं तपश्चैव पावनानि मनीषिणाम्।।[5]

आदर्श राष्ट्र की अद्भुद् कल्पना वेद में प्राप्त होती है। राष्ट्र कल्याण के लिए ज्ञान के आलोक में तप और दीक्षा का आसेवन करते हुए दिव्य शक्तियों के सहयोग से राष्ट्र को बल और औज से युक्त बनाने की कामना की गई है-

षयः स्वर्विदस्तपो दीक्षामुपनिषेदुरग्रे।
ततो राष्ट्रं बलमोजश्च जातं तदस्मै देवा उपसंनमन्तु।।[6]

प्रजा धर्म का आचरण करें इसके साथ ही राजा भी धर्ममार्ग पर अनुगमन करें यह भी अत्यन्त महत्त्वपूर्ण है-

ऋतेन राजन्ननृतं विविञ्चन्मम राष्ट्रस्याधिपत्यमेहि।[7]

इस प्रकार राष्ट्र का मूलाधार धर्म को स्वीकार किया गया है जिससे शासक, प्रजा एवं प्रकृति का सन्तुलित विकास होता है। आधुनिक भारत में सर्वत्र धर्म लोप दृष्टिगोचर होता है। अतः धर्म स्थापना की महती आवश्यकता है।

संगठन धर्म का अनुपालन -

वैदिक ऋषि जानते थे कि किसी भी राष्ट्र का अभ्युदय उसके संगठन कर्म पर ही निर्भर करता है, इसलिए हमारे ऋषियों ने देवों के कर्म को आधार मानकर इसे समाज एवं राष्ट्र का मूलधर्म स्वीकार किया -

2 शतपथब्राह्मण 4.1.4
3 यद्देवाडकुर्वन तत्करवाणि 19.41.1
4 शतपथब्राह्मण 9.4.1.1—4
5 गीता
6 अथर्ववेद 19.41.1
7 ऋगवेद 10.124.5

संगच्छध्वं संवदध्वं सं वो मनांसि जानताम्।
देवाभागं यथा पूर्वे संजानाना उपासते।।[8]

एक सुदृढ़ और शक्तिशाली राष्ट्र के लिए मन्त्रणाओं का समान होना तथा सभा-समितियों की कार्य प्रणालियों हेतु सर्वसम्मति का होना अत्यावश्यक है। अतः ऋग्वेद में राष्ट्रिय एकता को जागृत करने वाला मूल मन्त्र है -

समानो मन्त्रः समितिः समानी समानं मन सह चित्तमेषाम्।
समानं मन्त्रमभि मनये वः समानेन नो हविषा जुहोमि।।[9]

अथर्ववेदीय 'पृथिवीसूक्त' में वैदिक राष्ट्रवाद की पूर्ण अभिव्यक्ति मिलती है। जिस तरह माता के रक्तमांसादि से सन्तान का शरीर बनता है उसी तरह मातृभूमि से उत्पन्न अन्न पानी, वायु से उस देश के प्राणियों का पोषण होता है। इसीलिए कहा गया है - **माता भूमिः पुत्रोऽहं पृथिव्याः।**[10]

देश में रहने वाले सभी लोग जब एक ही मूल यानि 'पृथिवीमूल' को समझेंगे तो उनमें भाषा, धर्म, जाति, स्थान से उत्पन्न होने वाला भेदभाव स्वयं ही समाप्त हो 'वसुधैव कुटुम्बकम्' की स्थापना होगी।

जहाँ ममता, स्वार्थ और अहम तीनों विगलित हो जायें तो अभ्युदय ओर निःश्रेयस् की सिद्धि सम्भव है।

महाकवि भारवि भी राजधर्म का उपदेश देते हुए सर्वसम्पद की प्राप्ति के लिए विचारों की एकता का महत्त्व स्वीकार किया है -

सदाऽनुकूलेषु हि कुर्वते रतिं, नृपेष्वमात्येषु च सर्वसम्पदः।

तात्पर्य है कि राजा और मन्त्रियों के एक मत और सद्भाव से राज्य की स्थिरता और समृद्धि बनी रह सकती है।

समानधर्मिता और समान भाषायी वैशिष्ट्य को राष्ट्र का आवश्यक तत्त्व मानने वाली संकीर्ण मानसिकता को निरस्त कर वेद में राष्ट्र की अत्यन्त प्रगतिशील परिभाषा दी गई है -

जनं बिभ्रती बहुधा विवाचसं नानाधर्माणं पृथिवी यथौकसम्।[12]

राष्ट्र वह है जहाँ विभिन्न भाषाओं को बोलने वाले तथा विविध धर्मों को मानने वाले लोग एक कुटुम्ब की भाँति रहते हैं।

इस प्रकार 'राजते यत् तत् राष्ट्रम्' इस निर्वचन की सम्पूर्ण उपलब्धि का मार्ग हमारे पारम्परिक ग्रन्थों में प्राप्त होता है। आज भी राष्ट्र निर्माण के वे सूत्र अत्यन्त प्रासंगिक हैं। क्योंकि सम्प्रति भारत राष्ट्र अनेक विसंगतियों से व्याप्त हो रहा है। अनेक समस्याएँ हैं जैसे क्षेत्रवाद, आतंकवाद, जातिवाद, कार्यपालिका एवं राजनीति में असमन्वय, भ्रष्टाचार, गरीबी आदि जिनका समाधान परम्परा से प्राप्त हो सकता है। इनका निवारण कर अभिनव भारत का निर्माण किया जा सकता है जहाँ अर्थबल, ब्रह्मबल एवं क्षत्रबल तीनों परस्पर सहयोग से अभिवृद्धि को प्राप्त हों।

* * *

8 ऋग्वेद 10.191.2
9 ऋग्वेद 10.191.3
10 अथर्ववेद 12.1.12
11 किरातार्जुनीयम 1.5
12 अथर्ववेद 12.1.45

वेदांग ज्योतिष का इतिहास और अभिनव भारत

डॉ. (पण्डित) जितेन्द्र व्यास
अतिथि व्याख्याता, ज्योतिष, संस्कृत विभाग
जयनारायण व्यास विश्वविद्यालय, जोधपुर
dr.jitendra.astro@gmail.com
info@drjitendraastro.com
Website: www.drjitendraastro.com

वैदिककाल के पश्चात् एवं पौराणिक काल के पहले हमें 'वेदांग ज्योतिष' नामक एक पवित्र व प्रामाणिक ग्रन्थ की प्राप्ति होती है। विद्वानों ने इस ग्रन्थ का रचना काल ईसा पूर्व 1200 वर्ष माना है।[1] यह बात निर्विवाद रूप से प्रमाणित है कि वेदांग, ज्योतिष गर्ग, पराशर और पाणिनी से भी अत्यन्त प्राचीन है। शंकरबालकृष्ण दीक्षित ने इसका रचनाकाल ईसा पूर्व 1400 वर्ष माना है।[2] लोकमान्य तिलक भी इसी मत का समर्थन करते हैं।[3]

इस ग्रंथ में ऋग्वेद ज्योतिष के 44 श्लोक एवं यजुर्वेद ज्योतिष के 36 श्लोक लिये गये हैं। इस ग्रंथ को पढ़ना एवं पढ़ाना बड़े पुण्य का काम माना गया। इसलिये यह ग्रन्थ लुप्त नहीं हो पाया। पुराने लोगों को अभी भी वेदांग ज्योतिष कण्ठस्थ है। वेदांग ज्योतिष ग्रन्थकर्ता को इसका ज्ञान महर्षि लगध से मिला, ऐसा ग्रन्थकर्ताओं ने पुरातन ग्रन्थों में बतलाया है। इस वेदांग ज्योतिष के ग्रन्थों में वर्ष, चान्द्रमास, अयन, युग व नक्षत्रों की गणना है। एक नक्षत्र के भी 124 भाग 'भांश' तक की इसमें गणना की गई है। एक दिन के 603 टुकड़े कर, प्रत्येक भाग को एक कला एवं एक कला को 124 भागों में बांटकर उसकी 'काष्ठ' संज्ञा दी गई है। इसमें सूर्य, चन्द्रमा की गतियां एवं पंचांग पद्धति की स्थूल रूप से गणना दी गई है, जो आज भी पंचांगों में प्रचलित हैं। इसमें जल-घड़ी के माध्यम से वर्ष से बड़े से बड़े दिन की लम्बाई नापने की व्यवस्था दी गई। वेदांग ज्योतिष में वसन्त सम्पात द्वारा ऋतुओं के नियमन की व्यवस्था है एवं ग्रहों के गणितीय अन्तर को वेध द्वारा प्रमाणित करने की व्यवस्था पर भी प्रकाश डाला गया।

ईसा से 800 वर्ष पूर्व यास्क द्वारा रचित 'निरुक्त' का प्रचलन था। आश्वलायन सूत्र, पारस्कर सूत्र में ज्योतिष के मुहूर्त एवं अन्य बहुत सी महत्त्वपूर्ण बातें उद्धृत की गई हैं।[4] ज्योतिष और धर्म का अन्योन्याश्रित सम्बन्ध सभी प्रमुख श्रौतसूत्र व गृह्यसूत्रों में स्पष्टतः मुखरित होता है। कल्पसूत्र, हिरण्यकेशी सूत्र, याज्ञवल्क्यस्मृति में ज्योतिष सम्बन्धी प्रकीर्ण श्लोक बहुलता से प्राप्त होते हैं।[5]

पौराणिक काल में ज्योतिष-विद्वानों ने ईसा पूर्व 500 से 200 वर्ष के मध्य का समय पौराणिक काल के उत्कर्ष का समय माना है। भारतरत्न इतिहासकार पी.वी. काणे ने यही समय महाभारत काल माना है।[6] एक अन्य ऐतिहासिक अवधारणा के अनुसार ईसा पूर्व 1294-1290 में पराशर पुत्र वेद-व्यास और जातूकर्ण हुये। इसी द्वापर में 18 पुराणों की प्रथम रचनाएं की गई।[7] ऐहोलीक पर्वत के शिलालेख एवं कलि सम्वतसर की गणना के अनुसार विद्वानों ने महाभारत का युद्धकाल ईसा से 3102 वर्ष पूर्व माना है।[8] वास्तव में वस्तु स्थिति यह है कि विदेशी विद्वानों एवं विदेशी इतिहासकारों ने पूर्वाग्रह से ग्रसित होकर वैदिककाल एवं वैदिककाल की परवर्ती कृतियों को अपनी सभ्यता के अनुरूप कम से कम प्राचीन बताने की चेष्टा की है। उनके इस 'नेटवर्क' कार्यक्रम ने भारतीय कालगणना को उलझा कर रख दिया, जिसका समुचित प्रभाव कतिपय भारतीय तत्त्व खोजी विद्वानों पर भी पड़ा। श्री पी.वी. काणे भी उनसे अलग नहीं हैं।

महाभारत में ज्योतिष विषय पर प्रामाणिक चर्चा अनेक स्थलों पर मिलती है, जिसमें विश्व के जीवनकाल को चार युगों में बांटा गया है। जिनके नाम-कृत, त्रेता, द्वापर और कलि है। आधुनिक विज्ञान बताता है कि पृथ्वी का जन्म आज से लगभग एक अरब वर्ष पहले हुआ होगा। हमारे प्राचीन ऋषियों के मत से भी सृष्टि कई अरब वर्ष पहले हुई है।[9] महाभारतकाल में उत्तरायण, दक्षिणायन और विषुवों पर तथा षडशीतिमुखों और चन्द्र तथा सूर्य के ग्रहणों पर दिये गये दान को अक्षय फलदायक कहा गया है।[10]

भारतीय ज्योतिष का इतिहास - डॉ. गोरखप्रसाद (प्रका. -1974) उत्तर प्रदेश, शासन लखनऊ, पृष्ठ 42

भारतीय ज्योतिष का इतिहास - शंकर बालकृष्ण दीक्षित (प्रका.-1957) उत्तर प्रदेश, शासन लखनऊ, पृष्ठ 131

Vedic Chornology and Vedang Jyotish, - B.G. Tilak (Pub 1925) Messers Tilak Bros. Poona City. Page 3

भारतीय ज्योतिष का इतिहास - शंकर बालकृष्ण दीक्षित, पृष्ठ 145

भारतीय ज्योतिष - डॉ. नेमीचन्द शास्त्री (प्रका-1976) भारतीय ज्ञानपीठ, नई दिल्ली, पृष्ठ 67

धर्मशास्त्र का इतिहास - भारतरत्न पी.वी. काणे (प्रका-1963) उ.प्र. हिन्दी संस्थान लखनऊ पृष्ठ 14

जातकदीपक - पं. बालमुकुन्द त्रिपाठी, अशोक पुस्तक भण्डार, जवाहरगंज जबलपुर (म.प्रदेश), पृष्ठ 30

फलित ज्योतिष विवेचनात्मक बृहत्पाराशर समीक्षा - डॉ. गिरधारीलाल गोस्वामी,पृष्ठ 62

भारतीय ज्योतिष का इतिहास - डॉ. गोरखप्रसाद, पृष्ठ 67

महाभारत, वनपर्व, अध्याय 20, श्लोक 125

महाभारत-युद्ध के प्रारम्भ में एक ग्रहण के बाद दूसरे ग्रहण का 13 दिन पर हो जाना महा अनिष्टकारक माना गया है।[11] श्रीमद्भागवतमहापुराण के पंचम स्कन्ध अध्याय 24 में ग्रहों के क्षेत्रफल (लम्बाई-चौड़ाई) का वर्णन मिलता है। ग्रहों की वक्र, अतिचारी एवं मार्गी होने की गतियों की गणना का वर्णन भी महाभारत में मिलता है-

वक्रातिवक्रगमनादंगारक इव ग्रहः।[12]

आकाश मण्डल में कौन सा ग्रह, किस नक्षत्र में कहाँ से चलता हुआ कहाँ पर जायेगा? इसका वर्णन अनेक स्थानों पर मिलता है। एक बार धूमकेतु (पुच्छल तारा) पुष्यनक्षत्र के पास से तेजी से निकल रहा था, उसका भी वर्णन महाभारत में मिलता है

धूमकेतुर्महाघोरः पुष्यं चाक्रम्य तिष्ठति।।[13]

अतः महाभारत काल में आकाशीय गणना के साथ-साथ फलित ज्योतिष भी अपने पूर्ण विकास पर था। इसके प्रबल पुष्ट प्रमाण मिलते हैं। इस बात की प्रबल सम्भावना है कि महाभारतकाल में जातक की जन्मपत्रिका बनाकर फलित कहने की प्रथा प्रचलित थी। महाभारत में युधिष्ठर का जन्म कुछ इसी प्रकार से बतलाया गया है कि आश्विन सुदी पंचमी के दोपहर को अष्टम अभिजित मुहूर्त सोमवार के दिन ज्येष्ठा नक्षत्र में जब सूर्य तुला राशि पर था, युधिष्ठर का जन्म हुआ।[14] भीम का जन्म 'सिंह लग्न' एवं लग्न में बृहस्पति का बतलाया है।[15] इसी प्रकार से अर्जुन की जन्म-कुण्डली का आंशिक वर्णन महाभारत में मिलता है। महाभारत के साथ-साथ अग्नि-पुराण, मत्स्यपुराण, वराहपुराण, भविष्यपुराण एवं अनेक पुराणों में गणित व फलित ज्योतिष के बड़े-बड़े अध्याय मिलते हैं।

'वेदांग ज्योतिष' के बाद इन पौराणिक रचनाओं के अलावा लगभग एक हजार वर्ष तक हमें 'बृहत्पाराशर होराशास्त्र' के अतिरिक्त भारतीय ज्योतिष ग्रन्थ की कोई भी मौलिक रचना नहीं मिलती है। डॉ. गिरधारीलाल गोस्वामी ने अपने शोधग्रन्थ में पराशर का रचना काल ईसा पूर्व प्रथम शताब्दी का होना प्रमाणित किया है।[16] ईस्वी सन् 449 में हमें सीधा आर्यभट्ट लिखित 'आर्यभटीय' नामक पहला ठोस सिद्धान्त ग्रन्थ प्राप्त होता है।[17] आर्यभट्ट का जन्म ईस्वी सन् 476 में हुआ। इनकी 23 वर्ष की लघु आयु में ही ''आर्यभटीय'' नामक सिद्धान्त ग्रन्थ चर्चित हो चुका था। आर्यभट्ट के पूर्व महाभारत में हमें राज ज्योतिष के रूप में महर्षि गर्ग, महर्षि लगध, महर्षि नारद, महर्षि भृगु इत्यादि ज्योतिष शास्त्र ऋषियों के नाम मिलते हैं, परन्तु उनकी कोई स्वतन्त्र रचना (ज्योतिष कृति) हमें नहीं मिलती है।

ऐसा नहीं है कि अन्तराल में ज्योतिष का विकास अवरुद्ध हो गया था, परन्तु इस बात की सम्भावना से इन्कार नहीं किया जा सकता कि बर्बर मुस्लिम आक्रमणकारियों व अंग्रेजों ने भारतीय संस्कृति के अमूल्य ग्रन्थों को, जिससे भारतवासियों की श्रेष्ठता साबित होती थी, जला डाला एवं नष्ट कर डाला। आजकल बाजार में इन ऋषियों के नाम से अनेक संहिताओं व ग्रन्थों का प्रकाशन मिलता है, परन्तु उनकी प्रामाणिकता के बारे में सन्देह ज्यों का त्यों बना हुआ है।

पूर्ववर्ती ज्योतिषियों का नामोल्लेख-वैदिक काल और वराहमिहिर के बीच हमें 18 ज्योतिष शास्त्र के प्रवर्तक धुरन्धर आचार्यों का उल्लेख प्राप्त होता है, जिन्होंने अपने दिव्य ज्ञान के द्वारा ज्योतिष के सिद्धान्त ग्रन्थों का निर्माण किया है। इसके प्रमाण में एक श्लोक हमें इस प्रकार से प्राप्त होता है।

सूर्यः पितामहो व्यासौ वसिष्ठोअत्रिपराशरः।
कश्यपो नारदो गर्गो मरीचिर्मनुरंगिरा।।

11.चतुर्दशी पंचदशी भूतपूर्वा तु षोडशीं । इयां तु नाभिजाने ह्यमावास्यां त्रयोदशी । चन्द्रसूर्या वुभौ ग्रस्तावेकमासीं त्रयोदशीं।।

-महाभारत, भीष्मपर्व, अध्याय 3/श्लोक 32

12.महाभारत, कर्णपर्व, अध्याय 14/श्लोक 1

13.महाभारत, भीमपर्व/अध्याय 3/श्लोक 12-27

14.ऐन्द्रे चन्द्रसमायुक्ते मूहूर्तैभिजितैष्टये। दिवामध्यगते सूर्ये तिथौ पूर्णैति पूजिते।।

- महाभारत, आदिपर्व/अध्याय 122/श्लोक 17, पृष्ठ 362

15.महाभारत आदिपर्व/अध्याय 122/श्लोक, 17 पृष्ठ 362
16.फलित ज्योतिष विवेचनात्मक बृहत्पाराशर समीक्षा-डॉ. गिरधारीलाल गोस्वामी (प्रकाशन-1974) ईस्ट पटेल नगर दिल्ली, पृष्ठ 66
17.भारतीय ज्योतिष का इतिहास - डॉ. गोरखप्रसाद, पृष्ठ 74

लोमेषाः पोलिषाश्चैव च्यवनौ यवनो भृगुः। शौनकोअष्टादषशाश्चचैते
ज्योतिःशास्त्रप्रवर्त्तकाः।।[18]-काश्यप

काश्यप मुनि द्वारा उद्धृत इस श्लोक के अनुसार 1. सूर्य 2. पितामह 3. व्यास 4. वसिष्ठ 5. अत्रि 6. पराशर 7. कश्यप 8. नारद 9. गर्ग 10. मरीचि 11. मनु 12. अंगिरा 13. लोमेश 14. पौलिश 15. च्यवन 16. यवन 17. भृगु 18 .शौनक, ये अठारह ज्योतिष शास्त्र प्रवर्त्तक विद्वान् हये। इसी प्रकार का एक प्राचीन श्लोक हमें 'भारतीय ज्योतिष ' पुस्तक के पृष्ठ 57 पर पराशर के नाम से प्राप्त होता है। उसमें विश्वश्रृंग, पोलिश एक पुलस्त्य ये तीन नाम अधिक जोड़े गये हैं तथा क्रम में भी परिवर्तन करके 19 नाम दिये गये हैं जो इस प्रकार से हैं-1. विष्वश्रृंग 2. नारद 3. व्यास 4. वसिष्ठ 5. अत्रि 6. पराशर 7. लोमेश 8. यवन 9. सूर्य 10. च्यवन 11. कश्यप 12. भृगु 13. पुलस्त्य 14. मनु 15. शौनक 16. अंगिरा 17. गर्ग 18. मरीच 19. पोलिश वगैरह ज्योतिष शास्त्र के प्रवर्त्तक आचार्य कहे गये हैं।[19] परन्तु दुर्भाग्य यह है कि इन सभी ज्योतिष शास्त्र के प्रवर्त्तक आचार्यों का क्रमिक इतिहास हमें प्राप्त नहीं है। चार-पांच आचार्यों को छोड़कर बाकी सभी की वास्तविक कृतियां भी ज्योतिष शास्त्र के विद्वानों को प्राप्त नहीं है, केवल नाम मात्र ही चर्चित हैं। यह अत्यन्त सौभाग्य की बात है कि वराहमिहिर कृत पंचसिद्धान्तिका में हमें 1. पुलिश सिद्धान्त 2. रोमक सिद्धान्त 3. वसिष्ठ सिद्धान्त 4. सूर्य सिद्धान्त 5. पितामह सिद्धान्त का सार-संग्रह, विवेचनात्मक रूप से, व्यवस्थित ढंग से प्राप्त होता है।[20] ऋषि शृंगी ज्योतिष विद्या एवं कर्मकाण्ड के पारंगत विद्वान थे। राजा दशरथ के पुत्र न होने पर वसिष्ठ के आदेश से शृग्ङ ऋषि को बुलाया गया और उन्होंने पुत्रेष्टि यज्ञ करवा कर दशरथ को पुत्र प्रदान किये

पंचसिद्धान्तिका के टीकाकार पं. सुधाकर द्विवेदी ने ग्रन्थ के प्रारम्भ में अपनी 'प्रकाशिका' नामक टीका में सूर्य-अरुण संवाद को लेकर बताया है कि ज्योतिष आदि का ज्ञान ब्रह्मा को था, उन्होंने अपने पुत्र वशिष्ठ को दिया, वह 'पैतामह सिद्धान्त' कहलाया। वशिष्ठ ने अपने पुत्र पराशर को जो ज्ञान दिया वह 'वशिष्ठ सिद्धान्त' कहलाया। भगवान विष्णु ने ज्योतिष शास्त्र का उपदेश सूर्य को दिया। सूर्य ने वही ज्ञानमय नामक राक्षस को दिया, वही (सौर) 'सूर्य सिद्धान्त' कहलाया। गर्गादि मुनियों को जो ज्ञान महर्षि पुलिश ने दिया, वह ज्ञान 'पुलिशसिदान्त' कहलाया। ब्रह्मा जी के शाप से रोमक नामक नगर में पैदा हुये सूर्य से रोमक नाम की यवन जातियों को जो ज्ञान बताया गया 'रोमक सिद्धान्त' कहलाया।[21] ज्ञान शृंखला की क्रमबद्धता के बारे में एक अन्य प्रकार का प्रमाण गीता में इस प्रकार से मिलता है।

इमं विवस्वते योगं प्रोक्तवानहमव्ययम्।
विवस्वान् मनवे प्राह, मनुरिक्ष्वाकवे अब्रवीत् ।।[19]

भगवान् श्रीकृष्ण कहते हैं कि यह (कर्मयोग) ज्योतिष आदि के सिद्धान्त सबसे पहले मैंने ब्रह्मा (अव्ययम्) को कहा। फिर ब्रह्मा ने सूर्य को कहा, सूर्य ने मनु को, मनु को इक्ष्वाकुवंश (राम के आदि वंशज) को कहा।[22]ईसा पूर्व दो हजार वर्ष से वराहमिहर काल (ईसा की पांचवीं शती) तक भारतवर्ष में अनेक ज्योतिष शास्त्र के शीर्षस्थ विद्वान हुये जिनमें से कई विद्वानों के ग्रन्थ भी हमें उपलब्ध होते हैं। इन ऐतिहासिक प्रमाणों में 'बृहत्पाराशर होराशास्त्र' के रचयिता महर्षि पराशर[23], 'मदरत्न' के रचयिता ऋषि पुत्र[24], 'आर्यभटीय' के रचयिता आचार्य आर्यभट्ट प्रथम[25], 'कालकासंहिता' के कालकाचार्य[26] एवं मीनराज कृत 'वृद्धयवन जातक' सत्याचार्य का 'सत्यजातकम्' वगैरह उपलब्ध प्रसिद्ध प्रामाणिक ग्रन्थ हैं।

18.भारतीय ज्योतिष (प्रका.-1976) डॉ. नेमीचन्द्र जैन, भारतीय ज्ञानपीठ कनाट प्लेस, दिल्ली, पृष्ठ 57
19.विश्वश्रृंगनारदो व्यासो वसिष्ठौत्रिः पराशर, लोकशो यवनः सूर्यश्च्यवनः कश्यपोः भृगुः पुलस्त्यो मनुराचार्यः पोलिश शौनको अंगिराः, गर्गो
मरीचिरत्येतेज्ञेया ज्योतिः प्रवर्तकाः।। - पराशर
20.दिवसे शुभनक्षत्रे निर्माता जगतीपतिः। तथा वसिष्ठवचनाद् ऋष्यश्रृंगस्य चोभयो। ऋष्यश्रृंग पुरस्कृत यज्ञ कर्मारम्भस्तदा ।
यज्ञवाटगताः सर्वे यथाशास्त्रं यथा-विधि।।
- श्रीमद् वाल्मीकिरामायण, बालकाण्ड सर्ग 13/श्लोक 39 (प्रका.1920) आर्यसमाज प्रेस मेरठ पृष्ठ 40
21.पंचसिद्धान्तिका - सुधाकर द्विवेदी एवं थेबोट (प्रका. 1968) चौखम्बा संस्कृत सीरीज, वाराणसी पृष्ठ - 1
22.श्रीमद् भगवतगीता साधन - संजीवनी (प्रका. 1985) गोविन्द भवन कार्यालय गीताप्रेस, गोरखपुर

23.भारतीय ज्योतिष का इतिहास - डॉ. गोरखप्रसाद, पृष्ठ 73

24.वही दृष्टव्य पृष्ठ - 75

25.भारतीय ज्योतिष का इतिहास - डॉ. गोरखप्रसाद, पृष्ठ 76

26.भारतीय ज्योतिष - डॉ. नेमीचन्द्र जैन, पृष्ठ 79

आर्यभट्ट के समय भारतीय ज्योतिष विकासोन्मुख था। आर्यभट्ट ने नवीन सिद्धान्तों की स्थापना करते हुये सर्वप्रथम पृथ्वी के अचलत्व को भंग करते हुये उसकी दैनन्दिन गति को सिद्ध किया।[27] आर्यभट्ट के काल में ग्रहों की सूक्ष्म गणना, अंकगणित, बीजगणित एवं रेखागणित के माध्यम से पहली बार मुखरित हुई। परवर्ती अनेक विद्वानों ने आर्यभट्ट के ग्रन्थ पर अनेक टीकाएं कीं। वराहमिहिर और ब्रह्मगुप्त ने आर्यभट्ट की अनेक जगह आलोचना भी की है।[28] पुष्ट प्रमाणों के आधार पर यह भी सिद्ध होता है कि आर्यभट्ट दो थे।[29]

साहित्य में उपलब्ध पूर्ववर्ती ज्योतिष ग्रन्थों के नाम-बृहत्संहिता, पंचसिद्धान्तिका एवं वृहज्जातक में वराहमिहिर ने अपने पूर्ववर्ती अनेक ज्योतिष ग्रन्थों के नाम दिये हैं। किरणाख्य तन्त्र, गर्ग सिद्धान्त, पराशरतंत्र, पौराणिक मत, ब्रह्मस्फुट सिद्धान्त, महेन्द्रकेतु, यात्रा नामक पुस्तक, पैतामह सिद्धान्त, रोमक सिद्धान्त, समास संहिता, स्वल्प संहिता, स्मृति प्रमाण, सिद्धान्त शिरोमणि, सूर्य सिद्धान्त, स्वल्प जातक इत्यादि।

साहित्य में उपलब्ध पूर्ववर्ती ज्योतिषियों के नामोल्लेख-यह बड़ी प्रसन्नता का विषय है कि ज्योतिष शास्त्र के प्रति वराहमिहिर का दृष्टिकोण बहुत व्यापक था। उन्होंने अपने साहित्य में प्रसंगवश उदारतापूर्वक अनेक ज्योतिषियों का नामोल्लेख स्थान-स्थान पर किया हैं। इस विषय में वराहमिहिर ने अपना दृष्टिकोण स्पष्ट करते हुये कहा है कि ज्योतिष शास्त्र वेदांग दृष्टादृष्ट का ज्ञापक है। इस पर कई बार इसमें मतैक्यता नहीं होती । किसी के मत का खण्डन या किसी के मत का मण्डन, अथवा अपने मन से कुछ कहना अथवा केवल अपनी बात ही कहना, हमको उचित प्रतीत नहीं होता।

वराहमिहिर ने शक्र, कपिल, चाणक्य, बलदेव, बृहद्रथ, गुरुत्मान, कपिस्थल, ऋषभ, भदित्त, सवित्र, लाटदेव एवं हस्ताब्द इत्यादि विद्वानों के नाम अपने साहित्य में प्रचुर मात्रा में दिये है। असित, अगस्त्यमुनि, अवन्ति के महाराज श्री द्रव्यवर्धन, आचार्य विष्णु चन्द्र, आचार्य, इन्द्र, ऋषिपुत्र, कश्यप, काश्यप, गर्ग, जीवशर्मा, भगवान् गर्ग, वृद्ध गर्ग, भगवान् गार्ग, महर्षि गर्ग, गरुड़, दैवल, देवस्वामी, नन्दी, नग्नजीत, नारद, पराशर, भगवान् पराशर, पुलिशचार्य, बृहस्पति, बादरायण, भट्टब्रह्मगुप्त, भानुभट्ट, भागुरि, भारद्वाज मुनि, मय, मयासुर, मणित्थ, माण्डव्य, यवन, यवनेश्वर, वशिष्ठ, वज्र ऋषि, वक्ष्यमाण, वरुण के पुत्र अगस्त्य, वररुचि, विष्णु गुप्त, विष्णु, विश्वकर्मा, वीरभद्र, शुक्र, समुद्र ऋषि, सत्याचार्य, सारस्वत, सिद्धसेन, सूर्य, श्रुतकीर्ति, हिरण्यगर्भ, इत्यादि अनेक विद्वानों के नामों का उल्लेख वराहमिहिर ने अपने साहित्य में बार-बार किया।

निष्कर्ष-निश्चित रूप से ये सभी वराहमिहिर के पूर्ववर्ती ही कहे जायेंगे। इनमें से कई विद्वान ईसा से हजारों वर्ष पूर्व के हैं, परन्तु चाणक्य, विष्णुगुप्त, वररुचि, भट्ट इत्यादि कई विद्वान ईसा की प्रथम शती किंवा वराहमिहिर के समकालीन प्रतीत होते हैं।

27.अनुलोमगतिनौस्थः पश्यत्यकलं विलोमगं यद्वत्। अचलानि श्वानि तद्वत् पश्चिमगानि लंकायाम्।।
- गोलपाद, भारतीय ज्योतिष, शंकर बालकृष्ण दीक्षित, पृष्ठ-269

28.भारतीय ज्योतिष का इतिहास - डॉ. गोरखप्रसाद, पृष्ठ-85

29.भारतीय ज्योतिष - शंकर बालकृष्ण दीक्षित, पृष्ठ - 518

30.ज्योतिषमागमशास्त्रं विप्रतिपत्तौ न योग्यमस्माकम्। स्वयमेव विकल्पवियतुं किंतु बहूनां मतं वक्ष्ये।।
बृहज्जातक/अध्याय 7/श्लोक 8, पृष्ठ 90

वेदों में राष्ट्र चिन्तन के सूत्र

राजू
शोधार्थी, संस्कृत-विभाग
जयनारायण व्यास विश्वविद्यालय, जोधपुर
ई-मेलः bidaya.raju@yahoo.com

'वेद' शब्द विद् धातु से घञ् प्रत्यय करने पर वेद शब्द निष्पन्न होता है। जिसका अर्थ होता है - ज्ञान, परन्तु यह ज्ञान मानव से उत्पन्न नहीं, यह पूर्णरूपेण ईश्वरीय है। ईश्वर द्वारा मानव मात्र के लिए दिया हुआ ज्ञान है। इस प्रकार वेद को अपौरुषेय कहा गया है। 'वेद' शब्द के विषय में आचार्य सायण कहते हैं कि जो इष्ट प्राप्ति का तथा अनिष्ट निवारण का अलौकिक उपाय बतलाता है उसी का नाम वेद है -**'इष्टप्राप्त्यनिष्टपरिहारयोरलौकिकमुपायं यो ग्रन्थो वेदयति स वेदः।'**

आधुनिक युग में वेदों के प्रसिद्ध व्याख्याकार महर्षि दयानन्द सरस्वती ने 'वेद' शब्द की व्युत्पत्ति इस प्रकार की है कि जिनके द्वारा मनुष्य सत्यविद्या को जानते हैं अथवा प्राप्त करते हैं उसी का नाम वेद है -**विदन्ति जानन्ति, विद्यन्ते भवन्ति।**

वेदों में राष्ट्र का महत्त्वपूर्ण स्वरूप प्राप्त होता है। राष्ट्र शब्द की व्युत्पत्ति कान्ति अर्थ वाली राज् धातु से औणादिक, ष्ट्रन प्रत्यय लगाने से निष्पन्न होती है। जिसका अर्थ है - विविध वैभवों से सुशोभित देश ही राष्ट्र होता है। जिसमें शासक एवं शासित के मध्य समभाव का प्रतिपादन है। वेदों के आधार से ही राष्ट्र शब्द का अर्थ राज्य अथवा देश है। वेदों में यह अनेक बार प्रयुक्त हुआ है।

किसी भी राष्ट्र को उसके धर्म एवं संस्कृति के द्वारा पहचाना जाता है। आचार्य मनु ने वेदों को सभी धर्मों का मूल कहा है -**'वेदोऽखिलो धर्ममूलम्'**। विश्व की संस्कृति में भारतीय संस्कृति की सनातनता ही हमारी धरोहर है।

वैदिक साहित्य में राष्ट्र के उत्थान एवं सम्वर्धन के अनेक सूत्र दिए गए हैं। जो इस प्रकार है -

'वयं राष्ट्रे जागृयाम पुरोहिताः'[1]

इस मन्त्र में राष्ट्र को राजा का प्राण कहा जाये तो भी अतिशयोक्ति नहीं होगी। क्योंकि इस श्रेष्ठ संकल्प के साथ राष्ट्र को संरक्षित एवं सुरक्षित कर उत्तरोत्तर उत्कर्ष के पथ पर ले जाने की भावना है। जिसके लिए सतत जागृत होना आवश्यक है। राष्ट्र के प्रति प्रत्येक व्यक्ति की उदात्त भावना अपेक्षित है तभी राष्ट्र को प्रतिदिन समृद्ध किया जा सकता है।

भद्रं नो अपि वातय मनो दक्षमुत क्रतुम्।[2]

ऋग्वेद में राष्ट्र के विषय में कहा गया है कि हे परमेश्वर! हम सबको कल्याणकारक मन, कल्याणकारक बल और कल्याणकारक कर्म प्रदान करो। अर्थात् सभी लोगों को राष्ट्र के प्रति सद्भावना की प्राप्ति होनी चाहिए जिससे राष्ट्र उन्नति की ओर अग्रसर हो सके। इस मन्त्र में मनसा, वाचा तथा कर्मणा राष्ट्रहित सम्पादन का संकेत प्राप्त होता है। केवल कल्याणकारक मन ही अपेक्षित नहीं है, अपितु उसके अनुरूप कर्तव्य सम्पादन की भी महती आवश्यकता है। यह अभिनव भारत के लिए एक महत्त्वपूर्ण सूत्र है। कल्याण भावना की एकसूत्रात्मकता राष्ट्र अभ्युदय का अनुपम मन्त्र है।

'स नो रास्व राष्ट्रमिन्द्रज तं तस्य ते रातौ यशसः स्याम।'[3]

अथर्ववेद में भी राष्ट्र के विषय में कहा गया है कि हे ईश्वर! आप हमें परम ऐश्वर्य सम्पन्न राष्ट्र को प्रदान करें। हम आपके शुभ-दान में सदा यशस्वी होकर रहें। अथर्ववेद में प्रजाजन के अभ्युदय की कामना वस्तुतः राष्ट्र के अभ्युदय से ही सम्बद्ध है। यदि राष्ट्र तथा उसके प्रजाजन समृद्ध होते हैं तभी वे दान में प्रवृत्त हो सकेंगे अन्यथा नहीं। ईशावास्योपनिषद् का मन्त्रांश 'तेन त्यक्तेन भुञ्जीथाः' भी इसी पवित्र भावना की व्याख्या करता है।

समानी व आकूतिः समाना हृदयानि वः।[4]

ऋग्वेद के इस मन्त्र में राष्ट्र के विषय में भाव अत्यन्त सुन्दर हैं। भावात्मक एकता की दृष्टि से इस मन्त्र का महत्त्वपूर्ण स्थान है। इस मन्त्र में ऋषि ने समान संकल्प समान हृदय, समान मन एवं समान विचारधारा का उपदेश दिया गया है। अर्थात् हमारे संज्ञानसूक्त का यह मन्त्र समान

---

[1] यजुर्वेद, 9/23

[2] ऋग्वेद, 10/25/1

[3] अथर्ववेद, 6/39/2

[4] ऋग्वेद, 10/191/4

संकल्प तथा समान हृदय को रेखांकित करता है। इससे यह भाव ध्वनित होता है कि यदि सकारात्मक संकल्प तथा सकारात्मक मन की सम्पृक्ति हो जाये तो राष्ट्र का उत्थान अवश्यम्भावी है।

'जीवा ज्योतिरशीमहि'[5]

हे ज्योतिर्मय, प्रकाश के पुञ्ज परमात्मन् हम जीवगण ज्योति को, ज्ञान प्रकाश को प्राप्त करें। इस मन्त्र में राष्ट्र को प्रकाश के पथ पर अग्रसर करने का संकल्प है। ज्योतिर्मय पथ ज्ञान, सदाचार, नीति आदि का वाचक है। यह ज्योतिर्मय पथ का परिणाम हो सकता है कि राष्ट्र भ्रष्टाचार, अनीति, स्वार्थ, लोभ मोहादि अनिष्टों से पृथक् होकर उदात्तता अथवा श्रेष्ठता की ओर प्रवृत्त रहे।

'सत्यस्य नावः सुक्रतमपीपरन्'[6]

धर्मात्मा को सत्य की नाव पार लगाती है। 'सत्यमेव जयते नानृतम्' इस सुपथित सूक्ति को वैदिक ऋषियों ने मुख्यरूप से राष्ट्र के प्रसंग में ही प्रयुक्त किया होगा। जो राष्ट्र असत्य अथवा मिथ्याचरण पर प्रवृत्त होता है वह समूल नाश का ही भागी होता है। सत्य केवल मात्र एक गुण नहीं है अपितु अन्य सभी गुणों का मूल है। एके साधे सब सधे इस भावना से वैदिक ऋषि ने सत्य की पुनः पुनः स्थापना की है।

'स्वस्ति पन्थामनु चरेम'[7]

हेप्रभो! हम कल्याण मार्ग के पथिक बनें।

'शुद्धाः पूता भवत यज्ञियासः'[8]

शुद्ध और पवित्र बनो तथा परोपकारमय जीवन वाले हो। राष्ट्र को शुद्ध और पवित्र करने में सभी जनों का कर्तव्य बनता है कि हमेशा परोपकार से युक्त कार्य करने चाहिए।

'उद्बुध्यध्वं समनसः'[9]

अर्थात् एक विचार और एक प्रकार के ज्ञान से युक्त मित्रजनों उठो! जागो!राष्ट्र में निवास करने वालों को अपने विचारों को शुद्ध रखकर राष्ट्र के प्रति कर्तव्य करना चाहिए और उसी प्रकार की वाणी के द्वारा सभी को उन्नति की ओर अग्रसर होना चाहिए।

'इच्छन्ति देवाः सुन्वन्तं न स्वप्नाय स्पृहयन्ति'[10]

देवता यज्ञकर्ता तथा पुरुषार्थी को चाहते हैं, आलसी से प्रेम नहीं करते। जो व्यक्ति जाग कर शुभ कर्मों में लगता है उसी को देवता चाहते हैं, सोये रहने वाले से वे प्रीत नहीं करते। अच्छी तरह समझ लेना चाहिए, क्योंकि प्रमादी की कोई मदद नहीं करता।

'अक्षैर्मा दीव्य'[11]

इस मन्त्र में राष्ट्र चिन्तन के विषय में वेद में द्यूत क्रीडा का निषेध है क्योंकि महाभारत में इसका दुष्परिणाम सर्वविदित हैं। इसमें किसी भी प्रकार के ऐश्वर्य का निषेध नहीं किया गया बल्कि यह कहा गया है कि बुरे व्यसनों को त्यागकर राष्ट्र के हित में प्रयास करना चाहिए।

'इहैव रातयः सन्तु'[12]

यजुर्वेद में राष्ट्र के विषय में कहा गया है कि हमें अपने ही स्थान में अनेक प्रकार के ऐश्वर्य प्राप्त हों। जिससे राष्ट्र एवं समाज को आगे बढ़ाने हेतु पुरुषार्थ की प्राप्ति हो सके।

'जनाय ऊर्जं वरिवः कृधि'[13]

सामवेद में भी राष्ट्र के विषय में कहा गया है कि लोगों में श्रेष्ठ बल पैदा करो।

'पुरन्धिं जनय'[14]

अर्थात् बहुत से उत्तम कर्म करने में समर्थ बुद्धि को उत्पन्न करो। सामवेद में राष्ट्र के विषय में कहा गया है कि अच्छे कर्म करने से ही बुद्धि का विकास होता है।

इस प्रकार राष्ट्र शब्द सुनिर्दिष्ट अर्थ एवं भावना का प्रतीक है जिस प्रकार यजुर्वेद में राष्ट्र के कल्याण की कामना कितने सुन्दर शब्दों में की गई है -

'आ राष्ट्रे राजन्यः शूर इषव्योऽतिव्याधी महारथो जायताम्'[15]

अर्थात् हमारे राष्ट्र में क्षत्रिय, वीर, धनुर्धारी, लक्ष्यवेधी और महारथी हों। इसी प्रकार अथर्ववेद में भी कहा गया है कि राष्ट्र के धन-धान्य दुग्ध आदि के संवर्धन प्राप्ति तथा राष्ट्र के साथ विकसित हो इस प्रकार की कामना की गई है-

अभिवर्धताम् पयसाभि राष्ट्रेण वर्धताम्।[16]

---

[5]ऋग्वेद, 7/32/26

[6]ऋग्वेद, 9/73/1

7 ऋग्वेद, 5/51/15

[8]ऋग्वेद, 10/18/2

[9]ऋग्वेद, 10/101/1

[10]ऋग्वेद, 8/2/18

[11]ऋग्वेद, 10/34/3

[12]यजुर्वेद, 38/13

[13]सामवेद, 842

[14]सामवेद, 861

15 यजुर्वेद, 22/22

[16]अथर्ववेद, 6/78/2

वेदों के आधार से ही राष्ट्र शब्द का अर्थ राज्य अथवा देश है। वेदों में यह अनेक बार प्रयुक्त हुआ है। यह राज्य का पंचम घटक है। अथर्ववेद में इसका अनेकशः उल्लेख मिलता है। राष्ट्र की उन्नति में योगदान हेतु प्रत्येक दम्पति से प्रार्थना की गई है।

जैसा कि ऋवेद के वाक्सूक्त में भी राष्ट्र के विषय में कहा गया है कि मैं सम्पूर्ण जगत् की शासिका धनों को प्राप्त कराने वाली सबको जानने वाली तथा पूजनीय देवों में प्रमुख हूँ-

'अहं राष्ट्री संगमनी वसूनां चिकितुषी प्रथमा यज्ञियानाम्'[17]

राष्ट्र की पहचान वैदिक संस्कृति से है। यदि राष्ट्रीय इस प्रकार वेद ज्ञान के महासागर हैं तथा विश्व वाङ्मय की अमूल्यनिधि एवं भारतीय आर्य संस्कृति के मूल आधार है। हित को ध्यान में रखकर चिन्तन किया जाता है तो राष्ट्र का
हित को ध्यान में रखकर चिन्तन किया जाता है तो राष्ट्र का
निश्चित ही कल्याण होगा यदि राष्ट्र का कल्याण होता है तो राज्य एवं प्रजा का कल्याण स्वाभाविक है।

उनमें राष्ट्र की भावना का सुन्दर समावेश है अतः हम सभी राष्ट्रवासियों को चाहिए कि हम राष्ट्ररक्षा में समर्थ हो सकें, इसके लिए वेद की शिक्षाओं को समग्र रूप से ग्रहण करें। वेद कहता है कि राष्ट्र का अभ्युदय श्रमशीलता, धर्मपरायणता तथा कर्मठता पर निर्भर करता है।

इस प्रकार यह स्पष्ट है कि वेदों में राष्ट्र की सर्वतोमुखी उन्नति में सहायक सभी कर्तव्यों का उत्कृष्ट वर्णन पाया जाता है।

***

[17] ऋगवेद, 10/125/3

चन्द्रगुप्तमौर्यकालीन भारतीय संस्कृति का क्लासिकल ग्रंथों के आधार पर विश्लेषणात्मक अध्ययन

विकास चौधरी
शोधार्थी, इतिहास-विभाग
जयनारायण व्यास विष्वविधालय, जोधपुर
vikashchoudhary9461@gmail.com

संस्कृति शब्द का अर्थ अच्छी स्थिति या परिष्कृत स्थिति होता है, जिसका प्रयोग साधारणतः परिष्कृत आचार व्यवहार अथवा सुरुचि अर्थ में किया जाता है। भारत की मौलिक एकता सबसे अधिक उसके सांस्कृतिक जीवन में दृष्टिगत होती है, जिसे एक शब्द में भारतीय संस्कृति कहते हैं। भारतीय संस्कृति कोई सम्प्रदाय नहीं है, किन्तु विभिन्न सम्प्रदायों और जातियों के आधार-विचार, विश्वास और आध्यात्मिका साधन का समन्वय है। यह कहने में कोई अतिश्योक्ति नहीं है कि भारत और भारतीय संस्कृति में वही सम्बन्ध है जो शरीर व आत्मा है। यह स्थानीय भेदों के होते हुए भी भारतवर्ष के सभी प्रांतों में यह भारतीयता समान रूप से पायी जाती है। आधुनिककाल में हम जिन समस्याओं का सामना कर रहे हैं, उनके संदर्भ में भारत के अतीत के अध्ययन का विशेष महत्त्व है। भारतीय संस्कृति का इतिहास केवल उन्हीं लोगों के लिए प्रासंगिक नहीं है, जो जानना चाहते हैं कि अतीत का वह उज्ज्वल स्वरूप क्या है? जिसे कुछ लोग फिर से लौटाना चाहते हैं, बल्कि उन लोगों के लिए भी है, जो देश की प्रगति में बाधा डालने वाले तत्त्वों को पहचानना चाहते हैं।

भारतीय संस्कृति का अध्याय बहुत प्राचीन काल से ही विश्व पटल पर दृष्टिगत होता है तथा यह क्लासिकल ग्रंथों में भी सौभ्यमान है। चन्द्रगुप्त मौर्य के राज्यारोहण के कुछ पहले सिकन्दर के पश्चिमोत्तर भारत पर आक्रमण के समय निर्यकस, एरिस्टोबुलस, क्लिटार्कस व ओनोसिक्रिटस नामक सेनापति ने अपनी भारत यात्रा के संस्मरण लिखे हैं, परन्तु उनके ग्रंथ वर्तमान समय में उपलब्ध नहीं हैं, परन्तु उनके उद्धरण परवर्ती लेखकों ने दिये हैं। इनके अतिरिक्त यूनानी राजदूतों के विवरणों से भी हमें चन्द्रगुप्त मौर्यकालीन भारतीय संस्कृति की जानकारी दृष्टिगत होती है।

चन्द्रगुप्त मौर्य कालीन सामाजिक संगठन व प्रथाओं की जानकारी हमें मेगस्थनीज के विवरणों से प्राप्त होती है। मेगस्थनीज ने दास-प्रथा के संबंध में जो वर्णन प्रस्तुत किया है उनके साक्ष्य से एरियन का मत है कि सभी भारतीय स्वतंत्र हैं, कोई भी दास नहीं है यह मत सर्वाधिक स्पष्ट और पूर्णतम हैं।[1] मेगस्थनिज ने भारतीय सेवकों को दास नहीं माना क्योंकि वह दास-प्रथा के वैधानिक व राजनीतिक पक्षों की बारीकियों के प्रति सजग था। मेगस्थनीज के अनुसार दास के कोई अधिकार नहीं होते हैं, क्योंकि वह स्वामी की सम्पत्ति होती है।[2] ब्रेलोअर ने अर्थशास्त्र के नियमों के आधार पर मत प्रस्तुत किया है कि पश्चिमी देशों के गुलामों की भाँति भारतीय दासों की स्थिति नहीं थी। इससे स्पष्ट है कि भारतीय दास-प्रथा यूनानी दास-प्रथा के समान नहीं थी। भारतीय दासों को सम्पत्ति रखने, उसका हस्तानान्तरण करने, नीच कार्य न करने, दासता से मुक्त होने आदि अधिकार प्रदान थे।

मेगस्थनीज ने भारतीय समाज को सात जातियों में विभक्त किया है जो निम्न है- दार्शनिक, कृषक, आखेटक, व्यापारी, सैनिक, निरीक्षक, मंत्री। इसी प्रकार नियर्कस ने भी ब्राह्मणों के दो प्रकारों का वर्णन निम्न प्राकर किया है। प्रथम, वह जो धर्मानुसार रहते है व प्रकृति का अध्ययन करते हैं। दूसरे, वह जो राजा को सलाह प्रदान करने का कार्य करते हैं।[3]

डायोडोरस ने भारतीय वर्ण-व्यवस्था का वर्णन करते हुए लिखा है कि प्रत्येक वर्ण के लोग अपने वर्ण के अनुसार ही व्यवसाय कर सकते थे। इसी तरह स्ट्रेबो ने भी समाज में प्रचलित विवाह व व्यवसाय से संबंधित अवरोधों का वर्णन किया है, जो दार्शनिकों की श्रेष्ठता के कारण उन पर लागू नहीं होते हैं। मेगस्थनीज ने जाति-व्यवस्था का ही वर्णन प्रस्तुत किया है, क्योंकि उनके वर्णन में सवर्ण विवाह पर बल देना, स्वयं के व्यवसाय का ही अनुसरण करना, ब्राह्मणों को इन नियमों से पृथक रखना आदि प्रमुख है। मेगस्थनीज के यह विवाह व व्यवसाय से संबंधित नियम अंतिम दो वर्गों के संबंध में अनुपयोगी दृष्टिगत है इससे स्पष्ट है की मेगस्थनीज को वर्ण-व्यवस्था के संदर्भ में जानकारी प्राप्त नहीं थी। उन्होनें मिश्र[4] व भारत के सामाजिक संगठन में समानता दृष्टिगत करने हेतु यह वर्णन प्रस्तुत किया होगा।

क्लासिकल ग्रंथों की दृष्टि से हमें चन्द्रगुप्त मौर्य कालीन कलाएँ की भी जानकारी प्राप्त होती है। निर्यकस ने लिखा है कि भारतीय कला में निपुणता रखते थे। नियर्कस का मत है कि वे ताँबे के बर्तन ढालकर बनाते थे पीट कर नहीं। स्ट्रेबो का मत है कि इस समय महान् उत्सव राजा द्वारा केशप्रक्षालन् होता था, जिसके समय सभा के लोग राजा को बहुमूल्य उपहार प्रदान करते थे। इसके संदर्भ में जायसवाल का मत है कि यह सम्भवतः राज्यारोहण के पश्चात् होने वाला अभिषेक समारोह है।[5] इस काल में हाथी व घोड़ों द्वारा सोने व चाँदी के सजे रथों को खींचकर जुलूस निकाले जाते थे। इन जुलूस में पशु-पक्षी भी सम्मिलित होते थे।

क्लासिकल ग्रंथों के आधार पर तक्षशिला के पास सर्वप्रथम भारतीय ऋषि व यूनानियों की भेंट हुई थी। एरियन व प्लुटार्क का मानना है कि सिकन्दर के साथ भी ऋषियो की भेंट सम्भवतः तक्षशिला में हुई थी।[6] एरिस्टोबुलस ने भारतीय सन्यासी व वानप्रस्थी का वर्णन करते हुए उनमें अन्तर भी स्पष्ट किया है। उनके अनुसार उन्होने दो ब्राह्मण ऋषि देखे थे जिनमें बड़े का सिर मुण्डित था। इनके साथ उनके शिष्य भी थे जो मुफ्त में भोजन पाते थे तथा रिक्त समय बाजार में व्यतीत करते थे। सिकन्दर ने भी उन्हें खाने हेतु निमंत्रण प्रदान किया था जहाँ उन्होंने खड़े होकर भोजन ग्रहण किया था।

मेगस्थनीज ने भारतीय दार्शनिकों के संबंध में वर्णन करते हुए दो प्रकार के विद्वानों का उल्लेख किया है।[7] एक समूह वह था ,जो डायोनीसियस की पूजा करने वाले थे, जो जंगलों में रहते थे तथा दूसरे हेराक्लिज की पूजा करते थे जो मैदानों में रहते थे। परन्तु अधिकांश विद्वान् इसका विरोध करते हैं। मेगस्थनीज के वर्णन से स्पष्ट होता है कि उसे जन्म से पूर्व किए जाने वाले संस्कारों, आश्रमों, गृहस्थों संबंधित नियम आदि की जानकारी प्राप्त थी। मेगस्थनिज ने 'अरण्य निवासी' शब्द का प्रयोग किया है जिसका अर्थ सामान्यतया वानप्रस्थी लोगों से रहा होगा। इसके अतिरिक्त श्रमण का अर्थ उनके द्वारा की जाने वाली सामाजिक सेवाओं से होता था।[8]

सिकन्दर ने आक्रमण के समय अपने साथियों के साथ कुछ समय तक्षशिला में ठहरा था। एरिस्टोबुलस ने तक्षशिला के रिवाजों का वर्णन किया है जिसमें कन्याओं के विवाह व मृत व्यक्ति से संबंधित थी जो सामान्यतया ईरानी प्रभाव का परिणाम मानी जाती है। इस समय तक्षशिला में बहु-विवाह[9] तथा सती-प्रथा का प्रचलन भी दृष्टिगत होता है।[10] सती-प्रथा का डायोडोरस के अनुसार प्रमुख कारण यह था कि समाज उसे घृणा की दृष्टि से देखता था। डायोडोरस के कारण पर स्ट्रेबो ने संदेह प्रकट किया है। डायोडोरस का मत है कि 316 ई.पू. में यूमेनीज की सेना का एक भारतीय सेनापति ईरान में युद्ध के समय मारा गया, जिसके दो पत्नियाँ थी। यूनानी सेनापतियों ने छोटी पत्नी को सती होने की अनुमति प्रदान की, परन्तु बड़ी पत्नी गर्भवती होने कारण मना कर दिया। छोटी पत्नी ने चिता में प्रवेश किया, परन्तु पूर्व में अपने संपूर्ण आभूषण, कीमती रत्न, कण्ठ हार आदि अपने मित्रों व सेवकों में बाँट दिया था। संपूर्ण सेना ने चिता पर आग लगाने के पूर्व तीन बार परिक्रमा की थी।

भारतीय जनजीवन के रोचक पहलुओं की भी जानकारी हमें क्लासिकल ग्रंथों से प्राप्त होती है। एरियन के अनुसार भारतीय लोग दुबले, लम्बे व काले रंग के होते थे। इन लोगों में शराब पीने की कुप्रथा विद्यमान नहीं थी बल्कि यह मितव्ययता पूर्वक निवास करते थे। भारतीय लोग दीर्घ उम्र तक जीते थे तथा बहुत कम रोगग्रस्त होते हैं। इस काल में विवाह के समय कुल से अधिक सुन्दरता को महत्त्व प्रदान किया जाता था। भारतीय लोग अपनी सौंदर्य की वृद्धि हेतु अपने वस्त्र व दाढ़ी को रंगों से रंगाते थे। मेगस्थनीज के अनुसार भारत की शुद्ध हवा व अच्छा पानी लोगों की कला निपुणता का कारण था।

क्लासिकल साहित्य से हमें मौर्यकालीन हाथी, बन्दर, साँपों, शिकारी कुत्तों तथा पालतु जानवरों की भी जानकारी प्राप्त होती है। इन ग्रंथों के अनुसार भारत में विशालकाय हाथी पाये जाते थे जो अफ्रीकी हाथियों की तुलना में बड़े व शक्तिशाली हाते थे। मेगस्थनीज ने इसका प्रमुख कारण भारत में उनके लिए भोजन की पर्याप्त मात्रा में उपलब्धता को माना है। यूनानी विद्वानों का मत है कि यह हाथी पाँच सौ वर्षो तक भी जीवित रहते थे, परन्तु मेगस्थनीज का अनुकरण करते हुए एरियन लिखते हैं कि बीमारी के कारण इनकी अधिकतम आयु दो सौ वर्ष होती थी। इन हाथियों का प्रयोग रथ खींचने व पत्थर फैकने में भी होता था।

इनके अतिरिक्त झेलम नदी के तटवर्ती जंगलों में लम्बी पूँछ वाले लंगूर रहते थे, जिनके समूह से सिकन्दर की सेना भी भयभीत हो गई थी। निर्यकस ने चितकबरे व सादा साँपों का वर्णन किया है, जिनकी अत्यधिक संख्या व दूष्ट प्रकृति से यूनानी इतिहासकार भी आश्चर्यचकित थे। मेगस्थनीज ने भी अद्भुत आकार के सपक्ष बिच्छुओं का भी उल्लेख किया है।[11] यूनानी लेखकों ने व्याघ्र के संबंध में भी अपना वर्णन प्रस्तुत किया है। निर्यकस का मत है कि उसने केवल व्याघ्र की खाल ही देखी थी। मेगस्थनीज के अनुसार

सबसे बड़े व्याघ्र का आकार शेर से दुगुना होता था, जो प्राच्य देशों में पाये जाते थे। इनके अतिरिक्त यहाँ भेड़ें, कुत्ते, बकरियाँ व बैल आदि पालतू जानवर थे। यूनानी ग्रंथों में चिड़ियाँ, तोता व मयूरनामक पक्षियों का भी उल्लेख प्राप्त होता है।

क्लासिकल ग्रंथों से हमें भारत के भूगोल की भी जानकारी प्राप्त होती है। एरिस्टोबुलस का मत है कि जब सिकन्दर तक्षशिला पहुँचा था, उस समय पहली बार वर्षा हुई थी। यूनानी लेखकों के अनुसार भारत के समान वर्षा उन्होनें कही भी नहीं देखी थी। मेगस्थनीज के अनुसार भारतीय नदियाँ विशाल थी। इनमें से कुछ में ही नावों द्वारा आना-जाना संभव था। यूनानी लेखकों के अनुसार भारत में सिचाई का प्रबंध था तथा भूमि उपजाऊ भी जहाँ प्रतिवर्ष फल व अन्न की दो फसले उगाई जाती थी।[12]

अर्रियन का मत है कि 'सभी भारतीय स्वतंत्र हैं और उनमें से कोई भी दास नहीं है। अर्रियन का यह मत मेगस्थनीज के विवरण पर आधारित है। वास्तव में उस समय भारत में व्याप्त दास प्रथा उस दास प्रथा की तुलना में सीमित थी, जो यूनानियों में प्रचलित थी। इस कारण मेगस्थनीज उसके अस्तित्व को देख ही न सका।[13] इसी प्रकार का वर्णन हमें अकाल के संबंध में दृष्टिगत होता है क्योंकि मेगस्थनीज का मत है कि भारत में अकाल नहीं पड़ते थे,[14] परन्तु हमें ज्ञात है कि अकालग्रस्त गंगा घाटी में जन सहायता कार्य किये जाते थे।[15]

सन्दर्भ ग्रंथ :-

1. मजूमदार, आर.सी. : दि क्लासिकल एकाउण्ट्स ऑफ इण्डियाँ, 1960, पृ. 224
2. मुकर्जी, राधाकुमुद : चन्द्रगुप्त मौर्य और उसका काल, नई दिल्ली 2014, पृ. 236
3. गोयल, श्रीराम : प्राचीन भारत (320 ई. तक), जोधपुर, 2007, पृ. 395-396
4. शास्त्री, नीलकान्त : (सं.) एज़ ऑव दि नन्दज एण्ड मौर्यज, दिल्ली 1967, पृ. 116
5. जर्नल ऑव दि बिहार एवड उड़ीसा रिसर्च सोसायटी, 2, पृ. 99
6. मजूमदार, आर.सी. : पूर्वो, पृ. 273-278
7. फिक, आर. : दि सोशल आर्गनाइजेशन इन नार्थ इण्डिया इन बुद्धाज टाइम, कलकत्ता, 1920, पृ. 212
8. गोयल, श्रीराम : प्राचीन भारत (320 ई. तक), जोधपुर 2007, पृ. 389-391
9. थापर,रोमिला : अशोक और मौर्य साम्राज्य का पतन, दिल्ली, 2010, पृ. 81
10. मैकक्रिंडिल : इनवेजन ऑफ इंडिया बाई अलेक्जेंडर, पृ. 279
11. शास्त्री, नीलकान्त : पूर्वो, पृ. 98
12. मजूमदार आर.सी. : पूर्वो, पृ. 253-254
13. मुकर्जी, राधाकुमुद : चन्द्रगुप्त मौर्य और उसका काल, नई दिल्ली, 2014, पृ. 236
14. थापर, रोमिला : अशोक और मौर्य साम्राज्य का पतन, दिल्ली, 2010, पृ. 65
15. सरकार, डी.सी. : सलेक्ट इंस्क्रिप्षंस बेयरिंग आन इंडियन हिस्टरी एंड सिविलीजेषन, कलकत्ता, 1942, पृ. 82,85

अभिनव भारत और महाभारतकालीन पुरुषार्थ चतुष्टय

नेहा गौड़
शोध-छात्रा संस्कृत-विभाग
जयनारायण व्यास विश्वविद्यालय, जोधपुर

''दुर्लभो मानुषो देहो देहिना क्षण भंगुरः
तस्मिन्न प्राप्ते तु कर्तव्य सर्वथैवाऽऽत्मसाधनम्।।

अर्थात्: अस्थिर एवं अनित्य मानव देह को पा करके इसके द्वारा नित्य, शाश्वत, सत्य तत्त्व को जानने का प्रयास कर आत्मकल्याण की प्राप्ति करनी चाहिए। यह मनुष्य जन्म का प्रमुख कर्तव्य है।

मानव जीवन के इतिहास के निर्माण करने वाले जितने भी साधन हैं, उनमें संस्कृति का स्थान मुख्य है। विश्व के प्रत्येक राष्ट्र की अपनी संस्कृति है। युगों-युगों से प्रत्येक राष्ट्र अपनी सांस्कृतिक थाती को सहेज कर रखता आया है, जो कि उसकी गरिमा का द्योतक रहा है। किसी भी राष्ट्र की उन्नति का सीधा सम्बन्ध उसकी संस्कृति से होता है। भारत प्राचीन काल से ही सांस्कृतिक गतिविधियों और परम्पराओं में विश्व का अग्रणी राष्ट्र रहा है। जब समस्त विश्व की सभी सभ्यतायें प्रगति के शैशवकाल में विचरण कर रही थी, तब भारतीय ऋषि तत्त्वज्ञान की गहन मीमांसा, चिंतन और मनन में लीन थे।

**''ज्ञान तृतीयं मनुजस्य नेत्रं समस्ततत्वार्थ विलोकिदक्षम्।
तेजोऽनपेक्षं विगन्तान्तरायं प्रवृत्तित्तमस्सर्व जगत्रयेापि।।''[2]**

प्राचीन भारतीय चिंतकों एवं ऋषियों ने देश में सामाजिक, सांस्कृतिक, शैक्षणिक, धार्मिक आदि क्षेत्रों में ऐसी गतिविधियों की नींव रखी, जो एक पीढ़ी से दूसरी पीढ़ी में हस्तान्तरित होकर अक्षुण्ण परम्पराओं के कालक्रम में सदैव जीवंत रही।[3]

भारतीय संस्कृति में एक संतुलित जीवन की यात्रा के दो अंग हैं- सभ्यता और संस्कृति। संस्कृति एवं सभ्यता दो भिन्न-भिन्न स्थितियों के द्योतक हैं। एक को आत्मा तथा दूसरे को शरीर कहा जा सकता हैं। संस्कृति आन्तरिक नैर्मल्य है तो सभ्यता बाह्य प्रसाधन।

संस्कृति शब्द संस्कृत भाषा की 'कृ' धातु से बना है। इस धातु से प्र, सम् और वि उपसर्ग लगाने पर तीन शब्द बनते हैं:- 'प्रकृति' (मूल स्थिति), 'संस्कृति' (परिष्कृत स्थिति) और 'विकृति' (अवंनति)। अंग्रेंजी में संस्कृति के लिये Culture शब्द प्रयोग किया जाता है, जो लैटिन भाषा के Cult or cults से लिया गया है। संस्कृति का अर्थ है: संस्करण, परिमार्जन, शोधन, परिष्करण अर्थात् ऐसी क्रिया जो व्यक्ति में संस्कार का निर्माण करें। सभ्यता से मनुष्य के भौतिक क्षेत्र की प्रगति सूचित होती है, जबकि संस्कृति से मानसिक क्षेत्र की प्रगति सूचित होती है।

मनुष्य केवल भौतिक परिस्थितियों में सुधार करके ही संतुष्ट नहीं हो सकता है। वह केवल भोजन से ही नहीं जीता, बल्कि शरीर के साथ मन और आत्मा का भी महत्त्वपूर्ण योगदान है। भौतिक उन्नति से केवल शरीरिक तृप्ति हो सकती है, किन्तु इसके बावजूद मन और आत्मा तो अतृप्त ही बने रहते हैं। इन्हें संतुष्ट करने के लिये मनुष्य अपना जो विकास और उन्नति करता है, उसे संस्कृति कहते हैं।

सरल शब्दों में हम कह सकते हैं कि संस्कृति उस विधि का प्रतीक है, जिसके आधार पर हम सोचते हैं और कार्य करते हैं। इसमें वे अमूर्त (अभौतिक) भाव और विचार भी सम्मिलित हैं, जो हमने एक परिवार और समाज के सदस्य होने के नाते उत्तराधिकार में प्राप्त किये हैं, तथापि संस्कृति मे रीति-रिवाज, परम्पराएँ, पर्व, जीने के तरीके और जीवन के विभिन्न पक्षों पर व्यक्ति विशेष का अपना दृष्टिकोण सम्मिलित होता है।

होबेल कहते है: ''वह संस्कृति ही है, जो एक व्यक्ति का दूसरे व्यक्तियों से, एक समूह को दूसरे समूह से और एक समाज को दूसरे समाजों से अलग करती है।''[4]

दूसरे शब्दो में, संस्कृति एक व्यवस्था है, जिसमे हम जीवन के प्रतीमानों, व्यवहार के तरीकों, अनेकानेक भौतिक एवं अभौतिक प्रतीकों, परम्पराओं, विचारों, सामाजिक-मूल्यों, मानवीय-क्रियाओं और आविष्कारों को शामिल करते हैं। सर्वप्रथम वायु पुराण में

धर्म-अर्थ-काम-मोक्ष विषयक मानवीय घटनाओं को संस्कृति के अन्तर्गत समाहित किया। इसका तात्पर्य यह हुआ कि मानव जीवन के दिन-प्रतिदिन के आचार-विचार, जीवन-शैली तथा कार्य-व्यवहार ही संस्कृति कहलाती है।

मानव सृष्टि की गौरवमयी अभिव्यक्ति है तथा उसे ईश्वरीय सत्ता को प्रतिनिधि के रूप में देव संस्कृति में वर्णित किया है। मानव ही एक ऐसा प्राणी है, जो विवेक, बुद्धि से समन्वित है तथा ज्ञान-गरिमा का अधिकारी पात्र है। महाभारत के शांति पर्व में कथित है-

गुह्यं ब्रह्म तदिदं ब्रवीमि, न मानुषात्श्रेष्ठतरं हि किंचित।[5]

अर्थात् ब्रह्म का रहस्य यही है कि सृष्टि में मानव ही सर्वश्रेष्ठ है। देव संस्कृति की एक महत्त्वपूर्ण स्थापना है, जो हमें अन्यान्य किसी मत-संस्कृति-धर्म-सम्प्रदाय में देखने को नहीं मिलती। हमारी संस्कृति कहती है '**जीवों ब्रह्मैव नापरः**' जीव की मनुष्य की सामर्थ्य अन्तर्निहित शक्ति उसे ब्रह्म की परमसता के समकक्ष बना देती है। इस तथ्य को भगवान श्रीकृष्ण ने इस तरह कहा है-

ब्रह्म सन्तिपुरः स्रष्टस्तासां मे पौरुषी प्रिया।[6]

मैंने अनेक प्रकार के शरीरों को निर्माण किया किन्तु मुझे सर्वाधिक प्रिय मनुष्य शरीर है।

शतपथ ब्राह्मण एक स्थान पर कहता है - "**पुरुषों वै प्रजा पतेर्नैदिष्ठम्**"[7] अर्थात् नर ही नारायण के सर्वाधिक समीप है। इस समग्र कथन का आशय यही है कि मनुष्य जन्म किन्हीं उद्देश्य विशेषों के लिये पुरुषार्थ करने के निमित्त मिला है, तो मनुष्य को उसमें स्वयं को नियोजित कर अपनी जीवन यात्रा सफल बनानी चाहिए। अपने-अपने अभिमान, चिंतन, लक्ष्य, निर्धारण के अनुरूप ही मनुष्य अपना पुरुषार्थ चुनता है। मनुष्य का सर्वांगीण विकास पुरुषार्थ के माध्यम से होता है। पुरुषार्थ मनुष्य का वह आधार है जिसके अनुपालन से वह अपना जीवन जीता है तथा विभिन्न कर्तव्यों का मनोनिवेषपूर्णक पालन करता है। अतः पुरुषार्थ से मनुष्य के व्यक्तित्व का विकास तो होता ही है साथ ही समाज का भी उत्कर्ष होता है। महर्षि मनु को पुरुषार्थ चतुष्टय का प्रतिपादक कहते हैं। देव संस्कृति के ये चार प्रमुख आधार है - धर्म-अर्थ-काम-मोक्ष जिन्हें शास्त्रकारों ने 'चतुर्वर्ग' कहा है। ये चारों पुरुषार्थ चारों आश्रमों का सैद्धांतिक पक्ष है और आश्रम पुरुषार्थ का व्यवहारिक पक्ष। पुरुषार्थों से ही मनुष्य अपनी बौद्धिक, नैतिक, शारीरिक, भौतिक और आध्यात्मिक उत्कर्ष करता है।[8] इस प्रकार पुरुषार्थ चतुष्टय मानव-जीवन के चार मूल्य हैं, जिनकी उपलब्धि समस्त मानव जाति को करनी चाहिए।

व्यक्ति के द्वारा वांछित चाहे गए दो ही मूल प्रयोजन या लक्ष्य हैं - काम और मोक्ष, इन दोनों पुरुषार्थों की प्राप्ति के लिए दो ही साधन हैं- अर्थ और धर्म। दो साध्य और दो साधन रूपी जोड़ों को मिला देने से बनता है- पुरुषार्थ चतुष्टय। पुरुषार्थ का सामान्य अर्थ है- विवेकशील प्राणी का लक्ष्य।

महाभारत में धर्म का वर्णन करते हुए व्यासजी कहते है-

"अपध्यानमलो धर्मो मलोऽर्थस्य निगूहनम्।
सम्प्रमोदमलः कामो भूयः स्वगुणवर्जितः।।"[9]

अर्थात् धर्म में फल की अभिलाषा अर्थात् उसका सकाम हो जाना, अर्थ में निगूहन अर्थात् उसे छिपाना, न उसका दान में सुनियोजित करना, न उपभोग ही करना तथा काम में सम्प्रमोह, आमोद-प्रमोद ये तीन मल अर्थात् दोष पाये जाते है, परन्तु यह त्रिवर्ग यदि अपने दोषों से रहित हो तो कल्याण कारक होता है।

श्री मद्भागवत् के अनुसार :-

"अधोन्द्रियार्थाभिध्यानं सर्वार्थापहवो नृणाम्।
भ्रंशितो ज्ञान विज्ञानाद् येनाविशति मुख्यताम्।।"[10]

धर्म और मोक्ष के लिये प्रयत्नशील न होकर केवल अर्थ और काम की ही चिन्ता करना सम्पूर्ण पुरुषार्थों से हाथ धो बैठना है, क्योंकि इससे मनुष्य ज्ञान और विज्ञान दोनों से च्युत होकर स्थावर योनि को प्राप्त हो जाता है। मनु के अनुसार जो व्यक्ति धर्म का सम्मान करता है, धर्म उस व्यक्ति की सदैव रक्षा करता हैं, अधिकांश लोगों का मानना है कि भारतीय संस्कृति में परलोक एवं मोक्ष को ही प्रमुखता दी गयी है, इहलोक (सांसारिक जीवन) वहाँ उपेक्षित है। यह एक गलत धारणा है, वास्तव में भारतीय संस्कृति में इहलोक एवं परलोक दोनो को समान महत्त्व दिया गया है।

भारतीय संस्कृति में मनुष्य का अंतिम लक्ष्य मोक्ष प्राप्त करना है, किंतु अर्थ का महत्त्व भी कम नहीं है। भारतीय संस्कृति अर्थ के ही दो अवयव धर्म व काम को मानती है अर्थ की सिद्धि से उन दोनों की भी सिद्धि हो जाती है।

"अर्थस्यावयवा तौ धर्मकामाविति श्रुतिः।
अर्थसिद्ध्या विनिवृत्तवुभावेतौ भविष्यतः।।"[11]

अर्थ समस्त कर्मो की मर्यादा के पालन में सहायक है। जो धन धर्म से युक्त हो और जो धर्म धन से युक्त हो और जो धर्म से सम्पन्न हो, वह निश्चित रूप से अमृत के समान होगा-

योऽर्थो धर्मेण संयुक्तो धर्मो यश्चार्थसंयतः।
तद्धि त्वामृतसंवादं तस्मादेतौ मताविह ।।[12]

भारतीय संस्कृति में पुरुषार्थों के अन्तगर्त काम की भी गणना की गयी है। **काम्यत इति कामः** अर्थात् विषय और इन्द्रियों के सम्पर्क से उत्पन्न होने वाला मानसिक आनन्द ही मुख्यता काम कहलाता है। श्री मद्भगवद्गीता कहती है-

"**धर्माऽविरुद्धो भूतेषु कामोऽस्मि भरतर्षभ :।**"[13]

अर्थात् "जिस 'काम' का धर्म से विरोध नहीं है, वह मर्यादित काम ही मेरा स्वरूप है।" भारतीय संस्कृति काम को भी धर्म के स्थान पर प्रतिष्ठित करती है तथा कहती है कि विषय भोग से सामाजिक व्यवस्था न बिगड़े, समाज में अशान्ति पैदा न हो, समाज में दु:ख-दरिद्रता उत्पन्न न हो। ऋग्वेद में ऋषि कहता है- " **कामः मनसो रेतः** [14] (काम चित्त का, मन का, बीज है) तथा धर्म प्रधान होने के कारण मोक्ष का निमित्त कारण बनता है। काम धर्ममय तब बनता है जब काम बीज का ज्ञान बीज के रूप में परिष्कार किया जाता है। इंद्रिय संयम से उसका आरम्भ तो होता है किन्तु अंत होता है ब्रह्म से एकाकार हो मोक्ष में। इन्द्रिय संयम भी दमन प्रधान नहीं, कामनाओं के परिष्कार व भावनाओं के ऊर्ध्वीकरण का मार्ग है।

भारतीय संस्कृति में मोक्ष से धर्म का प्रत्यक्ष सम्बन्ध दर्शाया गया है। तृष्णाओं से मुक्ति ही बंधनमुक्ति अथवा मोक्ष है। मुक्त आत्मा सभी प्रकार के भयों से मुक्त होकर अभय हो जाती है। मोक्ष के सम्बन्ध में कालान्तर में यही माना जाता है कि" मरने के बाद ही मोक्ष मिलता है, देह धारण करना ही जीव का महान बंधन है।" जबकि ऋषि-मनीषी मानव जन्म को ही पुरुषार्थ (मुक्ति, अपवर्ग, नि:श्रेयस) का कारण मानते हैं।

उपनिषद्कार कर्म करते हुए ही सौ वर्ष तक जीने की बात कहता है :-

"**कुर्वन्नेवेह कर्माणि जिजीविषेच्छतं समाः।**
एवं त्वयि नान्यथेतोऽस्ति न कर्म लिप्यते नरे।।[15]

श्रीमद्भगवतगीता में श्रीकृष्ण जीवन जीने की कला को ही मोक्ष सम्बन्धी चिंतन के रूप में कहते है। ससीम के बंधनों से मुक्त होकर जीवात्मा जब असीम सत्ता के साथ तादात्मय स्थापित कर लेता है तो उसे योग या मोक्ष कहा जाता है। इसके लिये ज्ञानयोग - कर्मयोग - भक्तियोग तीन मार्ग बताये हैं।

व्यास जी कहते है - जीव कर्मों से ही बंधता है और विद्या से मुक्त हो जाता है-

"**कर्मणा बध्यते जन्तुर्विद्यया तु प्रमुच्येत।**"[16] श्रुति कहती है - "**ऋते ज्ञानान्न मुक्ति**" आत्मज्ञान के बिना मोक्ष की प्राप्ति नहीं हो सकती। कौटिल्य ने कहा है कि "व्यक्ति संसार में रहकर सारे ऐश्वर्य प्राप्त करे, उपभोग करे, धन संचय करे, किंतु सब धर्मानुकूल हों"। उनके मूल में धर्म का अनुष्ठान हो।

महाभारत में कथित है कि धर्म-अर्थ-काम तीनों का एक साथ सेवन करना ही मोक्ष की ओर ले जाता है। जो इनमें से एक का ही भक्त है, वह मनुष्य अधम हैं, जो दो का सेवन विपुणता से करें व मध्यम श्रेणी का है तथा जो त्रिवर्ग में समान रूप से अनुरक्त है, वही मनुष्य उत्तम है।

"**धमार्थकामाः सममेव सेव्या, यो ह्येकभक्त :स नरो जघन्यः**

तयोस्तु दाक्ष्यं प्रवदन्ति मध्यं स उत्तमो योऽभिरतस्त्रिवर्गे।"[17]

गीता में भगवान श्रीकृष्ण ने कहा है कि धर्म पूर्ण काम में ईश्वर विद्यमान रहता है। इस प्रकार धर्मानुकूल अर्थ व काम का सेवन करने से मनुष्य परम पुरुषार्थ मोक्ष के समीप पहुँचता है। पुरुषार्थ की अवधारणा भौतिक एवं आध्यात्मिक जगत के बीच संतुलन स्थापित करती है। पुरुषार्थों के माध्यम से मनुष्य के जीवन का सर्वांगीण विकास हो पाता है। पुरुषार्थ का सिद्धान्त भारतीय संस्कृति की आत्मा है।

सन्दर्भ ग्रन्थः

1 देवी भागवत
2 सुभाषित रत्न संग्रह, पृ. 194
3 वैदिक साहित्य एवं संस्कृति, डॉ किरण कुमारी, पृ. 148
4 हिस्ट्री एण्ड कल्चर ऑफ इंडियन पीपुल - वैदिक एज-पृ. 450
5 महाभारत, शान्ति पर्व ; 180-12
6 श्रीमद्भगवत गीता, 11-7-22
7 शतपथ ब्राह्मण, 2-5-1-1
8 धर्मशास्त्र का इतिहास, पी.वी. काणे, पृ 150
9 महाभारत, शान्ति पर्व ; 123-10
10 श्रीमद्भगवत गीता ; 4-22-33
11 महाभारत, शान्तिपर्व, 167-14
12 महाभारत, शान्तिपर्व, 167-24
13 श्रीमद्भगवत गीता, 13-10
14 ऋग्वेद
15 ईशावास्योपनिषद - 2
16 महाभारत, 12-191-8
17 महाभारत, शान्ति पर्व, 167-40

स्वातन्त्र्योत्तरकालीन राजस्थानीय कवि पं. मूलचन्द शास्त्री : कृतित्व एवं वैशिष्ट्य

-जीनत जहां पठान
शोधच्छात्रा, संस्कृत-विभाग,
जयनारायण व्यास विश्वविद्यालय, जोधपुर
zeenatpathan16@gmail.com

संस्कृत भाषा हमारी सर्वप्राचीन भाषा है। इसमें शताब्दियों से नहीं अपितु सहस्राब्दियों से साहित्य रचना होती जा रही है। दिव्य वैदिक ग्रन्थ ऋग्वेदादि, उपनिषद् साहित्य, अनुपम वेदाङ्ग साहित्य, महनीय ऐतिहासिक ग्रन्थ - आदिकवि वाल्मीकि प्रणीत रामायण, महर्षि वेदव्यास विरचित महाभारत, पुराण साहित्य तथा जैन दर्शन का आधार ग्रन्थ प्राचीन आगम साहित्य संस्कृत एवं प्राकृत भाषा में निर्मित ऐसा साहित्य हैं जो हमें आज भी पवित्र और उल्लासित करता है। त्याग और तप से अनुप्राणित अपनी सांस्कृतिक विरासत के अनुसंधान के लिये मनीषी संस्कृत में निर्मित साहित्य का अवगाहन करते आ रहे हैं। वर्तमान में भी संस्कृत साहित्य की साधना में लीन कविवर नव साहित्य की सर्जना कर अभिनव भारत के संस्कृत साहित्य में श्री वृद्धि कर रहे हैं। ऐसे ही कवि हैं - पं. मूलचन्द शास्त्री।

राजस्थान के सर्जनात्मक सारस्वत यज्ञ में अपनी विलक्षण प्रतिभा प्रभा की आहुति देने वाले नेक सुधीप्रवरों का योगदान प्रशस्य है। शृंखला की इसी कड़ी में जैन कवियों का अवदान भी नितरां अभिनन्दनीय एवं प्रशंसनीय है। राजस्थान में अपने जीवन का महत्त्वपूर्ण उत्तरार्द्ध व्यतीत करने वाले परवारवंशीय पं. मूलचन्द शास्त्री का जन्म सन् 1903 (अगहन बदि अष्टमी सं. 1960) में मध्यप्रदेश के सागर मण्डलान्तर्गत मालथौन नामक ग्राम में हुआ। आपके पिता का नाम श्री सटोलेलाल एवं माता का नाम श्रीमती सल्लोदेवी था। अढाई वर्ष की अल्पायु में ही आपके पिता का स्वर्गवास हो गया था।

आपने बचपन में ही पितृविहीन होने के कारण अभावों में ही जीवन-व्यतीत किया। आपकी पत्नी का नाम मनवा था। आपके चार पुत्र और चार पुत्रियाँ थी, जिनका नामोल्लेख वर्धमान-चम्पू के प्रत्येक स्तबक के अन्त में प्राप्त होता है।

आपने दर्शनक्षेत्र और साहित्यक्षेत्र में अपनी लेखनी चलाई है। दर्शनक्षेत्र में जैनन्याय को संक्षेप में प्रतिपादन करने वाले ग्रन्थ 'न्यायरत्न' की रचना की और श्रीलोकाशाहचरितम् महाकाव्य, वचनदूतम् खण्डकाव्य तथा वर्धमानचम्पू नामक चम्पूकाव्य का सृजन किया। श्रीलोकाशाहचरितम् आपकी प्रथम साहित्यिक कृति है[2]तथा वर्धमान चम्पू आपकी अन्तिम कृति है।[3]

इस प्रकार यह निश्चित होता है कि वचनदूतम् आपकी द्वितीय कृति थी। आपकी बहुमुखी प्रतिभा काव्य की अनेक विधाओं में अभिव्यक्त हुई। आचार्य बलदेव उपाध्याय के अनुसार ''पं. मूलचन्द शास्त्री जी ने टीकाग्रन्थों का भी प्रणयन किया। टीकाग्रन्थों में हरिभद्रसूरि प्रणीत षोडशक प्रकरण की 15,000 श्लोकप्रमाणिका तथा विजय हर्षसूरि प्रबन्ध की 850 श्लोक प्रमाण टीकायें उल्लेखनीय हैं। 'अभिनवस्तोत्र' स्तोत्रात्मक रचना है। अभिनन्दन ग्रन्थों में भी अनेक स्तुत्यात्मक रचनायें प्रकाशित हैं, जिनमें विद्यासागर पत्रिका (1985) में प्रकाशित ज्ञानसागरसंस्तुति तथा शिवसागर स्मृतिग्रन्थ में प्रकाशित शिवसागर स्तुति तथा गणेश स्तुति प्रसिद्ध है।[4] इन्होंने 'न्यायरत्न' नामक दार्शनिक सूत्र ग्रन्थ की भी रचना की थी, जैसा कि कवि ने स्वयं श्रीलोकाशाहचरितम् में अभिव्यक्त किया है-

न्यायरत्नस्य टीकायामस्माभिर्बहुचर्चितः।
युक्त्याऽवलोकनीयोऽयं विषयश्च बुभुत्सुभिः।।[5]

(न्यायरत्न जो कि दर्शन शास्त्र का ग्रन्थ है उसकी टीका में यह विषय हमने युक्ति पूर्वक बहुत विस्तार के साथ स्पष्ट किया है, अतः जिज्ञासुओं को वहां से समझ लेना चाहिए।)

'आपने समन्तभद्र की 'आप्त-मीमांसा' नामक ग्रंथ की विस्तृत टीका भी लिखी, जो 105 क्षुल्लक शीतलसागरजी द्वारा सम्पादित होकर शान्तिवीर नगर, श्रीमहावीर जी द्वारा मुद्रित हुई है। 'आप्तमीमांसा' की टीका पर आपको न्यायवाचस्पति की पदवी से अलंकृत किया गया।[6] कविवर पं. मूलचन्द जी संस्कृत की सेवा के लिए राजस्थान सरकार द्वारा तथा वचनदूतम् के लिए महावीर पुरस्कार से सम्मानित हुए। सन् 1948 में आप राजस्थान में श्री महावीर जी आ गए। दिनांक 5 अगस्त 1986 में 83 वर्ष की आयु में हृदय-गति रुक जाने से आपका स्वर्गवास हो गया। इस प्रकार आपने 38 वर्षों तक रहकर राजस्थान में

काव्य-साहित्य को समृद्ध किया। संस्कृत जगत् सदैव आपका ऋणी रहेगा।

कृतित्व वैशिष्ट्य –

पं. मूलचन्द शास्त्री की तीन-साहित्यिक कृतियाँ हैं- 1. महाकाव्य-श्रीलोकाशाहचरितम्, 2. दूतकाव्य - वचनदूतम्, 3. चम्पूकाव्य - वर्धमानचम्पू।

1. श्रीलोकाशाहचरितम् :-

यह महाकाव्य पं. मूलचन्द शास्त्री की प्रथम कृति है। यह महाकाव्य 14 सर्गों में निबद्ध है और इसमें स्थानकवासी जैन सम्प्रदाय के संस्थापक श्रीलोकाशाह के चरित्र और सिद्धान्तों का वर्णन हैं। इस महाकाव्य का निर्माण कवि ने जैनाचार्य घासीलाल महोदय की प्रेरणा से किया है, किंतु उनके किसी भक्त या शिष्य ने इस कृति को उनके नाम से ही प्रकाशित करवा दिया। मूलतः इसके रचयिता पं. मूलचन्द शास्त्री है। प्रशस्ति और मंगलकामना के रूप में जैनाचार्य घासीलाल महाराज का नाम प्रत्येक सर्ग के अन्त में दिया गया है, किन्तु इससे यह द्योतित नहीं होता है कि इस महाकाव्य के रचयिता घासीलाल ही है। यथा -

घासिलालः मुनीन्द्रास्ते, सन्तः सन्तु हितावहाः।
यच्छुभप्रेरणां प्राप्य निर्मितं चरितं ह्यदः।।[7]

(वे मुनिराज घासीलाल महाराज सब के हितकारक हों कि जिनकी शुभ प्रेरणा से यह चरित्र निर्मित किया गया है।)

इससे स्पष्ट होता है कि इस महाकाव्य की रचना घासीलाल जी महाराज की प्रेरणा से हुई है, किन्तु वह इसके कर्ता नहीं है। इसके कृतिकार के विषय में पं. मूलचन्द ने स्वयं के नाम का स्पष्ट उल्लेख नहीं किया, किन्तु उनकी स्वयं की कृति 'वचनदूतम्' काव्य में लिखा है कि इस काव्य के निर्माण से पहले मैंने संस्कृत में श्रीलोकाशाहचरितम् महाकाव्य भी लिखा था जो 14 सर्गों में निबद्ध है। वाराणसी संस्कृत विश्वविद्यालय के साहित्य-विभाग के वरिष्ठ आचार्य पं. श्री शिवजी उपाध्याय ने इसके 7 सर्गों का निरीक्षण कर अनेक शुभाशीर्वादों से इसे अनुगृहीत किया।[8] यहाँ स्पष्ट हो जाता है कि श्रीलोकाशाहचरितम् महाकाव्य के रचयिता पं. मूलचन्द है और वचनदूतम् से पूर्व आपने इसकी रचना की थी।

कवि की पत्नी का नाम 'मनवा' था। 'मनवा' इस नाम का उल्लेख कवि ने अनेक बार किया है। श्रीलोकाशाहचरितम् के अष्टम सर्ग में सेठ गुणपाल की पत्नी को उपमेय और अपनी पत्नी को उपमान बनाते हुए लिखते हैं कि -

कृष्णस्य लक्ष्मीरिव भामिनी मे मन्वेव भार्याऽथ बभूव तस्य।
रतिःस्मरस्यापि च शंकरस्यापर्णेव सौभाग्यवती गुणश्रीः।।[9]

(कृष्ण की पत्नी लक्ष्मी के समान, मेरी पत्नी मनवा के समान काम की पत्नी रति के समान और शंकर की पत्नी पार्वती के समान उस सेठ के सौभाग्यशालिनी धर्मपत्नी गुणश्री थी।)

वर्धमानचम्पू में भी उन्होंने लिखा है- **'श्रीमूलचन्दविदुषा मनवावरेण।'**[10]

आप्तमीमांसा की हिन्दी व्याख्या के अन्त में 37 वें श्लोक में भी आपने स्वयं का परिचय देते हुए आपने अपनी पत्नी का नाम 'मनवा' बताया है-

'श्रेयोऽर्धभागिनी मेऽस्तु गृहिणी मनवाऽभिधा।
निराकुलं कृतं चित्तं ययाऽगारव्यवस्था।।'[11]

श्रीलोकाशाहचरितम् घासीलाल जी की कृति न होकर पं. मूलचन्द शास्त्री की कृति है। इस सम्बन्ध में प्रो. धर्मचन्द जैन ने अपने आलेख में स्पष्टतः लिखा है-

"अस्य महाकाव्यस्य निर्माणं कविना जैनाचार्यघासिलालमहोदयानां प्रेरणया कृतं किन्तु विस्मयकरमिदं यदस्य महाकाव्यस्य प्रकाशनं ईसवीये 1983 तमे वर्षे जैनाचार्यघासिलालमहोदयस्तु तदा नासीत् भूमौ किन्तु तस्य शिष्यैः भक्तैर्वा एतत् कारितम्। श्रीलोंकाशाहचरितमहाकाव्यस्य वास्तविकः रचयिता पं. मूलचन्द्रो वर्तते इति नेकप्रमाणैः पुष्यते। प्रशस्तिरूपेण मंगलकामनारूपेण च जैनाचार्यघासिलालमहाराजमहोदस्य नाम प्रत्येकसर्गस्यान्ते गृहीतं किन्तु तत्र नेदं द्योत्यते यदस्य महाकाव्यस्य रचयिता जैनाचार्यघासिलालमहाराजो विद्यते।"[12] इस प्रकार बाह्य और आन्तरिक प्रमाणों से यह सिद्ध होता है कि श्रीलोकशाहचरितम् महाकाव्य के रचयिता पं. मूलचन्द शास्त्री ही है। जैनाचार्य घासीलाल महाराज का नाम का प्रकाशन त्रुटिस्वरूप हुआ है।

श्रीलोकाशाहचरितम् महाकाव्य, महाकाव्य के लक्षणों का यथाशक्य निर्वाह करता है। इसका अंगीरस शान्तरस है, किन्तु शृंगार-हास्यादि रसों का भी यथावसर संयोजन देखने को मिलता है। प्रसाद और माधुर्य गुणों का तथा वैदर्भी और पाञ्चाली रीति का सन्निधान किया गया है।

जैनधर्मदर्शन का प्रतिपादक यह महाकाव्य वैराग्य का उपदेश देकर सहृदयों को रसास्वादन भी कराता है। प्रकृतिवर्णन में भी कवि को पटुता हासिल है। प्रकृति का स्वाभाविक वर्णन आपने इस प्रकार किया है-

लताप्रतानैः प्रततप्रसूनैर्जलोद्गमैर्यन्त्र चयैर्विचित्रैः।
पतत्त्रिपातोत्थचलतरङ्गैः कुल्या कुलैर्हंसरथाङ्गैयूथैः।।[13]

(उन राजमहलों में छोटे-छोटे बगीचे हैं जो क्रीडा के स्थान बने रहते हैं इनमें लताएं हैं जो पुष्पों से लदी रहती हैं, विचित्र प्रकार के जलयंत्र हैं, जिनमें पानी निकलता रहता है। छोटी-छोटी बनावटी नदियाँ हैं, जिनमें पक्षियों के उतरने पर चञ्चल तरग्डें उठती रहती हैं। हंस और चकवाचकवी वहां बैठे रहते हैं।)

यह कवि संस्कृतवाङ्मय के पूर्वप्रसिद्ध कवियों से प्रभावित है। इन्होंने कालिदास का उपमा प्रयोग, भारवि का अर्थगौरव तथा दण्डी का पदलालित्य का अपने काव्य में प्रयोग करने का प्रयास किया है। उपमालंकार का प्रयोग यथा -

नयेन नीतिर्विनयेन विद्या ज्ञानं च रुच्या रमयेव विष्णुः।
पुष्पश्रिया वा विटपीव तत्र तया ह्यसौ तेन च सा रराज।।[14]

(जिस प्रकार नय से नीति, विनय से विद्या, रुचि (श्रद्धा) से सम्यग्ज्ञान, रमा से विष्णु और पुष्पश्री से वृक्ष परस्पर में सुहावने लगते हैं, उसी प्रकार गंगा-देवी से हेमचन्द्र सेठ और हेमचन्द्रजी सेठ से गंगा देवी सुशोभित हुई।)

यहाँ पर उपमालंकार का प्रयोग मालोपमा के रूप में करते हुए कवि ने अपनी प्रतिभा प्रकट की है। कवि ने रूपक-सांगरूपक-अपह्नुति-व्यतिरेक-उदाहरण-दृष्टान्त -अर्थान्तरन्यास-विभावनादि अलंकारों का भी समुचित प्रयोग किया है।

श्रीलोकाशाहचरितम् में कवि ने संक्षिप्त वृत्तान्त को अपनी कल्पना और प्रतिभा चमत्कार से महाकाव्य के रूप में वर्णित किया है। कवि ने इस काव्य में पहेलियों का भी समावेश किया है, यथा-

उवाच काचित्सखि! देहि मे त्वं समुत्तरं व्योम्नि च तस्य पादः।
एको भवेन्निम्नगतास्त्रयश्च मेघं विना वर्षति वारि कः? श्वा।।[16]

(एक सखी ने गंगा से पूछा - हे सखि! तुम मेरे प्रश्न का उत्तर दो- ऐसा कौनसा जीव है, जिसका एक पैर आकाश में होता है और तीन पैर जमीन पर रहते हैं। तब उससे पानी बरसता है, फिर भी वह मेघ नहीं है, तब उत्तर में गंगा कहती है - श्वान)

इससे कवि के हास्यरस में परिपूर्ण मनोविनोदी स्वभाव का भी दर्शन होता है। इस प्रकार चतुर्दश सर्गों में निबद्ध यह महाकाव्यों की माला की मणि के रूप में सुशोभित होता है, इसमें कोई सन्देह नहीं है।

2. वचनदूतम् :-

संस्कृत साहित्य में आदिकाल से लेकर आज तक सन्देश भेजने की परम्परा किसी न किसी रूप में प्रचलित है। दूतकाव्य परम्परा में कालिदास विरचित मेघदूतम् को सर्वप्राचीन माना जाता है। तदनन्तर घटकर्पर पवनदूतादि प्रसिद्ध दूतकाव्य की रचना हुई। जैनदर्शन में भी संदेशकाव्यों की दीर्घपरम्परा है। सर्वप्रथम आठवीं शताब्दी में जिनसेन द्वारा तीर्थंकर पार्श्वनाथ के जीवनचरित्र को आधार बनाकर 'पार्श्वाभ्युदय' नामक संदेश काव्य की रचना हुई। इसमें 'मेघदूतम्' के प्रत्येक चरण का आश्रय लेकर ललित पदावली में तथा सुकुमार कल्पनाओं में चित्रित किया गया है। पन्द्रहवीं शताब्दी में विक्रम कवि ने 'नेमिदूत' काव्य का प्रणयन किया। इस परम्परा में नेमिदूत, शीलदूत, चेतोदूत, चन्द्रदूत आदि की रचना हुई।

इसी परम्परा में पं. मूलचन्द जैन शास्त्री ने वचनदूतम् काव्य की रचना की जो कई दृष्टियों से उल्लेखनीय है। यह केवल परम्परा की उद्धरणी मात्र न रहकर काव्य रचना के कुछ विशिष्ट तत्त्वों से समाहित हैं।

वचनदूतम् पर आधारित इस काव्य की कथावस्तु का आधार 'नेमिदूत' है। इस वैराग्यकथा को पूर्ण प्रेम में सराबोर 'मेघदूतम्' के भावों तथा शैली के अनुरूप ढालने का महत्त्वपूर्ण सर्जना का कार्य प्रस्तुत कृति में लक्षित होता है। इसमें रंचमात्र भी संदेह नहीं है कि कवि ने दोहरी काव्यरचना की प्रक्रिया को सम्पादित किया है।

वचनदूतम् 151 श्लोकों से संवलित एक लघुकाव्य है, जिसमें पूर्वार्द्ध में ध्यानस्थ नेमि के निकट राजुल की वेदना का वर्णन 67 श्लोकों में तथा उत्तरार्द्ध में 84 पद्यों में राजुल के हताश होकर गिरि से लौट आने का समाचार सुनकर माता-पिता तथा सखियों के द्वारा प्रकट की गयी परिस्थितिजन्य वेदना अंकित है। दो खण्डों में जैन प्रबन्ध-कारिणी, कमेटी, जयपुर से प्रकाशित इस खण्डकाव्य में राजुल विविध दृष्टान्तों तथा अन्योक्तियों के माध्यम से प्रणय निवेदन करती है। चित्ताकर्षक भावाभिव्यञ्जना कहीं कहीं कालिदास के मेघदूतम का स्मरण कराती है। उदाहरण के लिए 'मेघदूतम्' में यक्ष मेघ को सन्देश देता हुआ बताता है कि कृषि का फल तुम्हारे अधीन है। इसी प्रकार से प्रस्तुत काव्य में राजीमति अपने जीवन के आधार प्राणनाथ की शरण को प्राप्त होती हुई कहती है-

''तस्माद्गन्तुं प्रयततु भवान् सर्वथेमां विरक्तिम्,
हित्वा ज्ञात्वा विरहविधुरां मामनाथां, विलम्बम्।
मा कार्षीस्त्वं त्वमसि शरणं मे प्रभो! मावमंस्थाः,

किञ्चित्पश्चाद् व्रज लघुगतिर्भूय एवोत्तरेण।।"

(आप इस विरक्ति को छोड़कर चलने का प्रयत्न करें, क्योंकि आपके बिना मैं दुःखित हो रही हूँ, आपके सिवाय मेरा और कोई नाथ नहीं है, अब आप चलने में विलम्ब न करें एवं मुझे शरण दें। मेरा तिरस्कार करना आपको शोभा नहीं देता। इसीलिये जैसे यहां आप आये हो वैसे ही शीघ्र पुनः उत्तर दिशा से ही आप वापस चलो।)

वचनदूतम् काव्य का सर्वाधिक वैशिष्ट्य यह भी है कि मेघदूतम् सदृश शृंगार रस प्रधान काव्य पर आधारित होकर भी यह करुण रस प्रधान है। यह इस काव्य का विचित्र वैशिष्ट्य है, करुण रस का उदाहरण, यथा -

याचेऽहं त्वां कुरु मयि दयां पश्य मां कीदृशी मे,
दुःखोद्रेकाद्विरहजनितादुर्दशा हा! बभूव।
चिन्ताक्लान्ता तनुरपि हहा! क्षामतामेत्यतोऽसौ,
कार्श्यं येन त्यजति विधिना स त्वयैवोपपाद्यः।।[17]

(हे नाथ! मैं आपसे यही भीख मांगती हूँ कि आप मुझ पर दया करें और मेरी ओर निहारें। देखिये विरहजनित दुःख ने मेरी कैसी दुर्दशा कर दी है, चिन्ता से मुर्झाया हुआ यह शरीर दिन-प्रतिदिन और अधिक कृश होता जा रहा है, इसलिये जैसे भी हो ऐसा उपाय करो कि जिससे यह अपनी कृशता को छोड़ दे।)

भारतीय समाज में पति के बिना पत्नी की लोकयात्रा कष्टकारी और क्लेशपूर्ण हो जाती है। राजीमति निर्दोष थी। नेमिनाथ भोजन के लिए बंधे हुए पशुओं को देखकर विवाह का विचार त्याग देते हैं और गिरनार गिरि जाकर ध्यानस्थ हो जाते हैं, किन्तु निर्दोष राजीमति यह स्वीकार नहीं कर पाती है और पुनः पुनः अपने दुःख को प्रकट करती है, किन्तु दयालु नेमिनाथ तब निर्दय हो जाते हैं और राजीमति कहती है-

"याञ्चा मोघा वरमधिगुणे नाधमे लब्धकामा।[18]

(अपने से महान् व्यक्ति से भीख मांगना बुरा नहीं है, चाहे वह असफल भी क्यों न हो जाये, परन्तु सफलता प्राप्त होने पर भी ओछे व्यक्ति से भीख-मांगना अच्छा नहीं है।)

कवि नेमिनाथ और राजीमति के स्नेहबन्धन का कारण पूर्वजन्म का वासनाजन्य संस्कार मानते हैं -

"पूर्वस्नेहस्मृतिवशभवप्रेमलीनान्तरङ्गा।[19]

(हे नाथ! कहां तो मैं आपके पूर्वभवीय स्नेह की स्मृति के वश आपके मोह में फंसी हुई हूँ।) इसमें जहाँ स्वाभाविक कारण प्रस्तुत किया गया है, वहीं राजीमति की पूर्ण विवशता का भी सटीक चित्रण किया गया है। माना जाता है कि पूर्व जन्मों से उन दोनों में सम्बन्ध था। नेमिनाथ इस जन्म में अरिष्टनेमि नामक जैन धर्म के 22वें तीर्थंकर के रूप में हुए हैं। इसलिए राजीमति को छोड़कर आत्मस्वरूप के ज्ञान में संलग्न हो जाते हैं। राजीमति भी उनका अनुसरण करती है और साध्वी बन जाती है। अतः वह मुक्ति को अपनी सपत्नी स्वीकार करके साहसिक वीरता का परिचय प्रस्तुत करती हुई नेमिनाथ से कहती है-

मुक्तिश्चेत्ते प्रियसहचरी नाथ! नास्मीह रुष्टा,
आगच्छेत्त्वां वरितुमिह सा तामहं स्तौमि नौमि।।[20]

(हे मेरे प्यारे नाथ! यदि आप अपने साथ मुक्ति को ही रखना चाहते हो तो रखे, इसके लिए मन में थोड़ा सा भी मुझे रोष नहीं है। वह खुशी से आपको वरण करने आवे। मैं स्वयं उसकी स्तुति करूँगी एवं उसे नमन करूँगी।) कोमलाग्ड़ी राजीमति का इस कथन द्वारा वीररस का आस्वादन होता है।

मुख्य रूप से काव्य में राजीमति का वियोग-वर्णन किया गया है और कवि ने भावों को पूर्णरूप से चित्रित किया है, यथा - राजीमति अपनी स्नेहवृत्ति को सूचित करती हुई नेमिकुमार से निवेदन करती है-

जानासि त्वं नव-भवमितात् कालतः संगमं नौ,
अस्नेहः किंकृत इति भवे वर्तमानेऽस्ति तेऽयम्।
कृच्छ्प्राप्तां सुखयतु भवान् सर्वथा शक्तिशाली,
आपन्नार्त्तिप्रशमनफलाः सम्पदो ह्युत्तमानाम्।।[21]

(हे नाथ! यह बात तो आप जानते ही हैं कि हमारा और आपका संगम नौ भवों से चला आ रहा है, फिर इस वर्तमान भव में जो आपको यह मेरे प्रति अस्नेह हो गया है उसका क्या कारण है? आप सर्वप्रकार से शक्तिशाली हैं, अतः दुःख में पतित मुझे आप सुखी बनायें, क्योंकि उत्तम जनों की जो सम्पत्तियाँ हैं, वे क्लेशित जनों की आपत्ति को हरण करने वाली होती हैं।) इस प्रकार की स्वाभाविक तथा अर्थान्तरन्यास गर्भित उक्तियों से यह काव्य पूर्ण रूप से व्याप्त हैं।

कवि मूलचन्द जी ने प्रकृति वर्णन प्रयोग में भी अपनी प्रतिभा का प्रयोग किया है। विविध अलंकारों का कुशलतापूर्वक प्रयोग किया है। कविवर का 'वचनदूतम्' कालिदास के 'कुमारसम्भवम्' का भी अनुसरण करता है किन्तु कुमारसंभवम् में पार्वती शिव को प्राप्त करने में सफल हो जाती है, जबकि इसमें राजीमति नेमिनाथ को प्राप्त नहीं कर पाती।

जैनकाव्यों की यह विशेषता रही है कि इनमें वैराग्य, दीक्षा और मुक्ति आदि का वर्णन प्रमुखतया होता है, आसक्ति, योग, शृंगारादि का गौण रूप से। 'वचनदूतम्' में भी यही द्रष्टव्य है।

वचनदूतम् की भाषा प्रसादगुण से संवलित है। कहीं-कहीं समासबहुलता का प्रयोग दिखाई देता है, परन्तु उसमें दुर्बोधता नहीं है। वैदर्भीरीति का संयोजन है। कवि की कल्पनाएं विचित्र हैं, परन्तु कवि पर किसी का अंकुश नहीं होता।

संक्षेप में 'वचनदूतम्' रचना इस युग में भी महत्त्व रखती है। नारी-चित्रण की विशिष्टताओं के साथ ही एक उत्तम काव्य की विशेषताओं से सम्पन्न है।

3. वर्धमान-चम्पू :-

गद्यपद्यात्मक इस चम्पूकाव्य में कवि ने 24वें तीर्थंकर महावीर स्वामी के "पांचों कल्याणकों[22] को काव्यात्मक भाषा में चित्रित किया है। आठ स्तबकों में विभाजित यह ग्रन्थ जैन विद्यासंस्थान से महावीर कीर्ति के द्वारा प्रकाशित है। महावीर स्वामी का बाल्यावस्था का नाम वर्धमान था, अतः कवि द्वारा चम्पूकाव्य का अभिधान 'वर्धमानचम्पू' समीचीन प्रतीत होता है। इस ग्रन्थ का सबसे बड़ा वैशिष्ट्य यह है कि कवि ने परम्परा से हटकर बुराई में भी अच्छाई देखी, दुर्जनों की निन्दा नहीं की। उन्होंने कांच और मणि का दृष्टान्त देकर कहा है कि जैसे कांच के सद्भाव में ही मणि की प्रतिष्ठा है, उसी प्रकार दुर्जनों का सद्भाव कवि की प्रसिद्धि के लिए अपेक्षित है-

कविप्रकाशे खल एव हेतुर्यतश्च तस्मिन् सति तत्प्रकर्षः।
काचं विना नैव कदापि कुत्र मणेः प्रतिष्ठा भवतीति सम्यक्।।[23]

(कविजन जो प्रसिद्धि पाते हैं उसमें कारण दुर्जनों का स्वभाव ही है, क्योंकि उनके होने पर ही उनका प्रकर्ष होता है। सच है- यदि कांच न होता, तो मणि की प्रतिष्ठा नहीं होती अतः मणि की प्रतिष्ठा में जैसे कांच कारण बनता है उसी प्रकार कवि की प्रतिष्ठा में दुर्जन कारण बनता है।)

संस्कृत साहित्य में सम्प्रति चम्पूकाव्यों की संख्या न्यून है, अतः कविमूलचन्दजी ने वर्धमानचम्पू काव्य की रचना कर उसमें वृद्धि की है।

चम्पूकाव्य गद्यपद्यमय होता है अतः इसमें द्विविधा रसानुभूति होती है। जीवन्धर-चम्पू के रचयिता हरिश्चन्द्र-चम्पू को बाल्य और तारुण्य की सन्धि-स्थल में विद्यमान किशोरी कन्या के समान अधिक रसोत्पादक मानते हैं।

गद्यावली पद्यपरम्परा च प्रत्येकमप्यावहति प्रमोदम्।
हर्षप्रकर्षं तनुते मिलित्वा द्राक् बाल्यतारुण्यवतीव कन्या।।

रामायण-चम्पू के प्रणेता भोजराज गद्य-समन्वित पद्य सूक्ति को वाद्य से युक्त गायन के समान मानते हैं-

गद्यानुबन्धरसंमिश्रितपद्यसूक्ति-
र्हृद्या हि वाद्य-कलया कलितेव गीतिः।[25]

चम्पू के रचयिताओं की दृष्टि में चम्पू एक विलक्षण आनन्द की सृष्टि करता है, जो न गद्य काव्य के द्वारा जन्य है और न पद्य काव्य के द्वारा उद्भाव्य है। इस काव्य में सर्वप्रथम वर्धमान के जन्म के समय की भारतदशा का वर्णन किया गया है। उसके बाद जम्बूद्वीप-भरतक्षेत्र और वैशालीनगरी का वर्णन है। वर्धमान के जन्म से लेकर निर्वाणपर्यन्त सम्पूर्णनिरूपण सुरुचिपूर्ण है। भगवान् महावीर के जन्मकाल तक हिंसा का वातावरण था। 'यज्ञार्थं पशवः सृष्टाः', 'अजैर्यष्टव्यम्' इत्यादि वेदवाक्यों से यज्ञ में निरीहपशुओं की बलि दी जाती थी। उस समय ज्ञान के दीपक की महती आवश्यकता थी। वस्तुतः धर्माधर्मविवेक से जब हानि होती है, तब महात्मा का जन्म होता है-

धर्माधर्मविवेकेन, हीनानां धर्मलोपिनाम्।
सद्धर्मशिक्षकः कश्चिन्, महात्मा जायते ध्रुवम्।।[26]

(धर्म-अधर्म के विवेक से रहित है एवं धर्मविध्वंसक है, ऐसे आततायियों को सद्धर्म की शिक्षा देनेवाला कोई न कोई महात्मा इस संसार में समयानुसार जन्म धारण करता ही है।)

वर्धमानचम्पूकाव्य की भाषा प्रांजल है। शैली प्रौढ़ और आकर्षक है। उनकी शैली का निदर्शन वैशालीनगरी का वर्णन प्रस्तुत करते हुए होता है-

सौधा मयङ्कोपलललालितेलाः, प्रोत्तुङ्गभृङ्गैः परितः परीताः।
विधूद्गमे मुक्तपयःप्रवाहाः, हिमालयस्येव सुखण्डमालाः।।[27]

(चन्द्रकान्तमणियां खचित थी। इनके शिखर बड़े उन्नत थे। अतः जब रात्रि के समय चन्द्रमा का उदय होता, तब इनसे पानी का प्रवाह झरने लगता है। इसलिए ऐसा लगता है कि ये सौध नहीं है, बल्कि हिमालय के खण्ड ही है।) यहाँ पर सौध का वर्णन कवि कल्पना के साथ-साथ कवि की भाषा-शैली पर भी प्रकाश डालता है।

वर्धमान-चम्पूकाव्य कवि की वृद्धावस्था की अन्तिम कृति है। इस काव्य की सफलता के लिए कवि स्वयं विश्वस्त थे और उत्त्थानिका में उन्होंने स्वयं लिखा है-

यथाजनं नेत्रगतं तरुण्याः विलासवत्याश्च यथांगहारः।
धिनोति धिन्विष्यति काव्यमेतन्नव्यं मदीयं च तथैव धीरान्।।[28]

(जिस प्रकार तरुणी के नयनों से लगा अंजन एवं विलासवती नारी का अंगहार-अंगविक्षेप अच्छे-अच्छे धीरों को भी चंचलचित्त वाला बना देता है, उसी प्रकार मेरा यह नवीन काव्य भी रसिकजनों को चमत्कृत कर देगा।)

इस काव्य में कवि ने काव्य के शोभा बढ़ाने वाले अलंकारों की सुन्दर योजना प्रस्तुत की है। अलंकारों का प्रचुरता से प्रयोग किया है। उपमा-रूपक-श्लेष-यमक-अनुप्रास आदि विविधालंकारों का प्रयोग करके काव्य की शोभा में वृद्धि की है, जैसे - उपमालंकार का प्रयोग-

"काचान्तर्गा रवेः किरणाः, केन्द्रिता दाहका यथा।
तपोभिः केन्द्रिता आत्मशक्तयः कर्मदाहकाः।।"[29]

(कांच के अन्तर्गत हुई ज्येष्ठ मास के सूर्य की किरणें केन्द्रित होकर जैसे नीचे रखे हुए तूल आदि को जला देती है, उसी प्रकार तपस्या से केन्द्रित हुई आत्मशक्तियां भी कर्मरूप शत्रुओं को नष्ट कर देती हैं।) जैन दर्शन में तपशक्ति का निरूपण करते हुए कवि यह प्रतिपादित कर रहे हैं कि पूर्वसंचित कर्मों को तप वैसे ही विनष्ट कर देता है जैसे कांच के अन्तर्गत किरणें प्रज्वलित होकर वस्तु को नष्ट कर देती हैं। निश्चय ही यह उपमा का अद्भुत प्रयोग है।

इस काव्य के गद्यभाग में बाणभट्ट की श्लेषयुक्त पदरचना का अनुसरण करते हुए कवि ने भी श्लेष अलंकार का प्रयोग किया है जो दर्शनीय है-

'शासितारौ तस्मिन् सिद्धार्थे युवतिनारीमिव वसुमतीं वसुमतीं शासति सति नाभावेवाधोधरत्वं, आरोपितचापेष्वेवापरापकृतित्वं शातोदरीणामुदरेष्वेव नास्तित्वं, कुचेष्वेव कृष्णाननत्वं, नेत्रपक्ष्मस्वेव निपातित्वं, रम्भास्तम्भेव निःसारत्वं, भ्रमरेष्वेव गन्धापहार्त्विं परं व्यवस्थितामासीन्न प्रजाजनेषु।'[30]

यहां पर अधोधरत्वं, अपहारित्वत्र्च, नास्तित्वं, कृष्णाननत्वं निपातित्वं, निःसारत्वं, अपहारित्वत्र्च पद श्लेष-अलंकार युक्त है। यमक और अनुप्रास अलंकार का प्रयोग भी कवि ने अत्यन्त सुन्दर रूप में किया है। अलंकारों के प्रयोगों के साथ-साथ कवि रस-वर्णन में भी निपुण हैं। शृंगार-हास्य-करुण-शान्तादि रसों का प्रयोग कवि ने मुख्य रूप से किया है। सौन्दर्यवर्णन में कवि प्राचीन कवियों से न्यून नहीं है। वैशालीनगरी की स्त्रियों का सौन्दर्य-वर्णन कवि ने अत्यन्त सुन्दरता के साथ किया है-

लावण्यतारुण्यभारावनम्राः, कृशाङ्गकान्ता तरलास्तरुण्यः।
यत्र स्खलद्भिश्च पदै प्रयान्त्यो, वहन्ति नो भूषणभूरिभारम्।।[31]

(इनमें रहने वाली तरुणियां भूषण इसलिए नहीं पहनती हैं कि जब हमसे लावण्य एवं तारुण्य का भार ही वहन नहीं होता है, तो भूषणों का भार कैसे सहन हो सकेगा।)

युवतियाँ आभूषण इसलिए धारण नहीं करती, क्योंकि उनसे लावण्य और तारुण्य का भार ही वहन नहीं होता। यहां आभूषणों से तारुण्य और लावण्य का अधिक महत्त्व स्थापित किया है। वैशालीनगरी की स्त्रियां सौन्दर्य से परिपूर्ण तो हैं ही साथ ही साथ साहित्य, संगीत और कलाओं में प्रवीण तथा प्रमाण-प्रमेय व्यवहार की ज्ञाता भी हैं। बाह्य सौन्दर्य के साथ-साथ आन्तरिक सौन्दर्य का योग कहीं-कहीं देखने को मिलता है, किन्तु वैशाली में बाह्य और आन्तरिक सौन्दर्य का योग है। यहां की स्त्रियाँ धैर्य, क्षमाशील, दया, प्रेम, प्रमोद, मैत्र्यादि गुणों से संवलित हैं।

इस चम्पूकाव्य में साहित्यिक सौन्दर्य के साथ-साथ कवि ने जैन-सिद्धान्तों का दार्शनिक मन्तव्य भी स्पष्ट किया है। संसार की असारता एवं सम्बन्धों की नश्वरता का प्रतिपादन करते हुए तीर्थंकर वर्धमान के मुख से समस्त-सम्बन्धों की असारता का दिग्दर्शन कराया गया है-

न कोऽपि कस्यास्ति सुतो न माता भ्राता पिता मोहनृपस्य लीला।
सम्बन्धबन्धा निखिला इमेऽत्र भूतार्थदृष्ट्या स्वयमेक एव।।[32]

(इस संसार में न कोई किसी की माता है न कोई किसी का पिता, न कोई किसी का पुत्र है न कोई किसी का भाई, ये जितने भी सम्बन्ध हैं वह सब मोह की लीला-तमाशे रूप ही है। यथार्थ दृष्टि से विचार करने पर तो यह आत्मा स्वयं अकेला ही है।)

वर्धमान महावीर द्वारा कैवल्य प्राप्ति का सुन्दर वर्णन किया गया है। जैसे-जैसे तपस्या प्रकर्षवती होती है वैसे-वैसे संचित कर्म विघटित होते जाते हैं और कैवल्य की प्राप्ति हो जाती है -

यथा समिद्धमिन्धनं प्रदह्यतेऽग्निना स्वयं तथैव कर्म संचितं प्रदह्यते तपस्यया।
मुमुक्षुभिः प्रकर्षतः शुभाशयेन सर्वदा यथा यथा प्रसेव्यते प्रदह्यतेऽर्जितो विधिः।।[33]

(जिस प्रकार ईंधन का ढेर अग्नि के द्वारा जला दिया जाता है, उसी प्रकार तपस्या के द्वारा आत्मा में संचित हुए कर्म जला दिये जाते हैं- आत्मा के साथ संयोग सम्बन्ध होने से पृथक् कर दिये जाते हैं। अतः मुमुक्षुजन का कर्तव्य है कि वह विशिष्ट पुरुषार्थ के साथ सद्भावों से सर्वदा तपस्या की आराधना करें, क्योंकि जैसे-जैसे तपस्या प्रकर्षवती होती जाएगी वैसे-वैसे संचित कर्म विघटित होते जायेंगे।)

जिस प्रकार मलविहीन पदार्थ में विशुद्धता आ जाती है, उसी प्रकार कर्मविहीन आत्मा में भी विशुद्धता आ जाती है। कवि ने श्री महावीर स्वामी के धर्मोपदेशकत्व, धर्मप्रचारत्व एवं जनमानस के मोहान्धकार के नाश का सुरुचिपूर्ण चित्रण किया है। भारतीय धर्म में विशेषतः जैनधर्म में, अहिंसा पर विशेष बल दिया गया है। कवि की मान्यता है कि-

प्राणाः प्रियाः स्वस्य यथा भवन्ति, भवन्ति तेऽन्यस्य तथैव जन्तोः।
इत्थं परिज्ञाय न हिंसनीयाः, प्राणाः परेषां हितकांक्षिणा ना।।[34]

(जैसे जीवों को अपने प्राण प्यारे होते हैं, वैसे ही वे अन्य जीवों को भी प्यारे होते हैं, ऐसा मानकर आत्म-हितैषी मनुष्य को दूसरे जीवों की हिंसा नहीं करना चाहिए।)

प्रत्येक स्तबक के अन्त में कवि ने अपने परिवार का परिचय दिया है। गुरु अम्बादास के उपकार के प्रति भी कृतज्ञता ज्ञापित की है। माता के प्रति विशेष श्रद्धा प्रदर्शित की है। चारों पुत्रों और पुत्रियों का नामोल्लेख भी क्रमानुसार किया है। शास्त्रीजी अपनी पत्नी मनवा को प्रेरणादायिनी मानते हैं। उनकी पत्नी का नाम 'मनवा' था, यथा -

खुशालचन्द्रजनकेन विनिर्मितेऽस्मिन्,
श्रीमूलचन्द-विदुषा मनवावरेण।
आद्यो गतः स्तबक एष मनोमुदे स्यात्, स्वर्गं गतस्य जननीजनकस्य तावत्।।[35]

(खुशालचन्द के पिता, मनवादेवी के पति मूलचन्द के द्वारा विरचित वर्धमानचम्पू प्रबन्ध का यह प्रथम स्तबक हुआ। दिवंगत मेरे जननी-जनक के लिए यह आननंदकर्ता हो।) काव्य के अन्त में कविवर शास्त्री जी ने अपने काव्य के पठन-पाठन की शाश्वतिक मनीषा की कामना की है और कहा है कि -

यावद्राजति शासनं जिनपतेर्यावच्च गंगाजलम्,
यावच्चन्द्रदिवाकरौ वितनुतः स्वीयां गतिं चाम्बरे।
तावद्राजतु काव्यमत्र भुवि मे विद्वत्सभायां जनैः,
हृद्यं सद्धृदयैरहर्निशमिदं पापद्यमानं।।[36]

(जब तक जैनधर्म का प्रचार-प्रसार होता रहेगा, जब तक मन्दाकिनी का जल प्रवाहित होता रहेगा, जब तक सूर्य और चन्द्रमा क्षितितल को प्रकाशित करते रहेंगे, तब तक विद्वत्सभा में प्रकृत वर्धमान चम्पू-काव्य को सहृदय रसिकगण निरन्तर पढ़ते पढ़ाते रहेंगें।)

इस प्रकार स्वयंसिद्ध है कि कविवर पं. मूलचन्द शास्त्री जी ने अपने काव्यों में प्रसाद, माधुर्यादि गुण-गुणित वैदर्भी रीति तथा श्रृंगार-हास्य-करुण-शांतादि रसों की सुकोमल अभिव्यक्तिके प्रदर्शन के साथ ही यमक-रूपक, उत्प्रेक्षा-श्लेष एवं अनुप्रासादि अलंकारों का यथास्थान प्रयोग कर अपने काव्य को उत्कृष्ट श्रेणी में रखा है। निःसन्देह राजस्थान के स्वातांत्र्योत्तरकालीन साहित्य में जो कविगण हुए उनमें पं. मूलचन्द शास्त्री जी का नाम विशेष रूप से उल्लेखनीय है।

संदर्भ :-

1 श्रीलोकाशाहचरितम्, सर्ग 8, श्लोक संख्या 38, पृ. 228 वर्धमानचम्पू, प्रथम स्तबक, श्लोक संख्या 69, पृ. 51
2 वचनदूतम्, आद्यवक्तव्य – ग
3 वर्धमानचम्पू – प्रस्तावना, पृ. 6
4 संस्कृत-वाङ्मय का बृहद् इतिहास, सप्तम् खण्ड, पृ. 699
5 श्रीलोकाशाहचरितम्, सर्ग सं. 7, श्लोक संख्या 76, पृ. 215
6 वर्धमान चम्पू, पृ. 16
7 श्रीलोकाशाहचरितम् – सर्ग 14, श्लोक संख्या 156, पृ. 455
8 द्रष्टव्यम्, वचनदूतम्, आद्यव्यक्तव्यः – पृ. 'ग'
9 श्रीलोकाशाचरितम् – सर्ग 8, श्लोक संख्या 38, पृ. 228
10 वर्धमानचम्पू, प्रथम स्तबक, श्लोक संख्या 69, पृ. 51
11 आप्तमीमांसा, श्लोक संख्या 37
12 ''द्रष्टव्यम् स्वरमगड्ला'' (त्रैमासिकी संस्कृत पत्रिका) सितम्बर-दिसम्बर 1990, प्रकाशिका-राजस्थान संस्कृत अकादमी, जयपुर- जैनकवि-पं मूलचन्द्रशास्त्रिणः काव्यमनीषा- डॉ. धर्मचन्द जैन, पृ. 37
13 श्रीलोंकाशाहचरितम्, सर्ग 2, श्लोक 21, पृ. 42
14 श्रीलोंकाशाहचरितम्, सर्ग 3, श्लोक 92, पृ. 89
15 श्रीलोंकाशाहचरितम्, सर्ग 9, श्लोक 14, पृ. 269
16 वचनदूतम् पूर्वार्द्ध, श्लोक सं. 16, पृ. 16
17 वचनदूतम्, पूर्वार्द्ध, श्लोक सं. 27, पृ. 29
18 वचनदूतम्, पूर्वार्द्ध, श्लोक सं. 6, पृ. 5
19 वचनदूतम्, पूर्वार्द्ध, श्लोक सं. 17, पृ. 17
20 वचनदूतम्, पूर्वार्द्ध, श्लोक सं. 59, पृ. 66
21 वचनदूतम्, पूर्वार्द्ध, श्लोक सं. 51, पृ. 57
22 पंच कल्याण- 1. गर्भकल्याण, 2. जन्मकल्याण, 3. दीक्षाकल्याण, 4. ज्ञानकल्याण, 5. मोक्षकल्याण। -वर्धमानचम्पू, अष्टम स्तबक/पृ.-173
23 वर्धमानचम्पू, प्रथम स्तबक, श्लोक सं. 21, पृ. 8
24 जीवन्धरचम्पू 109
25 चम्पूरामायण 1.3
26 वधर्मानचम्पू, 1.17, पृ. 23
27 वधर्मानचम्पू, 1.39, पृ. 37
28 वर्धमानचम्पू-उत्थानिका, श्लोक संख्या 19, पृ. 7
29 वर्धमानचम्पू – 6.43, पृ. 153
30 वर्धमानचम्पू (प्रथम स्तबक), पृ. 30
31 वर्धमानचम्पू, 1.44 पृ. 38
32 वर्धमानचम्पू, 5.33, पृ. 124
33 वर्धमानचम्पू, 7.1, पृ. 155
34 वर्धमानचम्पू, 8.45, पृ. 197
35 वर्धमानचम्पू, 1.69, पृ. 51
36 वर्धमानचम्पू, पृ. 222

हमारी धर्म संस्कृति

डॉ आरती पालीवाल
लाचू मेमोरियल कोलेज ऑफ साइंस ऐंड टेक्नोलोजी] जोधपुर

भारतीय संस्कृति विश्व की सर्वाधिक प्राचीन एवं समृद्ध संस्कृति है। यह विश्व की सभी संस्कृतियों की जननी है। अन्य देशों की संस्कृतियां समय की धारा के साथ नष्ट होती रही किंतु भारत की संस्कृति आदि काल से ही अपने परंपरागत अस्तित्व को बनाए हुए है। इसने अपनी उदारता तथा समन्वयवादी गुणों के कारण भारत में आने वाली सभी संस्कृतियों को अपने अंदर समाहित कर लिया है फिर भी यह संस्कृति एक शुद्ध रूप में खड़ी है। यहां सभी धर्मों का मेल व वर्चस्व हैं तथा उनके प्रति सम्मान व आदर की भावना अंतर्निहित है।

भारतीय संस्कृति के आधारभूत तत्वों, जीवन मूल्यों व वचन पद्धति में एक ऐसी निरंतरता रही हैं कि आज भी करोड़ों भारतीय स्वयं को उन मूल्यों से जुड़ा हुआ महसूस करते हैं और इससे प्रेरणा प्राप्त करते है। वे आज भी प्राण जाए पर वचन ना जाए के नियम पर चलते है । देश व समाज के प्रति अपने कर्तव्यों को सर्वोपरि रखकर अपने जीवन का निर्वाह करते हैं। पौराणिक पात्रों के उदाहरण देकर उन मूल्यों का पालन करने का प्रयास करते हैं जैसे भगवान राम जैसा चरित्र, श्रवण जैसा पुत्र, सुदामा जैसा मित्र, मीरा की भक्ति आदि। अतिथियों का सत्कार, बड़ों का सम्मान, गुरूओं के चरणस्पर्श, महिलाओं का सम्मान आदि जैसी विशेष परंपराएं यहां रही है । यहां मन, वचन, वाणी, विचार, शब्द और कर्म में शुद्धता हमारे लिए महत्वपूर्ण है ।

भारतीय संस्कृति वसुदेव कुटुंबकम की भावना पर चलती हैं। यहां समस्त विश्व को एक परिवार मानकर चलने की परंपरा है । शून्य की अवधारणा व ओम् की मौलिक ध्वनि भी भारत द्वारा ही विश्व को दी गई है। जिस अभिनव भारत कि कल्पना वी डी सावरकर ने की थी आज हमारा देश उसके विपरीत चल रहा है । वर्तमान भारतीय समाज की स्थिति दयनीय है । लोग भारतीय संस्कृति व धर्म को भुलाकर पाश्चात्य संस्कृति कि नकल कर रहे हैं। आधुनिकता का चोला पहनकर आज लोग बेशर्म हो गए हैं, जिसे पाश्चात्य भाषा में मॉडर्न कहा जाता है । आर्य समाज के नारे "वेदों की और लोटो" के अनुसार जो राष्ट्र अपने धर्म, संस्कृति व मुल्यों को भुला देता है उसका अपना अस्तित्व ही मिट जाता है । इसलिए हमें एक नए भारत की संकल्पना कर अपनी संस्कृति व धर्म का अस्तित्व बनाए रखने पर पुनः विचार करने की आवश्यकता हैं।

भारत भारती में अभिनव भारत की कल्पना

डॉ. सुषमा सोलंकी
सहायक आचार्य-हिन्दी
राजकीय महाविद्यालय, जोधपुर
पता - C-4/84/56 सरकारी आवास,
ओलम्पिक कॉम्पलैक्स के पीछ,जोधपुर।

राष्ट्रकवि मैथिलीशरण गुप्त द्वारा रचित 'भारत-भारती' राष्ट्रीय भावना से ओतप्रोत रचना है। इस काव्य में मूल रूप से इस चिन्ता को व्यक्त किया गया है कि हमारे देश भारत का अतीत अत्यन्त गौरव पूर्ण रहा है, वह आज इतना दुर्दशाग्रस्त क्यों है ? प्रस्तुत रचना को तीन खण्डों में विभाजित किया गया है – अतीत-खण्ड, वर्तमान-खण्ड और भविष्यत्-खण्ड। इन खण्डों के माध्यम से कवि ने हमारे अतीत, वर्तमान और भविष्य का विश्लेषण किया है। इस उद्बोधन काव्य की संवेदना को प्रस्तुत पंक्तियों में व्यक्त किया जा सकता है –

हम कौन थे, क्या हो गए हैं और क्या होंगे अभी,
आओ विचारें आज, मिलकर ये समस्याएं सभी ।।

अतीत का विश्लेषण करते हुए गुप्त जी ने भारत के अतीत की सुन्दर झांकियां प्रस्तुत की है। भारत को विश्व का सर्वाधिक विकसित देश बताते हुए उन्होंने लिखा है –

सम्पूर्ण देशों से अधिक किस देश का उत्कर्ष है ?
उसका कि जो ऋषि भूमि है वह कौन भारतवर्ष है।

वर्तमान का विश्लेषण करते हुए उन्होंने बतलाया है कि वे कौन से कारण हैं जिनसे इतने स्वर्णिम अतीत की दुर्गति हुई। उनके अनुसार दो आन्तरिक कारण रहे - पहला हिन्दू धर्म में विभिन्न कुरीतियों का व्याप्त होना और दूसरा अनेक धर्म-शाखाओं का उभरना और अपनी ही मूल परम्परा पर चोट करना। इसी प्रकार बाह्य कारणों में उन्होंने इस्लामी और ब्रिटिश आक्रमण का उल्लेख किया है। लेकिन इसके साथ ही वर्तमान में समन्वित भाव को अपनाने की प्रेरणा देते हुए वे कहते हैं –

सप्रेम हिल मिल कर चलो, यात्रा सुखद होगी तभी,
पीछे हुआ सो हो गया, अब सामने देखो सभी।

अन्तिम खण्ड में भविष्य का विश्लेषण करते हुए गुप्त जी कहते हैं कि अब परिवर्तन की आवश्यकता है। इसके लिए भारत वासियों को जाग जाना चाहिए। देश के समुचित विकास के लिए उन्होंने स्वदेशी उत्पादन क्षमताओं के विकास पर बल देते हुए कहा है –

अब तो उठो हे बन्धुओं निज देश की जय बोल दो,
बनने लगें सब वस्तुएं कल-कारखाने खोल दो।
जावे यहां से और कच्चा माल अब बाहर नहीं,
हो 'मेड इन' के बाद बस अब 'इंडिया' ही सब कहीं ।।

अभिनव भारत एवं सामाजिक व्यवस्था

अभिनव भारत में समाज व्यवस्था

वासुदेव प्रजापति
आचार्य, पुनरुत्थान विद्यापीठ
पूर्वमंत्री, विद्या भारती शिक्षा संस्थान, जोधपुर प्रांत

एक मनुष्य की दूसरे मनुष्य के साथ रहने की व्यवस्था का नाम समाज व्यवस्था है। समाज व्यवस्था का आधारभूत तत्त्व धर्म है। समाज व्यवस्था का जो शास्त्र है, वह समाजशास्त्र है। भारतीय ज्ञानक्षेत्र में समाजशास्त्र स्मृति के नाम से परिचित है। इसका आधारभूत तत्त्व धर्म होने के कारण इस शास्त्र को मानव धर्म शास्त्र भी कहा जाता है।

हमारी समाज व्यवस्था पश्चिम के करार सिद्धान्त के आधार पर नहीं बनीं है, अपितु भारतीय परिवार के सिद्धान्त पर बनीं है। समाज निर्माण में पश्चिम और भारत की विचारधारा मैं यह मूलभूत अन्तर है,जो आगे की सारी बातें बदल देता है।

पश्चिमी करार सिद्धान्त :- करार सिद्धान्त का मूलभाव केवल अपना हित है। जब दो व्यक्तियों अथवा दो समूहों का हित या लाभ एक दूसरे पर निर्भर होता है, तब उन्हें आपस में लेन-देन करना ही पड़ता है। लेन-देन करते समय दोनों पक्ष सदैव इस बात का ध्यान रखते हैं कि सामने वाला पक्ष अधिक लाभ न उठा ले, अथवा मुझे कहीं धोखा न दे जाय। इस तरह वह अपने हित एवं अपनी सुरक्षा की व्यवस्था करता है। इसमें बहुत ध्यान रखने की आवश्यकता पड़ती है। ऐसी व्यवस्था को करार सिद्धान्त पर बनी व्यवस्था कहते हैं।

जब एक पक्ष को लगता है कि इस करार में मुझे लाभ नहीं मिल रहा है, जबकि दूसरा पक्ष अधिक लाभ ले रहा है, तो करार भंग कर दिया जाता है और नये व्यक्ति या नये समूह के साथ नया करार कर दिया जाता हैं। जैसे - एक पुरुष और एक स्त्री करार के सिद्धान्त पर विवाह करते हैं और साथ रहते हैं। कुछ समय पश्चात् मान लो स्त्री को लगता है कि मुझे तो इस करार से कोई लाभ नहीं है, मेरा तो शोषण हो रहा है। मैं इस करार को क्यों ढ़ो रही हूँ ? मुझे इसे तोड़ देना चाहिए, तब वह तलाक देकर अपने को अलग कर देती है और किसी नये पुरुष से नया करार कर लेती है। करार भंग करने वाले को इसकी कीमत भी चुकानी होती है। यह कीमत अधिकतर रुपयों के रूप में होती है। जब सम्पूर्ण समाज व्यवस्था इस सिद्धान्त पर बनी होती है, तब इसे सामाजिक समझौता सिद्धान्त कहते हैं। इस पश्चिमी विचारधारा में व्यक्ति स्वयं को केन्द्र में रखकर व्यवहार करता है। अपने सुख को ही प्राथमिकता देता है और उस सुख को सुरक्षित करने का प्रयास करता है। यह बात वहाँ स्वाभाविक मानी जाती है। अत: सबको अपना हित सुरक्षित करने की चिन्ता स्वयं ही करनी चाहिए, यह पश्चिम का सिद्धान्त है।

भारतीय परिवार केन्द्री सिद्धान्त :- भारत में समाज व्यवस्था पश्चिम के सामाजिक करार पर न होकर परिवार के सिद्धान्त पर बनी है। परिवार का केन्द्रवर्ती तत्त्व है, आत्मीयता। आत्मीयता का प्रकट रूप है प्रेम। प्रेम का व्यावहारिक पक्ष है, दूसरे का विचार अपने से पहले करना। जैसे एक माँ यह विचार नहीं करती कि मेरे परिवार जनों से मुझे क्या और कितना मिलेगा ? वह तो पहले यह विचार करती है कि मैं अपने परिवार वालों को कितना अधिक से अधिक दे सकती हूँ। इसी प्रकार परिवार के सभी सदस्य एक-दूसरे को देने का ही सोचते हैं, उनसे लेने का नहीं। यही परिवार भावना का मूल तत्त्व है। सम्पूर्ण व्यवस्था लेन-देन के आधार पर न होकर विश्वास के आधार पर होती है।

इस प्रकार मानव धर्मशास्त्र हर व्यक्ति के या समूह के कर्तव्य की बात करता है, अधिकार की नही। सब अपने-अपने कर्तव्य निभाते हैं और सब परस्पर विश्वास करते हैं, यही समाज का मूल सूत्र है।

भारतीय समाज रचना:- मनुष्यों के समूह को अर्थात् भीड़ को हम समाज नहीं कहते। इसी तरह समाज प्राकृत मनुष्यों से भी नहीं बनता, वरन् वह तो सुसंस्कृत लोगों से बनता है। समाज के बारे में 'शब्दकल्पद्रुम' यह बताता है :-

''पशूनाम पशुसमानानाम् मूर्खाणाम् समूह समजः।
पशुभिन्नानाम् अनेकेशाम् प्रामाणिक जनानाम्
वासस्थानम् तथा सभा समाजः ।।''

अर्थात् जो पशु होते हैं, पशुतुल्य होते हैं, उनके समूह को समज कहा जाता है, परन्तु पशुओं से भिन्न सुसंस्कृत लोगों के समूह को ही समाज कहा जाता है। अत: समाज का सदस्य बनने के लिए सुसंस्कृत होना प्रथम आवश्यकता है। समाज व्यवस्था के सभी साबन्ध अधिकार नहीं, कर्तव्य हैं लेना नहीं देना है, स्वार्थ नहीं परार्थ की भावना पर ही बने हैं। मालिक-नौकर, राजा-प्रजा, शिक्षक-विद्यार्थी,

व्यापारी-ग्राहक आदि परस्पर पिता-पुत्र जैसा व्यवहार करें, यही अपेक्षित है।

घर एवं समाज का सम्बन्ध :- घर एवं समाज परस्पर जुड़े हुए हैं। गृह व्यवस्था, राज्य व्यवस्था तथा शिक्षा व्यवस्था, इन तीनों व्यवस्थाओं से समाज व्यवस्था बनती है। गृह व्यवस्था (परिवार), समाज व्यवस्था की लघुतम व्यावहारिक इकाई है। पति-पत्नी इस व्यवस्था के केन्द्रवर्ती घटक हैं। विवाह संस्कार से इनमें एकात्म सम्बन्ध बनता है, जिसका विस्तार होते-होते सम्पूर्ण विश्व के साथ एकात्म सम्बन्ध स्थापित हो जाता है और समस्त पृथ्वी को एक परिवार मानने लग जाता है, "**वसुधैव कुटुम्बकं**" में यही भाव व्यक्त हुआ हैं। भारत में विवाह भी समाज व्यवस्था में संस्कार है, करार नहीं।

अध्यात्मशास्त्र, धर्मशास्त्र तथा संस्कृति का प्रयोग स्थान भी घर है और घर का संचालन करना, गृहिणी का कर्तव्य है। जीवन यापन की अन्य व्यवस्थाओं के समान अर्थार्जन भी गृहव्यवस्था का ही एक अंग है।

शिक्षा एवं राज्य व्यवस्था की भूमिका :- समाज की सांस्कृतिक रक्षा करने और नियमन करने वाली व्यवस्था, शिक्षा व्यवस्था है और समाज की व्यावहारिक रक्षा करने व नियमन करने वाली व्यवस्था राज्य व्यवस्था है। शिक्षा व्यवस्था धर्म व्यवस्था की प्रतिनिधि है। और राज्य व्यवस्था उसे लागू करवाने वाली व्यवस्था है। दोनों एक दूसरे की सहायक व पूरक हैं। एक कानून बनाती है तो दूसरी कानून का पालन करवाती है। एक कर वसलूने के नियम बनाती है तो दूसरी प्रत्यक्ष में कर वसूलती है। एक का काम निर्णय करने का है तो दूसरी का काम निर्णय का पालन करवाना है। एक परामर्शक है, जबकि दूसरी शासक है। एक उपदेश करती है और दूसरी शासन करती है। शिक्षा का क्षेत्र धर्म का क्षेत्र है परन्तु राज्य का क्षेत्र न्याय का है। न्याय धर्मानुसारी हो, यह भारतीय समाज व्यवस्था है।

धर्म एवं समाज पूरक हैं :- धर्मानुसारी समाज रचना एवं धर्मप्रवण प्रजा, भारतीय संस्कृति की वाहक रही है। धर्म समाज के लिए नहीं अपितु समाज धर्म के लिए है। यह एक मूलभूत सूत्र है। धर्म यदि विश्व नियम है तो उसका अनुसरण करते हुए ही, समाज व्यवस्था बनेगी, यह उसका सीधा-सादा सूत्र है।

भारतीय समाज के मूलतत्त्व :- भारतीय समाज व्यवस्था के मूल तत्त्व - वर्ण व्यवस्था, जाति व्यवस्था एवं आश्रम व्यवस्था है। इन तीनों के दायित्व विस्तार से धर्म शास्त्रों में वर्णित हैं। एक गृहस्थ को ऋषि ऋण, पितृऋण एवं देवऋण के माध्यम से वंश परम्परा और ज्ञान परम्परा निभाने की तथा सम्पूर्ण सृष्टि का सामंजस्य बनाये रखने की जिम्मेदारी दी गई है और यह जिम्मेदारी निभाने वाला श्रेष्ठ है अत: गृहस्थाश्रम को चारों आश्रमों में श्रेष्ठ बताया गया है। गृहस्थाश्रम अकेला ही शेष तीनों आश्रमों का पालक है।

इन तीनों ऋणों से मुक्त होने के लिए पाँच महायज्ञों -ब्रह्मयज्ञ, देवयज्ञ, भूतयज्ञ, पितृयज्ञ एवं मनुष्य यज्ञ का विधान बताया गया है। इसी प्रकार मनुष्य-जीवन को संस्कारित करने के लिए सोलह संस्कारों की व्यवस्था भी की गई है। मनुष्य जन्म के पूर्व से लेकर मृत्यु पर्यन्त की संस्कार व्यवस्था का समावेश इनमें है। इन मूल तत्त्वों पर ही समाज व्यवस्था टिकी हुई है।

समाज में लोकशिक्षा का आयाम :- भारतीय समाज व्यवस्था में लोकशिक्षा सबसे महत्त्वपूर्ण आयाम है। कथा, मेले, सत्संग, तीर्थयात्रा, उत्सव यज्ञादि अनेक आयोजनों के माध्यम से लोक शिक्षा होती है। त्याग, दान, परोपकार, सेवा, निस्वार्थता, कृतज्ञता आदि तत्त्व समाज धारणा हेतु लोकमानस में प्रतिष्ठित किये जाते हैं। पाप और पुण्य की संकल्पना, परोपकार और परपीड़ा के संदर्भ में समझाई जाती है। दूसरों का हित करना ही उत्तम व्यवहार है, जैसे शिष्टाचार सिखाये जाते हैं। लोकशिक्षा के इन सभी कार्यक्रमों की व्यवस्था भी समाज ही करता है।

उपसंहार :- वर्तमान दुविधा यह है कि यह व्यवस्था और यह विचार छिन्न-भिन्न हो गया है और इसकी ऐसी दुर्गति हुई है कि हम जानते तक नहीं की हमने क्या खो दिया है अत: अभिनव भारत में श्रेष्ठ समाज व्यवस्था फिर से लाने की आवश्यकता है, जिसमें सभी व्यवस्थाएँ धर्मानुसारी हो, चिति का उदय हो और विराट जाग्रत हो, जिससे एक बार फिर सहस्त्रों हाथों, मुखों व सिरों वाले समाज पुरुष की धारणा साकार हो सके। ऐसा सुसंगठित व सुसंस्कृत समाज ही सम्पूर्ण सृष्टि के कल्याण का मार्ग प्रशस्त करेगा।

इति शुभम्

भारतीय संस्कृति में आश्रम व्यवस्था एवं पुरूषार्थ

अम्बालाल जेदिया
'सत्य सम्पत' प्रथम बी मसूरिया
शांति नगर, पाल रोड़, जोधपुर (राज.)
ambalal.jedia@licindia.com

प्रकृति द्वारा प्रदत्त पदार्थों, तत्त्वों और शक्तियों का उपयोग करके मनुष्य जो उन्नति करता है वह सभ्यता कहलाती है। इसी प्रकार 'संस्कृति' वह जीवन पद्धति है, जिसकी स्थापना मानव, व्यक्ति तथा समूह के रूप में व्यक्त करता है। जिसमें आविष्कारों को खोज का मानव अपने जीवन को सफल बनाता है।

मानव जीवन का सर्वोच्च लक्ष्य आध्यात्मिक पद्धतियों पर चलते हुए ब्रह्म का ज्ञान प्राप्त करना तथा सांसारिक जीवन में मोक्ष प्राप्त करना माना गया है। हजारों वर्ष पूर्व भारतीय संस्कृति का उद्भव एवं विकास हो चुका है, जिसे आज भी भारतीय संस्कृति के मूल तत्त्वों के रूप में जाना जाता है।

भारतीय संस्कृति की महत्त्वपूर्ण विशेषता यहाँ के सामाजिक जीवन में आश्रम व्यवस्था है। भारतीय समाज में मनुष्य के जीवन को सुसंस्कृत, सुगठित और सुव्यवस्थित करने के लिए आश्रम व्यवस्था जैसी संस्था की स्थापना की गई है। इसी प्रकार पुरूषार्थ - धर्म, अर्थ, काम व मोक्ष की अवधारणा आश्रम के सहयोग से ही की गई है। पुरूषार्थ को विभिन्न आश्रमों के सहयोग से की गई है।

भारतीय चिन्तकों ने जीवन को ब्रह्मचर्य, गृहस्थ, वानप्रस्थ और संन्यास चार आश्रमों में विभाजित किया है। जिनका अन्तिम लक्ष्य था - मोक्ष की प्राप्ति।

मनुष्य श्रमपूर्वक विभिन्न आश्रम व्यवस्था के अन्तर्गत अपने जीवन का कार्य सम्पन्न करता है तथा एक आश्रम से दूसरे आश्रम में प्रवेश करता है। आश्रम का पालन लक्ष्य की प्राप्ति के लिए विधिपूर्वक किया जाता था।

ब्रह्मचर्य आश्रम की अभिव्यक्ति ज्ञान प्राप्ति से है। व्यक्ति इस आश्रम में रहकर संयम और नियम से शिक्षा और ज्ञान ग्रहण करता है। गृहस्थ आश्रम में वह सांसारिक उत्तरदायित्वों और गृहस्थ कर्तव्यों का निर्वाह करता है। समस्त सुखों और सुविधाओं का उपयोग इसी आश्रम में होता है।

वानप्रस्थ आश्रम में वह घर बार छोड़कर वन में आरण्यक आश्रमों में निवास करता है और ईश्वर की आराधना करते हुए आत्म चिन्तन में अपना समय लगता है। यह आश्रम ईश्वर की प्राप्ति के निमित्त एक अभ्यास था। संन्यास आश्रम में मनुष्य को तप, त्याग और संयम का चरम आदर्श अपने पास रखना होता था। मनुष्य अपनी इच्छाओं को त्याग करके मोक्ष प्राप्ति के लिए प्रयत्नशील होता था। सभी प्रवृत्तियों का त्याग कर संन्यासी निवृत्ति मार्ग को अपनाता है और इस प्रकार वह उस लक्ष्य की प्राप्ति करने में समर्थ होता था, जिसे मोक्ष कहते हैं।

आश्रम व्यवस्था में व्यक्ति का जीवन और व्यक्तित्त्व महत्त्वपूर्ण आधार था। प्रारम्भ से लेकर अंत तक मनुष्य इसी जीवन के माध्यम से समग्रता और गतिशीलता को प्राप्त करता था।

मनुष्य की चार जीवन की अवस्थाएँ वैज्ञानिक ढ़ंग से निर्मित की गई थी जो ब्रह्मचर्य, गृहस्थ, वानप्रस्थ एवं संन्यास आश्रम से जानी गई है। अतः प्राचीनकाल में आश्रम व्यवस्था ने व्यक्ति और समाज को ज्ञान-गरिमा से मंडित किया है। विभिन्न सामाजिक, धार्मिक और आर्थिक क्रियाओं के लिए प्रेरित किया तथा सांसारिक मोह माया के पाश से मुक्त होने का मार्ग प्रशस्त किया ताकि मोक्ष प्राप्त हो।

प्राचीन भारतीय चिन्तकों ने मनुष्य के जीवन को आध्यात्मिक, भौतिक और नैतिक दृष्टि से उन्नत करने के लिए पुरूषार्थ का नियोजन किया था।

जीवन में भौतिक एवं आध्यात्मिक सुख दोनों कें सन्तुलित स्वरूप को ही पुरूषार्थ कहा जाता है। भौतिक सुख में अर्थ एवं काम है तथा आध्यात्मिक सुख में धर्म एवं मोक्ष है अतः मनुष्य का सर्वांगीण विकास पुरूषार्थ के माध्यम से ही होता है। धर्म, अर्थ, काम और मोक्ष मनुष्य के चार पुरूषार्थ माने गए है।

पुरूषार्थ में धर्म का स्थान सर्वोपरि है। धर्म व्यक्ति के आचरण और व्यवहार की एक संहिता है तथा धर्म स्वरूप

और उज्ज्वल जीवन यापन के लिए ज्ञान का मार्ग प्रशस्त करता है। जिन कर्मों के आचरण से मनुष्य, मनुष्यता को प्राप्त करता है। उसी को धर्म कहते है। पुरूषार्थ में दूसरा स्थान 'अर्थ' का आता है। धर्म के पश्चात् अर्थ का स्थान आता है अर्थ के बिना मनुष्य के लौकिक या पारलौकिक कोई भी काम नहीं होता है। अर्थ ही समस्त सांसारिक सुख उपलब्ध कराता है और आवश्यकताओं की पूर्ति कराता है। अतः कौटिल्य के अर्थशास्त्र में भी मानव जीवन में अर्थ की महत्ता को सर्वोपरि माना है। धन और ऐश्वर्य सभी मानवों के पास एक समान नहीं है। धन तभी सार्थक है जिससे हम सार्थक कार्य कर सके।

मनुष्य का तीसरा पुरूषार्थ 'काम' है जिसका जीवन में महत्त्वपूर्ण स्थान है। काम के प्रधान दो लक्षण है - काम भावना और इन्द्रिय-सुख। काम मनुष्य जीवन की सहज प्रवृत्ति है जो इन्द्रिय सुख से सम्बद्ध है। परिवार तथा समाज का उत्कर्ष एक-दूसरे के प्रति आकर्षक काम द्वारा ही सम्भव है।

मनुष्य जीवन का उत्थान पुरूषार्थ के साथ होता ही है। साथ ही काम के अनुराग से ही होता है। यौन सम्बन्धी सुख के अतिरिक्त सन्तानोत्पति भी व्यक्ति का मुख्य उद्देष्य रहा है। बुद्धिमान और विवेकशील व्यक्ति काम का अनुगमन सदैव धार्मिक परिपेक्ष्य में करता है। अतः पुरूषार्थ के लिए बुद्धि और विवेक वांछनीय है। जिसकी इन्द्रियाँ वश में होती है उसी को बुद्धि स्थिर होती है। इससे ही पुरूषार्थ प्राप्त होता है। मोक्ष आध्यात्मिक जीवन का अन्तिम और उच्चतम आदर्श माना गया है। मोक्ष का अर्थ जीवन से मुक्ति प्राप्त करना नहीं है अपितु आत्मा की मुक्ति से है। मोक्ष प्राप्ति के तीन मुख्य आधार माने गए है - कर्म, ज्ञान और भक्ति। मनुष्य जब कर्म मार्ग को अपनाकर मोक्ष के लिए प्रयत्नशील होता है, तब वह कर्म प्रधान मार्ग के माध्यम से मोक्ष प्राप्त करना चाहता है।

किसी भी व्यक्ति के व्यक्तित्व का उत्कर्ष पुरूषार्थ (धर्म, अर्थ, काम व मोक्ष) से ही संभव रहा है। पुरूषार्थ से ही व्यक्ति का सर्वांगीण और बहुमुखी विकास होता है।

अतः भारतीय संस्कृति से सही उच्च परम्परा और जीवन दर्शन आधुनिक युग में भी विद्यमान है।

प्रो. राधावल्लभ त्रिपाठी के काव्यों के अनुसार अभिनव भारत की संकल्पना

शिल्पा अग्निहोत्री
शोधार्थी, संस्कृत-विभाग,
जयनारायण व्यास विश्वविद्यालय, जोधपुर

डॉ. संगीता आर्य
व्याख्याता, संस्कृत-विभाग,
राजकीय बांगड़ स्नातकोत्तर महाविद्यालय, पाली (राज.)

'बहुजन हिताय, बहुजन सुखाय' के आदर्श वाक्य में भारतीय संस्कृति की मानवमात्र के कल्याण की भावना निहित है। उसके अनुसार मनुष्य का जन्म जनहित के लिए हुआ है।

'वसुधैव कुटुम्बकम्' के दृष्टिकोण वाली हमारी संस्कृति का मूलाधार है :-

''सर्वे भवन्तु सुखिनः सर्वे सन्तु निरामयाः।
सर्वे भद्राणि पश्यन्तु मा कश्चिद्दुःखभाग्भवेत्।।''

इसी दृष्टिकोण का एक श्लोक प्रश्नोपनिषद् में भी मिलता है-

'' ॐ भद्रं कर्णेभिः शृणुयाम देवाः भद्रं
पश्येमाक्षभिर्यजत्राः।
स्थिरैरङ्गैस्तुष्टुवांसस्तनूभिर्व्यशेम देवहितं यदायुः।।
स्वस्ति न इन्द्रोवृद्धश्रवाः स्वस्ति नः पूषा विश्ववेदाः।
स्वस्ति नस्तार्क्ष्योऽरिष्टनेमिः स्वस्ति नो बृहस्पतिर्दधातु।।

इन्ही प्रार्थना में मानव जाति के सर्वांगीण कल्याण के विचार निहित है और इन्हीं विचारों के साथ हम अभिनव भारत की संकल्पना कर सकते हैं। 'वसुधैव कुटुम्बकम्' की भावना एक व्यापक मानव-मूल्य है। व्यक्ति से लेकर विश्व तक इसकी व्याप्ति है- व्यक्ति, परिवार, समाज, राष्ट्र, सम्पूर्ण विश्व इसकी परिधि में समाहित है। यह वैयक्तिक मूल्य भी है और सामाजिक मूल्य भी, राष्ट्रीय मूल्य भी है और अन्तर्राष्ट्रीय मूल्य भी, राजनीतिक मूल्य भी है और नैतिक मूल्य भी, धार्मिक है और प्रगतिशील मूल्य भी और यदि इन सबका एक शब्द में समाहार करना चाहें तो हम कह सकते हैं कि यह मानवीय मूल्य है। इस मूल्य को सच्चे मन से अपनाए बिना मानवता अधूरी है। यह मनुष्य की, मानव समाज की, राष्ट्र की अनिवार्यता है। अभिनव भारत की संकल्पना से पूर्व हमें 'वसुधैव कुटुम्बकम्' की भावना को आत्मसात् करना होगा। इस सूत्र द्वारा भारतीय मनीषियों ने जिस मानवतावाद का सूत्रपात किया है उसमें सार्वभौमिक कल्याण की भावना है। 'स्व' और 'पर' के बीच की खाई को पाटकर यह अवधारणा 'स्व' का 'पर' तक विस्तार कर उनमें अभेद की स्थापना का स्तुत्य प्रयास करता है। निश्चय ही आत्म-प्रसार, 'स्व' का 'पर' तक विस्तार स्वयं को और अभिनव भारत को सुखी बनाने का साधन है। आज आवश्यकता इस बात की है कि प्रत्येक मनु-पुत्र 'स्व' की भावना का परित्याग कर 'मानवहिताय'और 'मानवसुखाय' के पुण्य यज्ञ में आत्मबलि दे। जब तक जन-जन में, व्यष्टि-व्यष्टि में इस मूल मंत्र का संप्रवेश नहीं होगा तब तक हम मरु को नंदन वन में परिणत करने का तथा एक राष्ट्र और एक समाज में वर्गहीन समाज जैसे अभिनव भारत का स्वप्न ही देखते रहेंगे।

अपने लिए तो पशु-पक्षी भी जी लेते हैं, पर मनुष्य वह है, जो मनुष्य के हित के लिए अपना सर्वस्व न्योछावर कर दे। वर्षा का जल अपने लिए नहीं, धरती की तृप्ति के लिए बरसता है, नदियों का जल-कोष सदावर्त की भावना का परिचायक है।

एक पौराणिक कथा के अनुसार दानवों के अत्याचार से सारी सृष्टि कराह उठी थी। सभी किंकर्तव्यविमूढ़ हो रहे थे। एक ही मार्ग शेष था - यदि महर्षि दधीचि की अस्थियों से वज्र बनाया जाए तो समाज इस आपत्ति से बच सकता है। सब देवता दधीचि के पास गए और उस पुण्यात्मा ने सहर्ष इस नश्वर शरीर का त्याग कर अपनी अस्थियों का दान कर दिया। इस पौराणिक रूपक के अनुसार महर्षि दधीचि ने परोपकार की भावना से मनुष्यमात्र के कल्याण के लिए अपना शरीर गला दिया।

राजा शिवि के उपाख्यान पर भी दृष्टिपात करें तो उन्होंने भी दीन कपोत रूपी मानवता के लिए अपने शरीर का तिल-तिल भाग नष्ट कर डाला था। रतिदेव ने भूख से व्याकुल मानवों के लिए अन्न-दान किया था। विशुद्ध सेवा-भाव से पृथ्वी पर घूमते रहने वाले छद्मवेशी महाराज विक्रमादित्य की कहानियाँ तो विश्व-विश्रुत ही हैं। संतों का जीवन परोपकार की भावना से ओत-प्रोत होता है। 'परोपकाराय हि सतां विभूतयः' उक्ति उन पर पूर्णरूपेण चरितार्थ होती है। संत किसी भी भूभाग, जाति अथवा राष्ट्रीयता के अंचल से उद्भूत हुए हों, जनगण हितार्थ सर्वस्व त्याग के लिए सर्वदा उद्यत रहते हैं। उनका एक ही लक्ष्य होता है- मानव-सेवा। फलतः अभिनव भारत की संकल्पना से पूर्व लोगों में पारस्परिक सहयोग, स्नेह, सद्भाव, सांस्कृतिक आदान-प्रदान और भाईचारे की भावना उत्पन्न होना आवश्यक है।

भारत स्वयं एक समृद्ध सांस्कृतिक विरासत है। यह एक ऐसा देश है जहां लोग परस्पर सद्भाव से रहते हैं। प्रो. राधावल्लभ त्रिपाठी प्रेम को ही जीवन का सर्वस्व मानते हैं और ऐसे ही अभिनव भारत की संकल्पना उन्होंने अपने काव्यों में की है। 'प्रेमपीयूषम्' नाटक में कवि ने महाकवि भवभूति और राजकुमारी शशिप्रभा के प्रणय-प्रसंग को आधार बनाकर ऐसे ही प्रेम से परिपूर्ण भारत की संकल्पना की है।भवभूति और शशिप्रभा की परिस्थितियाँ पूर्णतः विपरीत थी परन्तु दोनों के अटूट प्रेम के आगे राजा यशोवर्मा और ललितादित्य को भी झुकना पड़ा और उनके हृदय में भी परस्पर प्रेम उत्पन्न हुआ जिससे वह युद्ध की कामना को त्याग कर मित्र बन गए। बड़ी से बड़ी सभी विपत्तियों को प्रेमपूर्वक हल किया जा सकता है। ऐसे ही निःस्वार्थ प्रेम के द्वारा कवि ने समाज के समक्ष एक उदाहरण प्रस्तुत किया है जिससे समाज को प्रेरणा प्राप्त होगी और अभिनव भारत प्रेम से परिपूर्ण होगा।

इसी प्रकार एक अन्य उदाहरण 'तण्डुलप्रस्थीयम्' नाटक में निरञ्जन और शारदा के माध्यम से कवि ने प्रस्तुत किया है। निरञ्जन एक सीधा-सादा अनपढ़ चरवाहा है और शारदा एक विदुषी राजकुमारी है। दोनों की स्थिति में जमीन आसमान का अन्तर है परन्तु फिर भी शारदा निरञ्जन को अपने पति रूप में प्रेम करती है और अनेक कठिनाइयों के बावजूद भी वह निरञ्जन को प्राप्त कर लेती है। प्रेम किसी प्रकार का कोई अन्तर नहीं देखता है चाहे वह अमीर हो या गरीब, अनपढ़ हो या विद्वान्। अभिनव भारत में सम्पूर्ण राष्ट्र प्रेम की भाषा ही बोलेगा। यद्यपि ऐसे लोगों के कुछ समूह हैं जो अपने निजी स्वार्थ को पूरा करने के लिए लोगों को भड़काने की कोशिश करते हैं जिससे देश की शान्ति में बाधा उत्पन्न होती है। प्रो. राधावल्लभ त्रिपाठी ने अपने काव्यों में जिस अभिनव भारत की संकल्पना की है उसमें इन विभाजनकारी प्रवृत्तियों का कोई स्थान नहीं है। यह एक ऐसा स्थान होगा जहाँ विभिन्न जातीयसमूह एक-दूसरे के साथ एकदम सही तालमेल में रहेंगे।

होतारो वयमृत्विगस्तु जनताशक्तेर्महासङ्गमः
सुप्रातः सुदिवाः सुसन्धिसमयः सुश्वा जनो जायताम्।
यज्ञेऽस्मिन् प्रविभज्यतां प्रतिजनं निर्वाचने शासनं
ह्यालोकः प्रसरीसरीतु सुभगश्चालोकतन्त्राध्वनः।। 50।।

देश के कई प्रदेशों में आज भी व्यक्ति के लिंग, जाति, पंथ, धर्म और आर्थिक स्थिति के आधार पर भेदभाव किया जाता है। जिसका उदाहरण कवि ने 'प्रेक्षणसप्तकम्' नामक नाटक में 'सोमप्रभा' को आधार बनाकर प्रस्तुत किया है जिसे अपनी दादी का क्रोध सहन करना पड़ता है क्योंकि वह कन्या है।

विमला को भी दहेज के लिए अपने सास-ससुर की प्रताड़ना सहन करनी पड़ती है, जबकि विमला के मासिक वेतन से ही उनके घर का पूर्ण खर्च चलता है। 'सुशीला' नाटक में भी सुशीला को समाज की क्रूरता का सामना करना पड़ता है क्योंकि वह एक अकेली स्त्री है। वह निडर होकर सभी विषम परिस्थितियों का सामना करती है। इसी प्रकार 'प्रतीक्षा' प्रेक्षणक में भी मध्यमवर्गीय परिवार की जवान लड़की कल्पना अपने परिवार की आर्थिक जरूरतों को पूरा करने के लिए लिए नौकरी भी करती है परंतु उसके माता-पिता अनेक विनाशकारी आशंकाओं से ग्रस्त रहते है और उनकी स्थिति अत्यधिक दयनीय हो जाती है। परन्तु स्त्री का स्त्री होना सोमप्रभा, विमला, सुशीला और कल्पना के लिए अभिशाप बन गया है। प्रो. राधावल्लभ त्रिपाठी के अनुसार अभिनव भारत एक ऐसा भारत होगा जहाँ महिलाओं को सम्मान दिया जायेगा और उनके साथ सभ्य व्यवहार किया जाएगा। परन्तु यह देखना अत्यन्त दुःखदायी है कि जीवन के प्रत्येक क्षेत्र में स्वयं को सिद्ध करने के बाद भी महिलाओं को अब तक पुरुषों से कमतर आंका जाता है। फिर वह 'सोमप्रभम्' की विमला हो या 'सुशीलानाटक' की सुशीला हो या 'प्रेमपीयूषम्' की शशिप्रभा हो या 'तण्डुलप्रस्थीयम्' की शारदा हो। सभी स्त्रियों ने अपने-अपने क्षेत्र में स्वयं को सिद्ध किया है परन्तु क्रूर समाज ने फिर भी इन्हें बख्शा नहीं है। परन्तु कवि एक ऐसे भारत की संकल्पना करते हैं जिसमें कोई लिंग भेदभाव नहीं होगा, यह एक ऐसा स्थान होगा जहाँ पुरुषों व महिलाओं को समय स्थान दिया जायेगा। तत्संबंधी एक उपनिषद् वाक्य निम्नलिखित है-

''संगच्छध्वं संवदध्वं संवो मनांसि जानताम्।''

यह भावना प्राचीन काल से ही चली आ रही है। जिस प्रकार यहाँ बिना किसी भेदभाव के मानवमात्र अथ च प्राणीमात्र के कल्याण की कामना की है उसी प्रकार प्रो. राधावल्लभ त्रिपाठी ने भी बिना किसी भेदभाव वाले अभिनव भारत की संकल्पना की है।

इसके अलावा प्रो. राधावल्लभ त्रिपाठी एक ऐसे राष्ट्र की संकल्पना करते है जो भ्रष्टाचार मुक्त हो। नेताओं द्वारा बार-बार झूठा आश्वासन दिया जाना कवि को खलता है। 'संधानम्' की कुछ पंक्तियाँ द्रष्टव्य है-

स अश्वस्तो नेता वदति बहुभङ्गीभणितिभिः।
करिष्यामः शुद्धिं सरस इति चाश्वासयति सः।।
परिश्वस्तं जीर्णं भवनमिव शीर्णं किमु सरो।
विवेकभ्रष्टानां पतनमभितः सूचयति तत्।।

देश में भ्रष्टाचार दिन प्रतिदिन तेजी से बढ़ रहा है। आम आदमी भ्रष्ट राजनेताओं के हाथों पीड़ित है जो केवल अपने स्वार्थी उद्देश्यों को पूरा करने में रुचि रखते हैं। प्रो. राधावल्लभ त्रिपाठी द्वारा वर्णित अभिनव भारत भ्रष्टाचार से मुक्त होगा, यह एक ऐसा देश होगा जहाँ लोगों की भलाई ही सरकार का एकमात्र एजेंडा होगा।

काव्य रचना 'सन्धानम्' में धूमाधार प्रपात के आलम्बन से प्रो. राधावल्लभ त्रिपाठी की दलित शोषण की ओर प्रतिबद्धता भी उद्घोषित हुई है-

कारागार निरुद्धां तां राष्ट्रलक्ष्मीमिव च्युताम्।
रेवां जीवनादात्रीं तु बन्धनैर्बहुपीडितम्।।
शोषितां च स्वदेशस्य जनतामिव वीक्ष्य ताम्।
धूमाधारप्रपातोऽयं विषीदन्निव लक्ष्यते।।

ऐसी ही अनेक सामाजिक समस्याओं के लिए सरकार पर व्यंग्य करते हुए प्रो. राधावल्लभ त्रिपाठी कहते हैं कि -

ज्वलत्यथ धरा शुष्का जीवनं प्रज्ज्वलत्यदः।
प्रदीप्ते वह्निना गेहे कूपं खनति शासनम्।।

वर्तमान में सरकार द्वारा किसानों, गरीबों व दलितों के हित में कई कार्यक्रम व योजनाएँ चलाई जा रहीं हैं। जिससे अभिनव भारत एक उन्नत राष्ट्र के रूप में उभर कर आएगा। इस सम्बन्ध में कवि द्वारा रचित प्रावृड्. लहरी की पंक्तियाँ अत्यन्त रोचक है-

पटं मेघस्य संहृत्य रविः समयमीक्षते।
कर्षं कस्योन्नतिकरं सामन्तस्य कृतेऽन्तकम्।।

अभिनव भारत में वसन्त वर्णन के लिए उद्यत कवि प्रकृति में उसका अनुभव करना चाहता है, परन्तु आज के शहरी जीवन में वसन्त उसे किसी अन्य रूप में दिखता है। आधुनिक नगरीय संस्कृति ने वसन्त को नष्ट कर दिया है। राह चल रहे राहगीरों के मुख धुएँ से घिर गये हैं। वाहनों आदि से उत्पन्न यह प्रदूषण आज वसन्त को पीस रहा है-

धूमावृतानि वदनानि तथाध्वगानां
वायुं प्रदूषणयुतं निगिरन्ति भूयः।
धूल्याकुलानि विविधानि च वाहनानि
निष्पिष्य गाढमिह यान्ति वसन्तशोभाम्।।

परन्तु त्रिपाठी जी का कहना है कि यह वसन्त अभिनव भारत में पुनः लौट कर आएगा। 'द्रुमाः सपुष्पाः सलिलं सपद्मम्' जैसे पारम्परिक वसन्त वर्णन का साक्षात्कार वर्तमान में कवि नहीं करा पा रहा है लहरीदशकम् की कुछ पंक्तियों द्वारा कवि ने इसकी ओर संकेत किया है-

पश्यामि नूतनतनौ प्रकटीभवन्तं
नव्यां तथेह वसतिं परिकल्पयन्तम्।।
सङ्घर्षयुक्तजनजीवनचक्रवाते
तं चोल्लसन्तमनिशं बहलं वसन्तम्।।

इसके अलावा कवि ऐसे राष्ट्र की संकल्पना करते हैं जहाँ समस्त नागरिक शिक्षित हों, लोग शिक्षा का महत्त्व समझेंगे। देश में बच्चे छोटी सी उम्र में नौकरी करने के बजाय शिक्षा प्राप्त करेंगे। निरञ्जन के समान वर्णमाला सीखने के लिए दर-दर की ठोकरें नहीं खानी पड़ेंगी। देश के सभी युवाओं को रोजगार प्राप्त होगा, राष्ट्र के विकास में युवा अपना योगदान देंगे। देश तकनीकी रूप से उन्नत होगा और सभी क्षेत्रों में विकास होगा। शिक्षित और प्रतिभाशाली व्यक्तियों से भरे राष्ट्र के विकास को कोई नहीं रोक सकता है। कवि स्वयं को गौरवान्वित महसूस करते हैं कि उन्होंने भारत देश में जन्म लिया। यहाँ मृत्तिकालहरी की कुछ पंक्तियाँ द्रष्टव्य है-

स्पृशामि मृत्तिकामिमां च यावदन्वहं त्वहम्।
समुल्लसत्यहो रसान्वितं क्षणं क्षणं क्षणे।।
इयं तु धन्यभाग्यताऽस्य जीवनस्य विद्यते।
स्वदेशभूमिमृत्तिका धृता स्वमस्तके च यत्।।

प्रो. राधावल्लभ त्रिपाठी सम्पूर्ण रूप से विकसित राष्ट्र की संकल्पना करते हैं जिसमें न केवल तत्तत् क्षेत्रों में उत्कृष्टता प्राप्त होगी अपितु अपनी सांस्कृतिक विरासत को भी बरकरार रखने में सक्षम होगा।

पाचितं दुःखवह्नौ व्रजत् पूर्णतां
वेदनाङ्गारकैर्दह्यमानं भृशम्।
जीवनं जायतां नः समेषां सदा
रोटिकातुल्यमेवोल्लसत् सन्ततम्।।

सन्दर्भ ग्रन्थ :-

प्रेमपीयूषम्, प्रो. राधावल्लभ त्रिपाठी, संस्कृत परिषद्, सागर
संधानम्, प्रो. राधावल्लभ त्रिपाठी, संस्कृत परिषद्, सागर
लहरीदशकम्, प्रो. राधावल्लभ त्रिपाठी, संस्कृत परिषद्, सागर
प्रेक्षणसप्तकम्, प्रो. राधावल्लभ त्रिपाठी, प्रतिभा प्रकाशन, दिल्ली
तण्डुलप्रस्थीयम्, प्रो. राधावल्लभ त्रिपाठी, प्रतिभा प्रकाशन, दिल्ली
सुशीला प्रेक्षणकम्, प्रो. राधावल्लभ त्रिपाठी, प्रतिभा प्रकाशन, दिल्ली

अभिनव भारत में सामाजिक न्याय के स्वरूप में जाति बाधक के रूप में

डॉ. लक्ष्मण सिह राठौड़ (सहायक आचार्य)
शाह गोवर्द्धन लाल काबरा शिक्षक महाविद्यालय (सी.टी.ई.),
गीता भवन के पास, जोधपुर (राज़),
laxmanrathore001@gmail.com

राजनीति विज्ञान के जनक **अरस्तु** ने कहा है कि ''मनुष्य एक सामाजिक प्राणी है यदि कोई व्यक्ति कहता है कि मुझे समाज से कोई लेना देना नहीं है तो या तो वह ईश्वर है या पशु तुल्य।'' अतः मनुष्य समाज में रहना पसन्द करता है। जाति इसी तरह का एक सामाजिक समूह है। सामाजिक समूह में जाति एक क्षैतिज रूप से बटी हुई है। जातिवाद एक बुराई है जिसमें जाति के आधार पर भेदभाव को बढ़ावा दिया जाता है।

अंग्रेजी का कास्ट शब्द पुर्तगाली शब्द 'कास्टा' से बना है जिसका अर्थ प्रजाति, जन्म या भेद होता है।

सेनार्ट के शब्दों में:-''जाति एक वंशानुगत बंद संगठन है जो दूसरी जातियों से सामान्य पेशों से जुड़ा रहता है और जिसमें एक परिषद भी होती है जो अपने सदस्यों पर कुछ दण्ड विधान लागू करके उनके व्यवहार को नियमित करती है।'' जाति एक ऐसा समूह है जिसमें सदस्यों की परिस्थिति, उनका व्यवसाय, जीवन साथी को चुनने का क्षेत्र तथा दूसरे सदस्यों के साथ अन्तःक्रिया सब कुछ निश्चित होता है।

जाति व्यवस्था की प्रमुख विशेषताएँ-

1. एक जाति के सदस्य जाति के बाहर विवाह नहीं कर सकते है।
2. प्रत्येक जाति में दूसरी जातियों के साथ खाने पीने के संबंध में कुछ न कुछ प्रतिबंध होते है।
3. अधिकतर जातियों के पेशे निश्चित होते है।
4. जातियों में उच्च-निम्न का संस्तरण है, जिसमें ब्राह्मण जाति की स्थिति सर्वमान्य रूप से सबसे ऊपर है।
5. जन्म ही एक व्यक्ति की जाति को जीवन पर्यन्त निश्चित करता है, केवल जाति के नियमों को तोड़ने पर उसे जाति से बहिष्कृत किया जाता है, नहीं तो एक जाति से दूसरी जाति में जाना संभव नहीं है।
6. सम्पूर्ण व्यवस्था ब्राह्मणों की प्रतिष्ठा पर निर्भर है।

जाति व्यवस्था के रूप में :-

भारतीय समाज में जाति व्यवस्था का अध्ययन मुख्यतः तीन परिप्रेक्ष्य में किया गया है:-

1. भारतशास्त्रीय
2. समाज-मानवशास्त्री
3. समाजशास्त्रीय

जाति लम्बे समय से हमारे समाज की सच्चाई रही है, लेकिन ब्रिटिश औपनिवेशिक शासन के दौरान जाति को भारतीय समाज के प्रमुख चरित्र के रूप में पहचाना गया। 1871 ई. की पहली जनगणना जाति व्यवस्था एवं इसके वर्गीकरण के बारे में सूचना एकत्रित करने का प्रमुख कारण बन गया। ब्रिटिश शासकों ने फूट डालो और राज करो के औजार के रूप में जाति व्यवस्था को सख्ती से लागु किया, उन्होंने सरकारी संस्थाओं की कार्य-प्रणाली में जाति का संस्थानीकरण किया। कुछ जातियों को खास नौकरियों मसलन पुलिस एवं सेना के लिए वरीयता दी जाती थी। कुछ कानून भी जाति देखकर बनाये जाते थे। भारत में जाति वह है जो जाती नहीं । अगर जाति सच्चाई है तो जातिवाद बुराई है। जातिवाद एक मानसिक स्थिति है जिसमें आर्थिक लाभ, सामाजिक प्रतिष्ठा और जातिय दंभ की मिलावट होती है। मनोवैज्ञानिक स्तर पर भी जातिय श्रेष्ठता को खत्म करने की जरूरत है।

जातिवाद अपने सामान्य रूप में जाति के सदस्यों के आर्थिक, सामाजिक एवं राजनीतिक लाभों को बढ़ाने की प्रवृति है जो अन्य जाति के सदस्यों एवं समग्र रूप से समाज के लिए अहितकारी है। कभी-कभी इसकी वजह से एक जाति के मन में दूसरी जाति के प्रति धृणा का भाव भी पैदा होता है। जातिवाद हमारे समाज के सामाजिक आर्थिक एवं राजनीतिक कलेवर को प्रभावित कर रहा है। जीवन एवं कार्य की आधुनिक स्थिति ने कई कड़ी परंपराए, धारणाए एवं व्यवहार प्रस्तुत किए है। जातिवाद की समस्या प्राचीन काल से ही भारतीय संस्कृति का हिस्सा रही हैं। अस्पृश्यता यानी पिछड़ी जातियों को राष्ट्र की मुख्यधारा से दूर रखे

जाने और उन्हें शिक्षा, स्वास्थ्य के लाभों से वंचित किए जाने तथा समाज में स्थान भी नहीं दिए जाने के कारण भारत की आबादी का एक बहुत बड़ा भाग प्रगति के मामले में पिछड़ गया है। देश की प्रगति के लिए इस समस्या को दूर करना और यह सुनिश्चित करना आवश्यक है कि पिछड़ी जातियों को भी विकास के लाभ मिलें। इसलिए जातिवाद से मुक्त भारत की आवश्यकता है।

हमें आधुनिकता से पहले अपने कुछ कथित मूल्यों, परंपराओं और रीति-रिवाजों और आचार विचार पर भी गौर करना चाहिए जो कभी-कभी प्रत्यक्ष या परोक्ष रूप से जातिवाद को बढावा देता है। जाति व्यवस्था में परिवर्तन निरन्तर और नियमित हो रहे है, किन्तु सभी व्यवहारिक उद्देश्यों के लिए जाति व्यवस्था ज्यों की त्यों बनी हुई है। जाति आधार पर चुनाव लड़े जा रहे है। अब तो जाति संगठन भी है। पिछले सात दशकों के दौरान सामाजिक एवं आर्थिक परिदृश्य से जहां जाति का प्रभाव कम हो रहा है, वहीं राजनीति में इसे बढ़ावा मिल रहा है। जाति ने अपने देश को देश की आर्थिक राजनीतिक ढांचे में अंत:स्थापित कर लिया है।

जातिवाद हटाने की दिशा में पहला कदम है शिक्षा । शिक्षा का अभिप्राय महज औपचारिक साक्षरता या स्कूली शिक्षा नहीं है। इसमें जाति व्यवस्था से जुड़ी धारणाओं के बारे में जागरूकता का सृजन व प्रसार शामिल है। स्कूल के शिक्षकों को विद्यार्थियों के साथ-साथ खाने एवं खेलने के लिए प्रोत्साहित करने की जरूरत है। सिविल सोसाइटी की सामाजिक व राजनीतिक बदलावों में काफी महत्त्वपूर्ण भूमिका होती है। उन्हें जागरूकता प्रसारित करनी है और जाति एवं धर्म से उपर उठ कर मतदाताओं को संगठित करना है और उन्हें विकास की अनिवार्यता, चुनाव में जाति एवं धर्म के विरोध और उनका सामाजिक सौहार्द्र एवं संघर्ष पर नकारात्मक प्रभाव के बारे में अवगत कराना होगा। सबसे अधिक महत्त्वपूर्ण है राजनीतिक इच्छा शक्ति और सहमति। अब मतदाता जाति एवं समुदाय से ऊपर उठ चुके है और सरकार के कार्य-निष्पादन, नेतृत्व एवं विकास संबंधी मसलों को महत्त्व दे रहे है। इस प्रवृति को मजबूत किये जाने की जरूरत है। राजनीतिक दलों को अल्पावधि लाभों से ऊपर उठाकर राष्ट्र निर्माण के दीर्घकालिक उद्देश्य पर ध्यान देना चाहिए, जिसके प्रति अपनी प्रतिबद्धता का दावा करते है। लोकतंत्र को सार्थक बनाने हेतु जरूरी है कि मतदाता समेत सभी प्रातिभागी,तार्किक व्यक्ति हो, जो स्व की व्यक्तिगत योग्यता पर,जिससे वह जुडा है। वे अपनी इच्छा से अपने मत का उपयोग करें ना कि जाति, समुदाय, या सांप्रदायिक संबंध या दबाव पर। उम्मीद है कि हम भारतीय जाग्रत होंगे और स्वतंत्रता, समता, न्याय एवं बंधुत्व के मूल्यों पर आधारित राष्ट्र के निर्माण में सहयोग देंगे जिससे ऐसे समाज का निर्माण होगा जहां सभी आजीविका, स्वास्थ्य-सेवा, शिक्षा एवं अपने व्यक्तित्व के विकास की संभावनाओं का लाभ उठा सकें। यही वह भारत होगा जिसकी संकल्पना संविधान निर्माता ने की थी।

अगस्त क्रांति के 75 वर्ष पूरे होने के अवसर पर देशवासियों से एक अभिनव भारत के निर्माण की बात कही। हर देशवासी कुछ मुद्दों को लेकर अपना योगदान दे तो एक नए भारत का निर्माण हो सकता है। इसके लिए सभी अपनी रूचि के विषय चुन सकते है। प्रधानमंत्री द्वारा सुझाए गए कुछ विषय है जिन पर काम करके अभिनव भारत के निर्माण में अपना योगदान दिया जा सकता है- भ्रष्टाचार मुक्त भारत, स्वच्छ भारत, गरीबी मुक्त भारत, आतंकवाद मुक्त भारत, जातिवाद मुक्त भारत। इन विषयों पर काम करके निश्चित ही अभिनव भारत का निर्माण कर सकते है जो समृद्व,समरस एवं समर्थ होगा और राष्ट्र परमवैभव की ओर अग्रसर होगा।

अभिनव भारत में सामाजिक न्याय के स्वरूप:-

अभिनव भारत में सामाजिक न्याय के स्वरूप के आधार पर प्रधानमंत्री मोदी के आह्वान के बाद अभिनव भारत (न्यू इंडिया) की वेबसाइड़ पर हर खंड में सैकड़ों सुझाव के साथ जातिमुक्त भारत के सुझाव में अधिकतर का कहना था कि जातिवाद खत्म होना चाहिए। जैसे- उपनाम हटा दें, जाति के आधार पर भेदभाव ना करने का संकल्प, जाति के कॉलम में भारतीय का विकल्प दे, जाति आधारित आरक्षण खत्म करने से पहले जाति की राजनीति खत्म हो जाए। जातिवाद भारत की तरक्की में बहुत बड़ी बाधा है। इस समस्या को पैदा करने वाली हमारी सरकारें है, सामाजिक और आर्थिक असमानता ही जातिवाद का कारण है, दलित और अमीर लोगों को आरक्षण का लाभ देना बंद करना चाहिए,जाति को पूंजी से खत्म कीजिए, उद्यमिता को बढ़ावा दिया जाए, मंदिरों में जाति के आधार पर प्रतिबंध नहीं हों। अगली चार पीढी में जातिवाद खत्म हो जाएगा। समाज में समानता सुनिश्चित करने के हर स्तर पर प्रयास हो इस हेतु हर गांव पंचायत में शिकायत केंद्र खोले जाए जहां शिकायत सुनी जाए और उसका निवारण हो,

जिलाधिकारी कार्यालय से इन शिकायत केन्द्रों की निगरानी हो, तभी जातिवाद खत्म होगा।

जाति और सामाजिक न्यायः-

सामाजिक न्याय से अवसर और सम्मान की समानता सुनिश्चित होती है। सत्ता, संपति और सम्मान में बराबरी का हिस्सा ही सामाजिक न्याय है। अभिवन भारत के निर्माण की आधारशिला सामाजिक न्याय के बिना नहीं रखी जा सकती। लेकिन आज की सामाजिक न्याय की राजनीति दरअसल जाति प्रतिनिधित्व की राजनीति बनकर रह गई है जो एक समय तक जरूरी थी लेकिन 21वीं सदी में दलित और पिछड़े समाज का युवा पहचान के साथ बेसिक शिक्षा और नौकरी के साथ-साथ दूसरे बड़े सपने भी देख रहे है। आज सामाजिक न्याय पहचान की राजनीति तक केंद्रित है। पिछले कुछ वर्षो में कांग्रेस के कमजोर होने के बाद ही सामाजिक न्याय की राजनीति इस देश में खड़ी हुई। डॉ. अम्बेडकर जो कुछ कर पाए वे इसलिए कर पाए क्योंकि उन्होंने अपना कद कांग्रेस के बाहर रहकर पहले बड़ा किया बाद में संविधान सभा और अंतरिम सरकार के सदस्य बने। डॉ अम्बेडकर के प्रयासों से जैसा भारतीय संविधान सामने आया, उसे हम एक सामाजिक मुक्ति का दस्तावेज कह सकते है। हालांकि संविधान के प्रावधान ढंग से लागू नहीं हुए नही तो बात कुछ आगे बढ़ती। डॉ अम्बेडकर कुछ ऐसा करना चाहते थे कि वे एक समरस, प्रगतिशील, लोकतांत्रिक, समतामूलक और आधुनिक भारत चाहते थे, जहां सभी को प्रतिष्ठा और अवसर की समानता, सामाजिक, आर्थिक और राजनीतिक न्याय और व्यक्ति की गरिमा के लिए पर्याप्त स्थान हो।

सामाजिक मूल्यों को बढ़ावाः-

युवा बेहद उपयोगी कार्यबल है और अनुभव के साथ ही वे जीवन के अपने-अपने क्षेत्रों में अगुवा बन जाएंगे। संस्कृति, नस्ल, भाषा, समाज और धर्म के मामले में भारत विविधता वाला देश है। आज का युवा जाति पर नहीं विकास,संचार, जुड़ाव-सक्रियता, अपनी संभावनाओं को दिखाने के लिए अवसरों के बारे में एक ही अंदाज में बात करता है, चाहे वह देशभर के किसी भी इलाके या जाति-धर्म से ताल्लुक रखता हो।

राज्य को अधिक जवाबदेह बनाने का काम समाज करता है। समाज से निकले बहुत सारे अभियान और आंदोलन राज्य को मजबूत करते है और अधिक लोकतांत्रिक बनाते है। इसलिए समाज की शक्ति को और मजबूत बनाना होगा और प्रयास करने होंगे कि समाज राज्य की निरंकुशतावादी प्रवृति पर लगाम लगाए। वैसे समाज के स्तर पर भी बड़ा मंथन होता रहा है। समाज शक्ति के तमाम दबावों में ही राज्य सही ढंग से आगे बढ़ सकता है और सामाजिक न्याय और सशक्तीकरण के ऐजेंडे को आगे बढ़ा सकता है।

केंद्र और राज्य सरकार को हर जिले में सामाजिक न्याय केंद्र खोलने चाहिए। ये केंद्र क्षेत्र से वंचित समाज के लोगों और उनके मुद्दों की पहचान करेंगे। विभिन्न सामाजिक समूहों के बीच शिकायतों और झगड़ों का सुलह-निपटारा करेंगे। वंचित समाज के लोगों को उनसे जुड़ी योजना के बारे में बतायेंगे। वंचित समाज के लोगों को मुफ्त कानूनी और मनोवैज्ञानिक सलाह देंगे। हर राज्य के किसी एक सामाजिक विज्ञान अध्ययन संस्थान को इन केंद्रो का नोड्ल केन्द्र बनाया जा सकता हैं हर हफ्ते इन केन्द्रों के कामों की रिपोर्ट राज्य स्तरीय नोडल केंद्र पर आएगी और एक फाइनल रिपोर्ट हर हफ्ते मुख्यमंत्री और प्रधानमंत्री कार्यालय भेजी जा सकती है। इन केंद्रो के जरिए सरकार कोई भी प्रयोग और दखल देकर समाज में सकारात्मक बदलाव ला सकती है। इस तरह देश के हर जिले के सामाजिक प्रोफाइल, आवश्यकताओं और बदलावों पर नजर रखी जा सकती हैं। सामाजिक न्याय केंद्र एक सामाजिक प्रयोगशाला की तरह काम करेंगे जो सामाजिक विकास और सामाजिक न्याय और सशक्तीकरण सुनिश्चित करने में मदद करेंगे।

प्रधानमंत्री मोदी ने इस दिशा में विभिन्न योजनाओं द्वारा जो पहल की है वह सामाजिक न्याय के विमर्श को पहचान से आगे सर्वसमावेशी विकास की तरफ ले जाने वाली है। उनके नेतृत्व में भारतीय राज्य निश्चित ही अधिक लोकतांत्रिक होकर उभरा है। उन्होंने समाज की शक्ति को पहचानते हुए हर योजना में जनभागीदारी सुनिश्चित करने की कोशिश की उन्होंने सामाजिक न्याय और सशक्तीकरण को अगले स्तर ले जाते हुए उसे बाजार से जोड़ा है जिसके तहत दलित चैंबर्स ऑफ कॉमर्स एण्ड इंडस्ट्री जैसे संगठन मजबूती से खड़े हो रहे है। स्टैंड अप इंडिया, दलित वेंचर कैपिटिलिस्ट फंड, वनबंधु, सुकन्या समृद्धि, रोशनी, सुगम्य

भारत जैसी तमाम योजनाओं का लाभ उठाकर हाशिए का समाज मुख्यधारा में आकर मजबूत हो रहा है। राज्य, समाज और बाजार को सही ढंग से साधते हुए वर्तमान सरकार सामाजिक न्याय की एक ऐसी परिभाषा गढ रही है जिससे अगले पांच वर्षों में अगर ऐसा वातावरण बनाया जाए जिसमें पहचान की राजनीति से आगे बढ़कर सामाजिक न्याय एक समतामूलक, समरस और आधुनिक समाज की तरफ जा सके तो अभिनव भारत के निर्माण में बड़ा योगदान होगा।

राजस्थान की समकालीन महिला कथाकारों की नारी विषयक अभिनव भारत की परिकल्पना

दिव्या राठौड़ (शोधार्थी)
डॉ. हरिसिंह राठौड़
46, शिक्षक कॉलोनी चौपासनी, जोधपुर
rathore.diwsa@gmail.com

वैदिक काल से आज तक नारी को आदि शक्ति के विविध रूपों में देखने की अत्यन्त प्राचीन परम्परा रही है। ऋग्वेद काल से देश, धर्म एवं संस्कृति के लिए सर्वस्व अर्पित करने वाली यह नारी अपने सत्कर्म से इस वसुन्धरा पर वंदनीय रही है। भारत की स्वतंत्रता के पश्चात् जो राजनैतिक, सांस्कृतिक, सामाजिक एवं आर्थिक परिवर्तन हुए उसमें नारी कथाकारों ने जिन नारी समस्याओं एवं दुर्दशा को चित्रित किया है, उनके समाधान को भी अपनी कहानियों में प्रस्तुत कर अभिनव भारत की परिकल्पना में महती भूमिका निभाई है। इनमें राजस्थान की मन्नू भण्डारी, कृष्णा अग्निहोत्री, पुष्पलता कश्यप, दीप्ति कुलश्रेष्ठ, जेबा रशीद, सावित्री रांका, नीलिमा टिक्कू, अलका सरावगी, रेखा पंचोली, विमला भण्डारी, सुखदा कछवाहा, लता शर्मा, सुदेश बत्रा, मनीषा कुलश्रेष्ठ एवं निरूपमा हर्षवर्धन का प्रमुख योगदान रहा है।

1. समकालीन भारत और नारी चेतना सम्बद्ध जन आकांक्षाएं

स्वतंत्रता प्राप्ति के पश्चात् भी भारतीय समाज में स्त्रियों से सम्बन्धित सोच दोयम दर्जे की रही है इसलिए घर हो या बाहर नारी को अनेक समस्याओं से जूझना पड़ता है। स्त्रियों से जुड़ी सर्वप्रमुख समस्या उसका पुरुष वर्ग पर आश्रित होना है। पिता, भाई तथा विवाह उपरान्त पति या ससुराल पक्ष के लोगों पर उसका आश्रित रहना, उसके लिए एक विवशता है। आज भी अधिकांश स्त्रियां अशिक्षित है, वे कामकाजी महिला होते हुए भी पति की इच्छाओं से संचालित है, कुल मिलाकर नारी जीवन की एक महत्त्वपूर्ण समस्या आर्थिक पराधीनता ही है। इसके अतिरिक्त समकालीन भारत में बाल विवाह, अनमेल विवाह, वैधव्य, दहेज प्रथा, जातीय असमानता, ऊंच-नीच का भेदभाव, घरेलु हिंसा, यौन उत्पीड़न, नारी का अकेलापन, कन्या भ्रूण हत्या, पर्दा प्रथा आदि समस्याओं से महिला वर्ग ग्रस्त है।

स्वातन्त्र्योत्तर भारत में नारी शिक्षा को बढ़ावा देने के लिए केन्द्र, राज्य सरकारों तथा स्वयंसेवी संस्थाओं ने अथक प्रयास किए हैं। आजादी के पूर्व जहां 5-10 प्रतिशत स्त्रियां ही शिक्षित थी, वहां अब देश में 65-70 प्रतिशत स्त्रियां साक्षर और सुशिक्षित हैं। भारतीय संविधान के अनुच्छेद 14, 15, 16 में भी स्त्री-पुरुषों को समानता का अधिकार प्रदान किया गया है। अब विवाहिता नारी पुरुष के शोषण और दमनचक्र के नीचे पीसने को तैयार नहीं है। घरेलु हिंसा निरोधक कानून के तहत उसे हर तरह से सुरक्षा का अधिकार प्राप्त है। विवाह के पश्चात् यदि ससुराल पक्ष उसके जीने के अधिकारों का हनन करता है तो वह न्यायिक संरक्षण प्राप्त कर सकती है। स्कूल, कॉलेज जाने वाली लड़कियों के साथ छेड़छाड़ एवं अपहरण की घटनाएं आए दिन होती रहती हैं किन्तु प्रबुद्ध एवं सजग युवती पुलिस को रिपोर्ट कर निर्भीकता से जी सकती है। इसके अतिरिक्त नारी अधिकारों के संरक्षण हेतु कई स्वयंसेवी संगठन, एन.जी.ओ. तथा सरकारी संस्थान, कानून आदि नारी सशक्तिकरण के पक्ष में देखे जाते हैं। आज की नारी राजनीति में भी सक्रिय है, ग्राम पंचायतों व नगरपालिकाओं में स्त्रियों की भागीदारी रही है। सरकारी नौकरियों में स्त्रियों के 30 प्रतिशत आरक्षण का अधिकार प्राप्त है। इन सभी प्रावधानों के कारण नारी अपने अधिकारों के प्रति सजग हुई है।

आधुनिक विचारधारा के अनुसार स्त्री पति को परमेश्वर न मानकर सहयोगी मानती है। अपने स्वतंत्र व्यक्तित्व विकास हेतु अन्य पुरुषों से बातचीत करना और किसी विषय पर परामर्श लेना, उसका सहयोग करना अनुचित नहीं माना जाता है। सामाजिक कुरीतियां तथा गतानुगत रूढ़ियों का पालन करके अपनी स्वतंत्र सोच के

अनुसार जीना चाहती है। जाति धर्म और वर्ग भेद से ऊपर उठकर स्त्रियों का दृष्टिकोण मानवतावादी होने लगा है। स्त्री अब लज्जा की मूर्ति नहीं है, वह छुई-मुई न होकर खुलेपन की पक्षधर हुई है। अभिप्राय यह है कि ग्रामीण क्षेत्रों को छोड़कर सभी स्थलों पर स्त्री प्रबुद्ध विचारक के रूप में सामने आई है, जो एक नये समाज की संरचना में भागीदार बनी है।

2. ग्रामीण भारतीय समाज में स्त्रियों की दशा

ग्रामीण भारत में आज भी स्त्रियां अनेक रूढ़ियां, अन्धविश्वासों की शिकार है। अशिक्षा के कारण उनमें शोषण के विरुद्ध आवाज उठाने की क्षमता नहीं है। कृषि प्रधान भारत में ग्रामीण स्त्री आज भी पचास वर्ष पूर्व की भांति ही कृषि श्रमिक बनकर जी रही है। पुरुष प्रधान समाज में आज भी पुरुषों के उचित-अनुचित आदेशों को मानने हेतु विवश है। घरेलु हिंसा एवं नारी अवमानना के सैकड़ों प्रसंग सामने आते हैं। जनगणना के आंकड़े भले ही नारी शिक्षा के 65 प्रतिशत के आसपास बताए जाते हैं किन्तु ग्रामीण परिवेश में आज भी 30 प्रतिशत के लगभग स्त्रियां अशिक्षित ही है। उनमें से कुछ साक्षर अवश्य हैं, पर अभिनव भारत की आकांक्षा के अनुरूप शिक्षित नहीं कही जा सकती। अतः उन्हें समाज शिक्षा एवं स्वास्थ्य शिक्षा देने की आवश्यकता है।

राजस्थान की महिला कथाकारों में विमला भण्डारी, जेबा रशीद, रेखा पंचोली, सुखदा कछवाहा आदि ने ग्रामीण स्त्री से जुड़ी समस्याओं को चित्रित कर उनकी दशा, दुर्दशा पर प्रकाश डाला है और समाज का ध्यान उस ओर आकृष्ट कर भारत की परिकल्पना को साकार बनाने में योगदान किया है।

3. वर्तमान भारत की नारी उन्नयन विषयक विविध योजनाएं

आज इक्कीसवीं शती में भारतीय नारी अपनी समस्त ऊर्जा और सामर्थ्य के साथ पुरुष के समक्ष चुनौती बनकर खड़ी है। समाज और जीवन का एक भी क्षेत्र ऐसा नहीं है, जहां भारतीय नारी ने अपनी पहचान अंकित न करा दी है।

स्वाधीनता आंदोलन से उत्साहित समाज सुधारक पुनरुत्थानशील भारत के लिए महिलाओं से सम्बन्धित समस्याओं के सुधार हेतु प्रयत्नशील रहे हैं। स्वतंत्रता आन्दोलन में अनेक उच्च मेधावी महिलाओं के साथ-साथ सामान्य महिलाओं ने भी भाग लिया और आंदोलन की अगली कतार में रही। भारतीय इतिहास के इस दौर के अनुभवों से पश्चिमी शिक्षा और उदार आदर्शों की बढ़ती जानकारी से देश के भीतर सामाजिक चेतना में वृद्धि हुई।

इक्कीसवीं शताब्दी के आगमन ने देश के नियोजित विकास को रेखांकित किया है। इस अवधि में महिला केन्द्रित योजनाएं बनी और महिलाओं के विकास सम्बन्धी मुद्दों को अधिक गम्भीरतापूर्वक लिया गया। वर्तमान भारत की नारी उन्नयन विषयक विविध योजनाओं के अन्तर्गत ग्रामीण व शहरी क्षेत्रों में बालिका शिक्षा को बढ़ावा देने के लिए भारत सरकार द्वारा विभिन्न कार्यक्रम चलाए जा रहे हैं जिसके अन्तर्गत आंगनबाड़ी द्वारा बालिका शिक्षा का प्रचार-प्रसार किया जा रहा है, पर स्त्री शिक्षिकाओं तथा सुविधाओं के अभाव में बालिकाएं शिक्षार्जन बीच में ना छोड़े इसलिए सभी सरकारी विद्यालय व महाविद्यालयों में जन सुविधाएं उपलब्ध कराई जा रही है। सरकारी स्कूलों में प्रतिभाशाली छात्राओं को गार्गी पुरस्कार से सम्मानित किया जा रहा है, उन्हें छात्रवृत्ति प्रदान कर आर्थिक सहायता दी जा रही है, ताकि वे उच्च शिक्षा हेतु प्रेरित हो सके तथा उनकों गरीबी के कारण अपनी पढ़ाई बीच में ना छोड़नी पड़े। इसके अतिरिक्त स्कूटी, साईकिल प्रदान किये जा रहे हैं, ताकि स्कूल दूर होने के कारण आसपास के गांव की बालिकाएं शिक्षा से वंचित न रहे। इसके अतिरिक्त लैपटॉप देकर तकनीकी शिक्षा को बढ़ावा दिया जा रहा है। वर्तमान में तकनीकी एवं मेडिकल शिक्षा के क्षेत्र में अध्ययनरत योग्य छात्राओं को छात्रवृत्ति प्रदान की जा रही है, ताकि उन्हें आर्थिक सहायता मिल सके और वह अपना लक्ष्य प्राप्त करने में सफल हो सके।

वर्तमान भारत में दहेज प्रथा तथा भ्रूण हत्या जैसी घटनाओं ने कन्याओं के जन्म पर ही रोक लगाने को मजबूर किया है। स्वतन्त्रता के पश्चात् अनेक कानून बने जिससे दहेज प्रथा तथा भ्रूण हत्या जैसे अपराधों को रोकने का प्रयास किया गया है। 'बेटी बचाओ बेटी पढ़ाओ' जैसे अभियान से भारत में जागृति पैदा की जा रही है। सुकन्या योजना एवं राजलक्ष्मी योजना के अन्तर्गत आर्थिक सहायता प्रदान की जाती है ताकि लोग बेटी के बारे में अपनी पुरानी सोच बदले और उन्हें आगे आने के अवसर प्राप्त हो। वर्तमान समय में पैतृक सम्पत्ति में बेटियों को बेटों के समान बराबरी का अधिकार प्रदान किया गया है। नारी संरक्षण विषयक विविध कानून एवं दोषी व्यक्तियों के विरूद्ध दण्डनात्मक कार्यवाही का प्रावधान है। परिवार में पुत्र की अपेक्षा पुत्री ने अधिक जिम्मेदारी के साथ माता-पिता की सार संभाल की है। आलोच्य कहानीकारों ने समाज में व्याप्त अनेक कुरीतियों एवं कन्या जन्म के प्रति निषेधात्मक

मानसिकता को देख-समझकर उनके विरूद्ध अपनी कहानियों में जनचेतना जगाई है।

आजादी के बाद उच्च, मध्यम व निम्न वर्ग की स्त्रियों में वैचारिकता और अपने अधिकारों के प्रति सजगता बढ़ी है। जिससे उनका व्यक्तित्व निखरा है और वे अन्याय, अत्याचार के विरूद्ध आवाज उठाने हेतु तत्पर हुई है। परिवार में बेटे-बेटी को समानता का दर्जा बेटियों को सुशिक्षित करना और घर की अधेड़ उम्र औरतों का अनपढ़ होते हुए भी नये विचारों का स्वागत करना वैचारिक परिवर्तन का द्योतक है। अब विवाहिता नारी पुरुष की क्रीतदासी नहीं है वह पुरुष के शोषण और दमनचक्र के नीचे पीसने को तैयार नहीं है। घरेलु हिंसा निरोधक कानून व लज्जा भंग निषेध कानून ने औरतों को न्यायिक संरक्षण प्रदान किया है। पुलिस प्रशासन और न्यायालय की सहायता पाकर नारी स्वतन्त्रता के वातावरण में सांस लेने लगी है। राजस्थान की महिला कथाकारों ने अपनी कहानियों के नारी पात्रों को प्रबुद्ध प्राणी के रूप में चित्रित किया है। नीलिमा टिक्कू की कहानी ''अन्याय का सामना'' में गर्भवती बहू के लिंग परीक्षण उपरान्त सास दो बार गर्भपात करा देती है, पर तीसरी बार बहू सौम्या पुलिस की मदद लेकर गर्भस्थ पुत्री के प्राण बचाती है। नीलिमा टिक्कू की अन्य कहानी ''माँ तू देख रही होगी' दहेज प्रथा से सम्बन्धित है। इसमें विधवा माँ, रुचि का विवाह सुमित से करती है। अपनी हैसियत से अधिक दहेज देने पर भी कमाऊ रुचि के ससुराल वाले उसे प्रताड़ित करते हैं तथा उसे मार डालने की योजना बनाते हैं। पर वह किसी तरह पुलिस को सूचित कर दहेज लोभियों को दण्ड दिलवाती है। ऐसे साहसी नारी पात्रों का सृजन आज की विवाह योग्य स्त्रियों के लिए अनुकरणीय उदाहरण है। ऐसी ही अन्य कहानियों में पुष्पलता कश्यप की 'वह हंसने वाली लड़की' तथा 'स्वाभिमान', निरूपमा हर्षवर्धन की 'और लक्ष्मी लौट आई' तथा सुदेश बत्रा की 'डूबता हुआ सूरज' के नारी पात्र स्वप्रेरणा से नयी सोच को ग्रहण करती है, दहेज और भ्रूण हत्या का विरोध करती है।

गर्भावस्था और प्रसवकालीन महिला स्वास्थ्य के अतिरिक्त भी भारत में सामान्यतः स्त्री के स्वास्थ्य की उपेक्षा ही होती है। शिक्षा के प्रसार से भी स्थिति कुछ विशेष नहीं सुधरी है। वर्तमान भारत में नारी सम्बन्धित योजनाओं में स्वास्थ्य रक्षा हेतु संचालित विविध कार्यक्रम चलाए जा रहे हैं जिसके अन्तर्गत प्राथमिक स्वास्थ्य केन्द्रों द्वारा निःशुल्क जाँच एवं औषधियों का वितरण किया जा रहा है। प्रसुताओं को विशेष आर्थिक सहायता प्रदान की जा रही है तथा नसबन्दी हेतु प्रेरित किया जा रहा है ताकि जनवृद्धि रोकी जा सके।

स्वातन्त्र्योत्तर भारत में नारी की वैचारिक चेतना के फलस्वरूप अनेक सामाजिक बदलाव हुए है। नारी की दशा को सुधारने में सरकार द्वारा उज्ज्वला योजना के माध्यम से गृहणियों को निःशुल्क गैस कनेक्शन प्रदान किए जा रहे हैं। स्त्री को आर्थिक स्वावलम्बन हेतु कम ब्याज पर मुद्रा लोन उपलब्ध कराये जाते हैं। स्वयं सहायता समूह तथा सहकारिता के आधार पर संचालित व्यवसायों को अनुदान प्रदान किया जाता है ताकि स्त्री आत्मनिर्भर बने, अपना स्वयं का व्यवसाय प्रारम्भ कर सके तथा परिवार समाज व देश की उन्नति में सहयोग कर एक विशेष पहचान दिलाये व खुद भी देश के लिए मिसाल बने।

4 स्वच्छ भारत मिशन, पर्यावरण संरक्षण एवं सांस्कृतिक प्रदूषण की रोकथाम हेतु स्त्रियों की भूमिका

हमारे देश की वर्तमान आकाक्षाएँ आर्थिक विकास एवं आत्मनिर्भरता पर टिकी हुई है। इसके साथ ही स्वस्थ एवं स्वच्छ भारत, प्रदूषण मुक्त भारत, सुशिक्षित एवं सुसंस्कृत समाज की अवधारणा भी हमारे जहन में है। तदर्थ सर्व शिक्षा अभियान, सर्वधर्म भाव, वृक्षारोपण एवं भ्रष्टाचार मुक्त भारत के लिए अनेक अभियान चलाए जा रहे हैं। जनवृद्धि, मूल्यवृद्धि और बेरोजगारी की रोकथाम के लिए सरकारी उपचार अधिक किए जाने की अपेक्षा है। भारत में स्वच्छता अभियान कोई नई बात नहीं है। वर्तमान सरकार के इस मिशन से पहले भी देश में स्वच्छता के लिए कई मुहिम चलायी गयी। सरकार और गैर सरकारी संस्थाओं के अलावा यू.एन.ओ. जैसी संस्थाओं ने बहुत सी योजनाएँ चलायी है, लेकिन ज्यादातर योजनाएँ लगभग असफल रही। 2011 की जनगणना से पता चलता है कि देश में लगभग आधी आबादी के पास शौचालय नहीं है। इसलिए स्वच्छता अभियान के जरिये लोगों को जागरूक किया गया व गत वर्षों में शहरों और गाँवों में लोगों की स्वच्छता को बनाये रखने के लिए निरन्तर प्रोत्साहित किया गया एवं करोड़ों शौचालय बनाए गए। इसमें स्त्रियाँ भी सशक्त भूमिका निभा रही है तथा स्त्रियों की गरिमा का पुनर्स्थापित करने में मददगार साबित हुई है। राजस्थान की महिला कथाकारों ने अपनी कहानियाँ में गाँधीवादी चिन्तन, छुआछूत, सादगीपूर्ण जीवन अपनाने, पर्यावरण संरक्षण, वृक्षारोपण, नसबन्दी, स्वच्छता अभियान जैसे एक साथ कई विषयों को चित्रित कर जनचेतना जगाने की चेष्टा की है। नीलिमा टिक्कू की कहानी 'परबतिया की सोच' में

पर्यावरण प्रदूषण के प्रति चिन्ता व्यक्त की गई है। घरेलु कामकाजी शिक्षित परबतिया की सोच बहुत ऊँची थी। वह हमारे राष्ट्रीय मूल्यों के प्रति सजग दिखाई देती है। शहर में बढ़ते वाहनों का शोर और धुआँ ध्वनि तथा वायु प्रदूषण फैला रहा है। वह सोचती है - 'जहाँ भी जाओ, लोग-बाग, बीड़ी-सिगरेट, पी-पीकर नाक में दम कर देते है। वह परिवार नियोजन के प्रति जागरूक है। अपने पति किशनु से कहती है कि 'एक बेटा बिरजू ही बहुत है उसे ही अच्छी तरह से पढ़ायेगे ताकि बड़ा होकर कुछ बन जाये। यही नहीं खूब पेड़-पौधे लगाने की बात कहकर प्रकृति में हरियाली लाने का संकल्प करती है। परबतिया की मेमसाहब भी गन्दगी के खिलाफ अपना आक्रोश व्यक्त करती है। इस कहानी की परबतिया समसामयिक राष्ट्रीय अपेक्षाओं को लेकर जागरूक है। वह जिस कॉलोनी में रहती है। वहाँ के लोगों को सजग कर सभी के लिए प्रेरणा का केन्द्र बनती है। वह पढ़ी-लिखी भले ही कम थी, पर मानवीय मूल्यों तथा देश में चलाए जा रहे जनजागरण अभियानों की सक्रिय कार्यकर्त्ता कही जा सकती है।' इन्हीं की कहानी 'एक नई नीला' में भी रमा तथा उसकी कॉलोनी में रहने वाले लोगों के द्वारा पर्यावरण स्वच्छता का सन्देश दिया गया है तथा लोगों को जागरूक बनने की बात कही गई है।

5. समकालीन महिला कथाकारों की कहानियों में नारी चेतना के प्रसार हेतु सशक्त नारी पात्र

राजस्थान की महिला कथाकारों ने श्रीमती ऐनी बिसेन्ट, विजयलक्ष्मी पण्डित, कस्तूरबा, हंसा मेहता आदि से प्रेरित होकर अपनी रचनाओं में सर्वप्रथम नारी शिक्षा को बढ़ावा दिया जिससे बाल-विवाह, दहेज प्रथा तथा पर्दा प्रथा जैसी कुरीतियों में कमी आई। शिक्षित स्त्री स्वावलम्बन ने पति और परिवार के शोषण का विरोध करने की हिम्मत प्रदान की। लता शर्मा की कहानी 'चयन का अधिकार', सुदेश बत्रा की 'अब और नहीं', रेखा पंचोली की 'कड़वा घूंट' की नायिकाएँ किसी न किसी कारण से पति और परिवार को छोड़कर अपना स्वतन्त्र जीवन व्यतीत करती है। सामाजिक चेतना के फलस्वरूप स्त्रियाँ अपमान और दमन के व्यवहार को सहन नहीं करती, बल्कि वे उससे मुक्त रहकर अपनी जैसी ही प्रताड़ित स्त्रियों की मदद करती है या अपनी सन्तानों को काबिल बनाकर सम्मान पाती है। विमला भण्डारी की कहानी 'रोशनी' की नायिका बेसीला वास्तव में उपेक्षित और निम्न वर्ग की लड़कियों को पढ़ाने का संकल्प लेकर मिसाल बनती है। दूसरी तरफ शीला व्यास की 'परिणति' कहानी की पात्र शकुन वैधव्य का दुःख भोगते हुए समाज के ताने सहन करते हुए भी उच्च शिक्षा ग्रहण करती है और अपने बेटा-बेटी को काबिल बनाकर समाज में प्रतिष्ठित करती है। यह सामाजिक चेतना का ही परिणाम है कि औरत मर्द का सहारा बनती है। पुष्पलता कश्यप की 'नियुक्ति' कहानी में उच्च शिक्षित अविनाश अध्यापिका पत्नी के सहारे ही आगे बढ़ता है, निराशा और कुंठा से उभरकर अन्ततः सरकारी नौकरी पाने में कामयाब होता है।

बदलते परिवशे में कहानीकारों ने समाज की कुछ कुरीतियों की रोकथाम एवं युगानुरूप प्रगतिशील विचारधारा को चित्रित किया है। बालविवाह एवं बहुविवाह निषेध, पर्दा प्रथा का विरोध तथा विधवा व वेश्या विवाह का समर्थन किया है। संचार साधनों द्वारा नारी सशक्तिकरण को बढ़ावा दिया गया। स्त्री की आत्मनिर्भरता कानूनी संरक्षण तथा उनका सार्वजनिक जीवन में भूमिका को उभारा गया है। ग्राम पंचायत से लेकर संसद की राजनीति में स्त्रियों के प्रवेश ने उनमें आत्मविश्वास का संचार किया है। लैंगिक समानता और स्त्री स्वतन्त्रता के विचारों में सुधार संयोगात्मक सम्बन्धों में वृद्धि हुई है। इस बदलते परिवेश का स्त्री के व्यक्तित्व पर प्रभाव पड़ा है जिससे स्त्री में स्वतंत्र रूप से जीने की कामना प्रबल हुई है। नीलिमा टिक्कू की कहानियाँ 'आज का सच' में झाड़ू-पोंचे का काम करने वाली श्यामली की लड़की आठवीं की परीक्षा में अव्वल आती है और आगे स्कॉलरशिप लेकर पढ़ाई करती है जबकि 'जागो तभी सवेरा' में प्राची नामक लड़की पर पढ़ाई का अत्यधिक दबाव दिया जाता है जिससे वह आत्महत्या के लिए मजबूर होती है। कहानीकार ने ऐसी घटनाएँ चित्रित कर बच्चों को सही मार्गदर्शन प्रदान करने की सीख दी है। इन्हीं की कहानी 'चिट्ठी अनु की' नायिका अनु पी.एम.टी. की तैयारी करते हुए किसी आवारा युवक से दोस्ती करके लक्ष्य से भटक जाती है, पर बड़ी बहन सुनन्दा उसे उचित मार्गदर्शन देकर भटकने से बचा लेती है और वह परिश्रम करके पी.एम.टी. की परीक्षा उत्तीर्ण कर डाक्टर बन जाती है। सुनन्दा एक ऐसा सशक्त पात्र है, जो नवयुवतियों को अपने लक्ष्य से न भटकने की प्रेरणा देता है। सावित्री डागा की 'इज्जत की परिभाषा', शीला व्यास की 'परिणति' में बाल विवाह के दुष्परिणामों को चित्रित कर ऐसे विवाहों का निषेध करने की प्रेरणा दी है।

आज की नारी अपने उत्तरदायित्व और अधिकारों के प्रति सजग है। अपनी आकांक्षाओं और सपनों को पूरा करने के लिए कठिन परिश्रम करती है। पति और परिवार के

सदस्यों के अवांछित नियंत्रण को स्वीकार नहीं करती। वे आर्थिक दृष्टि से सुरक्षित होकर अस्मिता का अहसास कराना चाहती है। स्त्रियों में शिक्षार्जन के कारण यह संभव हुआ है। जेबा रशीद की 'तालीम का जेवर' , विमला भण्डारी की 'ताजा अंक', सुदेश बत्रा की 'मुक्ति' के स्त्री पात्र प्रत्येक बाधा और शोषण का जुआ उतार फेंकती है और स्वतंत्र साधिकार जीवन व्यतीत करती है। कुछ कहानियों के नारी पात्र सामाजिक बुराइयों के उन्मूलन में संलग्न देखी जा सकती है। सुदेश बत्रा की कहानी 'वापसी' में बालश्रम को रोकने एवं निरक्षरता को मिटाने का प्रयास करती है। आज समाज की यह प्राथमिक मांग है कि साक्षरता को बढ़ावा दिया जाय। अभिनव भारत में बदलती विचारधारा के कारण बेटियां बेटों का दायित्व निभाने में पीछे नहीं है बल्कि बीमार होने पर उनकी सेवा करना व मृत्यु हो जाने पर उनका अन्तिम संस्कार करने का दायित्व निभाती है। संगीता सेठी की कहानी 'कांधा' इसी सोच को स्थापित करती है कि बेटे-बेटी की भूमिका समान है। समाज की बदलती विचारधारा को देखते हुए आलोच्य महिला कथाकारों ने विधवा विवाह का समर्थन किया है। सुदेश बत्रा की 'रमा', संगीता सेठी की 'वो बरगद का पेड़ बाबा', जेबा रशीद की 'तपती रेत' के सभी नारी पात्र एकाकी जीवन व्यतीत करने के बजाय पुनर्विवाह कर लेती हैं। इस कार्य में तो कहीं माता-पिता तो कहीं सास-ससुर सहयोग करते हैं। विधवा से विवाह करने वाले पुरुष पात्र उदार दृष्टिकोण वाले होते हैं जो विधवा के बच्चों को भी अपना लेते हैं। कथाकार यही संदेश देती है कि विधवाओं के प्रति सहानुभूति ही नहीं रखें बल्कि समाज अपना दायित्व समझते हुए उन्हें फिर से गृहस्थ जीवन जीने की ओर अग्रसर करे। ऐसे ही सजग नारी पात्रों के चुम्बकीय व्यक्तित्व से आकृष्ट होकर हमारा नारी समाज निश्चय ही जगेगा और राष्ट्रीय महत्त्व के कार्यों को आगे बढ़ाने में योगदान कर सकेगा।

इन उदाहरणों से स्पष्ट है कि राजस्थान की महिला कथाकारों ने अभिनव भारत के निर्माण में राष्ट्रीय मूल्यों को ध्यान में रखते हुए कहानियों का घटनाक्रम एवं पात्रों का चरित्रांकन इस रूप में किया है कि वे सभी समाज की बदलती सोच को उजागर कर सके। विश्व के विभिन्न देशों की महिलाओं की तुलना में भारतीय स्त्री समाज आज भी काफी पीछे है। महिला कथाकारों ने ऐसे प्रगतिशील पात्रों का सृजन किया है कि वे हमारे स्त्री वर्ग के लिए प्रेरक बन सके। यद्यपि आलोच्य कहानीकारों की रचनाएं गांव-गांव, गली-गली तो शायद नहीं पढ़ी जाती है पर हमारी शिक्षित युवा पीढ़ी इन कहानियों को पढ़कर सामाजिक चेतना जगाने और अभिनव भारत की आकांक्षाओं को पूरा करने के लिए गांवों के स्त्री समाज को जाग्रत करे। उन्हें समसामयिक मूल्यों से अवगत कराएं, जिससे बालिका शिक्षा को बढ़ावा मिले, आर्थिक स्वावलम्बन में वृद्धि हो एवं स्वच्छ भारत मिशन कामयाब हो सके तथा अभिनव भारत का सपना साकार हो सके।

सन्दर्भ ग्रन्थ

1. नीलिमा टिक्कू - पीले गुलाब
2. नीलिमा टिक्कू - रिश्तों की बगिया
3. लता शर्मा - देवता नहीं बोलते
4. सुदेश बत्रा - छत और आकाश
5. रेखा पंचोली - भीगी पलकों में उजास
6. विमला भण्डारी - सिन्दूरी पल
7. शीला व्यास - माटी की गन्ध
8. पुष्पलता कश्यप - नीले-नीले फूल
9. पुष्पलता कश्यप - स्वाभिमान
10. निरूपमा हर्षवर्धन - रंग आसमां के
11. जेबा रशीद - चिनगारी
12. संगीता सेठी - कांधा
13. सावित्री डागा - सपनों का पिंजरा

अभिनव भारत एवं सामाजिक व्यवस्था

डॉ. ऋचा गुप्ता
सहायक प्रोफेसर, राजकीय महाविद्यालय, जोधपुर

आज का दौर भूमंडलीकरण का है। इस ने हमारी सांस्कृतिक स्थिति को प्रभावित किया है। सामाजिक स्तर पर परिवार, पर्व, उत्सव, समारोह, मेले सब प्रभावित हुए है।

स्वस्थसमाज के लिए सत्साहित्य की महती आवश्यकता है। साहित्य का चिंतन समाज कि चेतना बन जाता है। वेद, उपनिषद्, रामायण, महाभारत ने मानव को जीवन बोध दिया था। परिस्थितियों से बाध्य न होकर सामाजिक जीवन को दिव्य धरातल पर कैसे लाया जाय यही ''गीता'' का संदेश है। अच्छे समाज के लिए नेतृत्व में साहस और कर्तव्यनिष्ठा का गुण अत्यंत अपेक्षित है। नागरिकों में पुरूषार्थ और पर मार्थ का शाश्वत् प्राकट्य ही व्यक्ति, समाज और राष्ट्र को उन्नत शिखर तक पहुँचा सकता है।

स्माज में कुंठाएँ, रूढ़ियाँ टूट रही हैं। इस बिखराव में कुछ अच्छाई समाप्त हो रहा है। अच्छा तोड़ने वालों को बताना होगा कि सामाजिक मर्यादाएँ, वर्जनाएँ, अनुशासन बन्धन नहीं होते बल्कि समाज को वैचारिक व व्यावहारिक धरातल पर जोड़ते है। समय और समाज की व्यवस्थाओं को सशक्त बनाते है। सामंजस्य व समरसता का वातावरण बनाने में सहायक होते है।

वर्तमान में सामाजिक व्यवस्था में भटकन और टकराव बढ़ा है। दिन-प्रतिदिन समस्याएँ जन्म ले रही है। समस्याओं के समाधान व कारणों को जानने कि आवश्यकता आज जितनी है पहले शायद कभी नहीं रही। विवाह व्यवस्था पर ही कुठाराघात के कुत्सित प्रयास हो रहे है। आज अत्यधिक सामाजिक विवेक की आवश्यकता है। कभी-कभी तो लगता है मानव बुद्धि की दिशा कहाँ और किधर को है।

व्यक्ति का समष्टि रूप समाज है। व्यक्ति और समाज दोनों स्तर पर बढ़ती धन पद की अवांछनीय प्रवृति व आसक्ति ने मानवता को बहुत हानि पहुँचायी है। आसक्ति जब दुराग्रह का स्थान ले तो समाज में उलझनों और झंझटो की बाढ़ सी आ जाती है, जो कुछ न्यून है, व्यर्थ है, त्याज्य है उस से मुक्त होकर श्रेष्ठत्व प्राप्त करने कि आवश्यकता है ताकि हम नवीन शक्ति और सामर्थ्य से समाज और राष्ट्र के लिए शुभ व निःस्वार्थ कर्म कर सके इसे भार न समझ साधना मानें।

अभिनव भारत एवं कृषि

पश्चिमी राजस्थान में कृषि की वर्तमान स्थिति, भविष्य में संभावनाऐं व चुनौतियाँ

प्रो0 बलराज सिंह, कुलपति,
कृषि विश्वविद्यालय, मण्डोर, जोधपुर-342304

नि:संदेह पिछले दो दशकों में राजस्थान प्रदेश में भी लगभग देश के विभिन्न प्रदेशों में कृषि के क्षेत्र में हुये विकास के अनुरूप ही विकास हुआ है तथा पश्चिमी राजस्थान भी इस कृषि के क्षेत्र में हुये विकास से अछूता नहीं रहा है। वर्तमान में पश्चिमी राजस्थान का दलहनों जैसे मूंग, मोठ, धान्य फसलों में बाजरा, तिलहन फसलों जैसे तिल, अरण्डी, बीजीय मसाला फसलों जैसे जीरा, सौंफ, मेथी औषधीय फसलों जैसे इसबगोल, अश्वगंधा आदि के उत्पादन में देश की कृषि में महत्त्वपूर्ण योगदान है तथा यह क्षेत्र अन्य प्रदेशों की तुलना में बहुत आगे है। यहीं नही पश्चिमी राजस्थान का वर्तमान में महत्त्वपूर्ण फलों जैसे अनार, खजूर, बेर आदि के उत्पादन में भी प्रदेश में महत्त्वपूर्ण स्थान हैं। पिछले एक दशक में ही पश्चिमी राजस्थान में अनार के क्षेत्रफल में 10 से 15 गुणा तक बढ़ोतरी हुई है। ठीक इसी प्रकार नागौरी मेथी/पान मेथी जिसकी खेती पूर्व में मुण्डवा ब्लॉक तक ही सीमित थी अब वह नागौर व जोधपुर जिलों के अन्य क्षेत्रों पर भी उगाई जाने लगी है। भविष्य में पश्चिमी राजस्थान में कृषि के क्षेत्र में और अधिक विकास की संभावनायें हैं इसका मुख्य कारण गुजरात से नर्मदा नहर का सांचौर (जालौर) के रास्ते प्रदेश में प्रवेश, जलवायु परिवर्तन के दौर में इस क्षेत्र में मानसूनी वर्षा का बढ़ता स्तर तथा किसानों द्वारा कृषि क्षेत्र में फसल उत्पादन में उन्नतशील किस्मों व आधुनिक तकनीकों का बढ़ता उपयोग तथा केन्द्र व राज्य सरकार द्वारा कृषि क्षेत्र के विकास हेतु चलाई जा रही महत्त्वपूर्ण योजनाओं का कियान्वयन आदि प्रमुख हैं। लेकिन भविष्य में कृषि क्षेत्र में आने वाली संभावित अनेको चुनौतियाँ भी है यदि इनका समय रहते निदान नहीं किया गया तो निश्चिय ही भविष्य में पश्चिमी राजस्थान में कृषि विकास प्रभावित होगा। पश्चिमी राजस्थान विविध जैव संपदा का भी एक महत्त्वपूर्ण क्षेत्र है तथा इस समस्त जैव संपदा का संरक्षण भी भविष्य में एक बड़ी आवश्यकता व चुनौती है। इस क्षेत्र में उपलब्ध फसलों की स्थानीय किस्में जलवायु की विषम परिस्थितियों से लड़ने की विशेष क्षमता रखती है चाहे वह देशी बाजरी या स्थानीय मोठ, नागोरी मेथी, सौजत मेहन्दी या नागौरी अश्वगंधा आदि। अत: भविष्य में हमें पश्चिमी राजस्थान की कृषि को एक समन्वित रूप (Integrated) से विकसित करना होगा तभी खेती में टीकाऊपन लाया जा सकता है तथा किसानों की आमदनी को बढ़ाया जा सकता है।

भविष्य में पश्चिमी राजस्थान में कृषि के क्षेत्र में आने वाली मुख्य चुनौतियाँ :-

कृषि क्षेत्र हेतु जल की उपलब्धता एवं उपलब्ध जल का समुचित प्रबन्धन व सदुपयोग।

कम व छोटी जोत वाले किसानों के लिये उपयोगी कृषि मशीनरी।

भूमि की घटती उर्वरा शक्ति।

कृषि में बढ़ती उत्पादन लागत।

कमजोर बीज परिवर्तन दर (एस0आर0आर)।

जलवायु परिवर्तन के कारण असामान्य मानसून।

फसलों की कम उत्पादकता।

सांचोर-जालोर के क्षेत्रों में नर्मदा नहर से सिंचाई के कारण द्वितीय लवणीकरण की समस्या।

सिंचाई जल एवं भूमि का बढ़ता प्रदूषण स्तर व क्षेत्र।

कटाई उपरांत मूल्य संवर्द्धन पर किसानों का कम ध्यान देना।

भण्डारण की समुचित एवं आवश्यक व्यवस्था।

उच्च मूल्य निर्यात योग्य फसलों जैसे जीरा, ईसबगोल आदि में फफूंदनाशकों व कीटनाशकों का असंतुलित उपयोग के कारण उनके अवशेषीय प्रभाव।

किसानों द्वारा उत्कृष्ठ कियाओं का महत्त्वपूर्ण निर्यात योग्य फसलों जैसे जीरा, ईसबगोल आदि के फसल उत्पादन में न अपनाना।

बाडमेर व जैसलमेर जैसे जिलों की आवश्यकताओं के अनुरूप विभिन्न फसलों में कम अवधि की अधिक उपज देने वाली किस्मों या संकर किस्मों का अभाव।

अनार जैसे फल के बगीचों में जीवाणु, सूत्रकृमियों का बढ़ता प्रकोप व इनके उचित प्रबन्धन का अभाव।

जलवायु परिवर्तन के दौर में विभिन्न फसलों में अनेको नये खरपतवारों, बीमारियों व कीड़ों का बढ़ता प्रकोप।

अनार व खजूर में मूल्य संवर्द्धन ईकाईयों का अभाव।

अनेक क्षेत्रों में किसानों द्वारा आज भी परम्परागत कृषि विधियों को उपयोग में लेना।

निम्न गुणवत्ता वाले उपलब्ध भू:जल का कृषि में उपयोग।

ग्रामीण युवाओं की कृषि क्षेत्र में घटती रूचि।

देश में विकास के दौर में खानपान की लगातार तेजी से बदलती आदत।

पश्चिमी राजस्थान में कृषि क्षेत्र में 'महत्त्वपूर्ण संभावनायें'

साँचौर व बाड़मेर के उन क्षेत्रों में जहॉं नर्मदा नहर का पानी पहुँचा है वहॉं पर बड़े पैमाने पर बाजरा, जीरा व ईसबगोल जैसी महत्त्वपूर्ण फसलों का किसानों के साथ साझेदारी में बीज उत्पादन। नागौर व पश्चिमी राजस्थान के अन्य जिलों में खारे भू:जल का मछली उत्पादन व मोती उत्पादन में उपयोग।

बकरी व ऊँट के दूध के औषधीय महत्त्व को देखते हुए एक अलग से सप्लाई चैन (supply chain) विकसित करना ताकि बड़े शहरों में इस प्रकार के दूध को सप्लाई चैन के द्वारा उपलब्ध कराकर किसानों/पशुपालकों की आय को बढ़ाया जा सके।

अनार व औषधीय पौधों की बढ़ती खेती को मद्देनजर रखते हुये मूल्य संवंधन हेतु ईकाई स्थापित करना।

कृषि पर्यटन को बडे पैमाने पर विकसित करना।

पानी की कमी को देखते हुये शहरों के सीवरेज पानी का उपचार कर से खेती में उपलब्ध कराना।

सौर ऊर्जा आधारित खेती को बडे पैमाने पर बढावा देना।

बीजीय मसालों पर आधारित मूल्य संवंधन ईकाईयों को विकसित करना।

Innovative approaches for sustainable agricultural practices in modern India

Rachana Modi Dinesh, Narpat S. Shekhawat.
Department of Botany
Jai Narain Vyas University, Jodhpur (Rajasthan).
rachanadinesh.dinesh@gmail.com

Agriculture is the backbone of Indian economy. Approximately fifty percent of the manpower in the country is employed in agriculture sector. But the Indian agriculture system is increasingly facing challenges to meet the growing demand of food. The increase in urban population, climatic and environmental changes, current land use practices and lack of innovative practices make these challenges more complex. . A dearth of innovation, basic infrastructure, and market connect; and India's over- dependency on monsoons has led to slowdowns and stagnation in the farming sector. Profit and productivity oriented sustainable agriculture practices need new ways of farming system management, soil conservation, genetic diversity of planting material, pest management, water management and environment conservation. From using hydroponics and drones to setting up agri-equipment rental marketplaces, use of tissue culture and micropropagation, new-age startups are disrupting agriculture as newer technology trends emerge. With the rise of the digital and mobile economy over the past years, there is a rise in new-age agricultural system changing the face of agriculture in small but meaningful ways.

अभिनव भारत एवं वाणिज्य एवं उद्योग

अभिनव भारत में व्यवसायी का सामाजिक उत्तरदायित्व

डॉ. ललिता परिहार
असिस्टेंट प्रोफेसर
राजकीय महाविद्यालय, जोधपुर

व्यवसाय ऐसा कार्य है जिसके द्वारा किसी जीविका का निर्वाह होता है। यह एक मानवीय आर्थिक क्रिया है जिसका उद्धेश्य अनिश्चितता के वातावरण मे वस्तुओं और सेवाओ के नियमित एव निरन्तर उत्पादन, विनिमय हस्तान्तरण अथवा विक्रय द्वारा समाज की आवश्यकताओ की पूर्ति करके उचित लाभ कमाना है। अठारवी एंव उन्नसवी शताब्दी मे व्यावसाय बहुत छोटे स्तर पर किये जाते थे तथा व्यवसायी मित्व्ययिता व किफायत से कार्य करते थे। वे समय-समय पर अपनी आय से स्कूलों, गिरिजाघरों तथा गरीबों के उत्थान हेतु अंशदान दिया करते थे। प्राचीन काल मे किसी प्राकृतिक विपदा के समय व्यवसायी जरुरतमंद लोगो के लिए अपने गोदाम खोल दिया करते थे तथा निर्धनों की आवश्यकताओ को पूरा करते थे। इस प्रकार प्राचीन काल से ही व्यवसायी अपने सामाजिक उत्तरदायित्व को समझता रहा है और उसका निर्वाह करता रहा है। प्रत्येक व्यवसाय समाज में, समाज के लिए तथा समाज के लोगो द्वारा किया जाता हैं। व्यवसायी के सामाजिक उत्तरदायित्व का अर्थ व्यावसायी एंव समाज के पारस्परिक हितो को समझने एव उन्हें पूरा करने की किया से लगया जाता हैं। एक व्यवसायी को कोई भी निर्णय लेने से पूर्व समाज के प्रत्येक वर्ग का हित ध्यान मे रखना चाहिए तथा व्यवसाय का संचालन सम्पूर्ण समाज के कल्याण के लिए करना चाहिए

पिछले 40-50 वर्षो मे व्यवसाय के सामाजिक उत्तरदायित्व के क्षेत्र मे निरन्तर वृद्धि हुई है। इसका सम्बन्ध व्यवसायी को स्वंय की नैतिकता व सद्विश्वास से है इससे व्यवसाय की सफलता व ख्याति मे वृद्धि होती है। यद्यपि व्यवसायी का प्रमुख लक्ष्य लाभ कमाना होता है। लेकिन वह समाज के लिए वस्तुओं व सेवाओं का उत्पादन व विक्रय करता है। वर्तमान मे तीव्र प्रतिस्पर्द्धा, सरकारी नीतियाँ, वैधानिक व्यवस्थाएं, उपभोक्ता आन्दोलन, उपभोक्ताओं को अधिकतम सन्तुष्टि के प्रभाव से एक व्यवसायी के लिए विभिन्न वर्गो जैसे-कर्मचारीयों, ऋणदाताओं, उपभोक्ताओं, पूर्तिकर्ताओं अन्य व्यावसायिक संस्थाओ,स्थानीय समुदाय, सरकार व विश्व के प्रति अपने सामाजिक उत्तरदायित्व को पूरा करना आवश्यक हो गया है।

प्रस्तुत शोधपत्र मे अभिनव भारत मे व्यवसायी को सामाजिक उत्तरदायित्व को पूरा करने मे आने वाली बाधांए व उन्है दूर करने हेतु सुझाव दिए जाएगे।

मुख्य शब्द :- व्यावसायी, सामाजिक, उत्तरदयित्व, उपभोक्ता, सरकार, राष्ट्र।

परिचय :-

अभिनव भारत में व्यवसायी किसी व्यवसाय को प्रारम्भ करने एवं उसे सफल बनाने के लिए समय, धन तथा प्रयासों का विनियोग करता है वह मानवीय व भौतिक संसाधनों का वातावरण से विश्लेषण करते हुए समाज की भावी आवश्यकताओं के अनुरूप वस्तुओं एवं सेवाओं का विक्रय एवं विपणन कर उपभोक्ताओं को सन्तुष्टि प्रदान करता हे व्यवसायी किसी भी राष्ट्र के आर्थिक, सामाजिक रूपान्तरण का मुख्य आधार है वह नये व्यवसाय की स्थापना, संचालन एवं विकास करता है और समाज में लोगों को रोजगार प्रदान कर उन्हे नयी-नयी वस्तुओं का विक्रय करता है आय में वृद्धि करता है जिससे लोगों के जीवन-स्तर में वृद्धि द्वारा समाज का विकास होता है। व्यवसायी का प्राथमिक उत्तरदायित्व है कि वह समाज हित में अपने समस्त कार्यों का निष्पादन करें। व्यवसायी के सामाजिक उत्तरदायित्व व्यवसायी एवं समाज के पारस्परिक हितों को समझने एवं पूरा करने की प्रक्रिया से है। व्यवसायी को अपने व्याावसायिक निर्णयों से प्रभावित होने वाले सभी वर्गों जैसे :- ग्राहकों, कर्मचारियों, पूर्तिकर्ताओं, सरकार आदि पर पड़ने वाले प्रभावों पर विचार कर प्रर्याप्त लाभ कमाना होता है। व्यवसायी को सामाजिक उत्तरदायित्व की विचारधारा प्रन्यासिता का सिद्धान्त (ट्रस्टीशिप) पर आधारित है जो यह बतलाता है कि व्यवसायी समाज का प्रतिनिध है। व्यवसायी का सामाजिक उत्तरदायित्व हर युग की संस्कृति, सभ्यता, जीवनशैली तथा आवश्यकतानुसार परिवर्तित होता रहता है।

प्रारम्भ में व्यवसायी का सामाजिक उत्तरदायित्व का अर्थ वस्ताओं एवं सेवाओं के उत्पादन एवं वितरण लाभ कमाने तथा धर्मशाला, अस्पताल, पानी की प्याऊ, मन्दिर बनाना तक सीमित था। व्यवसायी अपनी कमाई का स्कूल, गिरिजाघरों व गरीबों के उत्थान हेतु खर्च करते थे। प्राकृतिक विपदा के समय व्यवसायी जरूरतमंद लोगों के लिए अपने गोदाम खोल दिया करते थे तथा निधनों की आवश्यकताओं को पूरा करते थे। व्यवसायी का सामाजिक उत्तरदायित्व का विचार कोई नवीन विचार नहीं है व्यवसाय समाज में समाज के लिए समाज के लोगों द्वारा किया जाता है।

समय, काल परिस्थिति एवं देश के अनुसार इस विचारधारा के अर्थ, क्षेत्र एवं आयामों मे व्यापक परिवर्तन हुए है। आज व्यवसायी का सामाजिक उत्तरदायित्व उन समस्त कार्यों तक व्यापक है जो वह समाज के हित तथा आवश्यकताओं की पूर्ति के लिए करता है। सामाजिक एवं मानवीय मूल्यों के विकास के साथ-साथ अनेक नैतिक प्रश्न भी व्यवसायी के सामाजिक उत्तरदायित्व में सम्मिलित हो रहे है। व्यवसायी स्वयं यह महसुस कर रहे है कि सामाजिक उत्तरदायित्व की उपेक्षा से व्यवसाय का अस्तित्व भी खतरे में पड़ सकता है। सरकार द्वारा भारतीय कम्पनी अधिनियम 2013 में निगमिय सामाजिक दायित्व का प्रावधान किया गया है, जिसके अनुसार कुछ विशेष प्रकार की कम्पनियों को अपने पिछले तीन वर्षों के औसत लाभ का कम से कम 2 प्रतिशत राशि सामाजिक दायित्व की क्रियाओं पर व्यय करनी अनिवार्य है। यह राशि व्यय करने के लिए कम्पनी के कार्य क्षेत्र के आस-पास के इलाकों को प्राथमिकता देना अनिवार्य है।

उद्धेश्य :-

1. **प्रस्तुत** शोध पत्र में यह जानने का प्रयास किया गया है कि अभिनव भारत मे व्यवसायी के सामाजिक उत्तरदायित्व की स्थिति कैसी है।

2. अभिनव भारत मे व्यवसायी के सामाजिक उत्तरदायित्व को कैसे पूरा किया जा सकता है।

शोध प्रविधिः-

प्रस्तुत शोध मे द्वितीयक संमको के साथ-साथ अवलोकन विधि व साक्षात्कार विधि का प्रयोग किया गया है।

आवश्यकता :-

1. **सवैधानिक व्यवस्थाए:-** भरातीय संविधान में अर्थिक व समाजिक न्याय व नीति निर्देशक तत्वों समावेश किया गया है जिनका पालन करना अनिवार्य है। अभिनव भारत मे कोई भी व्यवसाय धार्मिक उद्दश्यों एवं नैतिक मूल्यों के अभाव में कभी सफल नहीं हुआ है।

2. **वैधानिक प्रावधान का पालन हेतु:-** व्यवसायी को विभिन्न वैधानिक प्रावधानों द्वारा सामाजिक उत्तरदायित्व का पालन करना आवश्यक है। जैसे :- करों के भुगतान, प्रदूषण नियंत्रण अधिनियम, औद्योगिक एवं श्रम अधिनियम, वस्तु विक्रय अधिनियम, उपभोक्ता संरक्षण अधिनियम राज्य सरकार व केन्द्रीय सरकार के कर, काला बाजार निरोधक अधिनियम, एम.आर.टी.पी. एक्त, सेबी अधिनियम, कम्पनी अधिनियम आदि। वैधानिक प्रावधान का पालन हेतु।

3. **प्रतिस्पर्द्धा में सफलता :-** अभिनव भारत में एक ही प्रकार की वस्तु का उत्पादन एवं सेवा का विक्रय व विपणन अनेक व्यवसायियों द्वारा किया जाता है। ऐसी दशा में वस्तु की किस्म व मूल्यो का ध्यान रखने के साथ-साथ व्यवसाय से जुड़े प्रत्येक व्यक्ति एवं वर्ग के हितों का ध्यान रखना आवश्यक है।

4. **उपभोक्ता आन्दोलन एवं नवीन सामाजिक चेतना का विकास :-** समाज के प्रत्येक वर्ग में नवीन सामाजिक चेतना विकसित हो रही है, उपभोक्ता कर्मचारी एवं सरकार सभी व्यवसायी को सामाजिक उत्तरदायित्व पूरा करने के लिए दबाव डालते हैं। शिक्षा के प्रसार प्रतिस्पर्द्धात्मक विज्ञापन एवं सम्प्रेषण के साधानों जैसे - टेलीविजन, अखबार रेडियो आदि ने इस चेतना की जागृति में महत्वपूर्ण योगदान दे रहे है।

5. **प्रजातान्त्रिक प्रबन्ध की विचारधारा :-** अभिनव भारत में श्रवशक्ति में वृद्धि श्रमिकों को लाभ में सहभागिता व प्रबन्ध में सहभागिता की विचारधारा को प्रोत्साहित किया जा रहा है।

7. **लाभों ने वृद्धि :** किसी भी व्यवाय की सफलता उपभोक्ता सन्तुष्टि पर निर्भर है, वर्तमान में वही व्यवसायी लाभ कमा सकता है जो सामाजिक उत्तरदायित्वको पूरा कर ग्राहकों को सन्तुष्ट करने में सफल होता है।

अभिनव भारत में व्यवसायी द्वारा सामाजिक उत्तरदायित्व का एक आलोचनात्मक मूल्यांकनः-

स्वयं के प्रति : अभिनव भारत के अधिकांश व्यवसायी ने स्वयं के प्रति सामाजिक उत्तरदायित्व का अच्छी तरह से निर्वाह कर रहे है। उन्होने पर्याप्त लाभ और कमाये गए लाभों पर पुनः विनियोग कर अपने व्यवसाय का विकास-विस्तार कर रहे है। कुछ व्यावसायकि संस्थाएं

वित्तीय व प्रबन्धकीय साधनों की अपर्याप्तता के कारण असफल हो रही है।

अंशधारियों के प्रति :- अभिनव भारत में कई नई-नई कम्पनियों का निर्माण हुआ है और अंशधारियों की संख्या में बहुत अधिक वृद्धि हुई है। मध्यम वर्ग अपनी बचत को अंशों मे विनियोजित कर रहा है। परन्तु कम्पनियां अपने अंशधारियों को उचित लाभांश का भुगतान नहीं कर रही है। कम्पनी का प्रबन्ध व संचालन कुछ सूत्रधारी कम्पनीयों द्वारा किया जा रहा है। व्यावसायिक ग्रह के सदस्य अधिकांश अंशो को धारण करते है, जिससे मताधिकार कुछ की व्यक्तियों के पास रहता है।

कर्मचारियों के प्रति :- अभिनव भारत में व्यवसायी अपने कर्मचारियों व श्रमिकों के प्रति सामाजिक उत्तरदायित्व को निर्वाह नहीं करते है। वेतन, बोनस, श्रम-कल्याण, स्वास्थ्य व सुरक्षा से सम्बन्धित विभिन्न अधिनियम पारित होने के बाद भी व्यवसायी इन प्रावधानों का पूर्ण पालन नहीं कर रहे है। कर्मचारियों व श्रमिकों द्वारा अपने अधिकारों की रक्षा के लिए व मांगे पूरी करने के लिए वार्ता, नारेबाजी और प्रदर्शन कर रहे है लेकिन कुछ व्यवसायी जैसे : टाटा, बिड़ला, अम्बानी आदि व्यवसायियों ने अपने कर्मचारियों के प्रति सामाजिक उत्तरदायित्व को पूरा कर रहे है।

पूर्तिकर्ताओं के प्रति :- अभिनव भारत में व्यवसायी पूर्तिकर्ताओं के प्रति अपने सामाजिक उत्तरदायित्व का निर्वाह कर रहा है और उन्हे समय पर आदेश व समय पर भुगतान करते है, किन्तु कुछ व्यवसायी संघ बनाकर पूर्तिकर्ताओं का शोषण करते है। जैसे- कुछ व्यवसायी जुट, गन्ना, कपास तिलहन, सरसों आदि फसलो का उत्पादन करने वाले किसानों का एसोसिएशन (संघ) बनाकर निर्धाति मूल्य तय कर शोषण करते है।

उपभोक्ताओं एवं ग्राहकों के प्रति :- अभिनव भारत में बढ़ती प्रतिस्पर्धा के कारण उपभोक्ता को व्यवसायी द्वारा कम कीमत पर अच्छी किस्म का माल उपलब्ध हो रहा है। व्यवसायी द्वारा समय-समय पर वस्तु की किस्म एवं मूल्य सम्बन्धी जानकारियां दी जा रही है ऑनलाईन विक्रय में वृद्धि हुई है। विक्रय पश्चात् सेवा, वस्तु के प्रयोग के विभिन्न तरीकों की जानकारी व उपभोक्ताओं से सुझाव आमन्त्रित करते जैसे कार्यों में वृद्धि हुई है। फिर भी कुछ व्यवसायियों द्वारा मिलावट, कालाबाजारी, जमाखोरी, भ्रामक व मिथ्या विज्ञापन, कृत्रिम अभाव, कम नाम तौल किया जाता है।

स्थानीय समुदाय के प्रति :- अभिनव भारत में व्यवसायी द्वारा बहुत सी सार्वजनिक सेवाएं प्रदान करने वाली संस्थाओं की स्थापना की गई है जैसे - स्कूल, कॉलेज, प्रबन्ध शिक्षण-प्रशिक्षण, स्वास्थ्य केन्द्र, अस्पताल, शोध केन्द्र, पुस्तकालय, धर्मशाला सांस्कृतिक संस्थाएं, संग्रहालय और मन्दिर इत्यादि। बाढ़, सुखा, भूकम्प, सुनामी एवं अन्य प्राकृतिक विपदाओं जैसी संकटकालीन परिस्थितियों में व्यवसायी ने अपना सामाजिक उत्तरदायित्व निभाया है लेकिन कुछ व्यवसायियों द्वारा अपने निजी हितों के लिए प्राकृतिक सन्तुलन को प्रदूषण द्वारा नष्ट किया जा रहा है।

ऋणदाताओं के प्रति :- अभिनव भारत में निगमों द्वारा ऋण-पूंजी का प्रयोग किया जाता है, व्यवसायी भ्रष्ट तरीकों से ऋण प्राप्त करने का प्रयास करते है किस्त एवं ब्याज का समय पर भुगतान नहीं करते है। अपनी व्यावसायिक संस्था को रूग्ण या खुद को दिवालिया घोषित कर देते है। विजय माल्या व नीरव मोदी जैसे व्यवसायी बैंकों का ऋण चुकाने में असफल रहे है।

सरकार के प्रति :- अभिनव भारत में कुछ व्यवसायियो द्वारा कर चौरी, कम-अधिक राशि के बिल बनाने, जाली खाते (एकाउन्टस) बनाना, सरकारी अधिकारियों को रिश्वत देना और कानूका उल्लंघन कर देश का नुकसान किया जाता है। जिससे सरकार को उचित मात्रा में आय प्राप्त नहीं होती है। कुछ व्यवसायी औद्योगिक उत्पादन में वृद्धि कर निर्यात संवद्धन कर, विदेशी मुद्रा अर्जन कर सरकार को सहयोग प्रदान करते है। व्यवसायी द्वारा विकासशील राष्ट्रों में जोखिम वहन कर सरकारी सहयोग से नये-नये व्यवसायों की स्थापना भी की जा रही है।

अन्य व्यवसायीयो के प्रतिः- अभिनव भारत मे व्यवसायी स्वस्थ्य प्रतिस्पर्द्धा करते हुए एक दूसरे के हितो की रक्षा कर रहे है। लेकिन कुछ व्यवसायीयो द्वारा दूसरो के माल को घटिया बताकर,गलत सूचना फैलाकर व भ्रामक विज्ञापन द्वारा व्यवसाय मे गतिरोध पैदा करने की कोशिश की जाती है। एकाधिकार की भावना की जगह आपस मे मिलकर व्यवसाय सूचनाओ का आदान-प्रदान किया जा रहा है व कुछ व्यवसायी मिलकर औधौगिक अनुसंधान हेतु कार्य कर रहे हैं।

चुनौतिया:-

1. वैश्वीकरण,आर्थिक उदारीकरण,निजीकरण तथा वृहत सूचना क्रांति के कारण उद्योग, व्यवसाय एवं बाजार में प्रतिस्पर्द्धा वैश्विक होती जा रही है। इन नीतियों के कारण घरेलू बाजारों में प्रतिस्पर्द्धा बहुत बढ़ गई है इस प्रतिस्पर्द्धा का सामना कर अभिनव भारत में व्यवसायी के लिए लाभ कमाना मुश्किल हो रहा है।

2. कुछ व्यवसायियों का मत है कि व्यवसाय की स्थापना लाभ कमाने के लिए की जाती है। सामाजिक उत्तरदायित्व का निर्वाह करने का कार्य सरकार का है, यदि वह सामाजिक उत्तरदायित्व हेतु धन खर्च करेगा तो उसके लाभों मे कमी हो जाऐगी और पूंजी की कमी से व्यापर का विस्तार नहीं होगी।

3. अभिनव भारत में सरकारी विभागों में भ्रष्टाचार व लालफिताशाही के कारण व्यवसायी सामाजिक उत्तरदायित्व को पूरा नहीं कर पा रहे हैं। सरकार द्वारा वाणिज्यिक नीतियों, लाईसेन्स नीतियों, कीमत नीतियों आदि में बार-बार परिवर्तन करने से भी व्यवसायी सामाजिक उत्तरदायित्व को पूरा नहीं कर पाते।

4. अभिनव भारत में स्वामियों व अंशधारियों के बीच गुटबाजी पाये जाने के कारण व्यवसायी सामाजिक उत्तरदायित्व को पूरा नहीं कर पाते है।

5. अभिनव भारत में प्रबन्धकों व श्रमिकों के मध्य आपसी वैमनस्य होने से वे एक दूसरे को सहयोग व सुझाव नहीं देते है।

6. देश में तीव्र तकनीकी परिवर्तन होने से व्यवसाय में वैज्ञानिक प्रबन्ध, आधुनिकीकरण हेतु वित्त की आवश्यकता होने के कारण व्यवसायी सामाजिक उत्तरदायित्व को पूरा नहीं करते है।

7. विभिन्न उद्योग संघों, श्रमिक संघों व सरकार मे मतैक्यता का अभाव होने के कारण भी व्यवसायी सामाजिक उत्तरदायित्व को पूरा करने में असफल रहता है।

8. राजनीतिक स्वार्थ की पूर्ति हेतु आर्थिक लक्ष्यों का निर्धारण, नीतियां व नियमों व कानून के निर्धारण करना सरकार पर पक्षपात का आरोप लगने के कारण भी व्यसायी अपने सामाजिक उत्तरदायित्व को पूरा नहीं करता।

9. राजनीतिक दलों द्वारा श्रमिकों को भड़काने व हड़ताल व तालेबन्दी की कार्यवाही करवाने से व्यवसायी अपने सामाजिक उत्तरदायित्व को पूरा नहीं कर पाता है।

10. प्रबन्धकों व श्रमिकों में शिक्षा व प्रशिक्षण का अभाव होने से व्यवसायी अपने सामाजिक उत्तरदायित्व को पूरा नहीं करते।

11. व्यवसायी द्वारा राजनैतिक चन्दा देकर राजनीतिक संरक्षण प्राप्त करना सामाजिक उत्तरदायित्व की अवहेलना की जा रही है।

सुझाव :-

1. विभिन्न उद्योग संघों परिषदों द्वारा कार्यशालाएं व सेमीनार, गोष्ठीयों का आयोजन कर व्यवसायी को अपने सामाजिक उत्तरदायित्व के प्रति सजग करने के प्रयास करने चाहिए।

2. अभिनव भारत में व्यवसायी के सामाजिक उत्तरदायित्व से सम्बन्धित आयोगों एवं समितियों में उपभोक्ता संघ श्रम संघ व अंशधारियों के प्रतिनिधियों को भी प्रतिनिधित्व दिया जाना चाहिए।

3. पेशेवर संस्थाओं को जैसे : दी इण्डियन इन्स्टीट्यूट ऑफ चार्टटेड एकाण्टेन्ट, दी इण्डियन इन्स्टीट्यूट ऑफ कम्पनी सैकेट्रीज, आई आई एम, विश्वविद्यालयों द्वारा नई पीढ़ी के व्यवसायियों व प्रबन्धकों को सामाजिक उत्तरदायित्व के प्रति शिक्षित एवं प्रशिक्षित करना चाहिए।

4. उपभोक्ता को स्वयं जागरूक होकर ऐसे व्यवसायियों के खिलाफ कानूनी कार्यवाही करनी चाहिए। अभिनव भारत मे उपभोक्ताओ को स्वदेशी वस्तुओ के कय,उपयोग व उपभोग पर जोर देकर घरेलू विपणन को प्रोत्साहित करना चाहिए।

5. सरकार द्वारा विनियोजकों (अंशधारियों) के हितों के लिए धन विनियोजन करने की नीति को कठोर बनाना चाहिए।

6. विभिन्न उद्योग संघों द्वारा सभी मेम्बर्स के लिए एक नैतिक आचार-संहिता बनानी चाहिए।

7. व्यवसायी को सरकार द्वारा रेडियो, टेलीविजन, पोस्टर, सम्मेलन एवं विचार गोष्ठीयों के माध्यम से प्रचार-प्रसार कर सामाजिक उत्तरदायित्व के प्रति जागरूकता लाने का प्रयास करना चाहिए।

8. सरकार द्वारा व्यवसायियों के सामाजिक उत्तरदायित्व के कार्यों का समय-समय पर मूल्यांकन करना चाहिए व सामाजिक उत्तरदायित्व पूरा करने वाले व्यवसायी का सम्मान करना चाहिए।

9. ऐसे व्यवसायी जो अनुचित व अवैध कार्यों द्वारा लाभ कमा रहे है उनके खिलाफ कानूनी कार्यवाहीी कर दण्डित किया जाना चाहिए।

10. राजनैतिक हितों को पूरा करने के लिए व्यवसायी की गलत नीतियों में उसका साथ नहीं देना चाहिए।

निष्कर्ष :-

सामाजिक उत्तरदायित्व विचारधारा ऐसी विचारधारा है जो व्यवसाय से प्रत्यक्ष तथा परोक्ष रूप से सम्बन्धित विभिन्न वर्गों के प्रति व्यवसायी के दायित्वों की व्याख्या करती है तथा व्यवसायी का ऐसे निर्णय लेने, ऐसी नीतियां बनाने तथा ऐसे कार्य करने की प्रेरणा देती है जिनसे लागों के जीवन में सुधार तथा समाज कल्याण में अभिवृद्धि हो सके। सामाजिक उत्तरदायित्व से व्यवसाय के नैतिक मापदण्ड पूरे होते है। अभिनव भारत में व्यवसायी विभिन्न वर्गों के अपने सामाजिक उत्तरदायित्व को पूरा कर रहे है। किन्तु अभी भी व्यवसायी को अपने सामाजिक उत्तरदायित्व के प्रति जागरूक होने की आवश्यकता है। क्योंकि व्यवसाय का अन्तिम लक्ष्य सामाजिक आवश्यकताओं की सन्तुष्ट है और किसी भी व्यवसाय की दीर्घकालीन सफलता या असफलता का सम्बन्ध सामाजिक उत्तरदायित्व की अवहेलना पर निर्भर है।

सन्दर्भ ग्रन्थ सूची

अन्तराष्ट्रीय विपणन- जैन, कोठारी
प्रबन्ध के सिद्वान्त डॉ. आर. नौलखा
Role of CSR in Devloping Economics - **राजस्थान प्रत्रिका**

Small Scale Industries and Development of Rural India: An Analytical Study

Dr. Manisha Dave
Assistant Professor
Government College Jodhpur

Small Scale Industrial sector is an important part of Indian Economy since medieval times. Traditional Industries are popular for its art and craft and they are contributing around 40% of the country's manufacturing sector. In current era, although multinational companies are termed as pillars of both developed and developing countries but their global impact are unemployment, poverty and recession. Thus, to protect our economy, it becomes indispensable to identify employment opportunities and to stabilize and strengthen its traditional root sector.

About 70% of Indian population lives in villages. If villages develop, India will automatically develop. The progress of the country lies in the development of majority of its rural villages; development of rural economy, industry and rural skills. The small scale and traditional industries particularly culturally oriented ones should be recognized. Due to particular attributes of this class of industries they can contribute to the development of rural India and ultimately it will result into the development of whole country. This paper discusses how to develop the traditional small scale industries. It also examines the attributes of the small sale sector and the growth implications of an alternative that incorporates the small scale sector. This paper also analyzes how rural development can help development of India.

Keywords: small scale industries, rural India, development of India

INTRODUCTION

In Indian economy, small scale and cottage industries occupy an important place because of their employment potential and their contribution to total industrial output and exports. Cottage industry is one which is carried on wholly or primarily with the help of the members of the family. Small scale industry employs hired labor. These industries are generally associated with agriculture and provide subsidiary employment in rural areas. Household industries cover artisans' skilled craftsman and technicians who can work in their own houses. Handicrafts, toys, dolls, paper products are some examples of these industries. The objectives of small scale industries are to create employment opportunities with less investment. One of the main objectives to remove economic backwardness of rural and less developed regions of the economy. It also efficiently utilizes the unexploited resources of the country and ensures equitable distribution of income and wealth. Rural Development is the process of improving the quality of life and economic well being of people. Education, entrepreneurship, physical infrastructure and social infrastructure can play important role in developing rural areas. Rural development is also characterized by its emphasis on locally produced economic development strategies.

LITERATURE REVIEW

Small scale industries occupy a place of strategic importance in Indian economy in view of its considerable contribution to employment, production and exports(Subhrahmanya M.H. Bala, 2004). According to Indian planners, the principle of self employment was considered as important to a successful democracy as that of self government. In modern era of global competition, small scale industries try to become investment driven in addition to being labour intensive (Thangavel N, Elangovan R. 2008). The small scale industry has been approached positively with the purpose of generating employment (Dutt, 2005) .

Ali, A and Husain, F (2014) Stated in their Study that the Small Scale industries are putting uniform development and can be a hope for Indian Economy.

ROLE OF SMALL SCALE INDUSTRIES IN RURAL DEVELOPMENT

1. **SSI provides employment**
   SSI uses labor intensive techniques. Hence, it provides employment opportunities to large number of rural people. It provides employment to artisans and people engaged in traditional arts in India. It provides employment to skilled and unskilled people of rural India.

2. **SSI facilitates Women growth**
   SSI promotes entrepreneurial skills among women as special incentive is given to women entrepreneur.

3. **SSI brings Balanced Regional Development**
   It promotes decentralized development of industries as most of the small scale industries are set up in backward and rural areas.
   It promotes rural growth in India. It helps to reduce the problems of congestion, slums, sanitation and pollution in cities to people living in rural areas. It plays an important role by initiating the government to build the infrastructural facilities in rural areas.
   It helps in improving the standard of living of people residing in rural areas in India.

4. **SSI helps in mobilization of local resources**
   It helps to mobilize and utilize local resources like small savings, entrepreneur talent etc of the entrepreneurs which might otherwise remain idle and unutilized. Thus it

helps in effective utilization of resources.

It paves way for promoting traditional family skills and handicrafts. There is a great demand for handicraft goods in foreign countries.

It helps to improve the growth of local entrepreneurs and self-employed professionals in small towns and villages of India.

5. **SSI paves for optimization of capital**
SSI requires less capital per unit of output. It provides quick return on investment due to shorer gestation period. The payback period is quite short.

6. **SSI promotes Exports.**
SSI earns valuable foreign exchange through exports from India. Thus it reduces the pressure on the country's balance of payment.

7. **SSI complements large scale Industries**
SSI provides parts, components, accessories to large scale industries and meet the requirements of large scale industries.

8. **SSI meets consumer demand**
SSI provides wide range of products required by consumers in India.

9. **SSI ensures social advantage**
SSI helps in the development of the society by reducing concentration of income and wealth in few hands. It encourages democracy and self governance.

10. **Develops Entrepreneurship**
It promotes self employment and spirit of self reliance in the society
It facilitates development of backward areas and weaker sections of the society. SSI's are adept in distributing national income in more efficient and equitable manner among the various participants of the society.

PROBLEMS OF SMALL SCALE INDUSTRIES

(1) Finance:

Finance is one of the most important problem confronting small scale industries Finance is the life blood of an organisation and no organisation can function property in the absence of adequate funds. The scarcity of capital and inadequate availability of credit facilities are the major causes of this problem.

Firstly, adequate funds are not available and secondly, entrepreneurs due to weak economic base, have lower credit worthiness. Neither they are having their own resources nor are others prepared to lend them. Entrepreneurs are forced to borrow money from money lenders at exorbitant rate of interest and this upsets all their calculations.

After nationalization, banks have started financing this sector. These enterprises are still struggling with the problem of inadequate availability of high cost funds. These enterprises are promoting various social objectives and in order to facilitate then working adequate credit on easier terms and conditions must be provided to them.

(2) Raw Material:

Small scale industries normally tap local sources for meeting raw material requirements. These units have to face numerous problems like availability of inadequate quantity, poor quality and even supply of raw material is not on regular basis. All these factors adversely affect the functioning of these units.

Large scale units, because of more resources, normally corner whatever raw material that is available in the open market. Small scale units are thus forced to purchase the same raw material from the open market at very high prices. It will lead to increase in the cost of production thereby making their functioning unviable.

(3) Idle Capacity:

There is under utilisation of installed capacity to the extent of 40 to 50 percent in case of small scale industries. Various causes of this under-utilisation are shortage of raw material problem associated with funds and even availability of power. Small scale units are not fully equipped to overcome all these problems as is the case with the rivals in the large scale sector.

(4) Technology:

Small scale entrepreneurs are not fully exposed to the latest technology. Moreover, they lack requisite resources to update or modernise their plant and machinery Due to obsolete methods of production, they are confronted with the problems of less production in inferior quality and that too at higher cost. They are in no position to compete with their better equipped rivals operating modem large scale units.

(5) Marketing:

These small scale units are also exposed to marketing problems. They are not in a position to get first hand information about the market i.e. about the competition, taste, liking, disliking of the consumers and prevalent fashion.

With the result they are not in a position to upgrade their products keeping in mind market requirements. They are producing less of inferior quality and that too at higher costs. Therefore, in competition with better equipped large scale units they arc placed in a relatively disadvantageous position.

In order to safeguard the interests of small scale enterprises the Government of India has reserved certain items for exclusive production in the small scale sector. Various government agencies like Trade Fair Authority of India, State Trading Corporation and the National Small Industries Corporation are extending helping hand to small scale sector in selling its products both in the domestic and export markets.

(6) Infrastructure:

Infrastructure aspects adversely affect the functioning of small scale units. There is inadequate availability of transportation, communication, power and other facilities in the backward areas. Entrepreneurs are faced with the problem of getting power connections and even when they are lucky enough to get these they are exposed to unscheduled long power cuts.

Inadequate and inappropriate transportation and communication network will make the working of various units all the more difficult. All these factors are going to adversely affect the quantity, quality and production schedule of the enterprises operating in these areas. Thus their operations will become uneconomical and unviable.

(7) Under Utilisation of Capacity:

Most of the small-scale units are working below full potentials or there is gross underutilization of capacities. Large scale units are working for 24 hours a day i.e. in three shifts of 8 hours each and are thus making best possible use of their machinery and equipments.

On the other hand small scale units are making only 40 to 50 percent use of their installed capacities. Various reasons attributed to this gross under- utilisation of capacities are problems of finance, raw material, power and underdeveloped markets for their products.

(8) Project Planning:

Another important problem faced by small scale entrepreneurs is poor project planning. These entrepreneurs do not attach much significance to viability studies i.e. both technical and economical and plunge into entrepreneurial activity out of mere enthusiasm and excitement.

They do not bother to study the demand aspect, marketing problems, and sources of raw materials and even availability of proper infrastructure before starting their enterprises. Project feasibility analysis covering all these aspects in addition to technical and financial viability of the projects, is not at all given due weight-age.

(9) Skilled Manpower:

A small scale unit located in a remote backward area may not have problem with respect to unskilled workers, but skilled workers are not available there. The reason is Firstly, skilled workers may be reluctant to work in these areas and secondly, the enterprise may not afford to pay the wages and other facilities demanded by these workers.

Besides non-availability entrepreneurs are confronted with various other problems like absenteeism, high labour turnover indiscipline, strike etc. These labour related problems result in lower productivity, deterioration of quality, increase in wastages, and rise in other overhead costs and finally adverse impact on the profitability of these small scale units.

(10) Managerial:

Managerial inadequacies pose another serious problem for small scale units. Modern business demands vision, knowledge, skill, aptitude and whole hearted devotion. Competence of the entrepreneur is vital for the success of any venture. An entrepreneur is a pivot around whom the entire enterprise revolves.

Many small scale units have turned sick due to lack of managerial competence on the part of entrepreneurs. An entrepreneur who is required to undergo training and counseling for developing his managerial skills will add to the problems of entrepreneurs.

Measures to remove difficulties faced by Small-Scale Industries in India

It will be noted that small scale industrial units experience serious handicaps by an inequitable allocation system for scarce raw materials, inadequate institutional finance, poor technical skill and managerial ability, and lack of marketing channels.

It is, therefore, essential to develop an overall approach to remove these difficulties and put the small-scale industrial sector on a sound path of development.

In this connection, the following measures may be suggested:

1. Equitable allocation of raw materials, imported components and equipment.
2. Improvement in the methods and techniques of production.
3. Provision for adequate finance.
4. Marketing assistance.
5. Provision for industrial education and training.
6. Demarcating spheres for large-scale and small-scale units.

(1) Equitable Allocation of Raw Materials, Imported Components and Equipment:

The small scale industrial units should be given adequate degree of priority in the allocation pattern of essential, but scarce, raw materials, imported components and equipment.

(2) Improvement in the Methods and Techniques of Production:

The small scale industrial units should be encouraged to replace their outmoded equipment with that incorporating an up-to-date technology, and facilities and incentives should be provided wherever required.

Up-dating the methods and techniques of production of quality goods conforming to standards. The role of the Government in this respect is quite significant. Standardisation of certain products should be ensured, the quality of products should be guaranteed, and malpractices like adulteration, misrepresentation, etc., need to be curbed drastically.

(3) Provision of Adequate Finance:

Promoter's own capital in the small-scale industrial units is generally small and generation of internal resources small and slow. They depend, therefore, on the external sources of finance in a substantial measure.

This factor requires, therefore, a system of integrated credit whereby the long-term as well as short-term finance is made available in an adequate measure and at a rate of interest which these undertakings can bear.

(4) Demarcation of Spheres of Large-Scale and Small-Scale Industrial Units:

Once the role of small-scale industries in the national economy is recognised, it becomes imperative that a secured berth is provided to it. In this connection the guiding principle should be to clearly demarcate, as possible, the spheres of production for these units. It may be pointed out that all the measures suggested above should be viewed as a package and applied simultaneously.

Conclusion

India has a vast rural and unorganized sector. This sector is life blood of the country providing, income, employment and investment prospects to many in the country. Being less in lime light with large multi national sector this traditional small scale industrial sector is recession resistant. The small scale industrial sector not only have capability to stop the wealth drain from rural to urban areas, but to establish strong industrial base of rural employment and rural growth to reduce rural urban disparity in the country but also ability to bolster the roots of the economy hence rescuing from the economic hardships that are more valuable in organized sector of the country.

REFERENCES

1. Subhrahamanyam M.H. Bala (2009): Small Industry and Globalisation Implications,

(a) Performance and Prospects Economic and Political weekly, May 1 2004, 1826-1833.

2. Thangavel N. Elangowan (2008) Employment in Indian small scale industry: Some issues, medwell Journals, the Social Sciences 3(7):484-487
3. Ali, A., & Hussain, F. (2014) MSME's In India: Problems, solutions and prospects in present scenario. International Journal of Engineering and Management Sciences, Vol. 5(2), 109-115
4. Gangopadhyay, D., Mukhopadhyay, A., & Pushpa, S (2008) Rural Development: A strategy for poverty alleviation in India.
5. Kale, P.T., Banviat, S.S., & Laroiya, S.C. (2007). Enterprise Resouce Planning Implementation in Indian SMES: Issues & Challenges 242-248.

Performance Appraisal in Banks: A Control Perspective

Dr. Sushma Maheshwari
Asst. Prof., Department of Accounting
ShriMahalaxmi Girls College, JNVU Jodhpur
sushmamaheshwari80@gmail.com

Banking is a fast growing sector of India. Thus in the changed milieu, every banking organization tries to utilize its resources in the most efficient and effective way. This calls for the need to propound new concepts, develop new skills, redefine the objectives and goals, formulate new strategies and reorient training and modify attitudes of the executives at each level of the organization. With swift expansion in the number of branches and the new functions assigned to them, banks are beginning to feel a new pressure on their organizational abilities i.e. the processes of recruitment, placement, training, promotion and appraisal, in order to ensure that the right number of staff with the right capacities are available at the right time and for the right places. Appraisal is one of the important factors of organizational ability which is also the main mark of the study undertaken. Performance appraisal is a concept associated with Human Resource Management and by this association one concept of the broader concept of management. Much work has examined Performance appraisal practices from a critical stance and this paper provides a brief review with reference to three banking organization of India viz, PNB, ICICI and SBBJ (SBI) Bank.

Introduction

Generally, Organisation believes in regularly scheduled performance evaluations of employees. The evaluation will be a formal written document to assist the employee in his/her development and to provide the basis for compensation, promotion, transfer, and retention. This process assumes; and designates as a supervisory responsibility, that mutually agreed upon standards for performance will be set and used to evaluate employees. The overall evaluation will be conducted on a job-related basis, and will consider both supervisory observation and co-worker opinion. It is the organization's responsibility to monitor employees' efforts continuously through communication and counseling, and the written appraisal must be consistent with such prior discussions. The organization will maintain appropriate records of employee accomplishments and behavior to assure that the information incorporated into the appraisal is accurate, representative, and relevant to the entire evaluation period.

An employee's performance is confidential and guarded from

inappropriate disclosure. Completed evaluation forms and their content should not be discussed outside authorized management channels. Employees should refrain from discussing appraisals, compensation, promotion, retention, or similar confidential data with other employees. Each employee must receive a copy of their completed evaluation for their own records.

Philosophy of Performance

The philosophy on which the performance management process is built recognizes the following as the most important features of the program:

- Performance management and planning is a two-way process, involving both employees and managers.
- Employee performance is assessed on objective, job-related criteria, developed and understood in advance by both the manager and subordinate.
- Job performance evaluation is based on observable job behaviors rather than personality or attitudinal factors.
- Setting objectives for future performance and growth is as important as evaluating past performance.

Purposes of Performance Appraisal

One of the most important responsibilities of a supervisor is conducting formal performance evaluations of staff members. Evaluations are useful tools for the supervisor to achieve desired work performance, receive ideas and input, assist employees in personal and professional development, identify and formulate plans to correct performance problems, and establish and/or clarify specific goals. Performance appraisal provides an opportunity to review a person's work related behaviour. Several purposes of appraisal:

1. Work performance
2. Career planning
3. Salary administration
4. Equitable control over promotion because promotion decisions are very sensitive and more objective and valid.
5. Try that minimize feeling of frustration among those not promoted.
6. Maintain a healthy climate of work.
7. Design of training
8. For determine lay-off, termination, transfer, etc.
9. Evaluate and identify the nature and contents of the development programme.

Methods/Techniques of Performance Evaluation

Base of Method Selection: -

1. Who will evaluate the Performance?
2. On What Basis?
3. For What Purpose the mechanism to evaluate?

Some Mechanism/Techniques are as under: -

1. Ranking Method: - This method involves ranking all the employees from the highest to lowest on specific criteria. In most cases, the criterion happens to be the overall impression a subordinate has made. The procedure is very useful if the number of employees is less than 20.

This technique is most appropriate for decision about Promotion and Salary Adjustment matter but would not be useful in Employee Development matters.

2. Paired Comparison Method: - In this method, all subordinates are paired with each other in all the possible Permutation and Combination and they are compared pair wise. These comparisons are usually on the basis of overall appraisal. Those who are rated better more often could then be ranked.

Paired comparison method is most useful in Promotion and Compensation decisions than in counseling and development.

3. Forced Distribution: - Force choice method is used in case the large number of subordinates. This is similar to the grading on the curve, where usually the employees are divided on the basis of their overall performance into percentages (%) representing top and bottom performance.

This method is useful and appropriate for Promotional and Salary Adjustment purposes but less useful for developmental purposes.

One disadvantage of this method is that because of the forced nature of the distribution, some people may not be classified in the deserving category because their number is large.

4. Weighted Checklist: - It involves two steps. First a number of descriptive statements about successful and unsuccessful performances are prepared. Based on this classification, the weightages are assigned. The system of assigning weights uses statistical technique of Ranking on a Linkert Type of Scale.

In the second step, the supervisors check the statements that are applicable to the employee being rated. An average score is developed by adding the weights and dividing it by the number of statements checked. At the second stage, the rating on *most* and *least* would be converted into a weightage, already arrived at by personnel department.

The cumulative weightage would give the relative position of an employee with respect to increment, promotion and training.

5. Critical Incidents: - The method consists of recording, preferably then and there, important work related experiences both positive and negative in a diary. This is done for each subordinate. At the time of evaluation these incidents are made use of to see how critical they were for meeting the organizational objectives.

The feasibility of this method is often questioned because supervisors have to judge

a) First, Whether a given incident is critical or not:

b) Secondly, it may be difficult to record the incidents as and when it occurs because of other activities:

This problem is further accentuated if there happens to be a large number of subordinates to supervise.

6. Rating Scales: - Often called the *Graphic Rating Scale,* is the most commonly used method of evaluating the performance of the employees. This method consists of presenting "Critical Variables" together with scales on which the employee is rated.

Once an employee is rated on individual critical variables, the rating could be added to get a *Total or Average Performance Score* for the employee.

7. Management by Objectives: - Result-oriented method focuses on supervisor's observation of the subordinates performance as measured against specific pre-determined goals along with attitudes, actions and general job behaviors. This appraisal has been widely used by a large number of organizations with minor variations. However, following basic elements are common to most result oriented appraisal :

(a) Both supervisor and Subordinate *jointly* plan the action plan, responsibilities and duties of the subordinates for a specified period. This helps in clarifying specific duties of the subordinate and the role of supervisor in performing his duties.

(b) At the end of the stipulated period, the performance of the subordinate within the limits of agreed responsibilities and takes is appraised.

(c) In the feedback interview, the performance is reviewed.

Brief Survey of Literature

As noted, adequate amount of literature has been produced on the performance appraisal. There is ample amount of research enquiries available on the working of banking enterprises also. But the research efforts have been confined to its Performance and Budgeting (Munjal), aspects.

Objectives:

1. To study the performance appraisal practices in Indian Banks.

2. To understand the role of performance appraisal as one of the key factor for enhancing organizational ability.

3. To study the impact of environmental pressures like the globalization on the functioning of our banks and how far our bank management has been able to cope with the same.

Hypotheses

The study is an analytical and descriptive study based on repeated interaction and interviews mostly with the middle management level, supplemented by the critical review of some internal procedures, formats and management reports. The above given objective have been studied insight for the design of the existing performance appraisal system in the banks is efficient and effective or not for their overall goal congruence.

Precise Methodology

The attempts are made to collect enough data for this purpose. Researchers interview a representative number of persons working in the organization to get an assessment of what is going on. The research involves diagnosis, data gathering, data discussion and action planning. The source of information for this research endeavour has been both primary and secondary data.

Performance Appraisal in Banks under study

Performance Evaluation is indispensable for effective planning and control system like performance budgeting. Without Such an evaluation, the formulation of the annual performance plan and budgets would become a fruitless and an incomplete exercise. The evaluation of performance, conducted periodically, would go a long way in checking such drifts. The evaluation and review of performance involves periodic monitoring and control of the actual performance of various budgeted parameters, which in case of a bank could be: Deposits, Advances, Lending to a priority sector, The differential rate of an interest scheme, Branch expansion, Profit, Manpower and other inputs at different levels of the organization structure of the bank branches, division and corporate office.

The central purpose of the Performance Appraisal System is to motivate the managers at different Levels in achieving the corporate Goals. It is necessary to review the actual performance *vis-à-vis* the budgeted levels to enable decisions on corrective measures to be taken.

An analysis of variances of the actual performance, compared to the planned levels, should constitute an important part of the evaluation and review process. It is necessary not only for initiating corrective steps for eliminating weak spots, but also for ensuring that the budgets are scientifically framed.

According to P. Chattopadhyaya : " Variance Analysis sharpens the budget targets by way of feedback. It helps assessments of whether the budgets are unduly optimistic or pessimistic in the context of the resources deployed."

Here, Some of the items of variances can be controlled by the branch itself, some can be controlled by the Divisional Authority, still other can be controlled at the Head Office Levels, while a few are beyond the control of the Bank. As the controllability of the variances differ form on level of management to another, the corrective action applicable at different levels of management depends upon the character, magnitude and causes of the variances.

Therefore, identifying the root causes for each of the variances through a joint discussion between the coordinating authority and the performing units is imperative for making the performance evaluation and review process a meaningful and rewarding exercise. Both positive and negative variances should be viewed with equal concern. Positive performance could sometimes be due to an under budgeting tendency or due to a change in environment.

In **Punjab National Bank**, Appraisal format of branch managers uptoMMG Scale IIIrd (As mentioned in Annexure 5) is mainly divided into 3 parts. In part first personal bio-data and self evaluation is to be filled by the appraisee. In part two contains comments on the appraisee officer on own performance and training status. In part third managers are evaluated on the basis of both factors quantitative and qualitative. So for evaluation following four dimensions are taken into consideration:-

1) Business Dimensions / Key Responsibility Areas

➢ Deposits and Other Business Areas

➢ Credit and Foreign Exchange

➢ Recovery Performance / NPA Management

➢ Customer Service

➢ Financial Efficiency

➢ Status of House Keeping/ Regular Inspection Reports/ Concurrent Audit Reports/ Revenue Audit.

2) Professional / Technical Proficiency

➢ Job Knowledge and Decision making

➢ Administrative Skills

➢ Leadership

➢ Work Relationship / Public Relations / Marketing Skills

➢ Branch Experience

3) Ethics / Integrity

➢ Officer values and ethics in both, professional and personal conduct.

4) Potential Assessment

➢ Major areas of strength and weakness of appraising authority

On each of these dimensions the reviewing authority is ranked the managers according to numbers scored by them. The following ranks are given:

❖ Outstanding (Marks between 90 - 100)

❖ Excellent (Marks between 80 - 89)

❖ Very good (Marks between 70 -79)

❖ Good (Marks between 60 – 69)

❖ Average (Marks between 40 – 59)

❖ Below Average (Below 40 marks)

In **State Bank of Bikaner and Jaipur** now merge with **SBI** assignment appraisal report is of two types: (1) With Budget and without Budget for officers in scale I, II and III (as mentioned in Annexure 5). With budget format is applicable in respect of officers having budgetary and operational responsibility. (2) Without budget appraisal format is applicable in respect of all officers not covered under AARF III officers under above scales are evaluated on the basis of four criteria:-

1) Business Performance / Key Responsibility Area

➢ Deposits

➢ Advances

➢ Income from Miscellaneous Business

➢ International Banking

➢ Purchase and Sales

➢ Quality of Loans and Advances

➢ Net working results (profit or loss).

2) Qualitative aspects of Performance

➢ House Keeping

➢ Inspection and Audit Rating

➢ Customer Service

➢ Submission of returns and quality and promptness of correspondence

➢ Appraisal, Supervision and follow up credit

➢ Attitude toward SCs / STs / Weaker sections of society

3) Attributes based Appraisal

➢ Knowledge of work procedures, rules and regulations

➢ Control and Supervision

➢ Decision making skills

➢ Diligence (motivation, task involvement and focus on goals)

➢ Sincerity, Honesty and Integrity

➢ Understanding and awareness of environment

➢ Sociability, public relations and image building

➢ Marketing Ability

➢ Ability to appraise business

➢ Ability to appraise and develop juniors

4) General Comments

➢ Adaptability to change
➢ Aptitude and Competence
➢ Administration skill
➢ Leadership skill
➢ Organizational skill
➢ Co-operation and team work skills
➢ Capability to move to a higher position

On the basis of each of above criteria, the reviewing authority is ranked the officers according to number scored by them. The ranks given by reviewing authority are as under:

❖ Excellent
❖ Good
❖ Above average
❖ Poor

In **ICICI bank ltd.** performance appraised report, manager's work is evaluated on the basis of following two categories (as observed from interviews & personal discussions):

1) Business Development

➢ Current & Saving Deposits (CASA)
➢ Life Insurance and General Insurance (LIGI)
➢ Customer Service

2) Attributes

➢ Compliance / Housekeeping / Efficiency
➢ Knowledge / Learning
➢ Team Building / Interperson Relationship
➢ Attitude / Passion

On the basis of above criteria, the reviewing and reporting authority ranked the managers as under:

❖ Excellence {A}
❖ Very Good {B}
❖ Good {C}
❖ Average {D}
❖ Below Average {E}

Findings and Suggestions

- In general, the controlling office is the main authority to evaluate the branch performance. Branch uses its budget for the evaluation. For appraising performance at the regional/district/zonal/divisional levels, the discussions takes place between regional/district/zonal/divisional managers and the chairman along with functional heads.
- In evaluating performance at different levels business performance(like deposits, advances, financial efficiency, customer service, etc.) as well as qualitative aspects (job knowledge, decision making, administrative and marketing skills, leadership, work and public relation, etc.) parameters are used.
- For evaluation performance of branch, the parameters of profitability, productivity and efficiency are also used.
- Banks Staff productivity is good according to annual results and auditor's reports.
- Banks are arrange training programmes for staff for updating knowledge of new technologies used by banks.
- Bank should regularly update themselves with economic and trade development.

- While using the Planning and Control Systems in the performance evaluation, sufficient care to is to be taken by the superior managers, as to relate a technical instrument with the human behavior may give rise to various dysfunctional issues which may prove counter productive for the organizations. The superior managers must understand that they are dealing with a complex human being and sometimes the budget variances can be confusing and misleading and can not be a true measure of one's performance. In this case, the past performance of the executive and the impression of his colleague's / subordinates and earlier superiors may be helpful in evaluating his true performance. Moreover, the superiors are showing more concern towards short-term target achievement rather than long-term effectiveness of the system which needs to be addressed from the view point of effectiveness of the overall control system and goal congruence of the entire organization.
- A big challenge that the banking sector is going to face is skilled resources with mass retirements falling due in the next couple of years. Hence proper man power planning is the need of the hour along with motivational strategies to insure good retention rates.
- The Bank has put in place a performance- linked cash incentive scheme to offer cash rewards to the employees based upon key performance indicators.

References:

Ahmad S.Mufeed : Performance Appraisal Management

Hempel George H., Bank Management : Text & Cases, (John Wiley &

Horngren Charles T. Accounting For Management Control : An Introduction, (Prentice Hall, Inc. – New Jersy)

Herrick Tracy G. Bank Analysis Hand Book : A Willey-Interscience Publications – Newyork.

Maciariello Joseph a. Management Control System. Prentice Hall (India),

Munjal S. :Performance Evaluation and Budgeting in Indian Banks.

MunjalSatish

Performance Evaluation & Budgeting In Indian Banks : (RBSA Publishers – Jaipur)

Rose T.G. and E.D. Farr : Higher Management Control. (New York : McGraw Hill Book Co. Inc.), 1957.

व्यवसाय का बदलता स्वरूपः ई कॉमर्स

श्रीमती प्रेम परिहार
सहायक आचार्य
राजकीय बांगड महाविद्यालय, डीडवाना

वैष्वीकरण के इस युग में व्यापार में विभिन्नता और विविघता आ गई है। बाजारों की बढ़ती दूरिया, वस्तुओं और सेवाओं के बेचने की गलाकाट प्रतिस्पर्द्धा और विक्रेता व ग्राहक के बीच प्रत्यक्ष एवं निरन्तर सम्पर्क के अभाव ने कई समस्याओं को पैदा किया है जिसके समाधान के रूप में ई कॉमर्स की तरफ देखा जा रहा है। साधारण भाशा में इलेक्ट्रॉनिक माध्यम से वस्तुओं और सेवाओं की क्रय विक्रय की विधि को ई कॉमर्स कहते है अर्थात इंटरनेट के माध्यम से वस्तुओं और सेवाओं की क्रय विक्रय की विधि को ई कॉमर्स कहते है। यह व्यवसाय करने की कम्प्यूटर तकनीक है। ई कॉमर्स वितरण का वह माध्यम है जिसमें विपणन कर्ता सूचना प्रौद्योगिकी तथा नेटवर्क कम्प्यूटिंग का सहारा लेकर सुरक्षित व्यवसाय की व्यवस्था करता है। ई कॉमर्स या व्यवसाय इंटरनेट के माध्यम से व्यापार का संचालन, वस्तुओं-सेवाओं का क्रय विक्रय है। वर्तमान में सूचना प्रौद्योगिकी के विस्तार एवं सहज सुलभता ने इसे ओर भी आसान बना दिया है। आज कम्प्यूटर, दूर संचार केबल टेलिविजन ने उद्यमियों एवं व्यवसायियों को विष्वव्यापी प्रचार प्रसार के साधन सुलभ करवा दिये है। इसका मुख्य कारण दुनिया भर में दूर संचार नेटवर्क से नियंत्रण एवं प्रतिबंधों को हटाना है। 1990 से ही इस दिषा मे व्यापक कार्य होना षुरू हो गया था। जबकि विज्ञापन एवं बिक्री में इसकी भुमिका को सराहा गया थां। ऑन लाइन षॉपिंग का चलन बढ़ने से इक्कीसवी सदी में विस्तार के अवसर प्रदान किये है। अनेक ऑन लाइल कम्पनियों की स्थापना हुई एवं अनेक ने तो अपनी षाखाओं का विस्तार भी कर लिया है इस प्रणाली में विपणनकर्ता कम्पनिया, फर्मे या व्यक्तिगत वयवसायी अपने उपलब्ध उत्पादों एवं सेवाओं की सूचियां एवं आदेष प्रारूप नेट पर रखते है और ग्राहकों को प्रेशित करते है। इस में विपणनकर्ता द्वारा अपने उत्पादों सम्बन्धी व्यावसायिक प्रलेखों क्रय आदेषों, सुपुर्दगी समय सारणी, भाव कीमत बीजक अथवा बिल आदि का इलेक्ट्रॉनिक विनिमय होता है। सूचनाओं एवं प्रलेखों की इस प्रणाली को इलेक्ट्रॉनिक डेटा इंटरचेंज कहते है। यह सारी प्रक्रिया कागज रहित एवं कुछ ही समय में पूर्ण हो जाती है। विभिन्न अर्थव्यवस्थाओं में ई कामर्स के अनेक रूप प्रचलित है जो इस प्रकार है।

व्यवसाय से व्यवसाय ई कॉमर्स- इसके अर्न्तगत एक व्यावसायिक संस्था दूसरी व्यावसायिक संस्था को थोक अथवा फुटकर रूप में वस्तुओं एवं सेवाओं का क्रय विक्रय आपसी सहमति एवं सहयोग से होता है। कई कम्पनियां इसमें अपने पूर्तिकर्ताओं और वितरकों से सीधा सम्बन्ध भी स्थापित करती है।

व्यवसाय से उपभोक्ता ई कॉमर्स- इसमें व्यावसायिक संस्थायें सीधे ही अन्तिम उपभोक्ता को वस्तुओं और सेवाओं का विक्रय करती है। यह ऑन लाइन षॉपिंग के नाम से भी प्रचलित है। इसे बी टू सी कॉमर्स भी कहते है। आज अनेक ग्राहक घर बैठे पुस्तकें , उपहार सामग्री, कपड़ें, होटल व रेलवे टिकिट आरक्षण आदि की सुविधाएं ले रहे है।

उपभोक्ता से उपभोक्ता ई कॉमर्स- इस विधि में उपभोक्ता से उपभोक्ता के बीच इलेक्ट्रॉनिक माध्यम से सौदे होते है। नीलामी साइट्स इसका विकसित होता रूप है। जब किसी उपभोक्ता को अपना कोई सामान, वस्तु, जमीनें, कार आदि बेचनी हो तो वह इस माध्यम का उपयोग करता है। ओएलएक्स, ई बे कॉम आदि अनेक साइट्स इसी प्रकार की सुविधा उपलब्ध कराती है।

इन्ट्रा संगठनात्मक ई कॉमर्स- ग्राहको को बेहतर सुविधायें देने एवं उनसे मधुर सम्बन्ध बनाये रखने के लिए विडियो कॉन्फ्रेंसिंग, ई मेल एवं बुलेटिन बोर्डों द्वारा सूचनाओं का प्रेशण करने तथा इन सूचनाओं के आधार पर उचित निर्णय लेने में मदद मिलती है। इसके माध्यम से विभिन्न विभागों में समन्वय करनें में आसानी रहती है। कागज रहित कार्यालयों में कार्य आसानी से एवं सुविधाजनक रहता है। इसी के माध्यम से सरकारें भी स्वयं को पारदर्शी बनाये रख सकती है। सरकार से उपभोक्ता

और उपभोक्ता से सरकार, व्यवसाय से सरकार एवं सरकार से व्यवसाय का भी ई कॉमर्स में समावेष हो गया है। अब आयकर, बिक्री कर सभी प्रकार के लाइसेंसों का नवीनीकरण, जाति प्रमाण पत्र, मूल निवास प्रमाण पत्र, भू राजस्व अभिलेखों की जानकारी, पासपोर्ट, षिकायत निवारण आदि सब कार्यों को इसी में षामिल किया जा सकता है।

प्रोजेक्ट से प्रोजेक्ट ई कॉमर्स-इस पद्धति में पेषेवर एवं बड़ी व्यावसायिक संस्थाओं द्वारा विष्व के किसी भी भाग में षुरू की जाने वाली परियोजनाओं की सेवाओं को षामिल किया जाता है।

2014 में भारतीय ई कॉमर्स ने पिछले वर्श की तुलना में 20 प्रतिषत वृद्धि के साथ3.2 अरब डॉलर का टर्न ओवर दर्ज किया था यद्यपि भारतीय खुदरा बाजार आज सिर्फ 590 अरब डॉलर के आस पास ही है। इसलिए यह अपनी षैषवअवस्था में है ई कॉमर्स के लिए किसी भी देष में इंटरनेट की सुदृढ़ एवं सहज सुलभ प्रणाली का होना, उत्तम क्रेडिट कार्ड व्यवस्था, कुषल, सुरक्षित एवं द्रुत सुपुर्दगी व्यवस्था का होना अनिवार्य है। साथ ही देष के नागरिकों को इस प्रणाली का अच्छा ज्ञान एवं कुषल संचालन आना चाहिए। देष में ऑन लाइन खरीददारों की संख्या 4.10 करोड़ ही है जबकि हमारी आबादी 1.30 अरब से भी अधिक है। करीब 70 प्रतिषत आबादी की पहुच में इंटरनेट है। अतः देष में ई कॉमर्स का भविश्य उज्जवल है। यही कारण है कि वर्तमान में प्रत्येक व्यावसायी की नजर इस ओर है।

अभिनव भारत एवं उद्योग

डॉ. सुरेश के. वर्मा
(संविदा सहायक आचार्य, लोक प्रशासन विभाग,
शासकीय बॉगड़ महाविद्यालय, डीडवाना (नागौर) राज.)
drsureshverma911@gmail.com

अभिनव भारत की संकल्पना को साकार करने हेतु लघु एवं कुटीर उद्योगों को प्रोन्नत करना पड़ेगा। वर्तमान भारत सरकार की महत्त्वपूर्ण मुद्रा योजना के माध्यम से इस ओर एक नई पहल की गयी है। भारत में प्राचीन काल में उद्योग धंधे बहुत उन्नत स्तर पर थे किंतु पराधीनता के काल में सभी उद्योग धंधे नष्ट कर दिये गये। हमारे देश के परम्परागत उद्योग जो कुटीर उद्योगों की श्रेणी में आने के कारण व्यक्ति स्वावलंबी था किंतु आधुनिक मशीनी युग में पूर्ण रूप से मशीनों पर आश्रित हो गया जो हमारे लघु एवं कुटीर उद्योगों के नष्ट होने का मुख्य कारण बना।

प्राचीन काल में मानव कृषि कार्य से अपरिचित होने के कारण सहज रूप से उत्पन्न होने वाले फल-फूल, कन्दमूल, तथा आखेट में मारे गये पशुओं एवं नदियों, झीलों, तालाबों आदि में पकड़ी गयी मछलियों व अन्य जीव जंतुओं से ही अपनी उदरपूर्ती करता था। कृषि कार्य और पशुपालन के अभाव में मनुष्य को उपलब्ध खाद्य सामग्री सीमित थी। उस समय जनसंख्या कम होने के कारण से प्रकृतिजन्य फल-फूल, कन्दमूल, मांस मछली ही उनके जीवन यापन के लिये पर्याप्त रहे होंगे।

उत्तरोत्तर काल में कृषि कार्य का भी ज्ञान हो गया जो एक महान क्रांतिवाहक था। शनैः-शनैः मानव जीवन उत्तरोत्तर विकसित और जटिल होने लगा। कृषि कार्य, पशुपालन, गृह निर्माण इत्यादि में मनुष्य को अन्य मनुष्यों के सहयोग की भी आवश्यकता पड़ने लगी। पारस्परिक सहयोग और सहकारिता के आधार पर वह चारों ओर के अन्य मनुष्यों के अधिक निकट आने लगा। कतिपय ऐसी घटनाओं से समाज नामक संस्था का प्रादुर्भाव हुआ। सहकारिता की उपयोगिता समझकर मनुष्य अब समूह में रहने लगा। इस प्रकार 'ग्राम' का आविर्भाव हुआ। मनुष्य का जीवन सामूहिक हो गया। इस सामूहिक जीवन में कार्य-विभाजन प्रणाली का उदय हुआ। अब प्रत्येक मनुष्य एक जैसा कार्य नहीं करता था। कोई पोषणकार, कोई कुम्भकार, अस्थिकार या कोई रंगरेज का कार्य करता तो कोई जुलाहे का। इस प्रकार उत्तरपाषाण काल में व्यावसायिक विशेषीकरण (Industrial Specialisation) आरम्भ हुआ।

गांव में सामुदायिक विकास एवं सौहार्द का वातावरण पारस्परिक उद्योग रहते हुए भी रहा है। गॉव की अर्थव्यवस्था मूलतः कृषि पर आधारित है जो आज शनैः-शनैः तिरोहित होती जा रही है। पशुपालन कार्य भी संतोषजनक स्थिति में नहीं है तथा पशुपालन कार्य लगभग हेय माना जाने लगा है। कृषि एवं पशुपालन कार्य हमारी अर्थव्यवस्था को सुदृढ़ आधार प्रदान कर सकते हैं किंतु आवश्यकता है सरकार इस ओर समुचित कदम उठाये ताकि विदर्भ व आंध्रप्रदेश के किसानों द्वारा आत्महत्या की पुनरावृत्ति न हो सके। जो अन्नदाता कहलाता था आज वह इस प्रकार कदम उठा रहा है जो चिंता का विषय है। गांव की अर्थव्यवस्था का आधार जातिगत उद्योग एवं कृषि थी। जहां जातिगत उद्योग प्रायः समाप्ति के कगार पर हैं। कृषि एवं पशुपालन भी कुछेक मौसम की मार से, कुछेक औद्यौगिक विकास की चकाचौंध से तथा नगरीय जीवनशैली के अनुरूप जीने की आशा एवं आकांक्षा के कारण भुला दिये जा रहे हैं। आज सहकारिता के नाम पर सहकारिता समिति भी राजनीतिक संस्थाएं बनकर रह गई है। कभी गांव के लोगों में सामुदायिक सौहार्द एवं विकास का वातावरण देखने को मिलता था। आज गांव भी इस अवधारणा से दूर होते जा रहे हैं तथा गांव के अधिकतर युवा बेरोजगार निठल्ले व निकम्मे होते जा रहे हैं। तात्पर्य यह है कि आज गांव का युवा परम्परागत उद्योग से घृणा करता है तथा नवीन रोजगार स्थापित करने से घबराता है।

ग्रामीण अर्थव्यवस्था को आधुनिक परिप्रेक्ष्य में देखें तो ग्रामीण संस्थान के रूप में नोडल एजेन्सी के रूप में ग्राम पंचायत विकास कार्य करती है। ग्राम पंचायत को गांव के समुचित विकास की रूपरेखा से जोड़ते हुए नीतिगत प्रारूप तैयार करते हए गांव की आगामी वार्षिक योजना की नीतिगत स्वीकृति राज्य सरकार या प्रत्यक्ष नीति आयोग के माध्यम से केन्द्र सरकार अपनी स्वीकृति देवें। जो योजना का प्रारूप नीति आयोग द्वारा योजना में परिलक्षित होता है उसका स्वरूप नीचे से (ग्राम पंचायत) ऊपर (नीति

आयोग) की ओर वैकासिक सोपान का नीतिगत स्वरूप निर्धारित हो।

ग्राम पंचायत नोडल एजेन्सी के रूप में सहयोगी बनकर ग्रामीण विकास में महत्त्वपूर्ण योगदान दे सकती है। ग्रामीण विकास की दृष्टि से तीन मुख्य कार्य है-

1. कृषि एवं पशुपालन - सामान्य कृषि, वाणिज्य कृषि, प्राविधिक कृषि, अनुसंधानिक कृषि, डेयरी उद्योग, दुग्ध उत्पाद उद्योग, नवीन नस्ल निर्माण उद्योग, मुधमखी पालन, मछली पालन, मुर्गीपालन।

2. परंपरागत उद्योग (आर्टीजन्स) - बुनकर, लेदर आर्ट, वैज्ञानिक कुम्भकार, हेयर आर्ट, वुडन आर्ट, ज्वैलरी आर्ट, बर्तन उद्योग, परंपरागत कलाकृति उद्योग, भवन निर्माण उद्योग।

3. अग्रगामी उद्योग (प्राविधिक) - कम्प्यूटर आधारित इकाई (साइबर कैफे), सेलफोन रिपेयर उद्योग, इलेक्ट्रोनिक एवं इलेक्ट्रिक रिपेय उद्योग, सॉलिड वेस्ट आधारित खाद निर्माण, खादी एवं ग्रामोद्योग आधारित उद्योग

मुख्यतः कृषि व पशुपालन, परंपरागत उद्योग तथा अग्रगामी उद्योग के विकास मे महत्त्वपूर्ण भूमिका का निर्वहन ग्राम पंचायत सहयोगी संस्था के रूप में करें ताकि ग्रामीण अर्थव्यवस्था एवं विकास को नई दिशा मिले। ग्राम पंचायत नोडल एजेंसी के रूप में आधारभूत विकास के ढांचे को खड़ा करे ताकि गांव में कुटीर व लघु उद्योगों के लिए वातावरण बन सके। ग्रामीण अर्थव्यवस्था सुदृढ होती है तो स्वतः ही गांव का परिदृश्य परिवर्तित होता दिखाई देगा। भारत में सकल घरेलु उत्पाद (जी.डी.पी.) में योगदान प्रत्येक ग्राम से होने लगे तो वह दिन दूर नहीं है कि भारत भी विकासमान राष्ट्रों की श्रेणी में आ जाये। भारत एक सुदृढ आर्थिक महाशक्ति के रूप में विकसित हो सके किंतु इस दिशा में सघन एवं वास्तविक धरातल पर ग्रामीण विकास की दिशा में कार्य करने होंगे। जो नितांत आवश्यक एवं महत्त्वपूर्ण है।

अभिनव भारत एवं सुरक्षा

EMP Attack and Security Issues

Anand Harsha[1] and Syam Sunder Ramdeo[2]
Assistant Professor, Aishwarya College of Education[1]
Jai Narayan Vyas University[2]
Jodhpur-Rajasthan
anandharsha@yahoo.com | vithalramdeo@gmail.com

Abstract : Looking at today we decide the future and try to increase our careful steps by keeping the results in mind. This is proof of our being civilized and educated. It is not possible to give the next generation happy atmosphere if we do not do so.

Although the science has opened the door of development, even then it has been misused by some form in the wrong hands, and it still remains a threat. Today there are burning issues such as global warming, climate change, new infectious and incurable diseases, lack of food and drinking water, and terrorism, which can be discussed but more importantly the world power countries having something common to discuss which is about how to establish peace in the whole world, whose wishes came from lord Mahavir, Gautam Buddha, Mahatma Gandhi, Nelson Mandela, Dalai Lama & Mother Teresa.

This is happened where every second nation wants to achieve nuclear power in the light of its security, the atomic power-rich nations are always afraid of the attack. Through this research paper, we will know about the effect of the nuclear attack on the impact of the **ElectroMagnetic Pulse**. What can be its horrors, and on the stand of nuclear-capability nation, how India can avoid such hazardous effects. How to be prepared for the concept of **Abhinav Bharat** based on safety and development. This research paper, based on the concept of Abhinav Bharat, in light of **security and development**, is being tried to highlight the important issues related to the security.

Keywords: Electro Magnetic Pulse, EMP Effect, EMP Causes, EMP Survival, .

Introduction

What is Electro Magnetic Pulse?

Electromagnetic pulse is an explosion of electromagnetic radiation produced by nuclear explosion. With this explosion rapidly changes the magnetic field and the electrical field, the result is that the operation of electric and electronic products and units becomes interrupted.

We often use the electromagnetic waves of medium range for mobile communications, and from this point of view, these waves are useful but from another side they can damage human body if changing are made to it. It can also harm the current flow and affecting electromagnetic devices which will in result destroy them. If the hydrogen bomb is exploded at an altitude, then it can produce EMP which can eliminate the major organs of the electrical and electronic grid, the more fatal the explosion of nuclear or hydrogen, the greater the scope of the EMP effect.

Who will effected and who will not

Hospitals, water, waste, transport, telecommunications, air, road, waterways and related units will be affected. The laptops or computers which are functioning on that time will stop working which will not able to be reused. The devices which are functioning with electricity such as inverter, UPS and power bank will also be discarded. Its impact on Solar Panel and Sol Arc Power Generator will be negligible.

Although the apprehensions are being expressed that the devices which uses a low length electric wire can be used even after they are affected by EMP attack, but if the intensity of the explosion is high, it will also be impossible to reuse Power Grid, I-Pad Smartphone Cell phone, Telephone Tower, Computers, Routers, Automobile Engine systems, Air Traffic Control systems, Banking Systems, Television Services, Internet Services, Freeze, Thermostat and all those devices that are enabled with microchip will be affected.

The history of EMP

During the year 1859, there was a solar storm with the Carrington Event which has been included in the electromagnetic pulse effect recorded so far. Sunspots and flares were seen on the sun, after which huge geologic storms came in Europe and North America. The sparking found in telegraph systems, due to this effect electric operators working on them felt electric shocks. Similarly in 1889 world seen a light storm. This storm disrupted power supply in Quebec, radio signal and weather satellites are shocked, at that time Texas polar light was seen, it was estimated that there were nuclear attacks.

What are the future risks?

China, France, UK, USA, India, North Korea, Pakistan, Israel, NATO countries (Belgium, Germany, Italy, Netherlands and Turkey), Belarus, Kazakhstan, South Africa and Ukraine are the countries which are nuclear-powered nations who had successfully used nuclear energy. The technique is definitely making the nations stronger on the protection perspective, but the subject of thinking is whether a nation is safe or not. Here everyone is scared of being attacked. Just to assess the recent world panel, the fear of North Korea spreading anxiety caused the fear of the US and all the nations. Even after Trump and Kim Jong's talks was successful, the threat came in to Trump's statement came still there is a scary situation. We can think that the protection of the subdued and for the power and the policies of its geographical expansion will ever be in the direction of peace. It cannot be successful. It seems like an undeclared break on them.

How many electronic consumers are in India?

India, under the Digital India Campaign, has been emphasizing on the use of electronic methods and transactions and also the rate of education has improved in the last two decades, so it is certain that the use of electronic goods and production and associated employment has increased in India. Speaking of data, it will be known that India has produced electronic goods worth Rs. 152420 crore in the year 2004-2005. It increased to Rs. 411220 crore in 2009-10. These figures are of electronics based on the information technology, the actual number can be more than this figure.

Digital semi-government and non-government departments are being digitalized on digital India basis. All manual works are done now with the computer's help. This happens not only in India but all over the world and this become a common phenomena that increases the work of electronic components and power plants, power grid systems, oil production, and the field of natural gas production. It can be said that if any condition of an electromagnetic pulse is attacked then all these products will get stuck and the work of these products and plants will be obstructed, which cannot be compensated.

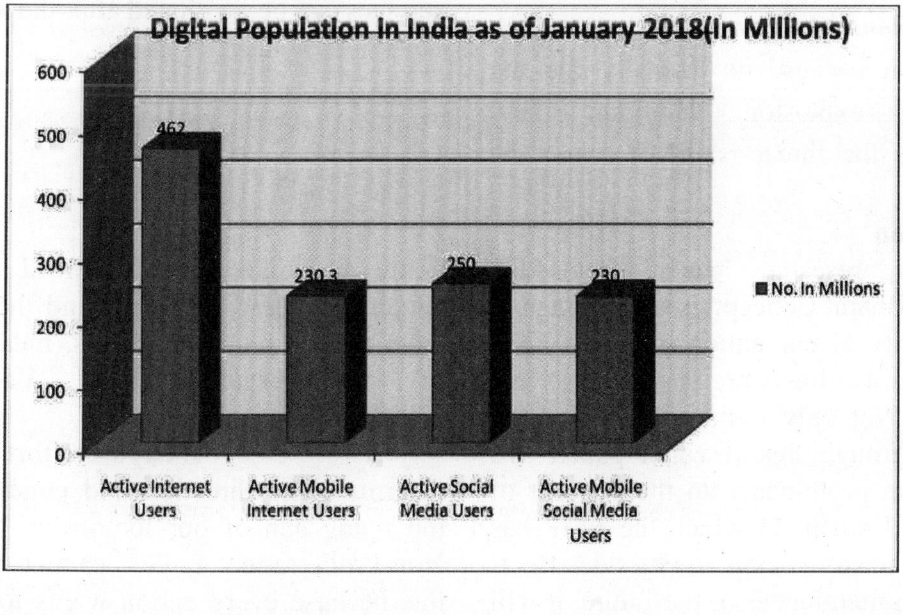

How and where EMP attack will impose its effect

The boundary height of an atom EMP is determined by the earth's magnetic field and surroundings. Open EMP explosion will increase the impact limit as well. The consequences of the explosion of the area below the urban area will be less effective and the EMP generated from the explosion will be absorbed by the buildings. If the high altitude EMP explosions are carried out at a distance of 140 kilometers outside the Earth's atmosphere then this explosion will not have any effect.

How India can overcome from EMP attack

1) More research work must be done on this threat

Every Information Not only in India but in the world should be biased related to EMP threat to each country and each country should be aware of the research done on it because its intensity and the type of explosion determine how dangerous the threat is. EMP cannot be ignored due to insufficient development and other plans.

2) Build a comprehensive missile defense system

In order to avoid the future EMP explosion, a comprehensive missile defense system can be built to protect the country from time to time with the threat of nuclear attack and hydrogen bomb attack.

3) Issues related to national security should be given prominence on EMP attacks

The issue related to the EMP attack is an issue linked to national security. Therefore, this topic should be given prominence so that common citizens can also show participation in the situation of the attack.

4)Extensive efforts will be made under disaster management

People with disaster management can be given pre-training so that useful services can be facilitated after the attack.

Conclusion

This research paper from the Abhinav Bharat Concept give advantage to the Security of our nation in which EMP attack and its effects are discussed so that in future Not only India but all over the world. Through this research paper, We have given prominence to the concept of **Abhinav Bharat**, in which the EMP has been explained in detail and its side effects have been mentioned. In the future, it will going to expand its widespread danger, keeping in view that India and the world have to make various efforts, meaningful of the principle of "**Vasudeva Kutumbakam**".

Today's efforts will determine the direction and condition of the rising sun of our tomorrow. Nuclear Non-Proliferation Policy cannot restrain this because every nation wants to utilize nuclear energy as a source of energy and become prosperous. Even though if science knowledge has been experimenting with the wrong hands then it will be hazardous to human civilization keeping this in mind we should try different efforts.

References

1. https://www.statista.com/statistics/309866/india-digital-population/

2. http://www.dgciskol.gov.in/

3. http://meity.gov.in/content/statistics

4. http://empactamerica.org/north-korea-threats-emp-attack/

5. https://www.youtube.com/watch?v=ZPpI5u9abdM

6. https://www.skilledsurvival.com/emp-preparedness-you-only-really-have-2-options/

Spiritual Intelligence and 21st Century : A Psychological Study

Dr. P.S. Rajpurohit
Assistant Professor
Chopasni Teacher Training College
Chopasni, Jodhpur

Abstract: A modern person today is chained with the culture of greed. Wars are being waged for oil and water, and there is no healthy competition. Rivalry is prevailing in all walks of life. Number of abortions per year is increasing. The safest in the world, the womb of the mother, has become the platform for a cruel murder and the highlight is that the law promotes it in different parts of the world! Two percent of abortions occur because of rape and others occur for social reasons (i.e., the child is unwanted or inconvenient. Parents are mercilessly sent to old age homes! So parents too are finding it difficult to spend time with their kinds! People do not have time for praying and dining with their own family members! Deception has become the order of the day.

Today's culture is too concerned with some kind of extraordinary freedom. However, this very culture is ignorant about the ambience of chaos as well the bewilderment that has been created on account of this extraordinary freedom given to our youngsters. Today, everywhere we find a sort of lust for comfort, which, in the beginning enters as a guest, then becomes host and later a master. True to say, today a person has really become very much confused. Which has really affected the whole world community in the true sense of the term. No doubt, people have achieved tremendous success in the filed of science and technology, but, the nature of human consciousness or human spirit is not being internalized. People of today are facing a severe 'Value-Crisis' in the society which has resulted in fast erosion of human values.

Albert Einstein has said, **"Science without religion is blind and religion without science is lame".** No doubt, today, people have achieved a great deal of progress in the field of science and technology, but the nature of human consciousness is not being internalized. To put an end to such negative beings, a new system of education and strategies need to be developed to reach the ultimate goal of life, and this is what is termed as 'Spiritual Education' which definitely paves the way for spiritual intelligence too!

In our culturally plural society, education should foster universal and eternal values, oriented towards the unity and integration of our people. And blending education and spirituality will help us to plan a rational religion for our conflict-ridden emerging humanity, a religion that does not ridicule men's soul filled with unrestricted individualism and hesitation born out of conflict but will develop world peace, international understanding and unity of mankind through a good system of education for a better world.

Spiritual Intelligence

According to Zohar, "Spiritual Intelligence is our access to and use of meaning, vision and value in the way that we think and the decisions that we make".

It is the intelligence that makes us whole, that give us our integrity. It is the soul's intelligence, the intelligence of the deep self, that with which we ask fundamental questions, and with which we reframe our answers. It is our transformative intelligence.

Zohar (2000) has referred to Maslow's (1970) famous pyramid of human needs. At the base of the pyramid are survival needs and capping the top is the highest need of all, self-actualization. She says the pyramid needs to be inverted and struck in the mud. According to her, self-actualization is our loftiest need, the very bedrock of all needs.

Steps to Spiritual Intelligence

- Self-awareness. Deals with 'What do I believe in ? What will I fight for ?'
- Be vision and value led
- The capacity to face and use adversity
- Be holistic
- Celebration of diversity
- Field independence
- The tendency to ask why
- The ability to reframe.
- Spontaneity
- Compassion

Need is for creating a culture where people could 'dive into the mess' integrating, understanding and ever adapting to new perspectives.

The Roots of Spirituality : Yoga and Meditation

India has remained the center of great curiosity for the entire world due to its rich spiritual heritage and unique philosophy of life. Yoga, according to Feuerstein (1999) is "the understanding that the human being is more than the physical body and that, through a course of discipline, it is possible to discover what this 'more' is."

On the Indian peninsula, Yoga has for several millennia been employed as a pathway to liberation and enlightenment. Upon enlightenment, when consciousness if free from all mental conditioning, neither pleasure nor pain will diminish our inner freedom. This is what the Yoga calls Self-realization. From the yogic point of view, there is no higher attainment than this; nor is there a pursuit more worthy than this. For when we have realized our true nature, as pure consciousness, whatsoever we do will be infused with the bliss of self-realization. We are all right under any circumstance, and because of our inner freedom and bliss, we can enrich all situations with wisdom and compassion so as to benefit other beings. This "being responsive to the deep self" is what has been termed as '***Spiritual Intelligence***'.

The major cultural branches of Yoga are Hindu Yoga, Buddhist Yoga, and Jaina Yoga. Hindu Yoga is the most diversified branch of the yogic tree, and its most important forms are Raja Yoga, Hatha Yoga, Karma Yoga, Mantra Yoga, Tantra Yoga, Kundalini Yoga and Laya Yoga.

Enhancing Spiritual Intelligence the Yogic Way

- Strengthened by desire and hope
- Burdened by anxiety and free
- Beset by temptations and guarded by spiritual powers
- (The seeker) pursues his way along the Path of Life
- Seeking ever a better country

- *Samuel Clagget Chew*

Discipline – That is, the disciplining of the mind – is a fundamental prerequisite of spiritual growth. Today, we are struggling with frustration, sorrow, stress etc. and these are the output of an uncontrolled state of mind. The uncontrolled state of mind is due to uncontrolled flow of thought and a controlled state mind is possible only through ***Meditation or Dhyana***.

Meditation – a step in the eightfold path of Yoga – Enables a person to achieve the complete control of mind by analyzing ourselves honestly, which enables him or her control flow of thoughts and develop a positive attitude and thinking that are very important in deciding the course of life.

When the person goes past resistance, doubt, pride and the emotional impact of egocentricity, one may reach a place in his or her own mind that was up until now a secret. The person will strip away the mystery and diminish fear and resistance, which eat up energy. S/he will become much more aware of how s/he uses energy.

The more one overcome the resistance of the intellect, the more often one can travel to the realm of the Light. One will experience the supercussions of discovery of meaning, vision and value, which will reshape one's entire perspective. This is "Spiritual Intelligence" that "transcends and includes self-perception, wisdom and compassion, understanding and inner peace, love and freedom, depth and breath of vision" (Vaughan, 1998).

Spirituality, a Way of Life

Spiritual Intelligence should not be mistaken to be understood as religiousness. It understood as religiousness. It relates to the awareness of an individual towards the following fundamentals :

- Clarity on the concept of individual – its constituents and attitude.
- Clarity of goal
- Ability to identify one's performance limits
- Knowing how to execute one's performance
- Ability to a realize oneself and
- Trusting God.

We have been hearing about the IQ and EQ that relate to the intellectual intelligence and Emotional Intelligence. As per the former, the people who are skilled in reasoning, logical, verbal, numerical and allied abilities are expected to succeed as managers. As per the latter, emotional intelligence made better managers. It rather turned out to be surronding intelligence or intellectual intelligence. The emotional intelligence makes one good not only at dealing with one's own emotions and perceptions but also those of others like customers, vendors and of course team-members.

Good role-models at the top managerial level are rarely seen. Hence, there is an urgent need of making our youth a whole personality i.e., making youth physically strong, mentally blanced, emotionally well-adjusted, intellectually alert and spiritually self-organized. The main aim of education right from ancient to modern time has really emphasized and stressed on the aspect of spirituality. So too, the field of psychology has recognized the significance of spiritual domain in the individual and at the end of the 20th Century, Zohar (2001) has given due importance to the values in spiritual intelligence. According to Zohar, 'Spiritual Intelligence is our access to and use of meaning, vision and value in the way that we think and the decision that we make".

Education has the responsibility to equip the youth with the real knowledge and skills. This will enable them to build their character. In fact, it is education that imparts the youth with different skills like Human Development Skill, Vocational and Occupational Skills. Management Skills etc. Youth also become adjusted to different healthy and rich cultural traditions and through this, they also get a correct vision of the future. However, it is bitter to note that in spite of making alternations in the entire education system, the individual is not happy and peaceful! This is because there is a lack of spiritual-oriented skills education at all levels.

Nowadays there is a focus on the Emotional Intelligence of student-teachers for better adjustment during the secondary teacher program. Hence, the present study is undertaken to examine the relationship between the Emotional Intelligence and the Academic Adjustment. The data was collected using stratified random sampling technique and 120 student-teachers were included in the study. The study revealed that the variables 'gender' and the 'type of the institution' didn't influence the Emotional Intelligence and the Academic Adjustment of the student-teachers. Further the study disclosed that there was a relationship between the Emotional Intelligence and the Academic Adjustment.

Education is a great irresistible force which has taken the entire world in its fold. The main aim of education is the all-round holistic development of students. Education is conceived as a powerful agency which is instrumental in bringing about desired changes in the socio-cultural life of the nation. Education is the fundamental requirement for overall development and all-round progress of a nation.

Teachers are the backbone of the educational institutions; without teachers, these institutes are considered to be the body without soul (Tahir, Rabbia and Saba, 2013). The whole process of education is shaped and molded by the teacher, who plays a pivotal role in giving quality education. This is because they occupy an important position in the implementation of the school curriculum. They are the managers of the instructional activities within the school system. The role of teacher is always challenging and dynamic in the society. S/he is meant not ony for transfer of knowledge, but also equally concerned with inspiring the students towards achieving the cherished goals in the right way.

Emotional Intelligence is perceived as a type of aptitude that involves the ability to monitor one's feelings and that of others, to discriminate among them and to sue this information to guide one's feelings and thinking (Salovey and Mayer, 1990). According to Weisenger (1998) emotional intelligence is also defined as the intelligent use of emotions : one intentionally makes one's own emotion work for one by using them to help guide one's behaviour and thinking in ways that enhance one's result. "Emotional intelligence enables people to reduce negative stress in their life, build healthy relationships, communicate effectively and develop emotional health; emotional safety is important at each stage of development.

Mental Health is an important part of a person's life besides physical spiritual and financial wellbeing. It is believed that a healthy mind is the key to an individual attaining satisfaction in life (Swami, et al., 2007). Mental Health is an individual's state of wellbeing when he realizes his abilities, has the ability to cope with the normal stresses of life, able to work productively and fruitfully and can contribute to his community (World Health Organization (WHO) Report 2003). Mental Health may be defined as the adjustment of the individuals to themselves and the world at large with a maximum of effectiveness, satisfaction, cheerfulness and socially considerate behaviour and the ability of facing and accepting the realities of life, with minimum friction and tension (Mohan, 2007). Today a rise in mental health issues in adolescents is a growing concern in the school and for hte community counselors and educators.

References Books :

1. Edu.tracks, vol. 16, No. 7, Neel Kamal Prakashan, Hyderabad, March 2018, Page 5-7
2. Edu.tracks, vol. 17, No. 6, Neel Kamal Prakashan, Hyderabad, Feb 2018, Page 37-39
3. Edu.tracks, vol. 17, No. 8, Neel Kamal Prakashan, Hyderabad, Apr 2018, Page 34-36
4. Goleman (1995), Is IQ destiny ? New York Bentam Books, 1995
5. World Health Organization (2003)
6. World Health Report (2001)
7. Zohar D. and Marshal I. (2000) SQ, New York, Bloomsbury, 324
8. Rusk Robert R. (1956), Psychological Bases of Education, University of London Press Ltd., London

सैन्य व सभ्यता के नगर नियोजन

सैन्य व सभ्यता की प्रमुख विषेषता उनका उत्कृष्ठ नगर नियोजन था। ये नगर नदियों की बाढ़ से प्रभावित मैदानों, रेगिस्तानों के किनारे या समुन्द्री किनारों पर स्थित थे। अत: उन्हें विभिन्न प्राकृतिक चुनौतियों का समाना करना पड़ता था। वातावरण को अनुकूल बनाने के लिए नगर नियोजना तथा जीवन पद्धति में विविधता अपनानी पड़ी। पकी हुई ईटों का प्रयोग हड़प्पा मोहनजादड़ों व चन्हुदड़ों में किया गया। कालिबंगा में कच्ची ईटों का प्रयोग किया गया।

कालिबंगा व मोहनजादड़ों की बस्तियों में नियोजन में एकरूपता थी। इन नगरों में किलेबंदी पष्चिम की ओर व निचला हिस्सा से पूर्व की ओर था। सड़के ढलवा व हवा से सफाई योग्य थी। जो उत्तर से दक्षिण व पूर्व से ग्रीन पैटर्न की ओर थी तथा एक दूसरे को समकोण पर काटती थी। अमरी और कोटदीजी जैसे नगर अविभाज्य थे लोथल एक चौकोर बस्ती थी जिसके चारों ओर चारदीवारी थी। धौलावीरा तीन भागों में विभाजित था। बस्तियों का ले-आउट कार्य निष्पादन के आधार पर भिन्न भिन्न था एवं सुरकोट बस्ती दो बराबर हिस्सों में बंटी हुई थी।

नगरों में जल निष्कासन के लिए पकी ईटों से बनी नालियों की व्यवस्था थी जो मध्य गड्ढो से युक्त व ढकी हुई थी। भवन योजनाबद्ध तरीक से निर्मित है। एक तरफ बड़े-बड़े मककान रसोईघर, षौचालय, स्नानगार व कुओं की सुविधा युक्त थे। इनके प्रवेष द्वार गलियों में खुलते थे जबकि अनय लोग ऐसे भी थे जो बेरको में रहते थे। ये ऐसे बैरक हड़प्पा व मोहनजोदड़ो में पाए गए है जो स्तरीकृत समाज का संकेत देते है।

दुर्गीकृत हिस्सों में सार्वजनिक महत्व की संरचनाएँ होती थी जैसे वृहत् स्नानागार, सभाभवन कोठार धान आदि इनका अधिकांष तथा नगारिक प्रषासनिक और धार्मिक प्रयोजनों के लिए व्यवहार होता था। जो निपूर्ण नागरिक प्रबन्ध का द्योतक है।

बलवीर चौधरी

अभिनव भारत एवं विज्ञान तकनीक

Nanomaterials and Nanotechnolgy

Sampat Raj Vadera
Professor & Head, Department of Physics
Indian Institute Technology Jodhpur
Karwar-342037
srv@iitj.ac.in

The field of nanomaterials and nanotechnology has attracted the attention of the scientists and technologists for their promise for the materials and technologies with highly improved properties for technological applications in a wide range of areasincluding agriculture, medical science, automobile, energy, communication, computers, information technology, environment, metallurgy, defence, etc. The word'nano' relates to very small sizes, of the order of 10^{-9}m. To understand this size in a simple way is that 1 nanometer (nm) is as small about as 1/50,000 times that of the diameter of human hair. Not only the human eye, but even very powerful optical microscopes fail to see the matter at nanometer scale. The importance of this class of materials is due to the fact that they exhibit unusually new and different properties as compared to their bulk counterparts thereby leading to new types of systems and devices as well as new theoretical principles. The emergence of nanoscience and nanotechnology has brought new challenges and opportunities for the scientific and technological communities all over the world.

Though the subject of nanomaterials and nanotechnology is of recent origin, however, the nanomaterials have existed in nature for billions of years. The human cell is one of the finest examples of nanomachine which is the building block of human body and is responsible for all the functions of human being. Further, the many of the biological species/materials including DNA molecules are having sizes in the nanometer regime. Many examples have also been reported in the literature regarding use of manmade nanomaterials which date back to few centuries. This suggests that the nanomaterials existed much before the recent emergence of the area of nanoscience and nanotechnology. The modern history of nanotechnology is considered to have started with the lecture entitled 'There is Plenty of Room at the Bottom' by a famous physicist and Nobel Laureate Richard P. Feynman in the year 1959. In this lecture, he mentioned that how fascinating it will if we can manipulate the matter at atomic scale. The ideas floated by Feynman have now become reality and the techniques have been developed by which now it possible to manipulate the matter at atomic scale.

The special properties of nanomaterials can be attributed to two important parameters viz. very small sizes close to lengths of many of physical processes (such as transport of electrons, etc.) and very large surface area. Small size of nanoparticles cause quantum confinement effects which result into unique mechanical, electronic, photonic and magnetic properties. Further, the large surface area of the materials at nanoscale result into very high chemical reactivity.

The nanomaterials can be synthesized by two different approaches viz. physical and chemical. The physical method involves breaking of bulk materials in particles in nanometer regime and therefore it is also termed as top-down approach. Various techniques such as aerosol, electrospray, gas condensation, laser evaporation, sputtering, mechanical attrition, etc. are used to break the bulk materials in the nanometer size. These techniques can produce materials with very good purity and it is also possible to control size and shapes of the nanomaterials using such physical techniques. However, these techniques are highly energy intensive and can produce materials in very low quantity. Hence such techniques are useful mostly for device and sensor applications where the requirement of quantity is quite low but the purity is very important. The chemical methods involve growth of nanomaterials from constituent atoms and molecules in a chemical reaction. Here, since we develop nanomaterials from the atoms and molecules, the approach is known as the bottom-up approach. Using chemical techniques we can synthesize nanomaterials in large quantities with much lesser cost. However, it is very difficult to control the size and morphology of nanoparticles using chemical methods. However, whenever there is a requirement of large quantity of materials and particle size range is not very important the chemical method is preferable for synthesis of nanomaterials.

The subject of nanoscience and nanotechnology is a truly multi- and interdisciplinary area since it has great impact on almost all the branches of science and technology.

Many of the biological molecules/ species, including DNA, are of the size of nanometer. This makes the field of nanotechnology highly important in the domain of biological and medical sciences. A large number of scientists and technologists across the world are engaged in developing new diagnostic and treatment techniques based on nanotechnology. Some of the important areas of medical applications include nanodevices for monitoring, repair, construction and control of human biological system, targeted drug delivery, drug development, medical tools, imaging, bone treatment, replacement of damaged parts (cancerous cells, blood vessels, skins, bones, etc.). There has been strong emphasis on the development of techniques based on nanomaterials and technologies for the diagnosis and treatment of different types of cancers. Gold and magnetic nanoparticles based materials have been developed for the treatment of cancer. These nanoparticles are targeted to cancer specific sites in the human body and then localized heating is carried out to selectively kill the cancer cells. Further, it has also been observed that medicines based on nanomaterials are far more effective for the targeted drug delivery as well as sustained release of drugs. The nanomaterials based implants have also been developed with properties better than those based on bulk materials.

The impact of nanotechnology in areas of electronics, computers and information technology has been felt highest next to the medical science. The sizes of the devices have been reduced very significantly with much faster computing capabilities. There has been strong surge in the data storage capability of various memory devices. Significant advancements have been made in the areas of quantum computers and molecular computers. The nanotechnology presents the promise and potential for highly miniaturized and faster devices with requirements of very low power. Such devices can be embedded in many of the equipment and systems to achieve their enhanced performance.The quantum confinement effects and origin of newer physical properties has fascinated the physicists to work on new theories to explain the various phenomena at nanometer scale. It also requires developing the tools to study the materials and devices at small scale as the existing techniques have been inadequate to carry out comprehensive characterization. Development of scanning tunneling microscope by IBM scientists in mid-eighties has been one of the greatest inventions which boosted the research in the area of nanotechnology as this equipment is capable of providing resolutions at atomic scale. Enhanced reactivity observed in nanomaterials has resulted into the phenomenal growth in the area of catalysis wherein chemists found it to be very useful to synthesize new classes of materials with novel properties.

Nanotechnology has alsomade significant impact in certain other areas of social importance. In the area of environment and energy, high strength, light-weight and nanoporous filters are being developed for control of air and water pollution. Nanofilters are also being developed for the separation of isotopes. Further, there has also been focus on development of new nanomaterials and devices based on them, for conversion and storage of energy. Particularly, in the area of energy, research is being carried out on different types of devices including photovoltaic cells, solar absorbers, high density reachargeable batteries, hydrogen and hydrocarbon storage devices, fuel cells, biofuel, etc. Research is also being pursued in the domain of biotechnology and agroforestry. Some of the important research areas in this domain include: molecularly engineered chemicals for nourishing plants and protection against insects; genetic improvement of plants and animals; testing technology to identify genomes sustaining salt and drought stresses; processing of biomass in sewerage treatment plants; food processing and preservation, etc. Nanotechnology is also finding applications in the area of various consumer goods which include food and beverages (advanced packaging materials, sensors, and lab-on-chip for food quality testing), appliances and textiles (stain proof, water proof and wrinkle free textiles), household and cosmetics (self-cleaning and scratch free products, paints, and cosmetics).

The field of nanomaterials is highly versatile with possibilities to develop materials in different sizes, shapes and morphologies. They can be synthesized in the form of dots, wires, belts, sheets, rods and combination of these morphologies thereby providing flexibility to tune their physical properties including mechanical, electrical, optical, magnetic, thermal, etc. This gives much greater scope for their technological applications. There is also scope to develop multifunctional nanomaterials showing more than one functional property. Core-shell nanomaterials are the finest example of multifunctional materials where core and shell of the nanomaterials consists of two materials with different functionalities. Materials have been synthesized with magnetic core and shell materials either as luminescent or as dielectric. Depending on the composition of core and shell, these nanomaterials find applications in different domains. Some of the important applications of the nanomaterials include: high strength, tough, light weight corrosion & heat resistant structural materials (metals, alloys, ceramic and polymeric) for aerospace vehicles and automobiles), magnetic materials and carbon nanotubes for water purification, nanoferrites for microwave absorption, etc.

Nanotechnology is also bound to make huge impact in the domain of defence and security. Some of the important areas in the defence sector where the nanotechnology has very significant role include: smart military equipment including clothing, armour and weapons; improved low observability; light weight and high strength military platforms; improved chemical/biological sensors; miniaturized detectors for surveillance, etc.

Need of Environmental Friendly Sustainable Extraction of Natural Minerals Resources in Innovative India

Dr. R P Choudhary[1] and Prof. S. K. Parihar[2]
[1]Associate Professor,
[2]Professor & Head, Department of Mining Engineering,
Faculty of Engineering & Architecture, JNVU, Jodhpur-342011

ABSTRACT : Sustainable best practices needs to balance out economic, safety, environmental, resource efficiency and community related aspects. To be more general, it should consider all stakeholders interests, which are affected by the utilization of resources. Resource profile of the economy concentrates on four broad categories of resources viz., natural, infrastructure, human and financial. Natural resources, as conventionally understood, include all those objects and products that human labour combined with inputs of capital and enterprise, can extract from nature and make use of them to produce more goods and services. Natural resources are not static in nature; they are dynamic and keep on changing. As the process of economic development gathers momentum, the demand for natural resources increases; it becomes critical that both the urgency and temptation to exploit natural resources to the hilt for the sake of short-term gains are avoided; instead a holistic view is taken, so that the interests of the future generations are not compromised. "Sustainable development" should be the goal.

Natural resources availability, their utilization and the capacity to mobilize more resources determine an economy's ability to overcome the various problems. Several issues relating to the minerals like intensive survey to identify unknown utilizable resources, conservation measures to sustain the output over a longer period and effective organizational set up need to be addressed by the policymakers. The protection of environment is an essential part of development. Two broad set of policies are needed to counter the underlying causes of environmental damages: polices built on the positive links, and policies targeted at specific environmental problems.

The classification of natural resources with more emphasis on natural minerals resources and its environmental impacts of mining have been discussed through this paper. sustainable mining is taken as the solution to all the afore-mentioned issues and steps by the legislator to enforce the same have been also briefly looked into.

Key words: Natural resources, Minerals, Mining, Environment, Sustainable mining

INTRODUCTION

Information on stock of natural resources is much better in case of India than in most under-developed countries (UDCs). Basic resource survey agencies have been in existence for a century or more and systematic surveys and investigations of resources have been undertaken by them. Work on mapping and surveys of natural resources has expanded greatly under the Five-Year Plans.

- The older agencies, such as the Survey of India and the Geological Survey, have been expanded in order to enable them to undertake larger programmes of work. The new agencies have been created to undertake specialised tasks for surveys in fields which had not been covered earlier.
- The *Indian Bureau of Mines* was established in 1950 to undertake an economic assessment of natural resources and to formulate progrmmes of development.
- The *Oil and Natural Gas Commission*, established in the late 1950's to undertake exploration and development of petroleum resources, has been responsible for major discoveries of oil and natural gas in Assam, Gujarat and Bombay High.
- The *Central Water and Power Commission* (now bifurcated into two), established in 1945, has the responsibility for the co-ordination of hydrological investigations and assessment of natural resources.
- *A Soil Land Use Survey* has been established under the Indian Council of Agricultural Research; Systematic soil surveys are being undertaken by it in co-operation with the State Departments of Agriculture.
- The national laboratories and institutes of scientific research also undertake studies relating to evaluation for utilization of natural resources.
- The newly-introduced Forest Survey, the state of Forest Report, which is published at intervals, as also remote sensing and satellite imageries through valuable data of immense use to policy makers.

But experience under the Plans has demonstrated the need for further expansion or acceleration of work in some directions, a greater use of modern survey and mapping techniques and a more adequate economic assessment of natural resources. Investigations of soil fertility and groundwater will need to be expanded and improved. This will provide data for an intensive use of chemical fertilizers and efficient water management which are essential for the successful use of the new high-yielding varieties or other programmes of intensive cultivation. Modern survey

techniques, such as aerial photography, aero-magnetic survey and remote-sensing, which have advanced very rapidly in recent years but which are not used adequately by the Indian survey agencies will need to be used much more. The use of these techniques reduces the time requirements of surveys and preparation of maps. It also makes possible surveys of inaccessible areas and aids location or estimation of reserves of minerals and other natural resources.

broadly natural resources can be classify in four category namely, Land and soils, Water resources, Forest resources and minerals resources. Extraction activity of minerals resources is known as mining industry

Objective of this paper is to categorized the natural resources with major emphasis on minerals resources and its extraction. Mining of minerals resources is expected to bring inclusive growth in the region. Companies involves in the extraction of the minerals claim poverty will be eliminated; people will get jobs, so on and so forth. However, the bitter truth is that most mined districts of our country are also the most poor. More than 25 lakh people have been displaced between independence and year 1991 alone (Chandra, 2010), with tribal suffering the most. Guarantees of jobs are empty promises that lure the villagers into accepting the project. The employment potential of the mining sector has been continuously declined due to ever increase mechanization. Governments have been seen colluding with mining companies in their pursuit of profit making, may a time even though illegal mining.

CLASSIFICATION OF NATURAL RESOURCES

LAND AND SOILS

India measures 3,214 kms. from north to south and 2,933 kms from east to west with a total land area of 32,87,782 sq.kms and a coastline measuring 7516.5 kms, plus 1,197 islands. It is the seventh largest landowner in the world after Russia, Canada, China, the U.S.A., Brazil and Australia in that order.

Table 1: Land utilization in India

		(m.hec.)
1.	Area under non-agricultural uses	23.57
2.	Barren and uncultivable land	19.26
3.	Net area sown	141.10
4.	Forest lands under good tree cover	69.41
5.	Miscellaneous tree crops and groves	3.37
6.	Cultivable wastelands	13.66
7.	Current fallows	14.80
8.	Old fallows	10.19
9.	Permanent pastures and grazing grounds	10.90
	Total*	**306.25**

*Total geographical area for which land utilisation statistics are available.

WATER RESOURCES

Water is the most important source of energy in the Indian economy. About 25 per cent of electricity generated in the economy is from the hydel sources. The other important use of water is irrigation. In a country where agriculture gives twists and turns to the whole economy, provision of water can make all the difference; it can either stimulate the economic activity or depress it altogether.

Overall India possesses large reservoirs of water, but these are inadequate as compared to their requirements. Compared to countries such as the USA, which stores about 5,000 cubic meters per capita and China, which stores around 1,000 cubic meters per capita, India's dams can only store 200 cubic meters per person. A UN report (Water for People, Water for Life, 2003) ranks India 133rd in a list of 180 countries for its poor water availability. It also ranks India 120th for water quality in a list of 122 countries.

Water Issues

The principal issues facing the country are as follows: (i) Demand for water is increasing from all sectors, (ii) Lack of a rational water pricing policy between and within sectors is further driving demand, (iii) Policies and institutions mandated to solve conflicts are directly or indirectly contributing to further conflicts, (iv) New conflicts are increasingly arising within states rather than between states, and (v) conflicts over ground water are widespread across the country.

Solutions: The following solutions are suggested :

1) The one over-riding lesson from the global resolution in the provision of public services is that competition matters. Hence, it is important to unbundle the bulk provider of the irrigation system from the distribution function. Further, there should be variety of forms – co-operatives, and private sector players –to handle water distribution to farmers.

2) There is a need to increase user charges for the services provided, as well as to increase budgetary support. But user charges or tariffs linked to costs can only be possible if services are provided in an efficient and accountable manner.

3) It is by ensuring the economic and social development of local communities that India can hope to build major dams.

4) The government should give formal water entitlements to people as with land and other property rights. Once established, such entitlements give rise to a fundamental and healthy changes.

Forest Resources

Forests produce the requisite raw materials for industries, defence, communications, domestic use and other public purposes. They contribute to the country's exports and create a large volume of employment in the primary, secondary and tertiary sectors. They also provide materials like fuelwood, small timber, fodder, etc. for direct use by the agriculturists. The benefits from forests in the matter of soil conservation, recreation, wildlife, etc. have been well-recognised.

Forests have multifarious uses, some of which can be identified as follows:

1) Trees and forests have many uses, and are, therefore, considered as one of the important natural resources of a country. Plants through photosynthesis convert the solar energy into various forms of energy like food, fuel, oil products, raw materials for industries, and other indirect sources of renewable energy, which can be directly used by us. Forests meet nearly 40 per cent of our energy needs.

2) The thick foliage-mix, that both trees and shrubs attract, prevents soil erosion, and holds moisture content in both the soil and the atmosphere. These are also described as hydrological benefits of forests.

3) Forests meet the basic needs of the poor people of the country in many ways. Forests provide 30 per cent of our fodder needs. A large section of the country's population – Ignancy Sachs calls them 'eco-system people' – depends on forests for firewood which is basic for human survival. Failure to meet the basic needs of rural people may put millions of women – who go

out to collect the firewood everyday to forests – into serious difficulties. Among other things, forests supply pure oxygen, prevent environmental and sound pollutions, maintain ecological balance by providing shelter both to wildlife and birds, and finally add to the aesthetic beauty of the country.

6) Calling tropical forests the "great chemical factory of the natural world", the Washington-based World Watch Institute, in a recent report, noted that 40 per cent of the prescription drugs have active ingredients derived from wild plants, animals, or micro-organisms, many of them from forests.

7) It is easy to justify huge investment in development of forests on purely economic grounds. Returns on such investments have been found to be quite substantial in comparison to the returns on similar types of investments in agriculture, etc.

Present Position

Forests occupy about 783.7 lakh hectares or about 23.84 per cent of the geographical area. (Of this dense forest category, i.e., 40 per cent or more of the area covered by trees, amounts to about 58.0 per cent.) Of these about 433 lakh hectares or about 61.0 per cent are exploitable; another 178 lakh hectares or about 25 per cent are potentially exploitable. Among the States, Madhya Pradesh has the maximum forest area of 77,265 sq.km., followed by Arunachal Pradesh

(68,045 sq.km.) and Chhattisgarh (56,448 sq. km.).

The area under forests in India is low not only as compared to the forest area in countries like Japan (64 per cent), Sweden (66 per cent), Canada (27 per cent), South Korea (63 per cent), and USA (25 per cent), but is also much less than recommended in the National Forest Policy of 1952. The per capita forest land in India is 0.06 hectares as against the world average of 2.06 hectares. Further, the productivity of Indian forests is very low: 1.2 cubic meters per hectare per year as against the world average of 2.1 cubic meters. In future the demand for forest products is likely to increase fast. It is necessary, therefore, that we review comprehensively the national forest policy.

National Forestry Action Plan

NFAP is a five-pronged strategy to manage the forests in a sustainable manner.

The five points are as follows:

i) Protection of existing forest resources of the country;

ii) Increase the productivity of forests;

iii) Reducing the demand for forest products;

iv) Expanding the existing forest areas; and

v) Strengthening the policy and institutional framework.

MINERAL RESOURCES

The mineral resources of India encompass a wide range of products that are necessary for a modern developed economy. There are, according to the Geological Survey of India, 50 important minerals occur. (Out of total land area of 3.28 million sq. kms, hard rock area covers 2.42 million sq.kms.). These can be divided into four categories as follows:

1) Minerals of which India's exportable surplus can dominate the world market; to this category belong iron-ore and mica;

2) Minerals of which the exportable surplus forms an important factor; these include manganese ore, bauxite, gypsum and others;

3) Minerals in which it appears that the country is self-sufficient, like coal, sodium salts, glass sand, phosphates, bauxite, etc.;

4) Minerals for which India has to depend largely or entirely on foreign markets like copper, nickel, petroleum, lead, zinc, tin, mercury, platinum, graphite, etc.

NATURAL MINERALS RESOURCES

Categories of Minerals:

(i) Non-metallic minerals, e.g., graphite, diamond, quartz, feldspar.

(ii) Metallic minerals, e.g., bauxite, laterite, haematite etc.

(iii) Energy generating minerals. Coal, oil and natural gas.

Minerals are sometimes classified as critical and strategic. Critical minerals are essential for the economy of a nation, e.g., Fe, Al, Cu, Au etc. Strategic minerals are required for the defence of a country, e.g., Cr, Co, Pt, Mn.

Uses and Exploitation of Mineral Resources:

Minerals find extensive use in domestic, agricultural, industrial and commercial sectors and thus form a very important part of a nation's economy.

The main uses of minerals are:

1. Development of industrial plants and machinery.

2. Generation of energy, e.g., coal, lignite, uranium.

3. Construction, housing, settlements.

4. Defence equipment's—weapons, armaments.

5. Transportation means.

6. Communication—telephone wires, cables, electronic devices.

7. Medicinal system—particularly in Ayurvedic therapy.

8. Formation of alloys for various purposes (e.g., phosphorite).

9. Agriculture—as fertilizers, seed dressings and fungicides (e.g., Zineb containing zinc, Maneb-containing manganese etc.).

10. Jewellery, e.g., gold, silver, platinum, diamond.

The reserves of metals and the technical know-how to extract them have been the key elements in determining the nation's overall prosperity. Out of various metals, the one used in maximum quantity is iron and steel (740 million metric tonnes annually) followed by manganese, copper, chromium, aluminium and nickel. The major world reserves of most of the minerals are in USA, Canada, South Africa, Australia and CIS countries.

Table 2: Major uses of some minerals

Metallic minerals	**Major uses**
Iron	Heavy machinery, steel production and means of transportation.
Aluminium	Packaging food items, transportation, utensils, electronics.
Chromium	For making high strength steel alloys and in textile and tanning industries.
Copper	Electric and electronic goods, cables and vessels.
Lead	Leaded gasoline, car batteries, paints, ammunition.
Manganese	For making high strength, heat resistant steel alloys.
Platinum group	Use in automobiles, catalytic converters, electronics, medicinal uses.
Gold	Ornaments, medicinal use, electronics and in aerospace.
Silver	Photography, electronics and jewellery.
Non-metallic minerals	
Silicate minerals	Sand and gravel for construction, bricks, pavings etc.
Limestone	Used for concrete, building sotne, used in agriculture for neutralising acidic soils, used in cement industry.
Potash, phosphorite	Used as fertilizers.
Sulphur pyrites	Used in medicines, car batteries and in industry.

Availability of Major Minerals in India:

1. Energy Generating Minerals.

Coal and lignite. Madhya Pradesh, West Bengal, Jharkhand, Orissa, Andhra Pradesh. Uranium (Pitchblende and uranite ore). Rajasthan (Ajmer), Jharkhand, Andhra Pradesh (Nellore, Nalgonda), Meghalaya.

2. Other Commercially Used Minerals:

Iron (Haematite and magnetic ore). Tamil Nadu, Karnataka, Madhya Pradesh, Jharkhand, Andhra Pradesh, Maharashtra, Goa.

Aluminium (Bauxite ore). West Bengal, Maharashtra, Madhya Pradesh, Tamil Nadu, Jharkhand.

Copper (Copper pyrites). Rajasthan (Khetri), Bihar, Jharkhand, Karnataka, West Bengal, Andhra Pradesh, Uttarakhand.

The most important ingredient of today's economy like silver, tin, titanium, cadmium, chromium, zirconium, zinc, lead etc. are available in India.

PERCEPTION ABOUT MINING IN INDIA

The image of mining industry has suffered greatly in the recent years. Years of neglect and defective policies have created cynicism among the environmentalists and among the general mass as well. Mining is increasing being seen as an industry whose profits are concentrated in few hands, quite far from stiff resistance from the local population nowadays because people believe they will bring further poverty and marginalization in the region.

Mining has also drawn criticism on grounds of human rights violation. The indictment of the Vedanta Group over its aluminium mining project in Niyamgir hills in Orissa ia a recent example. Some organizations call for a complete stop to coal mining projects as they believe non-renewable sources of energy is the future and can meet the growing energy demands of the country without creating environmental problems.

Some comments by eminent personalities, media publications and organizations are given below-

"*The mining sector is seen as one in which the worst features of capitalism as a profit machine combine with illegality and corruption*" - C. P. Chandrashekhar (Professor, Economics and Planning)

Taking a national view, mining does not seem to be an overwhelmingly important activity in the country. the mining and quarrying sector currently contributes only around 2% to India's Gross Domestic Product (GDP) - Frontline, 2010.

Graveyard digging (on the progress of the mining industry after independence) - Centre for Science and Environment, New Delhi.

The market does not value the needs of the poor people who have no money; ant it does not value the right of the other species to exist - Ramachandra Guha, Historian

"The implications that expanded coal mining will have on such large forest areas, their water sources, endangered species such as the tiger and millions of impoverished forest dependent communities should be reason enough to press the pause button" - Greenpeace, An organization for Environmental Protection.

ENVIRONMENT AND ECONOMIC DEVELOPMENT

Environment has been defined as the aggregate of all the external conditions and influences affecting the life and development of an organism. It comprises the whole range of external influences acting on an organism, of both the physical and the biological forces of nature surrounding the human individual.

All living beings are part of balanced and interacting ecosystem: they draw sustenance from the solid, liquid and aerial resources on the earth. They undergo passage through the phases of reproduction, sustenance and extinction. The ultimate source of energy for the entire ecosystem is the solar energy. The ecosystem consists of subsystems such as sea, forests, water reservoirs, plants, trees, insects, animals in a forest— all of them are inter-connected in a network of devourer-devoured relationship.

None of the elements in the network is useless or purposeless. Each of them helps to regulate the balance of the subsystem. Bio-gas-chemical cycles are essential for the process of reproduction in the physical environment. The process of reproduction is held in balance as long as the natural cycles, their interrelations and the hierarchy of the food-chain are not disturbed.

Man's desire for more joy and comfort has led him to exploit nature's free goods to the extent of reducing its natural capacities for self-stabilization. As countries industrialize, they increase their global footprint, which is the pressure they put on the earth's resources. The footprints of Europe and Japan are about 4.7 global hectares per person, and the USA's is 9.7. India's footprint at present is 0.8 and China's has reached 1.6. Mankind's overall global footprint, which was about 60 per cent of the global bio-capacity in the 1960s, has already reached 130 per cent.

This gets reflected in growing environmental problems. Environmental problems centre on human activities resulting in pollution of the atmosphere, oceans and land. These range from the global (greenhouse warming and ozone depletion) to the regional (acid rain and desertification), national (deforestation) and local (soil erosion, contamination of fresh water resources and urban pollution). The relevance of such concerns and the priority attached to each varies between the developing and developed countries.

We will have a brief look of case of these problems.

1) **Climate Change** - Climate change is a change in the statistical properties of the climate system when considerd over long periods of time, regardless of cause. Accordingly, fluctuations over periods shorter than a few decades such as El Nino, do not represent climate change. The most important factor causing climate change is human activities and it is largely irreversible. Among these we may mention such factors as land use, ozone depletion, deforestation, etc.

2) **Food Security** - Food security refers to the availability of food and one's access to it. A household is considered food-secure when its occupants do not live in hunger or fear of starvation. Inadequate food security arises from such factors as soil degradation and erosion, declining productivity of such inputs as fertilisers and HYV seeds, diversion of arable land to non- cultivation, etc.

3) **Global Water Crisis** - Water tables are falling in scores of countries (including India, China and the US) due to widespread over-pumping, using powerful diesel and electric pumps. This will eventually lead to water scarcity and reduction in grain harvest.

4) **Energy Security** - Energy security is a term for an association between national security and the availability of natural resources for energy consumption.

Access to cheap energy has became essential to the functioning of modern economies.Threats to energy security arise from the factors like manipulation of energy suppliers, the competition over energy sources, attacks on supply infrastructure as well as accidents, natural disaster, foreign oil supply, etc.

The protection of the environment is an essential part of development. Without adequate environmental protection, development is undermined. There are two ways in which this can happen:

1) Environment quality – water that is safe and plentiful and air that is healthy – is itself part of the improvement in welfare that development attempts to bring. If the benefits from rising incomes are offset by the costs imposed on health and the quality of life by pollution, this cannot be called development.

2) Environmental damage can undermine future productivity. Soils that are degraded, aquifers that are depleted, and ecosystems that are destroyed in the name of raising incomes today jeopardize the prospects for earning income tomorrow.

Policies for Environment

Two broad sets of policies are needed to attack the underlying causes of environmental damage:

Policies Built on the Positive Links: These seek to harness the positive links between development and the environment by correcting or preventing policy failures, improving access to resources and technology, and promoting equitable income growth. Such policies include the following.

i) Removing subsidies that encourage excessive use of fossil fuels, irrigation water and pesticides and excessive logging.

ii) Clarifying rights to manage and own land, forests and fisheries.

iii) According higher priority to provision of sanitation and clean water, eduction (especially for girls), family planning service, and agricultural extension, credit and research.

iv) Taking measures to empower, educate, and involve farmers, local communities, indigenous people, and women so that they can make decisions and investments their long-term interests.

2) **Policies Targeted at Specific Environmental Problems:** Specific policies are required to induce or require resource users to take account of the spillover effects that their actions have on the rest of society. Policies designed to change behaviour are of two broad types: those based on incentives, which tax or charge polluters according to the amount of damage they do, and those based on quantitative restrictions, which provide no such flexibility.

Environmental Problems of Mineral Extraction:

The effects of excessive mineral extraction and consumption are drastically serious which may damage the entire biosphere, rapidly deplete high grade mineral deposits, cause wastage and dissemination of mineral wealth.

Environmental concern arises from the impact of extraction and processing of these minerals during mining and smelting etc.

Indian Scenario:

India is the producer of 84 minerals, the annual value of which is Rs. 50,000 crores. Mining is responsible for about 10% of the world's energy consumption. Mining has created some of the largest environmental disaster zones in the world.

Six major mines in India causing severe problems are listed below:

(i) Jaduguda uranium mine, Jharkhand:

Exposed local people to radioactive hazards.

(ii) Jharia coal mines, Jharkhand:

Underground fire leading to land subsidence and forced displacement of people.

(iii) Sukinda chromite mines, Orissa:

Seepage of Cr (VI) into river. Chromium is highly toxic and carcinogenic.

(iv) Kudremukh iron ore mine, Karnataka:

Causes river pollution and is a threat to biodiversity.

(v) East coast bauxite mine, Orissa:

Land encroachment and issue of rehabilitation unsettled people.

(vi) North-eastern coal fields, Assam:

Very high sulphur contamination of ground water.

Problems of Mining:

Mining is done to extract minerals from deep deposits in soil by sub-surface mining or from shallow deposits by surface mining. The former method is more destructive, dangerous and expensive involving risks of occupational hazards and accidents.

1. Devegetation of landscape:

Soil damage during surface mining is inevitable as it leads to loss of grazing pastures and fertile land, soil erosion, sedimentation, damage to flora and fauna. Open cast coal mining alone eroded 2,00,000 hectare of fertile land.

2. Subsidence of land:

Underground mining causes subsidence of land which results in tilting of buildings, cracks in houses, buckling of roads and bending of railway tracks.

3. Ground water contamination:

Mining disturbs the natural hydrological cycle. Acid mine drainage from sulphur bearing minerals leaches toxic metals to ground water.

4. Surface water pollution:

Cyanide solution from gold mining severely pollutes surface water.

5. Air pollution:

Smelting results in emission of particulates, NO_X, SO_2, CO_2 thereby causing global warming, acid rain and climatic changes.

6. Dust and noise pollution, is caused during loading, crushing and drilling operations.

7. Occupational health hazards:

Most of the miners suffer from respiratory and skin diseases due to constant exposure to the suspended particulates and toxicants. Such diseases include bronchitis, asthma, black lung disease, silicosis and asbestosis.

8. Ecological damage:

Mining leads to erosion of natural biodiversity.

9. Mining displaces people from their resource base.

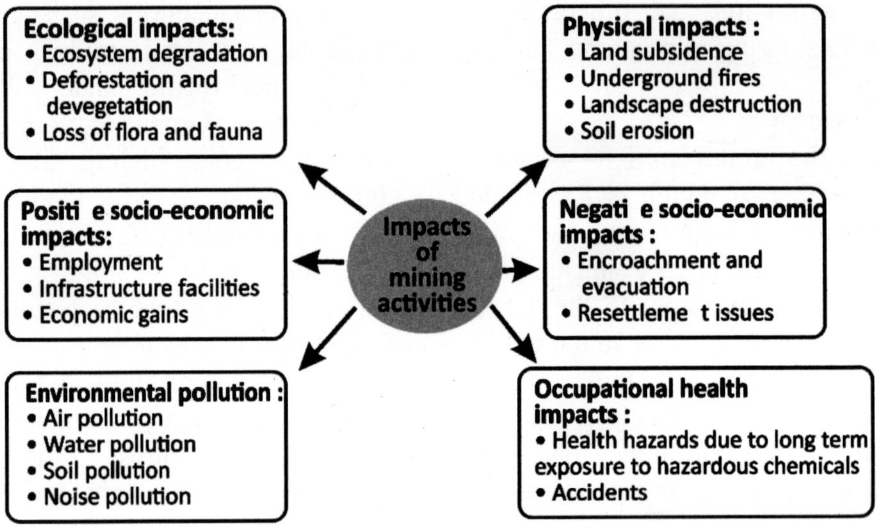

Fig. 1. Impacts of mining activities

Ecological Disturbance

The ecological disturbance caused due to mining can be understood with the help of following points:

- An estimated 1.64 lakh hectare of forest land diverted for mining between 1980 to 2005 (Chandra, 2010).
- During 1998-2005. on an average, 216 mining projects were granted forest clearance annually - as against 19 clearance annually during 1980-1997 (Increased rate of clearances in forest areas).
- mining is happening in and around wildlife sanctuaries, national parks, biosphere reserves and other sensitive areas.
- Mining in forest and ecologically sensitive zones is a threat to endangered species - animals and plants.
- Proposed coal mining in cental India threatens tiger habitat directly, and will also fragment forest contiguity between Tiger Reserves and Protected Areas (Greenpeace)
- There is a great overlap between the mineral bearing region and forest areas (Rich lands poor people: Is sustainable mining possible, 2011). It can be understood with the help of following points:

✓ The average forest cover of the 50 most extensively mined districts in 28% (India's average - 20.8%).

✓ Of the major mining states Chhattisgarh has the highest forest cover of 43% followed by Jharkhand with 30%, Orissa and M.P.

✓ About 70% of India's coal, 80percent of its hematite iron ore (high grade ore), 60% of bauxite, 40% of manganese and almost all its chromites are found in these states.

Remedial Strategies:

Remedial strategies include storage of top soil and fertile land, water retentivity, improvement of hydrological regime, selection of ecologically suitable species, natural regeneration, enlisting people's participation and social fencing etc. Modified mining techniques from dig dump mining to continuous system has been adopted along with sequential techniques. Recycling of all metallic waste is cost effective and eco-friendly.

The adverse impact of mining can be minimised by adopting eco-friendly technology (like microbial leaching technique for extraction of gold with the help of bacterium Thiobacillus ferrioxidans). National Wasteland Development Programme should consider climate, soil texture, rainfall pattern, population and other biomass needs.

Conservation of Mineral Resources:

Following steps may be adopted to conserve mineral resources:

1. Economy in the use of mineral resources.
2. Making finished products to last longer.
3. Use of less precious substitutes.
4. Renovation, recycling and reuse of metals.
5. Applying effective techniques to recover materials from minerals.
6. Search of new earth's treasures.
7. Protection of existing mineral deposits.

CONCLUSION

Sustainable development in the mineral resource industry can be defined as policy in developing, operating and re-nurturing mining projects, which integrates economic, environmental, efficiency, safety and social considerations in order to improve the lives of the current generation and to ensure that future generations will have adequate resources and opportunities. The question may be asked, if the extraction of non-renewable resources can be sustainable at all, as today's extracted resources are unavailable for future generations. This rule states that the most socially and economically profitable extraction path of a non-renewable resource is one along which the price of die resource, determined by the marginal net revenue from the sale of die resource and increases at the rate of interest. In other word, the time of extraction should be defined carefully handling into account macro-economic developments and needs of future generations; the question should be asked: Would an extraction at a later point in time create more net social value? Since our ability to predict the future is limited, this is a quite difficult question and cannot be answered with a high degree of confidence.

Therefore the optimal time of extracting mineral resources is certainly an almost philosophical question, which shall not be further discussed here. Instead, this paper focuses on need for sustainable extraction principles and practices, which involve a holistic approach integrating all interdependent factors in order to determine the net social value of a project. Anyway, very close surveillance of the mining site with respect to pollution seems necessary, to avoid or minimize environmental damage.

Some points highlighting the importance of the mining sector in India are given below -\

a. Contribution to the GDP - the contribution of mining and quarry sector over the past several year has been between to 2to 2.5 %. However, contribution of the Industrial sector to GDP is around 11% (Annual report, Ministry of Mines, 2011-12).

b. Foreign exchange - the mining sector satisfies domestic needs as well as brings foreign exchange.

c. Basic industry - Mining is a basic industry. Every sector either directly or indirectly depends upon the products of mining.

d. Employment - it employs as many as 7 lakh people (Annual report, Ministry of Mines), 2011-12)

e. Strategic importance - Some minerals like Uranium have strategic importance, vital for the security of our nation.

f. Contribution to energy generation - India's per capita energy consumption is 0.5 toe against the global average of 1.9 toe (Indian Chamber of Commerce Report, 2011-12). This indicates a great need to boost electricity production 80.83% of India's power generation is thermal based. Coal contributes 57.42 to India's total power. Coal demand likely to go up exponentially in the coming years.

The mining activities in India have caused long-lasting impacts on the environment and the people. Mining, despite its huge potential, has failed in bring inclusive growth to the society. The inclusion of the political parties and the apathy of governments have brought a bad image to the industry as well. However, mining will continue to be an important activity and all the criticism and scepticism notwithstanding, we cannot close mining. The answer lies in sustainable development which takes care of economy, people and also the environment. The government of India and those in the states have seen the writing on the wall and has brought or is planning on bringing pieces of legislation capable of addressing the issue. We can hope mining won't be as problematic as it is today.

REFERENCES

'50000 applications for mining stuck with states', The Hindu Business Line, 22 Feb, 2013, http://www.the hindubusinessline.com.

Annual Report 2011-12, Ministry of Mines, Govt. of India.

Chandra, 2010, Rich lands, poor people: The socio-economic challenges of Mining in India, Centre for Science and Environment, New Delhi.

Overview of Mining and Mineral Industry in India, Report by Tata Energy Research Institute, New Delhi, 2001.

Preparation of the Sustainable Development Framework (SDF) for Indian Mining, Draft report, Ministry of Mines, 2010.

Putting India on the growth path: Unlocking the mining potential, Presented at CII Global Mining Summit by Mckinsey and Company, 2014.

Sustainable Development Framework (SDF) for Indian mining sector, Final report, Nov, 2011, Ministry of Mines.

The Gazette of India, Gazette notification about The Mines and Minerals (Development and Regulation),Amendment Act, 2015.

The Indian Coal Sector: challenges and future outlook, Indian Chamber of Commerce Report, 2012.

The Mines and Minerals (Development and Regulation) Bill, 2011, Executive Summary, Ministry of Mines.

Guggul –A treasure of Marudhara

Hema Somani and Sunita Kumbhat
Department of Chemistry
Jai Narain Vyas University, Jodhpur-342033
somanihema2007@rediffmail.com
skumbhat@rediffmail.com

ABSTRACT

Commiphora wightii (Mukul) Bhandari (family- *Burseraceae*), known as guggul plant is most common in India, specifically arid and semi-arid region of Marudhara (Rajasthan) and Katch (Gujrat) region. Guggal is considered as one the most significant Indian herbal heritage and is treasure of our Marudhara. Guggul gum obtained from the plant's bark has been known for its medicinal properties in Indian Ayurvedic system of medicine. Over exploitation of guggul plant has brought it in the category of endangered species and has been included in Red Data Book of International Union for Conservation of Nature (IUCN). An oleo-resin, commonly known as "gum guggul" or "guggulu, is located in resin ducts as yellowish juice. Important chemical ingredient of this resinous extract is the steroid, guggulsterone. The oleo gum-resin has hypolipedemic and hypocholesterolemic activities and its extracts reduces both low and high density lipoproteins as well as triglycerides. Since the conventional method of collecting guggul gum causes early / ultimate death of plant, the search for alternative methods of production of guggulsterone is necessary. The biotechnological production of guggulsterone has received attention as a promising alternative production source; however the productivity obtained by *in-vivo* techniques remains low. We have undertaken to look into the different methods of extraction of guggulsterone from aerial branches. The pruned aerial branches of *Commiphora wightii* also may prove to be a non-destructive alternative approach to obtain guggulsterones.

INTRODUCTION

*Commiphora wightii (*Arnott) Bhandari (family- Burseraceae), is distributed in arid, rocky tracts of south-western India and part of central India including Rajasthan, Gujarat, Kerala, Tamilnadu, Andhra Pradesh and Karnataka states. A characteristic feature of the family Burseracea is the presence of resin ducts in paranchymatous bark [1]. Guggul extracts when used as adjuncts to dietary supplements during conducted trials, reduced both low and high density lipoproteins as well as triglycerides. Guggul increases thyroid stimulation, improves digestion, and accelerates metabolism. It is considered to be a well established fat burning agent, antioxidant, cardioprotective, immunomodulatory and anti-inflammatory. It is reported to be effective against human breast cancer and human multiple myeloma.

Guggul gum is a mixture of 61% resins and 29.3% gum, in addition to 6.1% water, 0.6% volatile oil and 3.2% foreign matter. Resin of *Commiphora wightii* contains diterpenoids, lipids like long chain aliphatic tetrols and various steroidal components. During the separation of various products from the complex mixture, the biologically important active principals of C21 or C27 steroids are found in neutral fraction. These are guggulsterol–I, guggulsterol–II, guggulsterol–III, guggulsterol-IV, guggulsterol–V, guggulsterol–VI, Z–guggulsterol, E–guggulsterone, Z-guggulsterone and some defense related secretary ketones. The hypolipidaemic activity of guggul-resin extracts can be traced to the two closely related steroidal ketones, E-guggulsterone and Z–guggulsterone. The presence of guggulsterone differentiates *C. wightii* from 184 other Commiphora species [2,3]. The oleo gum- resin has hypolipedemic and hypocholesterolemic activities as demonstrated through experimental animal systems and clinical trials [4].

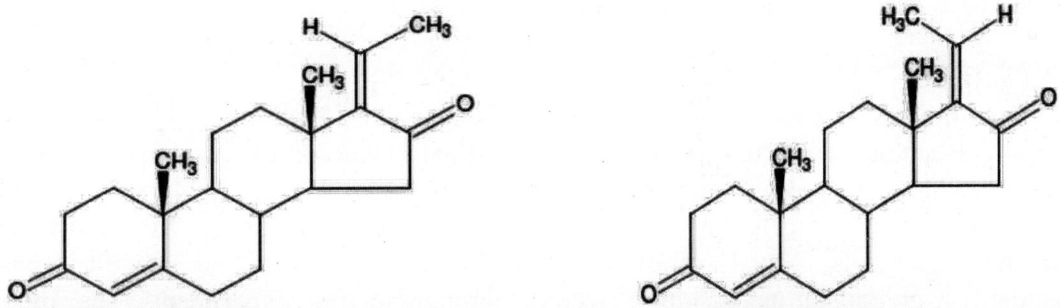

Z-guggulsterone E-guggulsterone

Figure 1: Structure of guggulsterones isolated from *Commiphora wightii*

The oleo gum resin of the plant is collected by the tribal people using the traditional tapping methods i.e. they give several deep incisions of 3-4” long on the main trunk of plant stem to get maximum amount of the guggul gum. In each collecting season a guggul tree yields between 250-500 grams of dry resin. To increase the amount of exudates the tribal people apply a paste around the incision consisting of horse or wild ass urine, oleo gum resin and copper sulphate. The crude method increases the amount of guggul gum three to four times, but the shrub becomes unfit for tapping after the next couple of years and ultimately dies due to the injurious effect of copper sulphate. Improved tapping techniques [5,6] have also been suggested. These methods involves the use of a so-called ‘Mitchie Golledge’ knife coupled with ethephon (2-chloroethylphosphonic acid, an ethylene releasing synthetic chemical). The application of ethephon on the cuts enhances the guggul gum production several times. But in the long run excessive production through this technique, too, exhausts and kills the plant.

C. wightii has been listed as a threatened plant of India because of its over exploitation for gum-resin, slow growth of plant, poor seed set, lack of cultivation, excessive and unscientific tapping. Micropropagation [7] and tissue culture for production and extraction of guggulsterone has received attention as a promising approach wherein a plant cell culture is used inplace of natural biomass for production of useful metabolites. Ramawat and co-workers have worked extensively on increasing the yield of guggualsterone by with manipulation of culture medium and culture conditions [8-10]. However, the cost effectivness needs to be considered for yield obtained by *in-vivo* techniques. A US patent by Agarwal et al. [11] reports 0.2 to 0.6 % of keto-steroid in the a thick viscous extract of arial parts of Guggul plant.

Being from chemistry background, the extraction of guggulsterone from arial branches of plant prompted us to look into the possibility of obtaining guggulsterone from aerial branches and contribute towards safety and longitivity of plant *Commiphora wightii*, the treasure of Marudhara. Herein, we present our preliminary studies on different extraction stretegies and their high performance liquid chromatographic analysis.

EXPERIMENTAL

Arial branches of *Commiphora wightii (*Arnott) Bhandari, collected from Kailana area of Jodhpur were dried, powdered and subjected to two different extraction scheme A and B. Stock solutions of standard Z-guggulsterone (Sigma) were prepared by dissolving 1mg of in ethyl acetate: methanol (30:70,v/v) and stored at 4° C.

UV-vis spectrophotometer (ECIL–UV5704SS) was used to record UV-vis spectra of std. guggulsterone. A gradient HPLC unit (Gilson Medical Electronics, France) with a binary pump, Holochrome UV-vis detector and a reverse phase μ-Bondapak C18 column (300mm X 3.9 mm id) with 10μm particle size and 125 Å pore size (Waters, 027324) was used for chromatographic studies. Methanol: water (70:30 v/v) used as mobile phase throughout the experiment. The mobile phase was filtered through Whatman filter paper (110 mm) and degassed prior to use. A flow rate of 1mL/min was used at a pressure of 70 bars. Chromatograph were recorded at wavelength 242 nm and a sensitivity of 0.5X100 mV AUFS. 10μl injections of samples were used throughout the analysis.

RESULT AND DISCUSSION

A simple, economical, and fast solvent assisted extraction process to obtain guggulsterone from aerial branches of *Commiphora wightii* have been developed during present study (patent application is under preparation). Solvent based extraction of guggul aerial branches is done by two different solvent assisted extraction 'Process I' and 'Process II'. The resinous extract obtained by solvent extraction method was diluted and was subjected to HPLC and compared with the HPLC analysis of standard guggulsterone solution. To determine the correct wavelenghth at which HPLC is to be carried out, UV spectra of standard solution of Z-guggulsterone was carried out; λ_{max} of standard Z–guggulsterone was found to be 244 nm, therefore HPLC detector was fixed at 244nm.

Figure 2, curve-A shows chromatogram of standard Z-guggulsterone solution, wherein a peak at R_t 8 min. was obtained. On repeating the HPLC analysis for aerial branch extract under the same conditions, figure 2, curve-B was obtained from diluted extract of extraction scheme I and figure 2,curve- B was obtained from diluted extract of extraction scheme II. It is very much evident from overlay HPLC resolution (fig 2) that arial branch extract obtained from both the extraction scheme shows presence of Z-guggulsterone. On comparison of better solvent extraction technique for guggul chemical components, method II seems to be more effective for extraction than method I as shown in above figure 2. Hence extracts obtained using method II were used for further analysis. The pruned aerial branches of *Commiphora wightii* may prove to be a non-destructive alternative approach to obtain guggulsterones. although the guggulsterone contents was low as compared to content in the oleo-gum –resin. Further studies are in progress to quantify the content of Z-guggulsterone and also identify the presence of E-guggulsterone from other peaks resolved in the chromatogram.

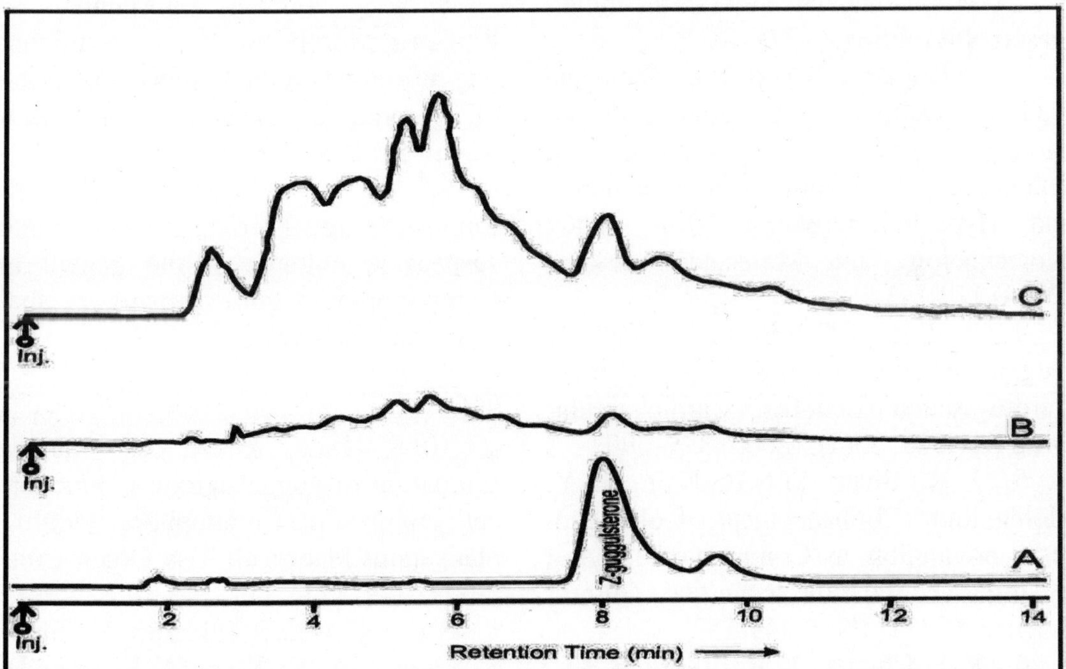

Fig 2: Chromatogram of standard Z-guggulsterone soln (curve A), aerial branch extract by extraction scheme I (curve B) and extraction scheme II (curve C). Experimental conditions: C-18 Column; mobile phase: methanol :water (70:30,v/v); flow rate of 1ml/min., inj. Volume: 10µl, Detector: UV-vis at 244 nm.

CONCLUSION:

During present investigations we have envisaged to isolate guggulsterones from the aerial branches of plant *Commiphora wightii* through a solvent assisted extraction procedure (patent application is under preparation). The procedure is commercially feasible and does not require sophisticated equipments.

ACKNOWLEGEMENT

Financial assistance to HS from UGC, New Delhi under RFSMS scheme is highly acknowledged. Authors are thankful to Prof. N.S. Shekhawat for fruitful discussions.

REFERENCES

1. Database on Medicinal Plants used in Ayurveda. Central Council for Research in Ayurveda & Siddha, Deptt. of AYUSH, Min. of Health & Family Welfare, Govt. of India, Vol.2 (2005) 223
2. M. M. Bhandari,Flora of the Indian Desert, 4th Edition, (1978) 89.
3. S. Kumar, S.S Suri, K.C. Sonie and K.G. Ramawat, Development of Biotechnology for Commiphora wightii: A Potent Source of Natural Hypolipidemic and Hypocholesterolemic Drug. Plant Biotechnology and Molecular Markers, (2004) 129-143
4. R. Deng, Therapeutic Effects of Guggul and Its Constituent Guggulsterone: Cardiovascular Benefits. Cardiovascular Drug Reviews, 25(4), (2007) 375–390
5. J. R. Bhatt, M.N.B. Nair, H. Y. Mohan Ram ,Enhancement of oleo-gum resin production in Commiphora wightii by improved tapping technique. Current Science, 58 (7) (1989) 349-357
6. R. P. Chippa , K.V. Billore, B.B.L. Yadav, R. Mishra and K. P. Mishra ,Some indigenous method for tapping of gum guggulu- a pilot study, Bull. Med. Ethn. Bot. Res, 3(1) (1982) 68-73.
7. Vineet Soni and P.L. Swarnkar,.Conservation strategies for *Commiphora wightii.* An important medicinal plant species, Medicinal Plant Conservation 12(2006) 40-42.
8. Y.S. Tanwar, M.Mathur, K.G. Ramawat,Morphactin influences guggulsterone production in callus cultures of Commiphora wightii. Plant Growth Regul. 51(2007) 93–98.
9. M. Mathur, K.G. Ramawat,Guggulsterone production in cell suspension cultures of the guggul tree, Commiphora wightii grown in shake-flasks and bioreactor.

   Biotechnol Lett 29 (2007) 979–982.
10. S. Dass & K. G. Ramawat, Elicitation of guggulsterone production in cell cultures of Commiphora wightii by plant gums,Plant Cell Tiss Organ Cult 96 (2009) 349–353.

S K Agarwal, S Tajuddin, M. Shafiq , S Kumar, A K Khanna, R Chander , Isolation of Z and E gugulsterones from aerial branches of Commiphora Process for the wightii (guggul) ,US Patent Application No. 6086889 (2000).

Propagation Methods for Restoration of Important trees– Kair, Neem and Bamboo's

I.D. Arya and Sarita Arya
Genetics and Tree Propagation Division,
Arid Forest Research Institute, Jodhpur, Raj. 342001

In nature, the methods of plant propagation is carried out by multiplication of vegetative parts (asexual) and through germination of seeds (Sexual). Sexually propagated plants demonstrate a high amount of heterogeneity since their seed progeny are not true to type unless they have been derived from inbreed lines. Asexual reproduction gives rise to plants which are genetically identical to the parent plants and permits perpetuation of the unique characters of the cultivars. Tissue culture provides a means for mass clonal multiplication of selected tree genotype. *Capparis decidua* (Forsk.) Edgew commonly known as Kair, is an important indigenous shrub found growing along farm boundaries, orans, gochars (local grasslands) and wastelands. It provides people with food (vegetable and pickle), medicine, fodder, wood for carving, and fuel. The seeds of *C. decidua* contain high quality edible oil. It provides hard, heavy and termite resistant timber. *Azadiracta indica* has attracted worldwide attention as a multipurpose tree. Its products are being globally used. It is an outstanding example of the species which is highly efficient in restoring soil productivity and simultaneously providing fodder, fire wood and other products to meet basic need in the rural households like in agriculture, medicine, cosmetics and animal health care. Bamboo is the most marvelous plant in nature. It is without doubt one of the most important non-wood forestry products and one of the most important agricultural plants in the world. Bamboos, the world's fastest growing and environment- friendly giant grass, has now gained international recognition and priority, leading to its recognition as an important non- woody timber resource and a versatile commodity of considerable economic importance. All the three tree species are facing mass multiplication problems and genetic improvement is the need of hour in them. Due to wide genetic variability in the field population of *Capparis decidua* as it is open pollinated plant. The propagation of this plant through seed is poor and shows wide genetic variability in plant size, morphology, fruit production per plant and dimorphism in seeds. Natural populations are being depleted as fruits are used as food hence planting stock is not available in required numbers. In *Azadirachta indica*, Azadirachtin is the most prominent constituents of neem kernels. Neem trees show considerable variability in the oil and azadirachtin contents of their seeds irrespective of the habitat. Thus seed raised progenies showed wide range of genetic variability for neem oil, azadirachtin content and total biomass production ability. The multifarious uses of bamboos have increased their demand much beyond the availability. This trend of increasing demand and decreasing supply is expected to continue in future in bamboo. As Plant tissue culture offers an opportunity for rapid multiplication and production of clones of desired characters. The same is used in the present investigation. Nodal segments from mature tree were collected in case of *Capparis deciduas,* were surface sterilized and inoculated on to MS medium supplemented with different concentration of cytokinin alone and in combination with auxins. Axillary bud break was achieved on MS medium supplemented with BAP (4.0mg/l), NAA (0.1mg/l) and additives. Shoots were multiplied on MS medium supplemented with 2.0 mg/l BAP+ additives. The *in vitro* raised shoots are further transferred for *in vitro rooting* medium. *In vitro* rooting media developed was half strength MS medium supplemented with 1mg/l IBA. Similarly Tissue culture techniques found to be excellent tool in 'Neem tree improvement programme with rapid propagation of selected clones having high neem oil and azadirachtin content. Nodal explants collected from selected CPT's were inoculated in MS medium supplemented with BAP and kinetin. Best axillary bud break and axillary shoot proliferation were obtained in 2.0 mg/lBAP and 1.0mg/l Kn with selective additives. *In vitro* raised shoot were multiply on 1.0 mg/l BAP. In bamboos, mass propagation through tissue culture was carried out through axillary buds culture on MS medium supplemented with 2.0 -5.0 mg/l BAP for axillary bud break and axillary shoot proliferation. The *in vitro* raised shoots were further multiply on MS medium supplemented with 3.0 -4.0 mg/l BAP. *In vitro* rooting was obtained on half strength MS medium supplemented with 3.0 mg/l NAA or 10mg/l IBA. The plant propagated through tissue culture techniques were gradually harden & acclimatized in green house and shade house condition prior to their field plantation.

Keywords: Plant tissue cultures, *Capparis deciduas, Azadirachta indica* and Bamboos

Application of Space technology (RS, GIS & GPS) in conservation and utilization of plant genetic resources

D.S.Ranawat
Lachoo Memorial College of
Science & Technology, Jodhpur
dsr_sena@yahoo.co.in

India is one of the mega diversity countries of the world. The innumerable life forms harbored in various natural habitats provide food, fodder, fuel, medicines, textiles & other economically important plant products.

In last few years there is remarkable decline in diversity of vegetation and it is reported that habitat destruction, overexploitation, pollution & species introduction are the major reason to loss of plant genetic resources. There are so many techniques used in the conservation of plant genetic resources in which space technology provides the satellite maps with eco-geo-database information regarding to the natural habitats of plant genetic resources.

The present article reviews the significant role of space technology in mapping, monitoring, inventory, assessment of plant genetic resources. This technology ensures integral approach to use geo-spatial technology (Remote Sensing, GIS & GPS) in precise way to map, quantify and predict vegetation ecology rich areas. Although multi-temporal remote sensing satellite data pinpoints the status of total diversity, find gaps & predict new horizon for diversity collection and conservation of plant genetic resources while GIS related tools provide the eco-geo database which is useful in collection, characterization and documentation related analysis of plant resources. GPS data and the ground truth information of the plant exploration and germplasm collection sites are used in geo-referencing of satellite data & thematic mapping.

Key Words: Remote Sensing, GIS, GPS, Plant genetic resources.

Conservation of rare, endangered and threatened (RET) plant species of Indian Thar Desert through tissue culture techniques

Ashok Kumar Patel*, Narpat S. Shekhawat
Biotechnology Unit, Department of Botany,
UGC – Centre for Advanced Study (CAS),
Jai Narain Vyas University, Jodhpur – 342 001 (Rajasthan)
ashpatel47@gmail.com

Indian Thar desert is one of the densely populated hot deserts of the world. These populations of human and livestock, and anthropogenic activities exert various pressures on phyto-diversity of the desert. These activities may bring un-sustainability in near future if appropriate conservation strategies (*in situ* as well as *ex situ*) would not be adopted. At present, a number of RET plant species require immediate conservation actions. ***Caralluma edulis*** (Edgew.) Benth. & Hook. f., (Apocynaceae), locally known as **Pimpa**, is an endemic, edible, endangered and nutraceutically important succulent plant species of extreme arid regions of the Thar Desert. It is a rich source of antioxidants and has been historically utilized as an emergency food/drink and appetite suppressor during the famine times in arid regions for centuries. *Caralluma* inhibit the activity of fat synthesis enzyme, citrate lyase, and thus help in weight-loss. ***Blyttia spiralis*** (Forssk.) D.V. Field & J.R.I. Wood (Apocynaceae) is a medicinal perennial climber and is commonly known as **Aakari Bel** (in Hindi, Bel means "a climber"). *B. spiralis* is reported as one of the **Life-Supporting Plants** of Little Rann of Kachchh, Gujarat (a unique ecosystem and natural heritage place in India), as this plant is an important source of food for both humans and livestock. ***Leptadenia reticulata*** (Retz.) Wight & Arn. (Apocynaceae), is a life giver, strength-giver and used in weak debilities, so called **Jeewanti** (to give life). This is traditionally known for its lactogenic/galactogogue properties. One of its important compound, **Leptaden** is clinically found effective in stimulating lactation in short time in both household animals/cattles and women. ***Ceropegia bulbosa*** Roxb. (Apocynaceae), locally known as **Khedula**, is a pharmaceutically important threatened plant. Alkaloidal fractions from this plant exhibits promising hepatoprotective, antipyretic, anti-ulcer, analgesic, mast-cell stabilizing, tranquillsing and hypotensive activities. The tubers of this plant are boiled and used for making curries and used by tribal women to promote fertility and vitality. ***Glossonema varians*** (Stocks) Benth. ex Hook. f., (Apocynaceae), is an herbaceous xerophytic halophyte of Indian Thar Desert. It is locally known as **Dudho** and its edible fruits as **Khiroli**. This plant is rare and its medicinal values are not much explored, although leaves of the plant are reported beneficial in the treatment of painful urination. The *ex situ* conservation strategies / tissue culture techniques / in vitro tools/protocols developed for the above and other RET plant species will be presented in the Conference.

In vitro propagation of *Lawsonia inermis* L. (Lythraceae): a cultivated plant of cosmetic and medicinal importance

Kheta Ram, N.S. Shekhawat
Biotechnology Unit, Department of Botany,
Jai Narain Vyas University, Jodhpur – 342005, Rajasthan
ramkheta@gmail.com

Lawsoniainermis L. (Mehandi/Henna) is an important cosmetic and medicinal plant, growingin arid and semi-arid climates achieves height up to 4 to 6 feet and therefore widely cultivated as a hedge plant. Henna is also well known for its use as cosmetic for staining hair and popular among women/girls for beautifying their hands/feet in an artistic way during auspicious occasion like wedding and festivals.It is a unique source of various pharmacologically important compounds such as naphthoquinone (lawsone) derivatives, aliphatic components, triterpenes, sterols, phenolic derivatives, coumarins, xanthones and flavonoids.The worldwide increasing demand of mehandi leaf encourages many countries to adopt commercial farming of this plant.The farmers applied their own indigenous techniques in every aspect of the farming, using branch cuttings as well as seed as propagation material. L. inermis is commercially cultivated as cash crop in India particularly in South-western Rajasthan (Sojat region of Pali district). However, propagation through seed is unreliable because of short viability and infestation with diseases and pests.Present abstract describes an efficient regeneration system for elite genotype of L. inermis using nodal segments. Optimum response in terms of percent cultures responding, days to bud break and average shoot length was observed on MS medium supplemented with 6-benzylaminopurine (BA; 2.0 mg l^{-1}). Maximum shoots were regenerated on MS medium supplemented with BA (0.25 mg l^{-1}), kinetin (Kn; 0.25 mg l^{-1}), indole-3-acetic acid (IAA; 0.1 mg l^{-1}) and ammonium sulphate (150 mg l^{-1}). To reduce resources, time and labors costs, we have also attempted ex vitro rooting of shoots. About 95 % shoots were rooted ex vitro on Soilrite$^{(R)}$after treatment with indole-3-butyric acid (IBA; 300 mg l^{-1}) and 2-naphthoxy acetic acid (NOA; 100 mg l^{-1}). The acclimatized plantlets were successfully hardened and established in soil with more than 80% survival rate.

Cucurbitaceae: An important bioresource of indian thar desert and micropropagation as a valuable tool for its conservation

Sumitra Kumari Choudhary* and N.S. Shekhawat
Biotechnology Unit,
Department of Botany (CAS),
Jai Narain Vyas University,
Jodhpur (Rajasthan)- 342001
Sumitrakchoudhary@gmail.com

Plant Bioresources are important components for better, healthy and peaceful living on the earth. But bioresources management and balance way of utilization is equally important. The problems facing at present is the over exploitation of bioresources/natural resources which would not only have negative impact on the environment but also sometimes totally destroy and erode the important bioresources which are available at local level / regional level. Indian Thar Desert is endowed with valuable natural resources with special mention to arid fruits and vegetables from family Cucurbitaceae. Arid fruits are largely used by the native people as a prime source of food with their own traditional wisdom with less effort for value addition. However, processing of traditionally important arid fruits into more useful and convenient product can improve livelihood security of the people residing in the desert regions. Some of them namely kachari (Cucumis melo var. agrestis), snap melon (Cucumis melo var. momordica), spine gourd (Momordica dioica Roxb. ex Wild.), desi karela (M. balsamina L.) and hill colocynth Cucumis hardwickii (Royle), Citrullus colocynthis (Tumba), Citrullus lanatus fistulosus (Tinda), Citrullus lanatus lanatus (Matira), Luffa cylindrical(Loki), Dactyliandra welwitschii (Badi ankh footani), Luffa acutangula var.acuteangula (Toru), Trichosanthes dioica (Parwal) grow naturally during rainy season and generate good source of income for the tribal. These vegetables possess very good nutritive and medicinal value with resistance to biotic and abiotic stresses Micropropagation is a suitable tool for propagation of true to type plants of selected elite genotype for biodiversity conservation as restricted distribution, indiscrimination over exploitation, changed land use pattern, anthropogenic activity, irregular monsoon, habitat destruction decrease the population hence biodiversity of these wild plants is becoming threatened.

अभिनव भारत एवं प्राकृति संसाधन, पर्यावरण

भारतीय मरूस्थल में वानस्पतिक विविधता एवं दुर्लभ पादपों का संरक्षण

चन्दन सिंह पुरोहित, रमेश कुमार एवं विनोद मैना
भारतीय वनस्पति सर्वेक्षण, शुश्क अचंल क्षेत्रीय केन्द्र, जोधपुर

सारांश

भारतीय मरूस्थल (थार रेगिस्तान) का क्षेत्रफल 3,85,680 वर्ग किलोमीटर हैं जो भारत के कुल भू-भाग का 8.74 प्रतिशत है तथा पंजाब, हरियाणा, राजस्थान से लेकर उत्तरी गुजरात तक फैला हुआ है। भारत में पुष्पीय पादपोंकी लगभग 18,000 प्रजातियां पाई जाती हैं। इनमें से लगभग 5,000 प्रजातियां दुर्लभ या संकटग्रस्त हैं। पिछले कुछ वर्षों से देश में औद्योगिक व आर्थिक विकास जैसे नई सड़कें व पुल आदि के निर्माण, शहरों का विस्तार,जल विद्युत परियोजना तथा अन्य कारणों से कुछ पौधों पर अपना अस्तित्व बचाए रखने का खतरा बढ़ता जा रहा हैं।

भारत की वनस्पति विविधता की तुलना में थार मरूस्थल की वनस्पति विविधता बहुत कम हैं। मनुष्य की निरन्तर आवश्यकता बढ़ने जैसे: ईंधन के लिए लकड़ी, तेल प्राप्त करने के लिए बीजों का उपयोग, गौंद प्राप्त करना, पादप सामग्री के विभिन्न उपयोगों के कारण पौधों की निरन्तर कटाई व दोहन किया जा रहा है जिसके कारण लगभग 63 प्रजातियाँ विलुप्त प्राय: स्थिति में आ गई है। इनमें से कुछ पादपों का प्राकृतिक पुनर्नजनन (रिजनरेशन) नहीं हो पा रहा है। अत: इन प्रजातियों का संरक्षण करने के लिए कुछ ठोस कदम उठाने की आवश्यकता हैं। जैसे (1) बीजों को पौधशाला में लगाकर पौध तैयार करना (2) विलुप्त प्राय: पौधों के बारे मे जन-चेतना जागृत करना (3) इन पौधों के प्राकृतिक आवास को ढुढंकर संरक्षित करना (4) इन पौधों को प्राकृतिक संरक्षित आवासों जैसे ओरन, राष्ट्रीय उद्यान इत्यादि में पुन: स्थापित करना (5) नवीन तकनीकों द्वारा इन पौधों का विकास।

इस शोध पत्र में भारतीय मरूस्थल की वनस्पतिक विविधता, भौगोलिक स्थिति, दुर्लभ पादप एवं इनके संरक्षण के प्रयासों के साथ-साथ राजस्थान के एक विलुप्त प्राय: पादप ***पेवोनिया अरेबिका*** वेराइटी ***मेसुरेन्सिस*** का संग्रहण व संरक्षण के प्रयास का विस्तृत विवेचन किया गया हैं।

परिचय

भारतीय मरूस्थल जो कि थार रेगिस्तान का एक हिस्सा है। यह रेगिस्तान सहारा रेगिस्तान के पूर्व की तरफ विस्तारित क्षेत्र माना जाता है जो पश्चिमी राजस्थान (1,96,150 वर्ग कि.मी.), उत्तर-पश्चिमी गुजरात (62,180 वर्ग कि.मी.), दक्षिणी-पश्चिमी पंजाब (14,150 वर्ग कि.मी.) के भू-भाग पर फैला हुआ है। राजस्थान के गंगानगर, बीकानेर, चुरू, नागौर, जोधपुर, बाड़मेर तथा जैसलमेर जिले पूर्णतया मरूस्थलीय हैं जबकि झुन्झुनू (69 प्रतिशत), सीकर (65 प्रतिशत), पाली (48 प्रतिशत), जालोर (88 प्रतिशत) तथा अजमेर के आंशिक भाग भारतीय मरूस्थल का निर्माण करते हैं।

गुजरात में कच्छ पूर्णतया तथा जामनगर का 80 प्रतिशत भू-भाग रेगिस्तानी है जबकि बनास काँटा (18 प्रतिशत), मेहसाना (4 प्रतिशत), अहमदाबाद (6 प्रतिशत), सुरेन्द्र नगर (29 प्रतिशत), राजकोट (6 प्रतिशत) तथा जूनागढ़ (20 प्रतिशत) का कुछ ऊपरी भाग ही इसमें सम्मिलित हैं।

इसी प्रकार पंजाब के फिरोजपुर (97 प्रतिशत) तथा भटिण्डा (88 प्रतिशत) जिले तथा हरियाणा का हिसार जिला (90 प्रतिशत) मुख्यतया मरूस्थलीय है। पंजाब के संगरूर तथा महेन्द्रगढ़ जिलों का भी 9 प्रतिशत भू-भाग रेगिस्तानी है। अगर गुजरात के कच्छ तथा दक्षिण पश्चिमी सौराष्ट्र क्षेत्र को छोड़ दिया जाये तो शेष मरूस्थल का लगभग दो तिहाई भाग वनस्पति विहीन रेत का एक ऐसा समुद्र है जहां रेतीले मैदान दूर-दूर तक फैले हुए है। दक्षिण-पश्चिम तथा उत्तर-पूर्व से चलने वाली तीव्र हवाएं रेत के कणों को एक स्थान से दूसरे स्थान तक उड़ा ले जाती हैं तथा विभिन्न आकृति, ऊंचाई व विस्तार के रेत के टीलों का निर्माण करती है। मुख्यत: रेत के टीलों की दो श्रृंखलायें इस क्षेत्र में अधिक स्पष्ट है, एक बाड़मेर, जैसलमेर तथा बीकानेर के पश्चिमी भाग में तथा दूसरी पचपदरा, शेरगढ़ तथा रतनगढ़ क्षेत्र में हैं। ये दोनों श्रृंखलायें बीकानेर से आगे आपस में मिलती है तथा उत्तर की ओर पुन: विस्थापित होती है। इस प्रकार के रेत के टीले कच्छ के तटीय क्षेत्र में

भी देखे जा सकते हैं। हरियाणा, पंजाब तथा उत्तरी गुजरात में मुख्यतः रेतीले मैदान हैं।

मृदाः अधिकांश रेतीले मरूस्थल की मिट्टी की विशेषतायें हैं- घुलनशील लवणों की अधिक मात्रा, अधिक पी. एच. तथा कम कार्बनिक पदार्थ। कैल्शियम कार्बोनेट की मात्रा विभिन्न परिस्थितियों में भिन्न-भिन्न होती है। फॉस्फेट तथा नाइट्रोजन की पर्याप्त मात्रा रेगिस्तानी मृदा को उपजाऊ बनाती है। इसके अतिरिक्त कहीं-कहीं पर भूरे रंग की मृदा जो लवणीय तथा क्षारीय है, भी रेगिस्तान में पाई जाती है।

तापमानः मरूस्थल का तापमान गर्मी के मौसम में 34^0 सें. से 45^0 सें. तक रहता है जो कभी-कभी 48^0 सें. तक भी पहुंच जाता है। कच्छ के तटीय क्षेत्रों में अधिकतम तापमान समुद्री लहरों के कारण 30^0 सें. तक ही पहुंच पाता है। जनवरी माह सबसे ठंडा होता है जब पारा 9^0 सें. से 17^0 सें. के बीच चढ़ता-उतरता रहता है। उत्तरी भारत में बर्फ गिरने पर जब मैदानी क्षेत्र शीत लहर की चपेट में होते हैं तब मरूस्थल में तापमान 5^0 सें. से 2^0 सें. तक पहुंच जाता है। फरवरी मास से तापमान में वृद्धि शुरु हो जाती है जो जून माह में चरम सीमा पर होता है। वर्शा ऋतु के आगमन पर जुलाई तथा सितम्बर के मध्य तापमान में पुनः गिरावट आनी शुरु हो जाती है तथा अक्टूबर माह में अधिकतम तापमान 25^0 सें. से 32^0 सें. तथा न्युनतम 15^0 सें. से 20^0 सें. के मध्य रहता है जो पुनः धीरे-धीरे गिरकर जनवरी माह में कभी-कभी 0^0 सें. तक भी पहुंच जाता है।

वर्षाः मरूस्थल में 90-95प्रतिशत वर्षा जून और सितम्बर के मध्य में होती है, तथा यह मानसून बंगाल की खाड़ी व अरब सागर से आता है। अक्टूबर तथा शरद ऋतु में भी कभी-कभी हल्की बौछारें मरूस्थल में होती है। क्षेत्र के हिसाब से अरावली के तटीय क्षेत्र, कच्छ तथा दक्षिणी-पश्चिमी सौराष्ट्र में अधिकतम वर्षा होती है (300-500 मि.मि.), जबकि पश्चिमी राजस्थान से जुड़े क्षेत्रों में वर्षा 200 मि.मि. प्रतिवर्ष से अधिक नहीं हो पाती है।

आर्द्रताः सम्पूर्ण मरूस्थल में सापेक्षिक आर्द्रता वर्षा ऋतु में 75 प्रतिशत से 90 प्रतिशत तथा शरद ऋतु में 40 प्रतिशत से 60 प्रतिशत रहती है। अधिकतम आर्द्रता प्रातःकाल के समय तथा न्यूनतम दोपहर के बाद होती है।

पूर्ववर्ती कार्य समीक्षाः भारतीय मरुस्थल पर सबसे महत्वपूर्ण कार्य भन्डारी (1978) ने किया जिन्होने 'भारतीय मरुस्थल की वानस्पतिजात' नामक पुस्तक का प्रकाशन किया। इसमें 594 जातियों की पहचान कुँजी तथा आकारिकीय लक्षणों को वर्णन किया हैं। 1990 में इन्होने इस पुस्तक का पुनः प्रकाशन किया व इसमें 90 जातियों को और सम्मिलित किया। इसके साथ-साथ शेट्टी व पान्डे ने 1979 में कुछ जातियों को भारतीय मरुस्थल के वानस्पतिजात में जोड़ा। इसके अलावा दूसरा महत्वपूर्ण कार्य शेट्टी व सिहं (1987-1993) ने 'राजस्थान का वानस्पतिजात' नामक पुस्तक का प्रकाशन तीन भागों में किया।

मरूस्थल में वानस्पतिक विविधता

भारतीय मरुस्थल में वनस्पति विविधता पूरे भारत की वनस्पति की तुलना में बहुत कम है। पर्णांगोद्भिद का प्रतिनिधित्व मरुस्थल में न्यून है। इनमें मार्सिलिया में ही सर्वाधिक विविधता देखी गई है। अन्य पौधों में *इक्वीसीटम रैमोसिस्सिमस, ऐक्टीनियोप्टेरिस रेडियेटा, एडियेन्टम इंसीजम, ओफियोग्लोस्सम फीनोलेटम, एजोला पिन्नेटा* इत्यादि मुख्य हैं।

मरूस्थलीय क्षेत्र में बड़े पेड़ों की जातियाँ तथा संख्या बहुत कम है। मुख्य रूप से बबूल (*अकेशिया नीलोटिका*), कुमट (*अकेशिया सेनेगल*), खेजड़ी (*प्रोसोपिस सिनेरेरिया*), विलायती बबूल (*प्रोसोपिस जूलीफ्लोरा*), बोर (*जिजीफस मॉरिशियाना*), पीलू (*साल्वेडोरा ओलिऑइडिस*), रोहिड़ा (*टिकोमेल्ला अन्डुलाटा*), खारा जाल (*साल्वेडोरा परसिका*), हिंगोटा (*बेलेनाइटिस इजिप्टियाका*), केर (*केप्पेरिस डेशिडुआ*), सरेश (*एल्बिजिया लबेक*), पलास (*ब्युटिया मोनोस्पर्मा*), फरास (*टैमेरिक्स एफाइला*), शीशम (*डेलबर्जिया शिशू*), नीम (*एजाडरेक्टा इडिंका*), गुल्लर (*फाइकस ग्लोमिराटा*), बड़ (*फाइकस बेन्गालेन्सिस*), पीपल (*फाइकस रिलिजियोसा*), धोकड़ा (*एनोजिसस पेन्डुला*), इन्द्रोका (*एनोजिसस सिरिसिया* वेरा. *न्युमुलेरिया*), इत्यादि पेड़ दूर-दूर तक हैं।

मरूस्थलीय क्षेत्र में झाड़ियों की संख्या बहुत अधिक है जिनमें से मुख्य रूप से फोग (*केलीगोनम पॉलिगोनोइडिस*), फोक (*इफिड्रा फोलिएटा*), आक (*केलोट्रोपिस प्रोसेरा*), सफेद आक (*केलोट्रोपिस जाइजेन्टिया*), भू-बावलीया (*अकेशिया जैक्यूमोन्टाई*), अश्व-गंधा (*विदानिया सोमनिफेरा*), खीप (*लेप्टाडेनिया*

पाइरोटेक्नीका), मुराली (*लाइसीयम बारबेरम),* गुग्गुल (*कॉमीफोरा वाइटाई),* कंकेड़ा (*मेटिनस इमारजिनेटस),* सिणिया (*क्रोटेलेरिया बरहिया),* डंडा-थोर (*युफोर्बिया केंडुसिफोलिया),* झड़-बेरी (*जिजीफस नुम्मुलेरिया),* हिंगोटा (*बेलेनाइटिस इजिप्टियाका),* इत्यादि पाई जाती है।

मरूस्थलीय क्षेत्र में शाक पादपों की संख्या बहुत अधिक है जिनमें से मुख्य रूप से काली बुई (*हिलियोट्रोपियम इलिप्टीकम),* चिड़ियो-रो-खेत (*मोलुगो सरवियाना),* साटा (*बोहराविया डिफ्युजा),* शंखपुश्पी (*कन्वोलवुलस प्रोस्ट्रेटस),* बेकरियो (*इंडिगोफेरा कोर्डिफोलिया),* लाणों (*हेलोजाइलोन सेलिकोर्निकम),* हरमल (*पेगनम हरमेला),* लुणी (*पोर्टूलाका ऑलिरेसिया),* जलकुम्भी (*आइकोर्निया केसिपस),* ब्रहमी (*बेकोपा मोनेराई),* जल-भंगरा (*अम्मानिया बेसिफेरा),* आधा-सीसी (*जेन्थियम स्ट्रूमेरियम),*इत्यादि पाई जाती हैं। कुछ लताऐं जैसे तुम्बा (*सिट्रुलस कोलोसिन्थिस),* आंख-फूटनी बेल (*मिलोथ्रिया मद्रासपटना),* जलजामनी (*कोकुलस पेन्डुलस),* हुक्काबेल (*एरिस्टोलोकिया ब्रेक्टिएटा),*इत्यादि तथा कुछ घासें जैसे भूरट (*सेन्क्रस बाइफ्लोरस),* धामन (*सेन्क्रस सेटिजिरस),* कांस घास (*सेकेरम स्पोन्टेनियम),* कानि घास (*फरेगमाइटिस कारका),* लॉंपड़ो (*एरिस्टिडा फ्युनिकुलाटा),* अरूण्डो (*अरूण्डो डोनेक्स),* बरवाड़ी (*सोरघम हेलिपेन्स),* पंख घास (*पेरोटिस इण्डिका),* मकड़ा (*डेक्लाइलोक्टिनियम एजिप्सियम),* इत्यादि पाई जाती हैं।

संकट एवं संरक्षण: मरूस्थल मे वनस्पति विविधता पूरे भारत की वनस्पति की तुलना में बहुत कम है। इनमें जिनमे 63 पादप प्रजाति विलुप्त प्राय: है जिनका संरक्षण करना आवश्यक है।

सारणी: 2 भारतीय मरुस्थल में विलुप्त प्राय: पौधों की सूची (स्त्रोत-कुमार एवं पुरोहित; 2015)

एबुटिलोन बाइडेन्टेटम
एबुटिलोन फ्रूटिकोसम प्रभेद काइसोकार्पा
एलाइसिकार्पस मोनिलिफर प्रभेद विनोसा
अमानिया डेजर्टोरम
एनोजीसस सीरीशिया प्रभेद नुमुलेरिया
एन्टिकेरिस ग्लेडुंलोसा प्रभेद सिरूलिया
एरिस्टिडा रॉयलियाना
बारलेरिया प्रीनॉइटिस प्रभेद डाइकेन्था
केरेलुमा इडुलिस
सेन्क्रस प्रीयुरायी प्रभेद स्केब्रा
सेन्क्रस राजस्थानेन्सिस
क्लियोम गाइनेन्ड्रा प्रभेद नाना
कॉम्मिफोरा वाइटाई
कन्वोल्वुलस ऑरिकोमस प्रभेद फेरुजिनोसस
कन्वोल्वुलस ब्लेटेरी
डिक्लिप्टेरा आबुएन्सिस
इफिड्रा फोलिएटा
युफोरबिया जोधपुरेन्सिस
फारसेटिया मेक्रेन्था
आइपोमिया केरिका प्रभेद सिमाइन-ग्लेब्रा
मेल्हानिया फुट्टेपोरेन्सिस प्रभेद मेजर
लाइमियम इण्डिकम
इकाइनोप्स राजस्थानेन्स
मानसोनिया हिलियोट्रोपोयड्स
पेवोनिया अरेबिका प्रभेद ग्लुटिनोसा
सोरेलिया ऑडोरेटा
रोजा इनवॉल्युकेटा
सीडेरा लेटीफोलिया
स्ट्रोबिलेन्थस हलबरजाइ
साइडा त्यागी
टीकोमेला अन्डुलेटा
टेफ्रोसिया फाल्सिफोरमिस
ट्रीबुलस राजस्थानेन्सिस
वरनोनिका एनागेलिस-एक्वेटिका
प्रभेद ब्रेक्टियेटा
विदानिया कोएगुलेन्स
जीजीफस ट्रन्केटा
सीट्रुलस कोलोसिन्थिस
डीपकेडी इरिथ्रियम
ग्लोसोनिमा वेरिएन्स
मेलहानिया मेग्निफोलिया
पेवोनिया अरेबिका प्रभेद मासुरेन्सिस
कन्वोल्वुलस ओरिकोमस प्रभेद वोल्युबिलिस
युरोकोन्ड्रा सिटुलोसा
पुलिकेरिया राजपुतानी
डिजिटेरिया पिन्नेटा प्रभेद शेट्टीयाना

इन विलुप्त प्रायः पौधों का संरक्षण निम्न प्रकार से किया जा सकता हैं-

1 पर्यावरणीय प्रभाव मूल्यांकन होना चाहिए जिसमें आवश्यकता के अनुसार भूमि उपयोग में परिवर्तन के कारण पारिस्थितिकी ह्रास, वनों की कटाई तथा जैविक विविधता का ह्रास हो रहा है।

2 लोगों को स्थानीय वनस्पति जात एवं जीवों की महत्वत्ता के बारे में जानकारी होनी चाहिए।

3 पारिस्थितिक तंत्र एवं बायोमास पर आश्रित लोगों को पर्यावरणीय शिक्षा दी जानी चाहिए।

4 जैविक विविधता के *इन-सिटु* (यानि इनके आवासों में स्वतः) सरंक्षण के लिए देवी व देवताओं और भगवान के नाम से ओरन, गोचर भूमि (स्थायी चारागाह), नाजुक पारिस्थितिक तंत्र (जोहड़), आदि को संरक्षित करनी चाहिए। चराई भूमि तथा चारागाहों को धार्मिक और औपचारिक महत्व देकर देशी प्रजातियों का संरक्षण किया जाना चाहिए।

5 देशी प्रजातियों की जगह विदेशी प्रजातियों के उपयोग को हतोत्साहित किया जाना चाहिए।

6 क्षेत्र विशेश को अभ्यारण्य या राष्ट्रीय पार्क घोषित करने के अलावा स्थानीय लोगों का जैविक विविधता संरक्षण में सहयोग प्राप्त करना चाहिए।

7 मौजुदा अभ्यारण्य, राष्ट्रीय पार्क और बाघ परियोजना का संरक्षण अबाध्य रूप से जारी रखना चाहिए।

भारतीय मरुस्थल में विलुप्त प्रायः पादप पेवोनिया अरेबिका वेराइटी मसुरेन्सिस का संरक्षण

इतिहासः 10 अगस्त 1959 को जोधपुर विश्वविद्यालय के डॉ. एम. एम. भण्डारी ने जोधपुर की मसुरिया पहाड़ियों से एक पादप प्रादर्श एकत्रित किया तथा अध्ययन से पता चला कि यह पादप विज्ञान के लिए एक नया पादप है। इसका नामकरण डॉ. एम. एम. भण्डारी ने किया व मसुरिया पहाड़ियों से मिलने के कारण इसका नाम ***पेवोनिया अरेबिका* वेराइटी *मेसुरेन्सिस*** रखा व इसका प्रकाशन सन् 1978 में अपनी पुस्तक **फ्लोरा ऑफ द इन्डियन डेजर्ट** में किया। इसका हरबेरियम टाइप जोधपुर विश्वविद्यालय के हरबेरियम (जे. ए. सी.) में जमा कराया। इसके बाद अनेकों अनुसंधानकर्ताओं व वैज्ञानिकों (पाण्डे, 1983; शेट्टी एवं सिंह, 1987-1993; शर्मा एवं संजप्पा, 1993; शर्मा, 2014) ने जोधपुर की वानस्पतिक विविधता पर कार्य किया तथा इस पादप को भण्डारी के हरबेरियम सीट के आधार पर ही रिपोर्ट किया। इसके बाद में इस पादप का संग्रहण नहीं हुआ व ना ही भारत के किसी हरबेरियम से इसके संग्रहण की पुष्टी हुई व इसको विलुप्त मान लिया गया था।

वर्तमान स्थितिः भारतीय वनस्पति सर्वेक्षण, जोधपुर के वैज्ञानिकों के द्वारा भी जोधपुर के मसुरिया पहाड़ी क्षेत्र का सर्वेक्षण किया गया लेकिन यह पादप नहीं मिला। वर्तमान में सितम्बर 2016 में डॉ. चन्दन सिंह पुरोहित, डॉ. रमेश कुमार एवं श्री विनोद मैना ने संरक्षित क्षेत्र- (माचिया बायलोजिकल पार्क, जोधपुर) की वनस्पति का फिल्ड सर्वेक्षण करने के दौरान इस 6-7 पादप यहां से सीमांकित किए। इनके पादप प्रादर्श एकत्रित कर इसके हरबेरियम प्रादर्श बनाए गए व इसे कार्यालय के हरबेरियम में जमा किया गया। इस पादप को लगभग 58 वर्षों बाद इसका पुनराविष्कार किया गया। देहरादून के एक विश्व-विख्यात जर्नल ***फाइटोटेक्सोनोमी*** के अंक में 2017 के जनवरी माह में पृश्ठ संख्या 35 से 37 पर इसका पत्र प्रकाशित हुआ है।

आवासः यह पादप पूरे विश्व में प्राकृतिक रूप से राजस्थान में केवल जोधपुर की मसुरिया पहाड़ियों में ही मिलता है। व वर्तमान में भारतीय वनस्पति सर्वेक्षण द्वारा इसे माचिया बायोलोजिकल पार्क से रिपोर्ट किया है। यह पादप दुर्लभ पादपों की श्रेणी में आता है। मुख्यतया पथरीली व पहाड़ी स्थान पर कम वर्षा वाले क्षेत्र में प्राकृतिक रूप से उगता या मिलता है। इसके आस-पास मुख्यतया कुमट, भूरट, हुल-हुल, गागरेन, बेर, शंखपुष्पी, गुगारियो, चिड़ियो-रो-खेत, धामन, बेकरियो, झिनो-बियानो इत्यादि वनस्पतियां पाई जाती हैं। मसुरिया पहाड़ी पर अतिक्रमण व यहां से आवागमन का रास्ता निकालने व शहरी विकास होने के कारण यह पादप अब वहां से लुप्त हो गया हैं लेकिन प्राकृतिक रूप से यह पादप माचिया बायोलोजिकल पार्क में मिला हैं। इसको संरक्षित करने के प्रयास चल रहे हैं।

आकारिकीय लक्षणः यह मालवेसी कुल का पादप है। यह पादप सीधा, बहुवर्शीय, शाखित, लगभग 1.5 मीटर उंची झाड़ी है। इसका तना हरा व इस पर ताराकार रोंए पाए जाते है। इसकी पत्ती दीर्घाकार, आधार भाग गोल तथा अग्र भाग कुंठित होता है। इसका पर्णवृन्त 2.5 सेमी लम्बा व इस पर भी ताराकार रोंए पाए जाते है। इसमें अनुपत्र 3-4 मिमी लम्बे व रेखिक होते हैं। इसमें फूल कक्षीय व एकांत लगते हैं। इसका डठंल 1.5-2 सेमी लम्बा व शीर्ष पर जोड़ तथा इस पर भी ताराकार रोंए पाए जाते है। इसमें फूल गुलाबी या हल्के गुलाबी रंग के होते है। इसमें पंखुड़ियां गहरी द्विपालिका होती है अर्थात प्रत्येक पंखुड़ी बीच में से दो

भागों में बंटी होती है तथा इसके आधार पर रोंए पाए जाते हैं। यही इसकी पहचान का विशेष लक्षण है जिससे यह दूसरे पादपों से अलग है।

विलुप्ति के कारण- वर्तमान में यह पादप अपने प्राकृतिक आवास- मसुरिया पहाड़िया से समाप्त हो चुका है। इसका मुख्य कारण है मनुष्य का इस पहाड़ी में हस्तक्षेप। इसके अतिरिक्त इस पहाड़ी पर आवागमन के लिए मार्ग बनाना, इस पहाड़ी की खुदाई, आस-पास आवासीय कोलोनी का बसना, आस-पास वायु प्रदुषण का बढ़ना, पादप को पानी की कम उपलब्धता, जिससे इसके परागण में बाधा पहुची व इसे परागण करने वाले कीट-पतंगो की अनुपलब्धता होने के कारण नवीन पादप नहीं बन पाए तथा जो पादप उपस्थित थे इस पर वातावरणीय व जलवायु परिवर्तन के प्रभाव इतना पडा कि वह इस परिस्थिति में जीवित नहीं रह पाए।

संरक्षण प्रयास-वर्तमान में इस पादप की लगभग 7-8 पादप प्राकृतिक रूप से मिले है। तो हमनें माचिया बायोलोजिकल पार्क के अधिकारियों व कर्मचारियों को अवगत कराया है कि इस पादप को बचाना है व इसका संरक्षण जरूरी है। इसके लिए उस जगह पर अन्य लोगों का प्रवेश वर्जित किया गया है। इसकी संख्या बढ़ाने के लिए अगले वर्ष जब इसमें फूल व फल बनें तब इसके बीज एकत्रित करके इसकी नई पौध तैयार करने का प्रयास किया व इसमें कुछ हद तक सफलता भी प्राप्त की।

- इसकी फल की औसत चौड़ाई 4-5 सेमी; मेरीकार्प की औसत चौड़ाई 2-3 मिमी एवं बीज की औसत चौड़ाई 1.5-2 मिमी होती हैं। बीजो को मिट्टी व गोबर खाद के मिश्रण को पोलिथीन थैली में भरकर पौधशाला में बोया गया।
- इनमें 7-8 दिनों में 20 प्रतिशत अकुंरण होता है। अकुंरित पौधो की लबांई निरंतर नोट की गई।
- प्रकृति में इसके बीजो को बकरी तथा अन्य जीवों द्वारा खा लिया जाता है। इस कारण इसकी सख्यां प्रकृति में कम हो रही है। जिसके कारण इसका *इन-सिटु* (यानि इनके आवासों में स्वत:) सरंक्षण किया गया है।
- इन-सिटु सरंक्षण में इसमें पत्तियां व फूल बने लेकिन फलों का निमार्ण नहीं हो पाया। वन विभाग द्वारा इसके संरक्षण करने के प्रयास अब भी चल रहे हैं। व भारतीय वनस्पति सर्वेक्षण द्वारा *एक्स-सिटु* संरक्षण के प्रयास किए जा रहे हैं।

संदर्भ

भण्डारी एम. एम. 1978: *भारतीय मरूस्थल का वनस्पतिजात*। साइंटिफिक पब्लिशर्स, जोधपुर।

भण्डारी एम. एम. 1990: *भारतीय मरूस्थल का वनस्पतिजात*। पुन: प्रकाशान साइंटिफिक पब्लिशर्स, जोधपुर।

कुमार एस. एवं पुरोहित सी.एस. 2015: *कन्जर्वेशन ऑफ थ्रेटेण्ड डेजर्ट प्लान्टस,* साइंटिफिक पब्लिशर्स, जोधपुर।

लतिफ शाजिद एवं अनवर फरुक 2008: *क्वालिटी एसेसमेंट ऑफ मोरिन्गा कोनकनेन्सिस सीड ऑयल एक्सट्रेक्टेड थ्रो सोलवेन्ट एडं एक्वश एन्जाइमेटिक टेक्निकस* ग्रासेज वाय एसिटीज 59(1): 69-75.

पाण्डे आर.पी., शेट्टी बी.वी. एवं मल्होत्रा एस.के. 1983: *ए प्रिलिमिनेरी सेन्सस ऑफ रेयर एण्ड थ्रेटेण्ड प्लान्टस ऑफ राजस्थान*। इन एन एसेसमेन्ट ऑफ थ्रेटेण्ड प्लान्टस ऑफ इण्डिया (एडिटर: एस.के. जैन एण्ड आर.आर. राव), भारतीय वनस्पति सर्वेक्षण, कोलकाता।

पुरोहित सी.एस., कुमार आर. एवं मैना वी. 2017. रिडिस्कवरी ऑफ *पेवोनिया अरेबिका* वेरा. *मेसुरेन्सिस* (माल्वेसी) आफ्टर सिक्स्टी ईयरस. *फाइटोटेक्सोनोमी* 16: 35-37.

शर्मा बी.डी एण्ड संजप्पा एम. 1993: *फ्लोरा ऑफ इण्डिया* वॉल.-3: पोर्चुलेकेसी-इक्सोनेसी. भारतीय वनस्पति सर्वेक्षण, कोलकाता।

शर्मा एस.के. 2014: *फोनल एण्ड फ्लोरल एंडेमिज्म इन राजस्थान* /हिमाशुं पब्लिकेशन, उदयपुर।

शेट्टी बी.वी. एवं सिंह वि. 1987-1993: *राजस्थान की वनस्पतिजात भाग 1-3,* भारतीय वनस्पति सर्वेक्षण, कोलकाता।

शेट्टी बी.वी. एवं पान्डे आर. पी. 1979: *स्टडीज ऑन द फलोरा ऑफ राजस्थान डेजर्ट - ए रिव्यु*। बुलेटिनभारतीय वनस्पति सर्वेक्षण, इडिंया 19: 5-22.

सिंह के.के., कुमार के. 1999: *इथनो-थिरेप्युटिक्स ऑफ सम मेडिसिनल प्लाटं युज्ड एज एन्टिपायरेटिक एजेंड*

अमंग द ट्रायबल ऑफ इंडिया ज. इकोनोमिक एडं टेक्सोनोमिक बोटेनी 23: 135-141.

सिहं ए. के. 2004: *एन्डेनजर्ड इकोनोमिक स्पीसीज ऑफ इंडियन डेजर्ट*। जेनेटिक रिर्सोसेज एडं क्रोप इवोल्युयन 51: 371-380.

सिंह वि. 1984: *राजस्थान के वन और वनस्पति* (भारत की वनस्पति; संकलन व सम्पादनः सुधाशु कुमार जैन एवं विश्वनाथ मुद्‌गल), पेज संख्याः 32-38, भारतीय वनस्पति सर्वेक्षण, कोलकाता।

Relevance of the Traditional Environmental Conservation Practices in Modern India

Anil Kumar Chhangani*, Raju Lal Gurjar, Karni Singh Bithoo
Department of Environmental Science,
Maharaja Ganga Singh University,
Bikaner- 334001 (Rajasthan)
chhanganiak@yahoo.com

Introduction

Sacred groves are part of Indian culture, religion, traditions, livelihood from ancient time. In India these sacred groves are known as *Davevan, davebhumi, Than, Sarna, Davrrai, Kav, Dargudi, harithan,* etc. and in Rajasthan the sacred groves are known as "*ORANS*". Along with sacred groves in Thar Desert, *Gauchars* (pasture land), *Nadi-Talab* (water body and *Agoor* (water catchment areas) are also very common in rural parts, and known as common property resources (CPRs). The forest land in Thar Desert is only 1.8% as against 5.6% of Common Property Resources. These CPRs are common pool of resources which support rural population and their needs for firewood, fodder, grain, water, herbal, gum, fencing and thatching, etc. Over 175 plant species recorded from different CPRs which includes trees, shrubs, herbs and grasses. Faunal diversity includes 45 mammalian species, 41 reptiles species, 180 bird species and 80 fish species reported from in and around these CPR. Many of these floral and faunal species listed in the Schedule I to IV of the Indian Wildlife Protection Act 1972 and IUCN "red data book". This indicates that CPR's are focal points of the floral and faunal diversity richness and abundance which contribute more to regional biodiversity and support a large section of the society. The Thar Desert covers an area of about 0.32 million sq. km., which is nearly 12% of the total geographical area of India. It spreads over the four states of Rajasthan (62%), Gujarat (20%), Haryana and Punjab (9%), and in the west merges with the fertile plains of the Indus, in Pakistan. The Thar Desert of Rajasthan comprises 13 districts stretching from Ganganagar district in North to Sirohi in South and Jaisalmer in its West. The Thar Desert is essentially a sand Desert, consisting of dry undulating plains of hardened sand. The remaining region is largely a mass of loose sand, forming shifting sand dunes. The Desert environment is inhospitable for plants, wild animals and human populations. Yet, the Thar Desert is the most populated Desert in the world. Population density here is 84 persons per sq. km. In spite of such a precarious situation the people of Thar have learnt to live with droughts by involving such mechanism like collection, conservation and judicious use of rain water; crop lands converted for furthering ground cover to augment fodder production as '*Gauchars*' and lands with rich biodiversity dedicated to local deities and hero's as '*Orans*' and '*Agoors*' to conserve germ-plasma for posterity. This is evidenced by species richness, genetic variation and biological diversity, which exist in Thar. There are over 900 species of plants found in Thar most of which are endemic to this Desert, while a few exotic species like *Prosopis juliflora* is predominant in different habitats. Of over 900 species, some 85 species of grasses are native to Thar Desert including 'Shewan' and 'Dhaman'. The common plant species are Khejari (*Prosopis cineraria*), Ker (*Capparis decidua*), Kumbhat (*Acacia senegal*), Ber (*Zizypus nummularia*), Rohida (*Tecomella undulata*), Jal (*Salvadora oleoides*), Mitha Jal (*Salvadora persica*), Fog (*Calligonum polygonoides*), Saven (*Lasiurus sindicus*) and Thor (*Euphorbia granulate*), besides a variety of grasses. The *gaucher-oran-agoor* trios are repositories of biological diversity. Similarly hundreds of kilometers CPRs in Rajasthan forms ideal habitat for the threatened faunal species. Over 3000 such small and large common property resources recorded in past (Dab, *et al.* (1997), Jamer, *et al.* (1995) and Dagla, *et al.* (2007).

Faunal diversity includes mammals like Tiger (*Panthera tigris*), Leopard (*Panthera pardus*), Hyaena (*Hyaena hyaena*), Wolf (*Canis lupus*), Fox (*Vulpes bengalensis*), Jackal (*Canis aureus*) and Jungle Cat (*Felis chaus*), Blue Bull (*Boselaphus tragocamelus*), Sambar (*Cervus unicolor*), Chittal (*Axis axis*), Chinkara (*Gazella gazella*), Black Buck (*Antilope cervicapra*), Four-Horned Antelope (*Tetracerus quadricornis*), Sloth Bear (*Melursus ursinus*), Wild Boar (*Sus scrofa*), etc. are common in the CPR's (Plate: 1). The common avian faunal diversity includes Common crow (*Corvus splendens*), Jungle crow (*Corvus macrorhynchos*), Common babbler (*Turdoides caudatus*), Red-vented bulbul (*Pycnonotus cafer*), Tailor bird (*Orthotomus sutorius*), Maina (*Acridotheres tristis*), Rufus woodpecker (*Celeus brachyurus*), Parrot (*Psittacula eupatria*), Bee-eater (*Merops orientalis*) and Red-wattled lapwing (*Vanellus indicus*). Among larger common birds are: Peacock (*Pavo cristatus*), Long-billed vulture (*Gyps indicus*), White-rumped vulture (*Gyps bengalensis*), Red-headed vulture (*Sarcogyps calvus*), Cinereous vulture (*Aegypius monachus*), Egyptian vulture (*Neophron percnopterus*), Eurasian griffon (*Gyps fulvus*) and Himalayan griffon (*Gyps himalayensis*), and Kite (*Milvus migrans*). A few resident game birds like Great Indian busterd (*Choriotis nigriceps*), Gray partridge (*Francolinus pondicerianus*) and Common Sandgrouse (*Pterocles exustus*) are also found in the study area. Some aquatic birds visiting ponds and lakes are: spoonbill (*Platalea lucorodia*), Common teal (*Anas crecca*), Painted stroke (*Ibis leucocephala*), Little egret (*Egretta garazetta*) and Sarus cranes (*Grus antigone*). Of which Peacock (*Pavo cristatus*), Long-billed vulture (*Gyps indicus*) and White-rumped vulture (*Gyps bengalensis*) listed in the Schedule-I of the Indian wildlife act 1972(Plate: 2). The common reptiles in and around the CPR's are: Marsh crocodile (*Crocodylus palustris*), Gharial (*Gavialis gangeticus*), Cobra (*Naja naja*), Viper (*Echis carinata*), Indian sand boa (*Eryx johnii*), Monitor (*Varanus griseus*); and lizards: Calotes (*Calotes versicolor*), House lizard (*Hemidactylus flaviviridis*) and others such as *Agama minor* and 'Skink' (*Mabuya aurata*). Amphibians are represented by 2 families and 4 species (Chhangani and Mohan, 2010). It is to be remembered that Rajasthan has traditionally been the holders of good livestock population since the rural economy is largely depend on livestock after agriculture. For example, the total livestock population of Rajasthan as per 1997 livestock census, is 5,46,27,756. This includes an estimated population of 1,21,41,402 cattle, 9770490 buffalo, 14584819 sheep, 16971078 goats, 669443 camels, 185604 donkeys, 304820 pigs and 24016 horses, which is about seven present of India's total livestock population and the animal husbandry contributes 19% of the State GDP (as per Government of India, Planning Commission Report 2006). This livestock and variety of wild fauna population is largely sustained on the Common Property Resources (Plate: 3).

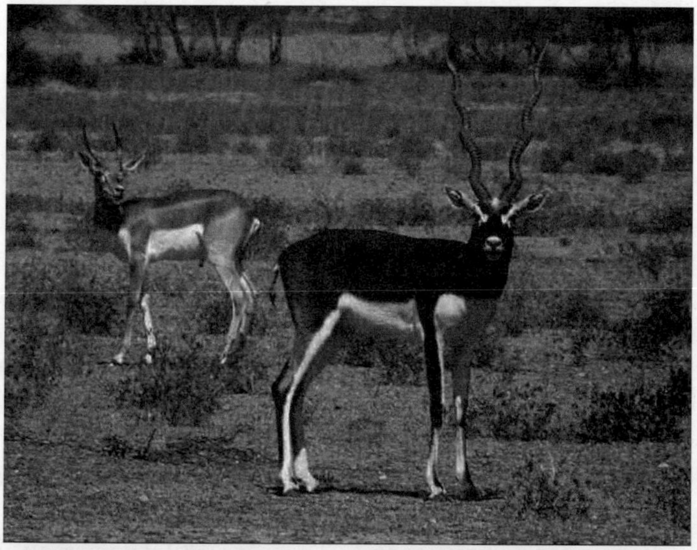

Plate 1: Black Buck (*Antilope cervicapra*) in the common property resources

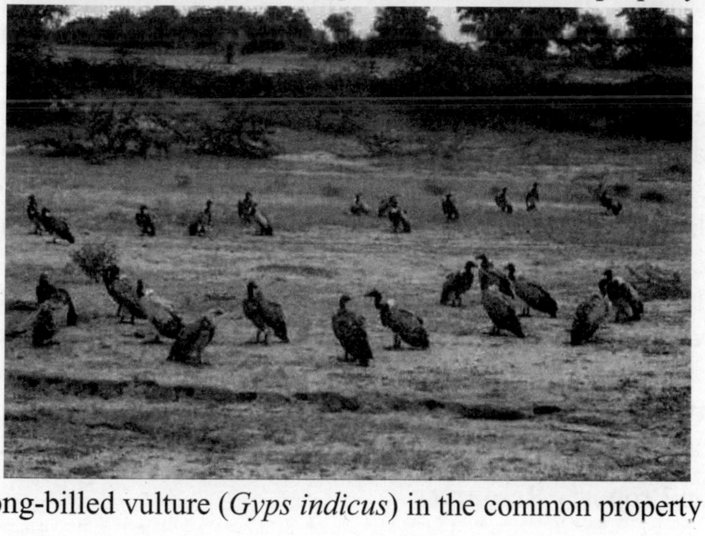

Plate 2: Long-billed vulture (*Gyps indicus*) in the common property resources

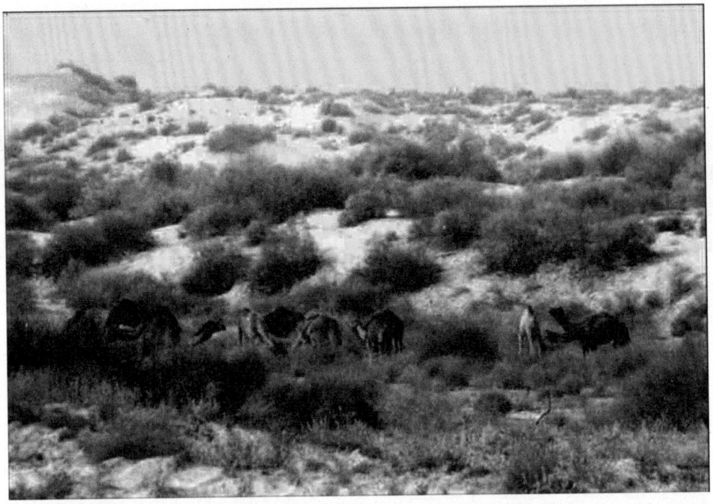

Plate 2: Grazing of camels in the common property resources

Keeping this in view listing of all plants and animals encountered in the different Common Property Resources of the study sites were attempted, new information's gathered with the earlier records and presence confirmed. It is important to keep in mind that these districts in Rajasthan's Thar Desert have traditionally been regions of successful livestock raring and that the rural agricultural economy includes a significant livestock component. Historically the State, despite its harsh climate, has supported this high cattle population by maintaining the availability of good pastures, at least until very recently. Common property resources including '*Gauchars*' (village pastures), '*Orans*' (village forests), '*Agoors*' (catchment of village water bodies like Nades and Talabs) '*River bed*' (Stony, sandy ground over which dry rivers flows), etc. and such other community lands owned by the village. These common property resources are the main producers of natural resources, maintain biodiversity and supports both livestock and wild animals of the area. The same areas have become favorable habitats for resident and migratory avian fauna where food, water and suitable nesting and breeding sites are available. The CPRs in the Thar Desert are very productive so far as their topography, physoigraphy and biota are concerned. They are still playing an important role in the ecology of the Thar Desert and economy of local people. Keeping in view the productivity of land, topography and climatic condition of the Thar Desert these CPRs are very useful for rural poor in livelihood and survival. As a result very few cases of the farmer suicide are reported form this part of India compared to other states like Karnataka, Maharashtra, Andhra Pradesh, Odessa, etc. which are climatically and economically batter then Rajasthan with fertile land and higher rainfall.

Type of Common Property Resources

To sustain huge population of livestock especially cows and many wild herbivores the natural pastures and fodder species found in different Common Property Resources has played a major role in keeping the ecological balance.

There are several such pastures in every district, which need evaluation for flora and fauna and their current capacity to support livestock and wildlife besides scope of intervention to augment their productivity. It is interesting to note that the forest land in Desert is only 1.8% as against 5.6% of Common Property Resources which suggest importance of these institutions for biodiversity. Every small and large village has its own village institutions, each village by and large, contained one or more of following important Common Property Resources:

1. ***Gaucher***: Defined as gram Panchayat controlled grazing lands.
2. ***Oran***: Defined as areas where tree cutting is banned by community consent and divine control, and where such restrain is actively observed.
3. ***Agoor***: Every small or large village has its own water source called *Nadi* or *Talabs* near by the village and store rain water for livestock and human consumption. The Catchment of these Nadi and Talabs is known as *Agoor*.
4. ***Sand dunes***: Defined as natural sand masses, either stationery, or stabilized, or shifting. Usually with good moisture.
5. ***River Bed***: Some of the important rivers like Luni, Kanwar Sen, Ghaggar, Jojhari, Sukari, Jawai and Mithri, though most of the rivers are seasonal and flows during rainy season only.
6. ***Forest Enclosures***: Defined as land under the present control of the Forest Department, for plantation.
7. ***Gravel Lands***: Defined as low productive areas with little soil cover and moisture.
8. ***Wastelands***: Defined as areas with a mixture of characteristics and with low productivity.

Role of Common Property Resources

The role of *Gauchars* in maintaining Thar's economy was enormous till early fifties. From 1960 with the onset of intensive agriculture and tube well culture the decline of *Gauchars* set in. In the process some 400-year-old culture and tradition of *Gauchars* in the Desert started dyeing. A case of Jaisalmer district is unique. In Pali-Digga area of this district thousands of sq. km. of natural pasture of 'Shewan' *Lasiurus sindicus* grass is available which used to feed thousands of cows in drought as well as good rain years. Tharparkar, the best cow breed of this region survived because of natural Sewan pastures. It is now proven that the Sewan grass is perhaps the best fodder species. It contains 7-11% of protein with over 8 years of life after harvest. It was evidenced during the worst drought of 1986-87. Jaisalmer district supplied about 2 lack quintals of Sewan fodder harvested from Jaisalmer's natural Sewan pasture to 10 districts of Rajasthan. In absence of scientific data our information is based on 'bahis', oral stories, anecdotes folktales and folklore, war tales, and biographies of warriors, local hero's and deities. It has been estimated that most *Orans* are about 150-500 years old while some are in existence for 700-800 years. It appears that *Orans* came into being concurrently with the founding of a village. Most of the *Orans* are dedicated to deities, local heros and martyrs. *Orans* in Desert thus have been named after about 100 such revered dignitaries like Bheruji, Hanumanji, Shivji, Ramdeoji, Pabuji, Gogaji, Vankalmata, Karnimata, Jogmaya, Chamunda and Mamaji ka *Oran.* In most *Orans* a temple of a deity or local hero or '*Than*' is present thus maintaining sanctity of the *Oran* till date. Unfortunately the quality and productivity of *Orans* have gone down considerably in the recent past yet their sanctity remains. An *Oran* is a repository of biological diversity of that area. It supports livestock of one to several villages inhabited around besides housing one or more water bodies. Table 1 is showing some of the major *Orans* with area of the Thar Desert of Rajasthan. Most of the *Orans* support 2 or more villages of the area, some 5 or more while we have found a few supporting as many as 30 villages. There are 2-3 *Orans*, which support as many as 100 villages around which speaks of the potentiality of these *Orans* till today. Interestingly nobody is allowed to cut trees, remove its produce or deshape any part of *Oran* or use it for personal purposes. But, the producer of *Orans* can be used for community purposes. Even defecation and urination is prohibited in *Orans* and *Agoors*. In spite of such strict unwritten code of conduct the *Orans* and *Agoors* are facing variety of threats for their survival. Minor forest produce such as fallen fruits are collected by local inhabitants. Due to faith and sanctity, *Orans* are free from encroachment and indiscriminate exploitation, but *Agores* are facing serious threat of encroachment and unwanted developmental activities by the local *Panchayat*. There is no formal regulatory authority that imposes any type of legal control over the people of the region; *Orans* are an oasis in the Desert ecosystem that helps in maintaining the fragile ecosystem of the Indian Thar Desert. Traditional approaches of biodiversity conservation should be recognized by the policy-makers. These practices must be integrated for better management of biodiversity in consultation with the local community (Dagla *et. al*, 2007).

Table 1: Major *Orans* with area of the Rajasthan special reference to the Thar Desert

S. No.	Name of *Oran* (District)	Area in *Bighas*
1.	Dhok Viratra Mata (Barmer)	18000
2.	Unrod (Barmer)	10463
3.	Indroi Mataji (Barmer)	6684
4.	Girab (Barmer)	6650
5.	Kusip (Barmer)	4377
6.	Bothiya-Purohitaan (Barmer)	4165
7.	Chuli (Barmer)	2924
8.	Nai-Khadali (Jalor)	1711
9.	Lakhotali (Barmer)	1537
10.	Ramaniya (Barmer)	1394
11.	Bhadariya ji (Jaiselmer)	165000
12.	Ramdeora (Jaiselmer)	35171
13.	Eta (Jaiselmer)	33124
14.	Varoda Hanumanji (Sirohi)	2380
15.	Jogmaya ka Oran (Nagaur)	3000

16.	Dodaji (Churu)	3500
17.	Malaji (Barmer)	2000
18.	Janara (Jaiselmer)	13871
19.	Gomat (Jaiselmer)	11385
20.	Khelana (Jaiselmer)	8681
21.	Parewar (Jaisalmer)	7836
22.	Jemla (Jaiselmer)	7553
23.	Khetalai (Jaiselmer)	6551
24.	Bhensala (Jaiselmer)	5326
25.	Beeramdevra (Jaiselmer)	5216
26.	Nosar (Jodhpur)	9394
27.	Bhiyansar (Jodhpur)	6819
28.	Jakhan (Jodhpur)	5980
29.	Barsingho-ka-Bara (Jodhpur)	55315
30.	Tekara (Jodhpur)	5468
31.	Jalora (Jodhpur)	4625
32.	Punasar (Jodhpur)	4048
33.	Dechu (Jodhpur)	3562
34.	Palina (Jodhpur)	3018
35.	Tapu (Jodhpur)	2545
36.	Baori-Barsingha (Jodhpur)	2541
37.	Kolu-Pabuji (Jodhpur)	15800
38.	Jhunjhar Dadaji (Churu)	3500
39.	Karni mata Deshnok (Bikaner)	2300
40.	Karni mata Mokha Charnan (Bikaner)	1800
41.	Jogmayaji (Nagour)	3000
42.	Vardha Hanumanji (Sirohi)	2375

Conservation and management of CPRs

It is important that the availability of fodder species in different Common Property Resources which play their role quietly in supporting livestock, wildlife and human survival. These Common Property Resources needs to be studied to strengthen their productivity. Very little is written on legal and administrative status of these CPR. In absence of legal and administrative protection without punitive provisions for those who encroach, mutilate, deshape or make use of CPRs for individual benefit, and they are decaying fast. The *Agoors* of water body are frequently tempered and interrupted for variety of physical works by local residents and State-agencies. Hundreds of cases from Tehshil to State Revenue Board are fought concerning CPRs protection and ownership but their legal status remains undefined and unassigned. In very simple term *Agoors* are designated as revenue lands ownership of which lies with the State through Gram Panchayat which is supposed to monitor, guard and protect it. No data are available on its extent and total area lying under *Agoors* in Thar. *Gauchar* is a revenue land, which finds place in State revenue records. It is designated as grazing land for livestock. This land is under the direct control of gram Panchayat, which cannot change or alter its character. However, District Collector (DM) can convert it in public interest for which DM has to provide equal land elsewhere in that village for grazing purposes to be named as *Gaucher*. In Government land records *Orans* have not been given their due status, though traditionally it is a revenue land. These are referred to as sacred lands dedicated to deities but without any defined legal status. However, the whole village through village Panchayat works for its upkeep, protection and management. Traditionally it cannot be used for any other purpose or allotted to any one for any other purpose except to revere it as sacred village forest. An *Oran* often houses a temple or THAN where people come for prayers and offerings. Since these CPRs serve some critical needs of poor and landless, ecological rehabilitation of the AGO's will serve a great social object and address the equity and gender issues. As *Agoors*, *Gauchars* and *Orans* are interlinked and interdependent these cannot be handled in isolation. So a comprehensive approach is necessary to understand their role in conservation and management of biodiversity. It is also very important to study their role in the human survival and life support systems, they play a crucial role in livelihood in the present developmental and climate change situation very well.

Acknowledgement

Our sincere thanks to Prof. Bhagirath Singh, Vice – Chancellor, Maharaja Ganga Singh University. We are thankful to Prof. N. S. Shakhawat for inviting me, and organizers of the international conference, Rajasthan Sanskrit Acadmy, Jaipur and Vidhya Parishad Vidhya Bharti, Jodhpur.

References

Chhangani, A.K. and Mohan, D. 2010. Role of Common Property Resources in the Conservation of Floral and Faunal Diversity in the Thar Desert. In The Proceedings of National Seminar "***Impect Of Climate Change On Biodiversity and Challenges in Thar Desert***". ed. by Ramakrishna et al. DRC, ZSI, Jodhpur pp: 229-244.

Dagla, H. R. Aarti Paliwal and N. S. Shekhawat 2007 Oran: A sacred way for biodiversity conservation in Indian Thar Desert ***Current Science***, **93**(3), pp 279-280.

Dab, D. ; Dauyi, K. and Mahrotra, K.C. (1997). Sacred groves relax as bird refuges. ***Current Science*** **73**: 815-817.

Jamer, S. A. and Pandy H.N. (1995). Status of Biodiversity in the sacred groves of jaitiya hills, Meghalaya. ***Indian Forester*** **59**: 738-744

Government of India (2006). *Rajasthan Development Report. Planning Commission, Government of India,* New Delhi (Academic Foundation). 306 pp.

Plant Resources of Fragile Environments-Diversity, Ecosystem Services, Conservation & Sustainable Utilization using Conventional Wisdom,Biotechnology/Nanotechnology (Sustainocene in Anthropocene/Capitalocene/Corporatocene).

Smita Shekhawat*, Richhpal Singh[1] and N.S. Shekhawat[2]
*DST-SERB Young Scientist, Department of Botany, University of Delhi
[1] Department of Botany,Government College Jodhpur-342 008
[2]Retired Professor, Department of Botany, JNV University, Jodhpur

We live in **Holocene** geological Epoch (a period of relative climate stability) that started after the last ice age (the last 11,700 years). According to **The International Union of Geological Sciences** (IUGS)- a body of geological timekeepers, the present/the youngest stage of Holocene,is named as the **Meghalayan age** that started 4,250 years ago when drought struck the planet earth (IUGS, July 13, 2018). Greenlandian and Northgrippian ages existed between 11,700 years to 8,326, and 8,326 years to 4,250 years ago respectively. The **Meghalayan** age devastated civilizations in China, Greece, Mesopotamia, Syria, Palestine, the Indus Valley, and the Yangtze River Valley as the mega-drought **(Mahaakkaal)** spanned for 200 years. This was likely due to shifts in ocean and atmospheric circulation.

The humans have impacted essentially all planetary processes driving the earth out of the **Holocene,** creating socially/technologically sound societies (Steffen et al., PNAS, 2018).Earth/soils, waters/seas/air, plants, animals & even microbes, genes and DNA sequences were (are being) domesticated. The biosphere and environment of the modern era are human-driven, hence we live in **Anthropocene.** Humans have transformed the biosphere and created ***Anthromes*** (Anthropogenic Biomes, *or* "human biomes")- a direct human interactions with ecosystems. Economic health of any country is measure as the **Gross Domestic Product (GDP),** ignoring integrity of environment and natural resources, and their health. Therefore, K. E. Boulding had stated "Anyone who believe(s) in indefinite growth in anything physical, on a physically finite planet, are either madmen or an economist(s)".The critics of ideology of **growth (GDP)-based** development are now mobilizing the term **De-growth** ((Kallis,G. et al.,2018, Annual Review of Environment and Resources,43, 4.1-4.26) considering studies of economic stability in the absence of growth.

O,Neill et al. ,2018, Nature Sustainability,1,88-95) described two types of defining biophysical processes, pressures and boundaries at planetary scale in the anthropocene. These are: **(A) planetary boundaries framework** identifying nine boundaries related to critical Earth-system processes namely,Stratospheric ozone depletion, Loss of biosphere integrity (biodiversity loss and extinctions), Chemical pollution and the release of novel entities, Climate Change, the global hydrological cycle, Land system change, Nitrogen & Phosphorus flows to the biosphere & oceans, and Atmospheric aerosol loading.These boundaries jointly define **safe operating space** with in which it is suggested, relative stable conditions of the **Holocene** can be maintained. Seven of these, boundaries are measurable. Of these, Biosphere Integrity, Climate Change, Land-System Change and Biogeo-chemical Flows are transgressed, and **(B) Estimation of environmental foot print indicators** for multiple types of biophysical resource flows, material extraction, and freshwater appropriation. Human footprints are visible on cultivated/used planet. Peopling of earth (world population is 7.6 billion in August 2018) caused ill-health of the planet {atmospheric Carbon dioxide is now touching 410 ppm, last year it was 408 ppm; in 2013 it crossed 400 ppm, similarly according to Reay et al., 2018, another **Green House Gas (GHG)**, Methane, a major cause of global warming, continue to rise having already more than doubled since the Industrial revolution. Changes in land uses and land cover alter the Earth's energy balance and bioge-ochemical cycles. This changes land surface properties reducing provision of ecosystem services (Song et al., 2018, *Nature*, **560**,639–643) and increasing eco-threatening habitat fragmentations of habitats.

Five features of the **Anthropocene** are, **Profit** (and its maximization) **making, preparation of wars**, **poverty**,**population** and **pollution**. This is the epoch, the biologically final stage in which the planet exists almost exclusively **by, for, and of ourselves** (humans). Edward O.Wilson (2016) called this, the **Eremocene**- the age of loneliness. This is age of people and domesticated plants, animals and croplands all around the earth. Michael Gross (2017, Current Biology, 21 August, 2017) has warned that our planet is wrapped (polluted with nano-, micro-, and other-plastics) in plastics. According to T.Faunce (2018) global economics rely on oil, coal, and natural gas fossil **fuel (archived-photosynthesis)-based** power generation and experiencing increasing dominance and desires of multinational corporations to maximize profit of shareholders and executive remunerations. Meta-pollution at global scale is caused and ignored by oil-/coal-/mining-companies, plastic manufacturing agencies, global agri-food/agrochemical-, and pharmaceutical-companies/corporates. Faunce suggested that it would be appropriate to term the Anthropocene, as **Corporatocene** (the age of corporates). There are other geopolitical descriptors.These are: **Capitalocene** (the age of capital), **Plantationocene** (highlighting commercial plantation system promoted by land grabbers, colonial regimes promoting forest cleaning/slavery). **Chthulucene** {as per vison of Haraway (2015), where/when refugees from environmental disaster (both human and non-human) will come together and will try to live in balance and harmony with nature}. These words express impact of humanity/ multinational companies on the planet and to explain nature and origin of ecological crisis (J. W.Moore, 2017). T.J. Demos (2015) suggested even the thesis of **Gynocene**, implying gender-equalizing, feminist-led interventionist environmentalists, who locate anthropogenic geological violence linked with ecocide/gynocide. This term is for Eco-feminist stewardship, resonating as much with indigenous reverence for Mother Earth and nature. They represent,for example, **Amrita Devi Bishnoi** and other young ladies of Khejadly village very near to Jodhpur, who supreme-sacrificed for saving trees/plants.

The illness of planet in the **corporatocene** is being slowly diagnosed by the humanity. Many human diseases of 19th century were cured by penicillin (antibiotics). We are in dire need of remedy (equivalent to penicillin) for illness of planet. People are becoming meat eaters- a serious challenge to water and land resources (meat production requires about 10 times more water per kg as compared to cereals/vegetables). Despite of nutritional-hunger/many food-related deficiencies, meat eating tendency of Indian population is not changing with rate as reported for countries like China. Alarming tendency of meat eating causes major ecological crises of global-scale. Meat consumption is constant in India since 1960 to date.It has increased several folds in China and African countries (Godfray et al., Science: 2018, 361, page 243) encouraging land and water grabbing in the poor countries. Wastage of food and related resources is also serious. The world is urbanizing with 4 billion people living in urban areas (Brelsford et al., 2018, Science Advances, 4, eaar4644). Elevated levels of carbon dioxide are making staple crops such as rice and wheat less nutritious (Smith and Myers, 2018, Nature Climate Change, 8,834-839). This will result in 175 million people becoming zinc deficient and 122 million people becoming protein deficient by 2050, increasing the risk of anemia and other diseases. It is reported that when crops are grown in environments where elevated CO_2 (eCO_2 concentrations) are 550 ppm, compared with crops grown under current atmospheric conditions, these will yield, 3%-17% lower concentrations of protein, iron, and zinc. India will bear the greatest burden. Declining number of species/population of animal pollinators and their health is cause of concern for human nutrition and global health. Riegler (2018, Science, 361,846) predicted higher pest damage to crops in many regions as the planet continues to warm.

Life is a unique asset of planet earth. India is blessed with richness of life. Our culture, people, traditions and biodiversity makes this colourful tapestry (Bava, K., 2018, The Hindu, June 08, 2018). The country has been centre of origin/diversity for many plants and animals, hence enjoys bio-happiness. The **Western Ghat of India,** and **Bhutan** are listed in the best places in the biosphere. Bhutan has**Gross Domestic Happiness (GDH)** as the true aim of progress.

Deserts/dry lands are important bellwethers of climate change. Desert regions are warming and drying more rapidly than other ecoregions both globally and regionally (Iknayan and Beissinger, PNAS, 21st August, 2018). Life in the deserts is directly affected by climate change through heat/thermal and water/hydric stresses.Arid and semi-arid environments of the world support to major population of the world, and harbour rich biodiversity of wild and cultivated plants. The arid land are homes for phytoresources, valuable for agriculture, horticulture, silviculture and herbal and ayurvedic system of medicines. Lands of Indian Thar desert in their environment have created Chhaadi Bajri, Jadia Moth, Kharchia wheat, Nagori-Ashgandh and Methi, heat tolerant Guar, Til and grasses like kurichhinki, Makara, Bharoot, Sewan and Dhaman. We have Dhawra, Indrokh, Fog, Muragali, Arni, Maayursikha, Ramas, Kheerkhinp, Mothia, Chidi moth and wild (Adak) relatives of Til, Guar. Moth, Bajri and Matira, Kharbuja, Kacchari, Baad Karela and Kankera, Lana and Khaar of the state are good sources of genes/commercial products. Bhankdi, bhangari, Dodi, kheenp, Ker, Phog, Hari Kankeri, Dachubadi, Dab, Saleri are unexploited plants. These are biological assets and sources of neutraceuticals/antioxidants for prospecting. Our Guggul, Bhainsa-Guggul, Gokhru, Shankpuspi, Poonernava, Safed Dhawara, Kadaya, Khejari, Rohida, Kumbhtia, kair, Banwal and Banwali are valuable sources of products that promote health or prevent infection. There is need for conservation of germplasms of desert plants particularly, rare and threatened plants and bioresources that are over exploited.

In an editorial "avoiding the climate failsafe point" (Science Ad. 4, 2018: eaau9981). T.E.Lovejoy and Lee Hannah, argued that there are multiple reasons to engage in ecosystem restoration at scale beyond just the carbon/climate benefits. Restoring vast degraded/waste lands to productivity as well as for biodiversity and ecosystem services is just plain common sense. Physical and chemical processes for capturing carbon dioxide from the atmosphere are being defined.We should explore the beauty of biology, the world's greatest chemist. Life can do chemistry that human cannot do easily. Humans and plant life is intimately linked on planet Earth and so might be true even on future extra-terrestrial outposts suppling oxygen, fixing carbon dioxide and recycling waste and water (the multiplanetary future of plants as describe by B.Llorent et al., 2018).

Stanley B.Furnass, a general physician saw human health and the health of our planet as intimately connected. In one of his papers entitled "**From Anthropocene to Sustainocene – challenges and opportunities**", he suggested cultural changes required to rescue the human species and the rest of the biosphere from the injuries inflicted by the Anthropocene are so great that a required new era might be designated by the name of the **Sustainocene**. The hallmarks of this era must include a transition from a 19th century polluting carbon economy from combustion of ancient stored solar capital into a photon economy, which maximizes the use both directly and indirectly of the endless clean energy currency from the sun. In economic terms it will entail a radical transformation of our notions of "progress" from the GDP which is really gross domestic profligacy into **Genuine Progress Indicator** (**GPI**).

Nature is the archetype chemist synthesizing everything under the sun. Photosynthesis done by bacteria and green plants convert sunlight, carbon dioxide and water into stored chemical energy and oxygen. Artificial Photosynthesis (AP) is a remedy for sufferings of planet **(Faunce, 2018). Faunce (2014)** in his book has argued applications of nanotechnology for sustainocene and in his witty and poetic novel **"Split by Sun"** (2018, forthcoming) he describes whether human can globally deploy a solar energy technology/AP. Harvard chemist, D. G. Nocera is leader for renewable energy mission. He is inventor of the artificial leaf (super-leaf/bionic leaf). He expressed "I have no doubt, revolution in renewable will happen in India". Tom Faunce hopes for 'A future earth in which every road and building utilizes nanotechnology and AP to make clean fuel, food, and fertilizer just from water, sun and air'.If we breathe oxygen, we should be able to make oxygen, and if we produce carbon dioxide, we must be able to absorb that gas without enslaving plants. The AP technology reduces corporatoogenic carbon dioxide emissions and pollutants.

Edward O.Wilson (2016) in his book **"HALF-EARTH—Our planet's fight for Life"** has suggested that in a world gaining so swiftly in biotechnology and rational capability, it is entirely reasonable to envision a global network of inviolable reserves that cover half the surface of Earth. He calls for formally protecting 50% of the earth's land surface for natural heritage. According to Pimm et al (2018, Science Ad., 4, eaat2616) human impact is driving the current rate of species extinction to 1000 times it natural rate. Protected areas seems to be only solution for stemming biodiversity loss. An ecoregion-based approach for protecting half the Terrestrial realms has been argued by Dinerstein et al (2017, Bioscience, 67/6, 534-545).

Conventional knowledge, computerizeation, automation, miniaturization, multiplexing, robotization, biotechnological tools, nano-sciences/mega-sciences, and developments in genomics/ proteomics/ transcriptomics, metabolomics /henomics/epigenomics, bioinformatics/ big-data, machine learning/ artificial Intelligence, synthetic biology, system biology, & genome editing/gene driving/ speed breeding, may define and create multidisciplinary and transdisciplinary systems for sustainable resource utilization and their amelioration. Wise use of modern technologies may help convert **Anthropocene** to **Sustainocene** by restoration of some of the ecosystem functions and services. Humans must avoid clearing/Overusing native ecosystems & shaving planet of trees. We must keep in mind imperative of feeding and basic needs of a growing human population and conserving biodiversity and our culture and valued traditions. Opportunities still exist for managing the living planet mother earth- The **Vasundhra** from which the whole world springs and ends

DEGRADATION OF NATURAL RESOURCES IN WESTERN RAJASTHAN

L.S. Rajpurohit and Aazad P. Ojha
drlsrajpurohit@yahoo.co.in
aazad.ojha@hotmail.com
Department of Zoology,
J.N.V. Uiniversity, Jodhpur

India has 2.34 million km^2 of hot desert called the Great Indian Thar Desert (GITD) situated in the north-western portion of Rajasthan between latitudes 23°3′ and 30°12′ North and longitudes 63°30′ and 70°18′ East. Immense moving sand hills; high wind speed; rare precipitation, xerophytic vegetation (grasses/bushes/trees) and severe warmth describe the GITD. Among the different areas, the Western Dry Locale covers nine districts of the terrain of Rajasthan. The Indian desert is spreading every year, gradually progressing towards the national capital New Delhi. Planning Commission of India has distinguished 15 Agro-eco zones (AEZs) for effective asset administration. Tremendous part of Rajasthan is dried up and houses the greatest Indian desert—the Thar Desert. The woods cover in all the nine regions of this zone has demonstrated a declining pattern inferable from the land being redirected to development. Other than forests, the zone under other land utilizes is additionally being occupied to development. Land corruption has as of late been exacerbated in rangelands of parched Rajasthan by overwhelming brushing weights. This can have genuine ramifications on supportability of the vocations and degree of neediness of the general population in this district. This thus has suggestions on the wellbeing and other human improvement markers. Utilizing information from towns in these areas of Western Rajasthan, it depicts the decrease in territory and weakening in nature of basic property assets more than three decades. The decay of basic property assets is related with institutional changes in the towns. The presentation of land changes in the mid 1950s prompted huge scale privatization of basic property assets, diminished the private cost of utilization of common property resources, and loosened their upkeep by upsetting the customary administration framework. Expanded commercialization of domesticated animals, farming cultivating, expanded utilization of tractors, and statistic weight likewise assumed parts all the while. Agriculturists acclimated to contracting common property resources by diminishing herd size, by changing its synthesis, and by depending more on private assets to raise creatures. These progressions have a tendency to decrease the similar favorable position of livestock farming in the dry area. Since the shrinkage of common property resourcesis to a great extent an aftereffect of the exchange of sub negligible grounds from brushing to editing, asset debasement is quickened. Indian neighborhood networks in the desert have regularly demonstrated that they are great directors of their characteristic asset base through their customary learning and insight. Effective people group procedures have exemplified their canny and maintainable utilization of land, water and soil without making harm the versatility and working of the encompassing biological community.

KEYWORDS: Natural resource, Common Property Resources (CPR), Agriculture, livestock, Urbanization.

Biotechnological approaches for conservation of medicinal plants of Indian Thar Desert

Dheeraj Choudhary
Jatan K Shekhawat
N.S Shekhawat
VinodKataria
Biotech Unit, Dept. of Botany
Jai NarainVyas University, Jodhpur

The Indian Thar desert of Rajasthan is thickly populated and is characterized by harsh environment, erratic rainfall, sparse vegetation. These factors exert a pressure on biological resources of Thar desert. *Farsetia macrantha,Glossonema varians*, *Dipterygium glaucum*, *Alhagi maurorum*, *Leptadenia reticulata* are some medicinally important and valuable resources of desert. *Farsetia macrantha* is a rare and endemic in nature and used to cure rheumatism. *Glossonema varians* is rare and used in medicines and food. *Dipterygium glaucum* is a source of volatile alkaloids, cumarins and cyanides and has antibacterial, antifungal, antispasmodic activity and is a good soil binder.*Alhagi maurorum*, a rare plant has antiulcerogenic and antiangiogenic properties. *Leptadenia reticulata*contains an active constituent 'Stigmasterol' which has lactogenic effect. Due to their highly medicinal importance these plant species are being overexploited and therefore, there is a need for development of new techniques and methods for conservation and sustainable utilization of medicinal plants of desert for future purposes.

Puducherry - Plant Diversity and Conservation – South Indian Concept of Abhinav Bharat

Mahipal Singh Shekhawat
Kanchi Mamunivar Centre for Postgraduate Studies, U.T. of Puducherry, India
msspdy@gmail.com

Pondicherry (Puducherry) is a union territory of India and formed out of four exclaves of former French India, namely Pondicherry, Karaikal, Yanam and Mahe. Pondicherry is the largest district headquarters of all these four districts. Pondicherry and Karaikal districts are surrounded by Tamil Nadu state and Yanam is enclave by Andhra Pradesh. These three regions are part of the Eastern Ghats of the south India. Mahe, the smallest district of Pondicherry is enclave of the Kerala state and it is part of Western Ghats of India. The unique geographical positions of Pondicherry regions make it part of the mega biodiversity hotspots of the world. The different types of weather and climatic conditions, soils and the ecosystems are the habitats of the numerous unique flora of south India.

Recently, the natural population of the native plant species is decreasing alarmingly due to urbanization, industrialization, habitat destruction and over exploitation of the plants to get the raw materials for the preparation of medicines by the pharmaceutical companies. Even, now in these days the traditional medical practitioners are also collecting the plants from the unprotected and protected natural wild areas. Owing to the uncontrolled collection of the medicinal plants, many of the important medicinal plants are pushed under the rare, endangered or threatened categories. Even some of the plants are already extinct and there is no live plant material to regenerate the same by use of new technologies.

Therefore, it is indeed necessary to conserve these RET plants/native plant species by the interventions of biotechnological methods. Micropropagation or plant tissue culture can be used for large scale production of important medicinal plants. This technique could help to increase the production of plants with minimum starting materials. The plantlets can be hardened in the greenhouse and the supplied to the farmers for cultivation. Therefore, the pressure on the natural vegetation can be reduced. This is my concept of Abhinav Bharat towards making India full of biological diversity as far as plants are concerned.

Reliability of Ayurvedic Herbs in Context of Modern India and Global Market

Dr. Dheeren Panwar
(Assistant Professor Govt. College Osian)

India is one of the ancient civilizations in the world. Ayurveda too is the oldest medicinal concept in the world[1]. The main classical Ayurveda texts begin with accounts of the transmission of medical knowledge from the Gods to sages, and then to human physicians[2].In India the **Sushrut Samhita** and **Charak Samhita**, are the major historical book on medicine on which current ayurveda is based. In modern India Vagbhatt, Dhanvantari Nighant, Bhavprakash, Astanghadyam and Nighant Ratnakar arethe main books on ayurveda. In Sushrut Samhita and Charak Samhita various medicinal herbs and their uses are described. The Sushrut Samhita and Charak Samhita were originally written in hymns/verse before Christ, hence the reliability of herbs become ambiguous in current era. In modern day each and every plant in the world has been classified by a standard classification system. The Latin names are provided by the ICBN (International Code of Botanical Nomenclature) for each plant, while the herbs and their uses described in Sushrut Samhita and Charak Samhita were in Sanskrit and by local names.Therefore it becomes very difficult to cross check the right identification and reliability of these medicinal herbs in current era.

The present investigation is purely analysis based and effort has been made to analyze some ayurvaidik herbs in current scenario to establish their reliability. In present investigation total 10 herbs[3]namely Bala, Changeri, Chitrak, Dudhi, Punarva, Shankhpushpi, Brahmi, Sharpunkha, Datura, Gokharu were chosen for detail work e.g. Shankhpuspi is an ancient herb which is used for brain tonic in ayurveda. In modern India the Convolvulus species are identified as Shankhpuspi which was originally described in ancient books. Which species ware originally used by Sushrut or Charak is ambiguous since there are 12 species of convolvulus found in India[4], among these are ***Convolvulus pluricaulis***, ***Convolvulus microphyllus***, ***Convolvulus prostratus***, ***Convolvulus scindicus***, ***Convolvulus deserti*** all are looks same in morphology. Acharya Balkrishna used ***Convolvulus microphyllus*** for both swet shankhpushpi and neel shankhpushpi in his book[3], Brahmvarches and C.P. Khare used ***Convolvulus pluricaulis*** as shankhpuspi[5,6]. The famous pharmaceutical brand of India Baidyanath and Dabur also used Convolvulus *pluricaulis* as shankhpushpi.

Hence it becomes so ambiguous to right identification of herb which was originally described in the ancient books. The result of present investigation suggests that there must be proper investigation should be done on medicinal herbs which are described in ancient books also their uses should be experimentally proven to re-establish the reliability of them in global perspective.

Key word: Ayurveda, Medicinal herb, Sushrut samhita, Chrak Samhita

Reference:

1. Meulenbeld, Gerrit Jan (1999). "Introduction". A History of Indian Medical Literature. Groningen: Egbert Forsten. *ISBN 9069801248*.
2. Zysk, Kenneth G. (1999). "Mythology and the Brāhmaṇization of Indian medicine: Transforming Heterodoxy into Orthodoxy". In Josephson, Folke. *Categorisation and Interpretation*. Meijerbergs institut för svensk etymologisk forskning, Göteborgs universitet. pp. 125–145. ISBN 91-630-7978-X.eflora of India
3. Acharya Balkrishna (2008). "Ayurved Jadi-Buti Rahasya. ISBN 81-89235-44-8
4. Eflora of India : https://sites.google.com/site/efloraofindia/home
5. Brahmvarches (2011) : Jadi-Buttiyo Dvara Svasthaya Sanrakshan
6. C.P Khare (2007): Indian Medicinal plant ISBN 978-0-387-70637-5 Springer Verlag Berlin/Heidelberg

Bio-prospecting of costal resources for development of coastal areas and improving lively-hood of coastal population

Mangal S. Rathore, Avinash Mishra,

D.R. Chaudhary, Monica Kavale

Division of Biotechnology and Phycology, CSIR– Central Salt and Marine Chemicals Research Institute, A constituent of Council of Scientific and Industrial Research, G.B. Marg, Bhavnagar (Gujarat- 364002) INDIA

Indian Ocean touches India's nine states, two union territories and two island territories. In total India has 7516.6 km coastline and the sea in this coastline possess enormous potential to be used as a source for different commodities i.e. from common man's salt to high value pearl. CSIR – Central Salt and Marine Chemicals Research Institute is working on different aspects of vegetation [Halophytes (*Salicornia barchiata*) and Seaweeds (*Kappaphycus alvarezii* and *Gracilaria dura*)] from sea coast for improvement of livelihood of coastal population.

S. barchiata is a highly salt tolerant halophyte and require seawater for optimum growth. Being highly salt tolerant it has been established a source of salt responsive genes and a few novel genes from this plant have been identified and characterized for their role in imparting salinity tolerance to develop salt tolerant crops. Further we have developed an efficient somatic embryogenesis protocol for this plant species to validate role of novel genes *in vivo* and develop this plant as a model plant to unveil the salinity tolerance mechanism.

CSIR-CSMCRI is pioneer institute working on seaweed cultivation and different aspects of seaweed biology in country. *Kappaphycus alvarezii* and *Gracilaria dura* are red seaweed and CSIR-CSMCRI developed cultivation technologies for these. *K. alvarezii* possess unique feature and it accumulate higher contents of potassium while growing in seawater. Using this property CSIR-CSMCRI developed a liquid seaweed sap or bio-fertilizer, which has been proved as an efficient plant growth stimulant in number of crops. Further identification of efficient potassium transporter is under progress to translate this property in crop plants to make them efficient utilizers of potassium. *G. dura* is important seaweed or agrophyte, which has been proved as an excellent source of high-quality agar/agarose. After Morroco government's ban on wild collection of *Gelidium*, *G. dura* possess huge potential to supply agar/agarose to biotechnology industries. CSIR-CSMCRI developed and demonstrated cultivation technology for *G. dura* and further working in different states for expansion of its cultivation.